DATE DUE FOR RETURN

This book may be recalled before the above date

90014

Les seuils
de la modernité

Collection dirigée par
Michel Jeanneret et Max Engammare

Vol. 3

(Cahiers d'Humanisme et Renaissance n° 58)

FRÉDÉRIC TINGUELY

L'ÉCRITURE DU LEVANT À LA RENAISSANCE

ENQUÊTE SUR LES VOYAGEURS FRANÇAIS DANS L'EMPIRE DE SOLIMAN LE MAGNIFIQUE

LIBRAIRIE DROZ S.A.
11, rue Massot
GENÈVE
2000

www.droz.org

ISBN: 2-600-00436-X
ISSN: 0071-1934

Copyright 2000 by Librairie Droz S.A., 11, rue Massot, Genève.

A mes parents

Ce livre est le fruit de longues années de recherches parta-gées entre Baltimore, Paris et Genève. Une version provi-soire des trois premiers chapitres constituait le cœur d'une thèse de Ph.D. soutenue à Johns Hopkins en avril 1995. Le remaniement et le prolongement de cette première étude ont ensuite donné lieu à une thèse de doctorat soutenue à l'Université de Genève en juillet 1999. Que mes deux directeurs successifs, Gérard Defaux et Michel Jeanneret, trouvent ici l'expression de ma plus vive reconnaissance pour leurs précieux conseils et leur confiance sans faille. Ma gratitude va également à tous ceux qui, membres de l'un des deux jurys ou collègues et amis relecteurs, m'ont éclairé de leurs remarques suggestives: Silvia Cappellini, Sara Castro-Klarén, Marcel Detienne, Max Engammare, Nicolas Fornerod, Alain Grosrichard, Frank Lestringant, Didier Malgor, Stephen G. Nichols, Olivier Pot et Florian Preisig. Enfin, je remercie de tout cœur mes proches – en particulier ma compagne Annick – pour leur patience à toute épreuve et leur invariable soutien.

ABRÉVIATIONS

CL   André Thevet, *Cosmographie de Levant*, éd. F. Lestringant, Genève, Droz, 1981.

CU   André Thevet, *La Cosmographie Universelle*, Paris, 1575.

HO   Guillaume Postel, *Des Histoires orientales*, Paris, 1575.

NPV   Nicolas de Nicolay, *Les Navigations, peregrinations et voyages, faicts en la Turquie*, Anvers, 1576.

OS   Pierre Belon, *Les Observations de plusieurs singularitez*, Paris, 1553.

RT   Guillaume Postel, *De la Republique des Turcs*, Poitiers, 1560.
Les différentes parties du triptyque sont spécifiées au moyen de chiffres romains (ex: *RT*, II).

TC   Pierre Gilles, *P. Gyllii de Constantinopoleos topographia lib. IV, (Edidit A. Gyllius)*, Leyde, 1632.

CITATIONS

Les abréviations ont été résolues, les distinctions i/j et u/v établies. L'accent aigu a été ajouté sur le «e» tonique final, l'accent grave en cas d'ambiguïté possible (a/à, ou/où, la/là). Les apostrophes, les cédilles et les ligatures (œ, æ) ont été introduites. A moins d'un effet de sens manifeste, c'est l'usage actuel des capitales qui a été respecté. La ponctuation a été modernisée à chaque fois que la lisibilité l'exigeait. Sauf indication contraire, l'emploi d'italiques pour les mots français ou latins est toujours de mon fait.

OUVERTURE

Christophe Colomb aperçoit pour la première fois le rivage de Guanahaní et se croit aux confins de l'Asie, non loin des merveilleux pays arpentés et décrits par Marco Polo. Comme le Vénitien, le Génois brigue avant toute chose les richesses orientales de l'Empire du Grand Khan. A cela s'ajoute le fait sans doute moins connu que Colomb, de son propre aveu, espère s'enrichir à millions afin de financer une croisade susceptible de libérer le Saint-Sépulcre[1]. Repoussant les limites occidentales de l'œkoumène, extrayant des brumes du Ponant de nouveaux horizons où se joueront bientôt les destinées des puissances européennes, le Découvreur n'en demeure pas moins doublement fasciné par l'Orient.

A la lumière de cet *exemplum*, on s'étonnera avec raison que la critique seiziémiste se soit concentrée de façon si souvent exclusive sur les récits de voyages en Amérique au détriment des pérégrinations levantines. Si tel déséquilibre se comprend bien dans le cas extrême de l'Espagne, où l'incomparable masse des textes sur le Nouveau Monde le justifie pleinement, il s'explique avec peine dans le domaine français, où Geoffroy Atkinson dénombrait naguère, «entre 1480 et 1609, deux fois plus d'impressions de livres sur les pays de l'Empire turc, sur les guerres contre les Turcs, ou sur les 'mœurs et manières' des Turcs, que sur les deux Amériques»[2]. Importance quantitative généralement doublée, nous le verrons, d'une incontestable valeur littéraire, fruit d'un soigneux labeur d'écriture et d'une conscience aiguë des différents problèmes auxquels se heurte la mise sur papier de l'expérience du lointain.

Et cependant, que les choses soient claires: ces remarques ne visent en aucun cas à discréditer l'étude fondamentale des témoignages français sur le Nouveau Monde, parmi lesquels figure au demeurant l'un des chefs-d'œuvre de la littérature géographique de la Renaissance: l'*Histoire d'un voyage faict en la terre du Bresil*, du réformé Jean de Léry (1578). Il ne s'agira pas non plus de délimiter, à l'opposé du domaine américain et sans aucune relation avec lui, un

---

[1] Voir T. Todorov, *La Conquête de l'Amérique*, pp. 18-19.
[2] G. Atkinson, *Les Nouveaux Horizons*, p. 10.

champ autonome où les écrits des voyageurs au Levant seraient examinés en vase clos. Contrairement aux américanistes et orientalistes de formation, lesquels s'engagent sur des voies divergentes dans leurs enquêtes concernant des régions et des civilisations distinctes, quiconque s'attache aux ouvrages géographiques en tant que tels et en tant que textes repère immanquablement nombre de structures et de stratégies communes aux relations d'Amérique et d'Orient. Dès lors, telle la guerre sainte de Soliman le Magnifique, l'étude de cette littérature viatique doit être menée sur deux fronts opposés mais s'inscrivant dans une relation d'interaction profonde. Les grands spécialistes de la question ne s'y sont d'ailleurs pas trompés : en son temps, Geoffroy Atkinson n'a pas hésité à embrasser de ses recherches thématiques et bibliographiques l'ensemble de la littérature géographique en langue française publiée entre 1480 et 1610[3] ; quant à Frank Lestringant, même si ses précieux travaux portent de préférence sur la France Antarctique, il a été conduit, sur les traces d'André Thevet «pérégrinateur des deux mondes», à réunir Brésil et Empire ottoman au sein d'une même réflexion sur la méthode cosmographique[4].

Domaines convergents, donc, mais qui n'en perdent pas pour autant leurs caractéristiques propres. Car au seizième siècle, l'écriture du Nouveau Monde et celle du Levant ne relèvent pas tout à fait du même exercice.

La première se doit avant toute chose de représenter le jamais vu, de fixer l'expérience profondément nouvelle d'une réalité dont la différence généralisée, en dépit des réflexes analogiques et des résistances idéologiques, finit peu à peu par s'ériger en principe. Témoin ces affirmations sur le Brésil consignées par Thevet dans sa célèbre *Cosmographie Universelle* :

> En tout ce cours de chemin vous ne sçauriez voir arbre, arbrisseau, plante, herbe, beste, poisson, ou oyseau, qui rapportent à ceux que nous avons en l'Europe [...]. Et les animaux qui y vivent [au Brésil], sont autant differens des nostres, comme les hommes de ce païs là different de nous en façon de faire, et religion, douceur, civilité, courtoisie, et honnesteté. J'en dy autant des oyseaux, et n'en vis jamais un seul ressemblant à ceux de pardeça[5].

---

[3]   Cf. G. Atkinson, *op. cit.* et *La Littérature géographique française.*

[4]   Cf. F. Lestringant, *André Thevet* et *L'Atelier du cosmographe.* On consultera avec égal profit son édition de la *Cosmographie de Levant*, du même Thevet.

[5]   A. Thevet, *CU*, f. 950 r° (je cite ici d'après l'édition de S. Lussagnet, pp. 220-221).

Le défi que relève alors l'écriture du lointain est celui de la représentation du radicalement autre. Gigantesque est en effet le fossé qui sépare le lecteur casanier du voyageur au long cours. De façon à le combler – mais toujours partiellement –, la description use de comparaisons et d'analogies approximatives tendant à ramener l'étrange nouveauté de «par-delà» à la rassurante familiarité de «par-deçà». Face à l'altérité radicale d'un monde neuf se déploie presque invariablement la même dialectique du semblable et du dissemblable. Certes, les traditions théologique et scientifique occupent une place non négligeable dans ce laborieux processus de traduction, mais le voyageur-écrivain demeure en définitive libre de convoquer les autorités quand bon lui semble étant donné qu'elles n'ont jamais écrit *exactement* sur la matière dont il traite. Bien loin de s'imposer de manière inéluctable, le discours traditionnel se voit ici au mieux mis à profit en tant que langage commun et savoir partagé, au pire tout simplement réfuté par la découverte d'un contre-exemple américain. Pour notre bonheur et peut-être pour le sien, l'arpenteur de nouvelles terres jouit d'une liberté d'expression peu commune à l'époque.

Le voyage au Levant ne concède guère pareille latitude. Même s'il s'accompagne également d'une incontournable expérience de l'altérité, celle-ci se trouve en partie neutralisée ou du moins compensée par un réseau très dense de repères culturels. L'Européen qui s'aventure sur les chemins d'Asie Mineure, de Palestine ou d'Egypte emboîte nécessairement le pas à d'illustres prédécesseurs dont il connaît directement ou non les relations de voyage. Les contrées qu'il visite ont en outre déjà servi de cadre à quelque haut fait admiré de tous: elles apparaissent désormais comme autant de *hauts lieux* renvoyant généralement à l'Antiquité païenne (Argonautes, guerre de Troie, conquêtes d'Alexandre, etc.), à la tradition biblique et hagiographique ou encore au Moyen Age des pèlerins et des croisés. Même les végétaux, pierres précieuses, fossiles ou monuments de ces régions (en un mot, leurs *singularités*) ont déjà fait l'objet de descriptions souvent plurielles compilées par Strabon, Pomponius Méla, Pline, Solin ou d'autres encore. Si bien que le voyageur, par nécessité épistémologique plutôt que par choix personnel, donne souvent l'impression de «suivre le guide» et d'effectuer dans ces pays en apparence familiers un long parcours de reconnaissance bientôt doublé d'un inévitable processus de réécriture.

De prime abord, cette tendance accusée à l'*imitatio* rebute le lecteur d'aujourd'hui, lui donne à penser que les ouvrages qui en résultent, perçus comme d'éternelles réitérations figées dans un psittacisme érudit, ne méritent pas qu'il s'y attarde et les interroge de près. C'est sans doute négliger trois données fondamentales justifiant et stimulant l'étude de ces textes dans une perspective littéraire.

Les relations du voyageur-écrivain à la tradition religieuse et intellectuelle s'avèrent en premier lieu beaucoup plus problématiques qu'on serait spontanément tenté de le croire. Par delà le terme au demeurant commode d'«autorités» se dissimule une réalité extrêmement complexe, une vertigineuse profusion d'hypothèses et de jugements contradictoires. Se conformer à telle opinion plutôt qu'à telle autre, c'est évidemment prendre position au sein d'un débat multiséculaire. L'opération est délicate et jamais neutre; elle équivaut toujours à rejeter tel grand auteur et, par là même, à mettre en branle l'irréversible processus du doute. Dès lors sceptique face à cette polyphonie d'assertions péremptoires, le voyageur peut se retourner vers sa propre expérience afin d'opérer le bon choix. En somme, citer x au détriment de y, et cela au nom du souverain principe d'*autopsie*[6], c'est bien souvent faire preuve, sinon d'une totale indépendance d'esprit, du moins d'une réelle et féconde autonomie.

En prolongement, on imagine sans peine qu'autorité alléguée et réalité observée ne coïncident que très rarement de manière absolue. Plusieurs siècles séparent d'habitude le texte guide de la visite guidée, de sorte que l'érodant travail de la nature, les invasions destructrices et les constructions envahissantes ont irrémédiablement modifié la configuration des pays parcourus. Entre l'ancienne description et le monde tel qu'il est devenu, il y a, de façon aussi inéluctable que manifeste, *écart*. Dans l'entre-deux se déploie l'intense activité herméneutique du voyageur qui, désireux de réduire autant que faire se peut cette gênante différence, use de toute son imagination afin d'identifier les vestiges des réalités mentionnées par sa source. Lorsque ce travail de reconnaissance s'avère infructueux, rien n'interdit plus la description *de visu*, l'émergence souvent conflictuelle d'une entreprise référentielle en partie libérée des contraintes de l'*imitatio*.

Il convient enfin de ne pas oublier que la Renaissance se heurte à un fait nouveau, brutal et difficile à appréhender: l'omniprésence et omnipotence du Turc ottoman, à propos duquel les textes antiques restent évidemment muets, et qui diffère sensiblement du Sarrasin des chroniques médiévales. Or l'Empire ottoman et son cœur

---

[6]   Sur ce principe d'extrême importance que nous retrouverons au chapitre IV, voir F. Hartog, *Le Miroir d'Hérodote*, pp. 272-279.

Constantinople, parce qu'ils intéressent au plus haut degré les masses chrétiennes à la fois fascinées et inquiètes, demandent à être décrits dans le menu détail par le voyageur-écrivain. Moment incontournable de la relation levantine, le discours sur le Turc[7] s'affranchit plus que tout autre des contraintes héritées de la tradition livresque pour élaborer peu à peu, nous le verrons, ses propres stratégies, ses propres *topoi*, et laisser libre cours à des interrogations nouvelles.

Ces quelques considérations permettent d'ores et déjà d'affirmer – mais il importera par la suite de le prouver – que les récits de voyages levantins, en dépit de leur allégeance à de multiples modèles, se réservent toujours un espace de liberté et de création où s'expriment aussi bien les inclinations individuelles que les tendances épistémologiques et idéologiques propres à toute une époque. Peu importe que cette marge de manœuvre se révèle parfois des plus limitées: son étroitesse même peut conduire le voyageur-écrivain à mettre en place des dispositifs d'autant plus subtils et fonctionne en dernière analyse comme un obstacle des plus stimulants.

Au delà du seul rapport aux autorités – ou plus généralement à la bibliothèque –, il est une question cruciale sur laquelle récits d'Orient[8] et d'Occident s'opposent de façon marquée: la relation au temps.

D'un côté, les textes traitant du Nouveau Monde se tournent de préférence vers l'avenir. Ils entretiennent bien sûr maintes rêveries sur l'âge d'or et les temps préadamites, mais ces fictions poétiques ne renforcent le mythe d'un monde encore enfant, d'une *tabula rasa*, que pour mieux favoriser les projets de conquête, d'évangélisation et de colonisation. L'âme et la terre vierges de l'Indien demandent toutes deux à être cultivées par l'Européen: elles ne prennent forme et sens que dans le devenir incertain qu'il leur réserve. Le voyageur a désormais beau jeu de projeter sur la carte mouvante du nouveau continent les ambitions expansionnistes de

---

[7]   Au seizième siècle, le terme de «Turc» est souvent employé dans une perspective confessionnelle et peut ainsi désigner n'importe quel musulman. Dans le discours orientaliste, ce sens général coexiste toutefois avec une acception ethnique beaucoup plus spécifique: au sein du monde islamique, on distingue alors entre le Turc, le More, le Perse, etc. J'utilise évidemment le terme dans son sens le plus strict, mais je n'oublie pas qu'il se prête dans les textes de l'époque à d'étonnantes inflexions sémantiques.

[8]   Ici comme à la suite de cette étude, j'emploie «Orient» de manière synecdochique afin de désigner le Levant ou Proche-Orient. On veillera donc à ne pas appliquer mes remarques à l'expérience portugaise (ou autre) dans le sous-continent indien, en Chine, au Japon, etc.

ses compatriotes ou de ses coreligionnaires. Découpant et baptisant à loisir d'encore bien vagues espaces géographiques, il anticipe avec confiance les lendemains de ses désirs triomphants. Si bien que les récits d'Amérique constituent le terrain privilégié d'une intense polémique où interviennent tour à tour Espagnols, Portugais, Français, puis finalement Anglais et Hollandais, où s'exacerbent également les rivalités entre catholiques et protestants[9]. Autrement dit, la scène américaine est toujours le lieu d'un débat sur une hégémonie à venir.

Les textes levantins s'orientent de leur côté dans une voie exactement opposée: celle qui mène (ou ramène) aux origines de la civilisation et plus encore du christianisme. Dès lors qu'il se donne à lire (même partiellement) comme pèlerinage, c'est-à-dire comme retour, le voyage en Orient est fréquemment empreint d'une certaine nostalgie. Marcher sur les pas du Christ ou gravir le Golgotha comme à Ses côtés, c'est en quelque sorte remonter le temps écoulé depuis la Passion et, du même coup, effacer les conquêtes musulmanes comme autant de mauvais rêves. L'exercice de spiritualité chrétienne auquel invite la contemplation des Lieux saints abolit en partie la temporalité fatale dans laquelle s'inscrivent les irrésistibles progrès de l'Infidèle. Et même lorsqu'il s'emploie à anticiper ou à forger les temps prochains, le voyageur en est encore réduit à penser cet improbable avenir sous la forme cyclique du retour, à l'image de la *Restitutio* dont Guillaume Postel se constitue le prophète inspiré[10].

Au sein de la littérature géographique de la Renaissance, la répartition spatiale entre Orient et Occident se double ainsi d'un partage symbolique et global de la temporalité entre un *avant* et un *après*. Que notre époque participe de cet *après*, voilà qui pourrait bien expliquer les préférences marquées de la critique. Quant à nous, essayons de rétablir un tant soit peu l'équilibre en nous tournant dès à présent vers ces textes eux-mêmes tournés vers d'autres textes, de peur d'oublier que l'âge moderne est aussi le fruit de redécouvertes et de renaissances.

* * *

---

[9]   Cf. F. Lestringant, *Le Huguenot et le Sauvage*.

[10]   Le lien entre *peregrinatio* et *Restitutio* est clairement établi par Postel en 1560 dans les *De universitate, sive cosmographico auditu dispunctationes* (British Library, Ms. Sloane 1412, f. 120 v°; cité par M. L. Kuntz dans «Voyages to the East», p. 59). Sur la pensée complexe de Postel, cf. Kuntz, *Guillaume Postel*; W. J. Bouwsma, *Concordia Mundi*.

Parmi la véritable constellation des relations d'Orient au seizième siècle, la masse considérable des récits italiens et allemands ne
saurait occulter une sorte de noyau central vers lequel convergent
des tendances distinctes et qui regroupe les textes de sept voyageurs
français: Pierre Belon, Jean Chesneau, Jacques Gassot, Pierre
Gilles, Nicolas de Nicolay, Guillaume Postel et André Thevet[11].
Leur point commun: tous gravitent de près ou de loin autour de
l'ambassade de Gabriel d'Aramon[12] (1546-1553), laquelle marque à
bien des égards l'apogée des relations entre le Roi Très Chrétien et
le Sultan à la Renaissance.

Il ne saurait être question d'évoquer ici dans le détail la longue et
tumultueuse histoire de l'alliance franco-ottomane à l'époque de
Soliman le Magnifique. On rappellera simplement que l'intense bal-
let diplomatique amorcé au lendemain du désastre de Pavie se prolonge durant quelque trente années, débouchant tout d'abord sur
l'obtention des célèbres capitulations de 1536, puis sur des opérations militaires conjointes (surtout dans les années 1543-1544 et
1551-1553) généralement menées avec trop de réticence pour rem-
porter les succès escomptés[13]. Mais si cette timide coalition n'atténue guère le déséquilibre géostratégique de l'Europe occidentale,
clairement à l'avantage de Charles Quint, elle n'en marque pas
moins les esprits de façon durable dans la chrétienté. En réalité, on

---

[11] Ces auteurs seront brièvement présentés (si nécessaire) au fil de notre parcours.
On trouvera en appendice la chronologie et l'itinéraire de leurs voyages res-
pectifs. Dans la bibliographie figurent les références précises des ouvrages procédant de leur expérience levantine. Pour le détail de la très nette supériorité
numérique des auteurs italiens (en particulier vénitiens) et allemands (surtout
des pèlerins) entre le quatorzième et le seizième siècle, voir S. Yérasimos, *Les
Voyageurs dans l'Empire ottoman*, p. 9.

[12] Né à Nîmes vers 1508, Gabriel de Luels, seigneur d'Aramon(t) et de Vala-
brègues, est d'abord un homme de guerre. Exilé à Venise en 1540, il entre successivement au service de l'ambassadeur Guillaume Pellicier et du capitaine
Polin, ambassadeur de France auprès du Sultan. Ses talents de négociateur et
son engagement sans réserve en faveur d'une solide alliance avec le Turc lui
valent d'être nommé à son tour ambassadeur à Constantinople en 1546. Pendant sept ans, il déploie des efforts considérables afin de donner un nouvel élan
à la coalition franco-ottomane et de ranimer la guerre entre le Sultan et l'Empereur. Il échouera toujours sur ce dernier point. Epuisé par la maladie, il
regagne la France en 1553 et meurt en Provence l'an 1555. Sur son ambassade,
voir J. Paviot, «Autour de l'ambassade de D'Aramon: érudits et voyageurs au
Levant, 1547-1553».

[13] Consulter E. Charrière, *Négociations*, vol. I et II; J. Ursu, *La Politique orientale*; A. Clot, *Soliman le Magnifique*.

ne peut mesurer l'efficacité de ces rapprochements sans prendre en
considération l'impact émotionnel de tout ce qui, à la Renaissance,
entoure de près ou de loin les irrésistibles conquêtes d'une armée
ottomane généralement perçue comme l'instrument de la colère
divine ou le fer de lance des légions de Satan, l'un n'excluant jamais
vraiment l'autre[14]. Compte tenu de cette toile de fond volontiers
apocalyptique, il n'est pas interdit de penser que l'alliance avec le
Turc constitue avant tout, pour le Roi de France, une arme dissua-
sive à forte portée symbolique, une manière de signal d'alarme
adressé à l'Europe entière à chaque fois que la pression impériale
devient difficilement supportable[15].

Malgré l'aboutissement en juin 1547 des négociations de paix
entre le Sultan et l'Empereur – une «détente» que les Français
avaient pour objectif d'empêcher par tous les moyens –, l'ambassade d'Aramon ne saurait être réduite à un simple échec politique.
Si l'on considère qu'elle est aussi destinée à faire converger les
regards, elle apparaît bien plutôt comme une incontestable réussite
diplomatique. D'un côté, elle permet de rehausser le prestige de la
France aux yeux de l'allié oriental, lequel s'estime alors trahi par le
traité franco-impérial de Crépy-en-Laonnois (septembre 1544). De
l'autre, elle offre à l'Europe un vrai tableau des bonnes relations
entretenues par le Roi Très Chrétien avec le Sultan, et ne manque
pas d'attirer de la sorte l'attention hostile ou enthousiaste des
contemporains, le souvenir de son éclat s'en perpétuant même jusqu'à Brantôme:

---

[14] C'est le cas chez Luther, comme le montre K. M. Setton («Lutheranism and the
Turkish Peril»), qui analyse de près la fréquente application au péril ottoman
des visions apocalyptiques de Daniel (7: 7-28). Aux yeux des chrétiens de
l'époque, l'alliance avec le Turc fait souvent figure de véritable pacte avec le
diable. Selon Thomas Cromwell, comte d'Essex, François Ier n'aurait ainsi
aucun scrupule à attirer «le Turc et même le diable au cœur de la Chrétienté»
(Lettre de Chappuys à Charles Quint, Londres, 8 mai 1534, citée par J. Ursu,
op. cit., p. 79). De son côté, Blaise de Monluc explique qu'il faut parfois convoquer «tous les esprits des enfers» pour vaincre son ennemi (Commentaires,
pp. 81-82).

[15] Prendre en compte la dimension symbolique de l'alliance avec Soliman permet
certainement de nuancer les sévères jugements prononcés par certains historiens à l'encontre de la politique orientale menée par la France (cf. J. Ursu, op.
cit., p. 106 et surtout A. Clot, op. cit., pp. 176 et 191). En fait, François Ier ne
peut alors guère s'engager de manière franche et totale aux côtés des Turcs,
sous peine de se voir mettre définitivement au ban de la chrétienté. Une véritable guerre menée conjointement avec les Ottomans n'étant politiquement pas
pensable, il importe pour lui de signifier l'alliance plutôt que de la pratiquer.

> Quelle gloire pour cet ambassadeur et pour sa nation françoise, de tenir
> tel rang auprès du plus grand monarque du monde![16]

A l'instigation probable du cardinal de Tournon, François Ier a délibérément joué la carte de la magnificence. La suite de l'ambassadeur se compose de nombreux hommes de qualité, gentilshommes ou savants désireux d'être du voyage, ce qui ne peut que flatter le goût bien connu de Soliman pour la courtoisie, les lettres et les sciences. Et tout porte à croire que le Sultan n'est pas insensible à cette opération de charme, puisqu'il accorde à l'ambassadeur et à sa suite l'insigne honneur d'accompagner l'armée ottomane dans sa campagne de Perse contre le *Sophi* Shah Thamasp, au printemps 1548.

Le cortège français est pour le moins impressionnant, qui s'engage alors sur les pistes du continent asiatique et dont Jacques Gassot[17] a laissé une description haute en couleur, au départ de Constantinople :

> ...nous avions dix beaux pavillons, quarante chameaux, dix huict
> mulets, et douze ou treze chevaux de somme, tant chargez de provi-
> sions pour le champ, que pour autres besongnes dudict Seigneur
> ambassadeur, que de tous ceulx de sa compagnie, et estions en tout,
> environ soixante sept ou soixante huict personnes, tous bien à cheval,
> bien en ordre, et tous bien armez de simitarres à la turquesque, et les
> uns d'arquebouze, les autres de lances turquesques. Je pense que de
> nostre temps jamais ambassadeur ne chemina en tel ordre, equipage, et
> reputation[18].

---

[16] Brantôme, *Discours sur les couronnels de l'infanterie de France*, in *Œuvres complètes*, t. VI, p. 180.

[17] Bien en cour sous François Ier et Henri II, Jacques Gassot de Deffens (1525-1585) est d'abord attaché au service de la reine Eléonore. Dès 1546, il effectue pour celle-ci un pèlerinage en Terre sainte dont il rapporte un morceau de la Vraie Croix. Lors de son second séjour levantin (1548-1550), il se trouve auprès de l'ambassadeur en qualité de messager du Roi. De retour en France, il est nommé commissaire extraordinaire des guerres, puis maire de Bourges. Le *Discours du Voyage de Venise à Constantinople* (Paris, 1550) est l'unique ouvrage que nous possédions de lui. Il s'agit d'une longue lettre datée d'Alep, le 5 décembre 1548, dans laquelle il retrace avec sobriété son voyage d'aller ainsi que les événements de la campagne de Perse jusqu'à l'hivernage de l'armée ottomane en Syrie.

[18] J. Gassot, *Discours*, ff. 15 v°-16 r°. Voir aussi la réécriture de ces lignes par Jean Chesneau, *1546 : Voyage de Paris en Constantinople*, BnF, Ms. fr. 23045, f. 283 r°. Sur les manuscrits de Chesneau, cf. bibliographie. Tout en renvoyant au Ms. fr. 23045, j'adopterai désormais le titre court de *Voyage de Monsieur d'Aramon* et donnerai toujours, en seconde référence, la pagination de l'édition Schefer (p. 58 pour le passage qui nous occupe). Né à Poitiers sans doute vers 1520, Jean Chesneau est le fils de l'écuyer Charles Chesneau, seigneur de Châteauneuf et de Colombières. On ne sait pratiquement rien de lui avant son

Du 2 mai 1548 au 28 janvier 1550 (n.s.), les Français accomplissent sous la protection du Sultan un immense périple au cours duquel ils parcourent l'Anatolie, l'Arménie, la Perse, la Syrie, la Palestine et l'Egypte. De par sa durée peu commune, son riche itinéraire et la sécurité découlant de sa dimension officielle, ce voyage constitue un cas unique pour l'époque: il permet à ceux qui y participent de visiter dans les meilleures conditions possibles les pays traversés.

Par delà les circonstances exceptionnelles de ce grand tour du Levant, il faut rappeler qu'Aramon, pendant les sept années de sa tumultueuse ambassade, ne cesse d'offrir hospitalité et protection aux nombreux Français de passage dans la capitale ottomane, voire de financer tout ou partie de leurs excursions individuelles. Les voyageurs qui nous intéressent bénéficient tous à un moment ou à un autre de sa générosité et il ne semble pas exagéré d'affirmer que, sans son influence, nous ne posséderions pas de si riches témoignages français sur l'Orient au seizième siècle[19]. Il convient toutefois de ne pas oublier que la présence au Levant de la plupart de ces voyageurs revêt un certain caractère officiel. D'un côté, Chesneau, Gassot et Nicolay se sont vu attribuer une fonction diplomatique plus ou moins précise. De l'autre, Gilles, Belon et Thevet peuvent compter chacun, sinon sur la vague et fluctuante faveur royale, du moins sur l'aide beaucoup plus tangible d'un grand du royaume (respectivement les cardinaux d'Armagnac, de Tournon et de Lorraine)[20]. Abstraction faite des qualités humaines que les voyageurs reconnaissent unanimement à l'ambassadeur, on peut supposer qu'il relève de son devoir et même de sa mission de faciliter la tâche à ces lettrés directement ou non au service de la politique royale.

Reste que la réputation de l'ambassade française à Constantinople ne sera plus la même après le retour définitif d'Aramon. Son successeur Codignac ne possédera plus semblable aura et, malgré la continuation de l'alliance franco-ottomane au moins jusqu'au traité du Cateau-Cambrésis (1559), l'Empire de Soliman aura désormais

---

départ pour l'Orient en qualité de secrétaire (ou intendant) de l'ambassadeur. Au retour de son long séjour levantin (1547-1555), il entrera au service de la très peu catholique Renée de France, duchesse de Ferrare, dont il deviendra le premier maître d'hôtel et l'intendant des finances.

[19] Sur l'extrême «liberalité» de l'ambassadeur envers tous les Français de passage à Constantinople, voir les remarques élogieuses de Belon, pourtant très proche du baron François de Fumel, le rival d'Aramon (cf. *OS*, f. 69 r°). Voir aussi A. Thevet (*CL*, p. 76) et N. de Nicolay (*NPV*, f. b 3 r°).

[20] Seul Postel, bien qu'il ait déjà voyagé pour le compte de François Ier, se trouve alors sans attache définie avec la couronne.

perdu son incomparable pouvoir d'attraction sur les voyageurs français[21].

Porteurs de témoignages privilégiés sur l'Empire ottoman au faîte de son expansion et de sa gloire, les «compagnons d'Aramon» se distinguent également par la complémentarité de leurs approches respectives. Leur diversité de caractères, d'intérêts, de croyances, de degrés d'érudition ou de «tolérance» donne naissance à une multiplicité de stratégies textuelles et de styles, si bien que leurs textes forment une manière d'échantillonnage des diverses tendances coexistant au sein de la littérature sur l'Orient au seizième siècle. On ne s'étonnera donc pas que le corpus en question sollicite des modèles génériques aussi différents que le récit de pèlerinage, le recueil de singularités, la description topographique, l'*isolario*, le livre de coutumes, de costumes, etc. Cette extrême variété ne menace aucunement de faire éclater le discours critique: par delà les spécificités de ces écritures du Levant se dessinent des régularités et des constantes dont l'importance est précisément fonction de l'hétérogénéité des textes qu'elles traversent et organisent. Ce sont ces similitudes profondes qu'il importera en définitive de faire apparaître.

Le corpus aramontin offre également un autre avantage: son caractère relativement synchronique. Certes, un quart de siècle s'écoule entre le moment où paraît le *Discours* de Gassot (1550) et celui où Thevet publie sa *Cosmographie Universelle* (1575). Mais il ne faut pas oublier que l'ensemble des voyages a pris place dans un intervalle d'une dizaine d'années seulement, ce qui permet de poser – en théorie, s'entend, et sauf exception particulière[22] – l'invariabilité du monde observé. Entre les dates limites de 1544 (départ de Gilles) et 1555 (retour de Chesneau), la situation *globale* de Constantinople ou de la Terre sainte ne s'est guère modifiée. Selon toute probabilité, une divergence profonde entre deux descriptions indiquerait ici une différence moins objective que subjective,

---

[21] La dimension culturelle de l'ambassade d'Aramon apparaît un peu comme le prolongement non seulement géographique mais aussi *chronologique* du mécénat exercé par François Ier. Bien qu'il ait appris la mort du Roi peu après son arrivée auprès de Soliman, l'ambassadeur semble s'être efforcé de reproduire sous d'autres longitudes et sous un autre règne le rôle de protecteur des lettres assumé par son premier maître.

[22] Les textes de Postel, en grande partie rédigés dès 1538-1540, véhiculent l'expérience de deux voyages, le premier effectué en 1535-1537, le second en 1549-1551.

relevant du domaine de la perception ou de l'écriture. Cette stabilité relative du référent peut paraître anecdotique: elle est tout simplement fondamentale dans la mesure où elle permet d'asseoir l'analyse des textes sur des bases réellement solides.

* * *

Il me reste à préciser que l'étude qui va suivre se présente sous la forme d'un diptyque répondant à deux problématiques distinctes: d'un côté, le rapport des textes à la bibliothèque, à l'*autorité*; de l'autre, leur rapport au monde, à l'*altérité*.

Dans un premier volet, le corpus aramontin sera examiné sous l'angle des relations (souvent conflictuelles) qu'il entretient avec certains modèles traditionnels. On s'en doute: il ne s'agira nullement de répertorier toutes les influences, tous les emprunts ou même toutes les sources, mais bien de dégager et d'analyser les stratégies intertextuelles les plus ingénieuses et les plus efficaces. Cette approche voudrait rendre palpable le travail d'écriture et de réécriture, de construction subtile et d'élaboration soigneuse qui soustend la plupart de ces textes souvent mal connus et leur permet en définitive de pleinement s'affirmer, d'exister à part entière.

Plus l'écriture du Levant s'affranchit de la tradition littéraire, plus elle est directement confrontée à l'altérité orientale. Le second volet étudiera de près ce passionnant face à face en privilégiant les dispositifs mis en place afin d'appréhender et de traduire différentes facettes de la *société ottomane*. Les stratégies textuelles n'y seront pas seulement considérées pour elles-mêmes, mais aussi et surtout en tant qu'instruments anthropologiques permettant de forger du monde turc une image relativement cohérente à défaut d'être toujours fidèle.

Il va sans dire que les deux perspectives ici distinguées par commodité entretiennent des rapports étroits, ne serait-ce que parce qu'elles renvoient à des phénomènes textuels profondément solidaires. Lorsque le voyageur-écrivain se tourne vers la bibliothèque, c'est bien souvent pour y puiser de quoi dire le jamais vu. L'autorité est alors convoquée *par* et *pour* l'altérité. On pourrait d'ailleurs soutenir qu'il en va de même pour toute écriture de l'altérité, et qu'il n'existe pas de description totalement affranchie de la tradition littéraire. A supposer même que la différence orientale (ou autre) puisse faire l'objet d'une représentation directe, *immédiate*, celle-ci se verrait aussitôt à l'origine d'un nouveau réseau intertextuel, et ainsi de suite. Loin de moi, par conséquent, l'idée de faire violence aux textes afin d'opposer de manière trop rigide l'*imitatio* et la *mimesis*[23]. La bipartition adoptée ne doit pas être comprise comme un cloisonnement, mais bien comme une structure perméable et donc propice aux éclairages réciproques.

---

[23] Sur ces deux versants de l'imitation, voir M. Jeanneret (*Des Mets et des mots*, pp. 249-271), qui montre à quel point la littérature du seizième siècle revendique dans son ensemble une allégeance égale envers la réécriture des modèles traditionnels (*imitatio*) et la représentation directe (ou prétendue telle) d'une réalité extratextuelle (*mimesis*). Ces deux postulations en apparence contradictoires informent des œuvres aussi différentes que celles de Rabelais, Ronsard ou Montaigne, dans lesquelles elles coexistent sans s'annuler et tendent même à se soutenir mutuellement.

PREMIÈRE PARTIE

D'UN TEXTE L'AUTRE

La pression constante exercée par la bibliothèque sur les descriptions du Levant à la Renaissance s'observe parfaitement dans le cas du corpus aramontin, où la relation intertextuelle détermine souvent l'écriture des soubassements aux fioritures et demande donc à être examinée avec le plus grand soin.

Cette incontestable réalité textuelle s'inscrit, on le sait, dans un contexte épistémologique où les notions d'*autorité* et d'*imitation* occupent encore une place prépondérante. Pour le voyageur-écrivain, il est alors impensable de prendre la plume sans s'être au préalable imprégné des textes anciens et modernes concernant les pays qu'il a parcourus. Mieux: la lecture des principaux ouvrages disponibles sur les régions levantines constitue l'indispensable prélude à un voyage fréquemment perçu comme une occasion unique sur le plan intellectuel ou spirituel. Les textes des autorités ou simplement des prédécesseurs permettent de prévenir le heurt d'une trop brusque rencontre avec différentes formes d'altérité. Comme aujourd'hui les guides touristiques, ils orientent le futur voyageur en lui suggérant d'avance une liste de curiosités sur lesquelles focaliser son regard ébloui; pour chacune de ces bribes d'Orient, ils procurent une description, un commentaire ou une explication, parfois même un terme savant ou exotique susceptible de partiellement neutraliser le jamais vu au moyen d'une rassurante nomination. Les nombreux livres consacrés au Levant proposent ainsi une grille de lecture des plus utiles pour déchiffrer, mémoriser et traduire la différence des régions à parcourir. Pour le voyageur-écrivain, ils peuvent parfois constituer le meilleur antidote contre la cécité ou l'aphasie.

Et pourtant les choses ne sont pas si simples, car l'allégeance envers les autorités et l'imitation des modèles littéraires se trouvent alors fortement contrebalancées par une valorisation croissante de l'expérience et de l'expression personnelles. De sorte que le voyageur, même s'il continue de recourir abondamment à l'intertexte, se garde généralement bien de le crier aux quatre vents. Loin de revendiquer son travail sur les modèles, il s'applique volontiers à en effacer les traces et préfère se représenter sur les pistes levantines qu'au milieu de sa bibliothèque. Le découpage et le collage textuels se voient du coup relégués dans l'ombre, où l'emprunt devient larcin et où les influences ne s'avouent jamais que du bout des lèvres. Lecteur vorace et habile contrefacteur, l'écrivain œuvre ici avec d'autant moins de scrupules que son travail demeure en partie clandestin. Cette tendance accusée à l'occultation des sources ne prend bien sûr tout son sens qu'à la lumière du célèbre principe d'autopsie, dont elle constitue en fait une conséquence inévitable. Contrairement au poète inspiré ou au philologue érudit, le voyageur peut difficilement mettre en avant une qualité intrinsèque susceptible de rendre légitime sa prise de parole. Seule son expérience du lointain le démarque de ses compatriotes et justifie son statut d'auteur. Au risque de perdre toute crédibilité, il est contraint d'avoir vu, de ses propres yeux vu, les réalités dont il traite – ou du moins de faire croire à cette expérience visuelle. Cet impératif d'autopsie trouve par ailleurs son prolongement naturel dans l'hypotypose, laquelle confère à la lettre toute sa capacité à susciter des images, son plein pouvoir de représentation.

Un texte peu connu du corpus aramontin illustre de façon privilégiée pareille épistémologie du regard: il s'agit de l'*Elephanti nova descriptio*, une lettre adressée par Pierre Gilles[1] au cardinal Georges d'Armagnac à l'occasion de la dissection – on voudrait dire l'autopsie – d'un éléphanteau mort à Alep, probablement début 1549. Outre qu'il multiplie les marques d'expérience visuelle («observavi», «perceperim», «vidi», «mensus sum», etc.), l'auteur prend bien soin d'annoncer d'entrée de jeu à son destinataire qu'il lui *mettra sous les yeux* l'éléphant: «sub aspectumque tuum subjiciam elephantum»[2].

---

[1] Philologue de formation, Pierre Gilles (Albi, 1489-Rome, 1556) découvre la zoologie à la lecture de l'*Histoire des animaux* d'Elien, dont il publie une traduction latine dès 1533 en y adjoignant un lexique des poissons de la Méditerranée. Dès 1544, il part pour le Proche-Orient en quête de manuscrits destinés à enrichir les collections royales. Son voyage n'est pas de tout repos: avant de rencontrer Aramon, il devra s'engager dans l'armée ottomane afin de subvenir à ses besoins; il sera même plus tard capturé par des corsaires dans les environs de Corfou (été 1552). De son expérience levantine procèdent deux grands ouvrages publiés de façon posthume à Lyon, en 1561: 1) le *De Bosporo Thracio*, traduction copieusement glosée de la *Remontée du Bosphore* de Denys de Byzance (manuscrit retrouvé par Gilles); 2) le *De Topographia Constantinopoleos*, une description systématique des vestiges de la cité antique. Quant à l'*Elephanti nova descriptio*, elle paraît une première fois en 1562 à la suite d'une nouvelle édition d'Elien. Pour des raisons pratiques, c'est néanmoins à la réédition de Hambourg (1614) que je renvoie désormais. Sur la vie et l'œuvre de Gilles, voir E.-T. Hamy, «Le père de la zoologie française Pierre Gilles d'Albi». Sur le *De Bosporo*, voir l'excellent article de C. Jacob, «Le voyage de Pierre Gilles et la tradition des géographes grecs mineurs».

[2] *Descriptio nova elephanti*, p. 3.

Le naturaliste n'est d'ailleurs pas loin de tenir parole. Il peint avec minutie l'écorchement de l'animal; il en décrit et mesure les viscères, la langue, les défenses, les dents intérieures, les pattes et du même coup les fameuses «jointures aux jambes» dont Strabon ignorait l'existence[3], mais qui se donnent ici lumineusement à voir:

> Deinde crura a corpore abscissa sunt, eorumque ossa extracta candidissima, et plane eburnea omnia. Tum aperte vidi quam mendaces illi sint, qui tradunt elephantorum crura carere articulis et juncturis, cum singula duas juncturas habeant, unam supra pedem, qua pes advectitur ossi tibiæ [...]; deinde secunda junctura genuum et poplitum, supra quam os femoris: denique omnia eius ossa eburnea, et tam candida, quam ipsius dentes...[4]

Le triomphe étincelant de l'écriture par le regard[5] est aussi celui de la lecture par images vives. De l'œil du voyageur à celui du lecteur, la chaîne de la transparence ne s'interrompt pas: la *mimesis* – ou plutôt l'illusion mimétique – règne ici en maître incontestable. Sans prendre en compte cette fiction de limpidité, on ne saurait comprendre pourquoi l'imitation des modèles, bien que généralisée, doit la plupart du temps demeurer tacite. En plein culte de la *mimesis*, l'*imitatio* clairement revendiquée ferait un peu figure de blasphème.

Pareil déséquilibre entre idéal théorique et réalité d'écriture donne évidemment lieu à de fortes tensions dont je me propose d'examiner quelques modalités parmi les plus significatives. Cette première partie commence ainsi par illustrer l'imitation consciente et active à laquelle les pérégrinateurs se livrent à partir du modèle pèlerin – le modèle par excellence. En prolongement, elle retrace l'émergence et l'affirmation souvent conflictuelles de l'expérience visuelle à travers le processus déjà évoqué de la reconnaissance, puis aborde la question incontournable de la naissance des *topoi*, c'est-à-dire des mécanismes par lesquels toute représentation du «jamais vu» est susceptible de générer des réécritures pour finalement tomber dans le domaine du «déjà dit».

---

[3] Cf. *Géographie*, XVI, 4.

[4] P. Gilles, *op. cit.*, pp. 12-13: «Ensuite, on sépara les jambes du reste du corps et on en retira les os, tous pareils à l'ivoire et d'un blanc des plus éclatants. Alors je vis clairement à quel point mentent ceux qui racontent que les pattes des éléphants n'ont pas d'articulations et de jointures, bien que chaque membre en possède deux. Une au-dessus du pied, par laquelle celui-ci est rattaché au tibia [...]; puis une seconde jointure, aux genoux, au-dessus de laquelle se trouve le fémur. Enfin, tous ses os sont pareils à l'ivoire et d'un blanc aussi éclatant que ses défenses...» (ma traduction). Pour plus de détails sur cette dissection en dialogue constant avec les autorités antiques, cf. F. Tinguely, «A la 'redécouverte' de l'éléphant: Pierre Gilles et son *autopsie* levantine (1549)».

[5] Cf. F. Hartog, *op. cit.*, p. 275.

CHAPITRE PREMIER

PÈLERINAGES ET PÉRÉGRINATIONS

A l'exception du géographe Nicolas de Nicolay[1], tous les compagnons d'Aramon ont accompli avec plus ou moins de dévotion la visite de Jérusalem et des Lieux saints. Certains d'entre eux ont même été affiliés à l'Ordre du Saint-Sépulcre, tels Jacques Gassot (pour son pèlerinage de 1546), Jean Chesneau et bien sûr André Thevet, toujours soucieux de rentabiliser son expérience viatique afin de se démarquer symboliquement de ses contemporains. Quant à Guillaume Postel, on sait qu'il a tenu à ce que le graveur Jean Rabel le représente arborant sur la poitrine la prestigieuse croix potencée des pèlerins de Jérusalem, et que «chaque année aux Rameaux il participait à la procession réservée à ceux qui avaient fait le voyage en Terre Sainte»[2]. En dépit de ces indications, il demeure difficile de considérer les voyageurs qui nous intéressent comme des pèlerins au sens plein et profond du terme. Nul d'entre

---

[1] Le Dauphinois Nicolas de Nicolay (1517-1583) est à l'époque surtout réputé pour ses qualités d'espion-cartographe, compétences dont il fait montre en dérobant aux Anglais des documents géographiques capitaux pour préparer l'attaque du château de Saint-Andrews (1547) et l'enlèvement de Marie Stuart (1548). Les considérations stratégiques jouent également un rôle dans son voyage levantin (1551-1552) et dans la mission de «générale description» du royaume qui lui est confiée par Charles IX et Catherine de Médicis à partir de 1561. Nommé «géographe ordinaire [...] du Roy» peu après son retour du Levant, puis «premier cosmographe du Roy» en 1570, il est l'auteur d'un ouvrage sur l'Orient superbement illustré: *Les Quatre Premiers Livres des Navigations et Peregrinations Orientales* (Lyon, 1567-1568). Cf. l'introduction de M.-C. Gomez-Géraud et S. Yérasimos à leur édition des *Navigations* (*Dans l'Empire de Soliman*, pp. 9-40); sur le «partage des savoirs» entre Nicolay et Thevet, voir F. Lestringant, *André Thevet*, pp. 259-274.

[2] J.-F. Maillard, «Les portraits de Guillaume Postel», p. 12. On reconnaît ici les pratiques stigmatisées par Erasme en 1526 dans son *De Utilitate Colloquiorum* (cf. *Opera omnia*, I, 3, p. 747): «Ceux qui ont été à Jérusalem sont appelés chevaliers d'or, ils s'appellent frères, et le Jour des Rameaux ils jouent sérieusement une farce, tirant un âne au bout d'une corde; eux-mêmes ne diffèrent pas beaucoup de l'âne en bois qu'ils tirent» (*Œuvres choisies*, éd. J. Chomarat, p. 745).

eux ne semble en effet avoir entrepris son voyage par pure dévotion ou pénitence. Nul n'a quitté ses pénates uniquement afin de gagner et de contempler le Saint-Sépulcre. Or, comme le suggère la perspective phénoménologique d'Alphonse Dupront, le pèlerinage *stricto sensu* se définit avant toute chose comme un cheminement exclusif vers un lieu sacral:

> La fécondité de délivrance de l'acte pèlerin, c'est qu'il a un terme, un «lieu» qu'il faut atteindre, et ainsi privilégié comme tel. Cette fixation spatiale est capitale. Pas de pèlerinage sans «lieu». Aller à..., c'est force affirmée de la maîtrise de l'espace, parce que l'on sait où l'on va et parce que, dans cette marche au «lieu», il y a reconnaissance corporelle d'endroits marqués d'une élection particulière [...]. L'important, qui anime la marche et donne à la quête son sens, c'est de vivre que terme il y a, c'est-à-dire par le terme consécration sensible de l'effort, mais surtout qu'en lui se trouve atteint un «lieu» d'espace, d'une autre contexture, de cette différenciation éminente que l'on dira globalement sacrale[3].

Toute pérégrination n'est donc pas un pèlerinage, loin s'en faut. Le tour du Levant effectué par l'ambassadeur et sa suite s'inscrit d'ailleurs dans un contexte laïque où les considérations politiques et scientifiques l'emportent très nettement sur les préoccupations dévotes. Loin de tendre de façon aussi linéaire que possible vers un pôle de sacralité, le périple des compagnons d'Aramon trouve sa raison d'être dans la diversité même des régions visitées, dans la grande boucle qu'il dessine et qui figure à sa manière un cercle de la connaissance. Il relève en somme davantage du *tourisme* que de l'acte pèlerin, jamais circulaire parce que toujours vécu à sens unique[4].

Un bref examen des conditions matérielles du voyage vient d'ailleurs confirmer ces quelques remarques générales. Force est de constater à la lecture de Chesneau ou de Gassot que la suite officielle de l'ambassadeur n'a pas grand-chose à voir avec la masse des pèlerins puants et conspués. Pour ces derniers, les épreuves du trajet participent pleinement de la dévotion hiérosolymitaine: elles jalonnent le

---

3   A. Dupront, *Du Sacré*, pp. 48-49.

4   Sur l'opposition paradigmatique entre «tourisme» et pèlerinage, voir F. Tinguely, «Janus en Terre sainte: la figure du pèlerin curieux à la Renaissance». F. Wolfzettel qualifie avec raison de «touristique» le périple levantin effectué par Aramon et sa suite (*Le Discours du voyageur*, p. 62). On hésite en revanche à suivre F. Joukovsky lorsqu'elle regroupe les voyages les plus divers sous l'étiquette commune de «circuit touristique». Même s'ils s'avèrent parfois avides d'exotisme, des pèlerins comme Faber, Le Huen, Possot ou plus encore Regnaut n'ont sur le fond rien à voir avec des voyageurs comme Thevet ou Belon. Cf. F. Joukovsky, «Un circuit touristique au XVIᵉ siècle: les pèlerinages à Jérusalem».

chemin sacral comme les chutes la *Via Crucis*, si bien que toute ava-
nie (même triviale) peut se charger à leurs yeux d'une signification
qui la dépasse et être aussitôt intégrée dans une logique de rédemp-
tion et de transcendance[5]. Tenter de supprimer ces multiples obstacles, ce serait vouloir faire de la colline sacrée une plaine ordinaire.

Cette distinction entre voyageurs privilégiés et pénitents n'est
pas le fait d'un regard rétrospectif en mal de catégorisation. Elle se
trouve corroborée par un témoignage d'époque, celui du pèlerin
Antoine Regnaut, qui s'était embarqué à Venise le 5 juin 1549 et se
trouvait en Terre sainte début août, c'est-à-dire à peu de chose près
en même temps qu'Aramon, Chesneau, Gassot et Gilles. Dans son
Discours du voyage d'outre mer (1573), qui s'inscrit dans la lignée
des récits de pèlerinage les plus traditionnels, Regnaut note avec le
plus grand soin les détails pratiques susceptibles d'intéresser les
candidats au voyage. Il affirme avoir dû débourser «neuf cequains
d'or valans unze escus d'or de France» afin d'entrer dans l'église du
Saint-Sepulcre; puis il écrit, non sans que transparaisse un sentiment d'envie somme toute peu chrétien:

> Lors Monseigneur d'Arramon [*sic*], ambassadeur pour la tresheureuse
> memoire du feu Roy Henry vers le Grand Seigneur, estoit audit lieu de
> Jerusalem, et dudit lieu se partit pour aller au grand Caire accompaigné
> du Baschat de Damasce, et ses janissaires garniz de lettres de faveur du
> Grand Turc, lequel [Aramon] entra aussi dans le Sainct Sepulchre avec
> plusieurs chevaliers françois, et entre autres nobles hommes Jaques
> Gassot Seigneur de Deffens, commissaire ordinaire des guerres du Roy,
> Pierre de Cochart Seigneur du Cloz Libert, varlet de chambre ordinaire
> de sa majesté, *franchement et librement sans riens payer*[6].

---

[5] L'incontestable force du discours pèlerin réside pour une bonne part dans cette
capacité à investir les pires infortunes d'une valeur positive sur le plan spirituel.
Témoin la manière dont le cordelier Jean Thenaud évoque tel mauvais traitement enduré à Damiette, en 1512, au retour d'un pèlerinage en Terre sainte et au
Sinaï: «Mon hostesse more m'estoit si gracieuse, que tous les matins me saluoyt
à coups de pierres, et parce qu'elle me rencontroit au saillir de sa porte chascun
matin (dont cuydoit en avoir toute la journée pire encontre) elle crioit en langue
arabicque: 'O mon Dieu! quel crime et peché ay je faict contre toy pour lequel
m'ayes ainsi pugnye de trouver cestuy matin en nostre chemin ce chien et fils de
chien!', 'Ro rogerbou!', c'est à dire: 'Va t'en d'icy savate puante!' Ainsi passay
celuy temps *en grande et inestimable penitence*» (J. Thenaud, *Le Voyage d'Outremer*, pp. 122-123). De même l'épisode où, roué de coups et dépouillé de ses
vêtements, le pèlerin n'en progresse que mieux dans son *imitatio Christi*: «Et
demouray près de trois heures ainsi nud sur le sable, en me recommandant à
Dieu et plusieurs sainctz et sainctes èsquelles avoys devotion» (pp. 67-68).

[6] A. Regnaut, *Discours du voyage d'outre mer*, p. 67. En réalité, il est très peu
probable que Regnaut ait assisté à cette scène qui, selon lui, aurait eu lieu le
11 août 1549. Chesneau affirme en effet dans son *Voyage de Monsieur*

L'impressionnante escorte, les lettres de faveur du Grand Turc et l'entrée gratuite dans le lieu de dévotion ne laissent ici planer aucun doute: l'ambassadeur et sa suite ne sauraient se confondre avec les véritables marcheurs de Dieu. S'ils se trouvent à Jérusalem, c'est certainement moins par piété personnelle que sur l'ordre du Roi, qui leur «commanda» de «faire ladicte peregrination, offrandes et aumosnes»[7]. Dans l'esprit comme dans la chair, il est ainsi plus d'une différence entre le flot des pèlerins anonymes et la petite élite entourant l'ambassadeur[8]. Et même si Postel et Thevet ont vraisemblablement visité la Terre sainte dans des conditions plus habituelles – c'est-à-dire plus pénibles –, ils ne peuvent pas non plus être assimilés aux pèlerins proprement dits, ne serait-ce qu'en raison des motifs partiellement «scientifiques» de leur voyage. On l'imagine sans peine: la quête de singularités (Thevet) ou de manuscrits orientaux (Postel) n'est pas précisément la priorité des masses dévotes embarquées sur les galères vénitiennes.

Malgré ces différences bien palpables, il est évident que les «pérégrinateurs» désireux de relater leur séjour en Terre sainte subissent presque nécessairement l'influence des récits de pèlerinage. En pleine prolifération dans la seconde moitié du quinzième siècle, ces relations constituent un genre littéraire des plus codifiés dont le caractère extrêmement répétitif ne peut au demeurant qu'accroître le poids intertextuel. Que ces récits forment une masse compacte d'œuvres coulées dans un même moule, voilà en somme qui garantit la solidité et l'emprise de ce dernier, voilà qui fonde pleinement son statut de modèle pour des générations de voyageurs à venir[9].

---

d'Aramon (f. 298 v°; p. 128) que la troupe de l'ambassadeur se trouvait déjà au Caire le 10 du même mois. La visite du Saint-Sépulcre a ainsi toutes les chances de remonter à la fin juillet, avant l'arrivée des pèlerins en provenance de Venise. Mais le fait que Regnaut appartienne à la confrérie des disciples de «Ouy-dire» n'enlève rien à la valeur de cet extrait en tant qu'il témoigne de la mentalité propre aux pèlerins de l'époque.

[7]   *Ibid.*, p. 211.

[8]   Dans la même logique, il faut noter que Belon, visitant la Terre sainte en compagnie de l'ambassadeur François de Fumel, marque clairement la distance qui le sépare des pèlerins (cf. *OS*, f. 141 r° et les remarques de W. Williams, *Pilgrimage and Narrative*, pp. 196 et 234). Au début du dix-septième siècle, le jésuite Jacob Gretser stigmatisera d'ailleurs ce Belon plus «Pharmacopolam» que «Christianum» dans son *De Sacris et religiosis peregrinationibus* (cf. la thèse de M.-C. Gomez-Géraud, *Le Crépuscule du Grand Voyage*, pp. 328-329).

[9]   La déconcertante uniformité des relations de pèlerinage aux quatorzième et quinzième siècles peut en partie s'expliquer par l'existence d'une sorte de guide de voyage distribué aux pèlerins par les franciscains de Venise ou de Terre sainte. Voir J. Brefeld, *A Guidebook for the Jerusalem Pilgrimage*.

Parmi les nombreuses contraintes auxquelles obéit le genre pèlerin, la plus universellement respectée n'est autre que l'adoption d'une linéarité textuelle idéalement calquée sur celle du voyage. C'est aux propos d'Antoine Regnaut qu'il faut une fois de plus recourir afin de constater la vigueur de cette tradition en plein seizième siècle:

> Et jaçois que mon stile ne soit orné de belle paincture, ny enrichi de quelques ornemens doux, ny de langage affecté, si esperé-je que le present sera receu des fidelles catholiques tant pource qu'il traicte, que pour la verité de l'ordre, que je poursuis sans rien farder, adjouter, ne diminuer dudit voyage, le tout ainsi que de jour à autre je l'ay faict, passant ès lieux de la Terre Saincte[10].

De prime abord, l'affirmation paraît étrange, selon laquelle la pauvreté de l'*elocutio* devrait en partie être rachetée par la simplicité de la *dispositio*. Elle ne doit pourtant rien à une esthétique capricieuse qui ferait parfois de carence richesse. Cette apparente inconsistance révèle au contraire l'importance primordiale de la *dispositio* dans les relations dévotes. Parce que le pèlerinage est un cheminement progressif vers un lieu sacral – et parce qu'il est psychologiquement vécu comme tel –, la séquence du récit doit nécessairement reproduire celle des étapes du voyage. Les indices fictionnels que constituent le commencement *in medias res*, la prolepse ou l'analepse ne sauraient ici être de mise. Dire la Crète avant Venise, ou bien Jaffa avant Corfou, ce serait trahir dans son essence même l'expérience du pèlerin en nivelant un espace spirituellement hiérarchisé et en rompant la chaîne séculaire des étapes du chemin hiérosolymitain. C'est avant tout dans cette perspective qu'il faut comprendre l'ordre vrai (c'est-à-dire linéaire) auquel Regnaut attache tant d'importance, ordre que le texte doit se contenter de «poursuivre» sans altération aucune.

Le degré zéro de la *dispositio* fonctionne ici comme gage de véracité. Pareille insistance sur la «vérité de l'ordre» n'est certes pas exclusive aux relations de pèlerinage et pourrait bien faire pendant à l'inaltérable linéarité des chroniques médiévales[11]. Mais alors que celles-ci visent d'abord à rendre une succession *chronologique*, celles-là mettent davantage l'accent sur un ordre *topographique* et témoignent ainsi d'une confiance inégalée dans les capacités

---

[10] A. Regnaut, *op. cit.*, f. a 2 v°.

[11] Dans le Prologue de sa célèbre *Chronique* de Terre sainte, Guillaume de Tyr insiste par exemple à deux reprises sur le devoir de «rapporter sans l'altérer la suite des actions» (cf. *Croisades et Pèlerinages*, p. 507).

mimétiques du récit. Tout se passe comme si le texte, en restituant la séquence des étapes du trajet, se donnait à parcourir comme un véritable espace géographique. Par delà toute métaphore de la lecture comme voyage, l'illusion recherchée est ici de celles que produit la carte ou le portulan lorsque on y dessine du doigt le tracé d'un voyage accompli ou à venir[12]. Pour le dire sans détours: l'*Itinerarium* s'efforce tant bien que mal de passer pour *iter*[13].

On comprend que cette adhérence totale du récit à l'immuable chemin hiérosolymitain ne peut qu'accentuer la formidable pression intertextuelle exercée par un modèle générique encore bien vivant pendant tout le seizième siècle et une grande partie du dix-septième. Pour bien des voyageurs, il relève alors quasiment de la gageure d'emprunter l'itinéraire consacré par les pèlerins – de Venise à Jérusalem, *via* la Crète et Chypre – sans du même coup emprunter à l'un ou l'autre de leurs *Itinéraires*. Reste qu'influence et allégeance ne sont pas forcément synonymes, comme nous allons le voir en examinant successivement les relations subtiles et pour le moins ambiguës que Chesneau et Thevet entretiennent avec la littérature de pèlerinage.

VENISE RÉORIENTÉE

Embarqué à Venise avec Aramon, Chesneau n'a pas suivi la voie traditionnelle des pèlerins de Jérusalem, puisqu'il a gagné Constantinople par voie terrestre à partir de la côte dalmate. Quant à sa visite de la ville sainte, nous avons vu qu'elle s'inscrivait dans un vaste tour du Levant dont elle ne constituait en somme qu'une étape parmi d'autres. Si le secrétaire de l'ambassadeur est effectivement passé par la ville qui ouvre le pèlerinage et par celle qui le clôt, il a emprunté dans l'entre-deux un itinéraire inconnu des marcheurs de Dieu. Et cependant, les descriptions qu'il donne de ces deux cités

---

[12] A cet égard, on peut considérer que le chapelet de lieux égrenés par le récit de pèlerinage constitue une véritable alternative à la représentation cartographique de l'espace levantin. C'est surtout au moyen de listes toponymiques, et non de cartes, que la masse des pèlerins médiévaux devait se représenter l'Orient. On sait que les anciens Grecs privilégiaient également les descriptions textuelles du monde (cf. C. Jacob, *L'Empire des cartes*, p. 437). Au sujet de la prédominance du *lieu* sur l'*espace* au Moyen Age, voir P. Zumthor, *La Mesure du monde*, p. 51.

[13] Et non sans succès! Il semble en effet que cette confusion entre texte et voyage se soit cristallisée dans l'incontestable ambiguïté sémantique qui entoure aujourd'hui la notion d'«itinéraire».

font incontestablement écho à celles continuellement ressassées par les pèlerins dans leurs récits.

Le *Voyage de Monsieur d'Aramon* s'ouvre sur l'un des grands lieux communs du genre: l'éloge pompeux de la Sérénissime. Dans la plus pure tradition de la *descriptio civitatis*, le superlatif est ici de rigueur:

> ...Venize, la plus belle et forte ville et plus riche et abondante en toutes sortes de marchandises que nulle autre cité d'Italye, situee dans la mer, fort bien bastye, et y a des plus beaux et magnifiques palays et autres somptueux edifices qu'il est possible de voir[14].

D'emblée, le texte de Chesneau semble par conséquent s'inscrire dans la lignée des «déclarations de Venise» ou autres «oraisons commendatives de la cité et seignorie de Venise»[15]. Parmi les principales curiosités traditionnellement évoquées, le voyageur n'oublie ni «le trezor Sainct Marc», ni «l'arcenac où sont les gallaires et autres vaisseaux de mer»[16]. Mais alors que les pèlerins se plaisent habituellement à établir la liste exhaustive des «precieuses reliques» à «reverer et honnorer au temps moien des preparations pour entrer sur la mer»[17], Chesneau surprend en se libérant totalement de cette contrainte: pour lui, Venise ne constitue nullement la première étape d'un cheminement vers le sacral. Il n'a aucune raison d'y recenser les reliques comme autant de fragments de Terre promise dont la contemplation permettrait d'anticiper l'aboutissement du voyage. En fin de compte, peu lui chaut que l'église Saint-Zacharie renferme comme par avance une «piece du tumbeau de Nostre Seigneur»[18].

---

[14] Chesneau, *op. cit.*, f. 269 r°; pp. 2-3.

[15] Pour ces descriptions encomiastiques, cf. par exemple Nicole Le Huen, *Le Grant Voyage de Jherusalem*, ff. 9 r°-11 r° (d'abord publiée en 1488 à Lyon sous le titre *Des Sainctes peregrinations de Jherusalem*, cette relation adapte et prolonge le célèbre *Sanctarum peregrinationum [...] opusculum* de Bernard de Breydenbach, doyen de la cathédrale de Mayence et pèlerin de Terre sainte en 1483); *Le Voyage de la saincte cyté* [pèlerin anonyme de 1480], pp. 11 *sqq.*; A. Regnaut, *op. cit.*, pp. 10-16.

[16] Chesneau, *op. cit.*, f. 269 v°; p. 4. Comme l'écrit B. Ravà, «presque tous les pèlerins qui passaient par Venise» au Moyen Age «donnaient une très grande importance à la visite des églises dont cette ville était riche et des reliques saintes qu'elles renfermaient, et probablement [que] leur connaissance de la ville enchanteresse n'allait pas plus loin» (*Venise dans la littérature française*, p. 62). La même tendance a pu être observée chez Bernard de Breydenbach et Jacques Lesaige (cf. F. Joukovsky, «Voyageurs français dans la Venise du XVIᵉ siècle», p. 491).

[17] N. Le Huen, *op. cit.*, f. 9 r°.

[18] *Le Voyage de la saincte cyté*, p. 19.

Tout en reconduisant partiellement et de manière apparemment banale le *topos* encomiastique hérité des récits de pèlerinage, Chesneau projette sur la cité des Doges un éclairage entièrement laïque[19]. Comme les pèlerins, il fait de la ville un lieu d'annonce et de transition. Mais dans son cas le mouvement qui s'amorce ne conduit pas à Jérusalem : il oriente habilement le lecteur en direction de la capitale ottomane.

Dans le *Voyage de Monsieur d'Aramon*, le court éloge de la Sérénissime s'achève ainsi de façon pittoresque et inattendue sur l'évocation des impressionnantes acrobaties effectuées place Saint-Marc par un équilibriste turc :

> Ne voulant oublier ce que je y vis faire à un Turcq qui monta sur le clocher Sainct Marc, qu'un chascun sçait estre le plus haut de toute Italye, cheminant droict avec un contrepoix en la main sur une corde, laquelle estoit tendue du lieu où sont les cloches jusques à vingt brasses de large dans le grand canal de mer qui est prez Sainct Georges. Et depuis qu'il fut monté tout au haut dudict clocher, se fist *lier par les cheveux* à ladite corde, à laquelle, estant pendu, vint legierement, battant tousjours les mains, jusques au lieu où il commença monter[20].

Aussi plaisant soit-il, le tableau paraît un peu difficile à croire et c'est peut-être là précisément sa fonction. En décrivant avec minutie cette performance dont il affirme avoir été le témoin oculaire, le voyageur-écrivain semble vouloir nous accoutumer en douceur aux merveilles orientales. Car si le protagoniste de l'exploit est déjà un Turc, la scène se déroule encore en plein centre religieux d'une des plus grandes villes d'Occident. Le lecteur est par conséquent tenu d'y ajouter foi et d'admettre que le secrétaire de l'ambassadeur n'aurait certainement pas l'audace – contre-témoignages obligent – de prendre pour décor la basilique Saint-Marc afin d'y situer une anecdote mensongère.

Mais une lecture attentive (et volontiers sceptique) du *Voyage de Monsieur d'Aramon* fait apparaître bien davantage. Ce genre de numéro inouï – et en particulier cette étonnante suspension par les cheveux – ne constitue nullement une manière de *hapax* et va au contraire se révéler un motif récurrent de la relation de Chesneau.

---

[19] Le moins que l'on puisse dire est que sa description n'a pas suscité beaucoup d'intérêt chez les commentateurs. Selon B. Ravà, ces pages n'ont «pas beaucoup d'importance» (*op. cit.*, p. 279). Quant à F. Joukovsky, elle juge simplement que «le lieu commun y est agrémenté de quelques détails» (art. cit., p. 492). Mais il est précisément certains détails sur lesquels on aurait tort de passer trop rapidement.

[20] Chesneau, *op. cit.*, ff. 269 v°-270 r° ; p. 5.

A l'endroit charnière du texte où s'achève la description de Constantinople et de la société ottomane, juste avant que ne débute le récit de la campagne de Perse, l'auteur procède *in extremis* à la description détaillée d'une série de tours exécutés par des bateleurs turcs dans la maison de l'ambassadeur. Au «ne voulant oublier ce que j'y vis faire» sur lequel s'ouvrait l'épisode vénitien répondent à présent les termes suivants:

> Ne voullant laisser en arriere aulcunes forces et dexteritez que je y ay veu faire par aulcuns Turcqs en la maison dudit Seigneur ambassadeur...[21]

Le parallèle entre les formules saute aux yeux. Dans les deux cas, la volonté d'arracher à l'oubli un spectacle dont le voyageur a été le témoin direct est affirmée avec force. Cette similitude dans la manière d'introduire la «représentation» suggère à n'en pas douter une construction des plus soignées. Selon toute apparence, ces deux scènes d'acrobaties ont été disposées en des endroits pivots afin de susciter des résonances et de constituer des jalons textuels dont la fonction précise reste à définir.

Les tours à présent décrits par Chesneau s'avèrent encore plus extraordinaires que celui de Venise et s'échelonnent même sur plusieurs jours, selon un *crescendo* savamment orchestré. La première journée est pour un Turc et «un sien garçon» l'occasion de s'illustrer en enchaînant des numéros où abondent arcs et cimeterres en guise d'accessoires. Mais la compétition est féroce, chez les saltimbanques, et les choses ne s'arrêtent bien entendu pas en si bonne voie:

> Estant espandu par Constantinople le bruict des dexteritez et forces par ledit Turcq, le jour ensuyvant en vint un aultre qui feist choses assez plus merveilleuses que n'avoit faict le precedent. Cestuy, estant les piedz nudz sur quatres [*sic*] simeterres tranchans, romp[i]t en deux pieces une grosse teste de mouton crue, estant icelle attachee à une chaisne de fer qu'il tenoit sous les piedz à terre, laquelle aussi estoit *liee à ses cheveulx*, à force desquelz il depiesa ainsi ladite teste...[22]

---

[21] *Ibid.*, f. 280 v°; p. 49. Le manuscrit que j'ai utilisé porte juste avant ce passage la marque d'un remaniement peut-être instructif: le texte a été amputé de quelques lignes concernant le Portugais Jehan Micquez, lignes qui figurent dans le manuscrit édité par Schefer (pp. 48-49) et qui sont ici reportées au f. 308 v°. Le scribe a d'ailleurs pris soin d'indiquer par le signe # les endroits du texte concernés par son «couper/coller». Voilà qui souligne les jointures du récit à cet endroit précis, d'autant plus que la description des différentes acrobaties est bordée d'une longue ligne ondulée qui semble la désigner comme une forme d'«interpolation».

[22] *Ibid.*, f. 281 r°; pp. 50-51.

Tout en répondant de manière littérale à la description des acrobaties vénitiennes, cette surenchère ne fait encore qu'annoncer les
exploits de la troisième journée. Au cours de celle-ci entre en effet
en scène un hercule «persien» qui multiplie lui aussi les prouesses
de toutes sortes avant de présenter un numéro particulièrement
visuel à défaut d'être original:

> Estant puis apres *attaché par les cheveulx* à une grue de bois haulte de
> terre de sorte qu'il ne pouvoit toucher avec les piedz, tira avec l'arc
> contre une piece de bronze grosse de deulx doigtz et icelle perça
> d'oultre en oultre[23].

Bien qu'émerveillé par tant d'adresse, le lecteur qui a pu croire au
spectacle vénitien ne doit logiquement pas douter de celui-ci,
auquel le texte l'a ingénieusement et progressivement préparé. Or si
cette acrobatie «décoiffante» relève du possible, on voit mal pourquoi on se prendrait à douter de toutes les autres, d'autant qu'elles
ont eu lieu dans la résidence même de l'ambassadeur, véritable îlot
d'Occident aux abords de la capitale ottomane. Le subtil dispositif
mis en place dès l'éloge de Venise porte ses premiers fruits: il oblige
le lecteur conséquent (et bienveillant) à se fier au témoignage oculaire du voyageur-écrivain, même si les affirmations de celui-ci
deviennent de plus en plus difficiles à vérifier.

Quant à l'ultime étape de ce long processus de mise en confiance,
elle prend évidemment place durant le récit de la campagne contre
le *Sophi*, ce qu'anticipait déjà l'origine persane du dernier bateleur
de Constantinople. C'est à présent la ville d'Alep qui sert de cadre à
de nouveaux tours d'adresse:

> Or pendant nostre sejour audit Allep vint un Turcq au logis dudit
> ambassadeur, qui feit aulcunes destresses plus merveilleuses que celles
> que j'aye veu faire tant à Venize que à Constantinople, qu'il me semble
> aussi ne devoir obmettre[24].

Bien que l'affirmation d'autopsie reste ici implicite et que la nécessité de narrer se fasse un peu moins pressante, le procédé introduc-
tif précédemment employé demeure somme toute aisément
reconnaissable. Le texte met d'ailleurs cette fois-ci en relation explicite le spectacle à suivre et les nombreuses prestations antérieures,
et ce toujours selon une progression vers le merveilleux ou le jamais
vu.

---

[23] *Ibid.*, f. 281 v°; pp. 52-53.
[24] *Ibid.*, ff. 290 v°-291 r°; p. 103.

Le nouvel acrobate turc (un véritable virtuose) multiplie ainsi les «tours et jeux incroyables» en se suspendant à un traversier, puis finit par présenter son chef-d'œuvre:

> Finablement, [il] attacha audit traversier une pollye à laquelle y avoit une corde pendante jusques en terre, où se fist *lier par ses cheveulx* et, estant ainsi attaché, luy mesme se monta jusques au plus hault où il tenoit la corde qu'il tiroit des doigtz des piedz, puys se laissa venir en terre doulcement et là se mist fin auxdites destresses[25].

Cette ultime récurrence du motif capillaire en plein bouquet final ne laisse guère subsister de doute: la séquence Venise/Constantinople/Alep a manifestement été construite selon une gradation parfaite et probablement insérée après coup dans le récit afin que le lecteur soit peu à peu conduit à croire l'incroyable et à se fier entièrement à la parole du voyageur-écrivain[26].

Par delà le processus de persuasion graduelle et de validation rétroactive auquel il aboutit, ce dispositif triparti paraît remplir une importante fonction structurante au sein du *Voyage de Monsieur d'Aramon*. Les trois spectacles d'acrobaties, dans la mesure où ils se répondent en balisant le texte à intervalles réguliers, constituent autant de points de repère dans le flux constant du récit. Sur la linéarité de ce dernier se greffe par conséquent une structure de renvoi invitant à de nouveaux parcours de lecture. Mais cette multiplicité n'est pas de celles qui viendraient menacer l'unité de la séquence narrative. Elle permet au contraire de la consolider en neutralisant la parataxe propre à tout récit de voyage au moyen d'un réseau d'annonces et de rappels. On s'en doute: le phénomène en question dépasse de loin le simple jeu formel, puisque la trame qui se tisse de la sorte sous les yeux du lecteur vise en dernière analyse à rapprocher les espaces géographiques, à faire office de *liant* entre des régions éloignées et des civilisations distinctes.

---

[25] *Ibid.*, f. 291 v°; p. 105.

[26] Nombreux sont les indices textuels qui conduisent à penser que les différentes composantes de cette série ont été greffées sur un récit déjà partiellement rédigé: la position toujours en fin de «chapitre», les formules introductives suggérant un «oubli», les traces de bricolage observées sur le Ms. fr. 23045, etc. Mais c'est l'approche intertextuelle qui permet ici de parvenir à une quasi-certitude. Il faut en effet savoir que Chesneau, qui procède à la rédaction définitive de son récit entre 1566 et 1574, récrit la plupart du temps de manière presque littérale le *Discours du Voyage de Venise à Constantinople* publié en 1550 par Jacques Gassot. Or *aucun* des éléments appartenant à la séquence que je viens d'analyser ne figure dans le texte de ce dernier.

Tout se passe donc comme si Chesneau récupérait et réorientait la stratégie de transition invariablement mise en place par les récits de pèlerinage au moins à partir de l'éloge de Venise. En substituant à l'inventaire des reliques la description des merveilles «à la turquesque», il semble se placer dans la perspective profane qui est celle de l'ambassade d'Aramon mais dont on va voir qu'elle n'est pas forcément toujours la sienne. Quoi qu'il en soit, la cité des Doges se révèle pour lui comme pour les pèlerins la première étape d'un cheminement vers l'altérité. Encore d'Occident mais déjà levantine, Venise entraîne toujours le voyageur au-delà de lui-même, un peu plus loin dans sa quête du singulier ou du sacral.

JÉRUSALEM DÉCENTRÉE

A l'autre extrémité du cheminement: Jérusalem. Chesneau en donne une description assez détaillée qui, de prime abord, ne semble pas se démarquer beaucoup des récits de pèlerinage. Relatant sa visite de la basilique du Saint-Sépulcre, il s'applique à énumérer les étapes de la procession traditionnellement effectuée à l'intérieur de l'église sous la direction des cordeliers du mont Sion. La liste des Lieux saints paraît tout à fait canonique, et le modèle dévot religieusement respecté.

Le lecteur averti ne peut toutefois manquer de déceler certaines dissonances entre la voix de Chesneau et le chœur des pèlerins. Premier écart: le secrétaire de l'ambassadeur ne précise jamais si une indulgence est ou non attachée à la visite de tel ou tel lieu de dévotion. Or quand on sait l'importance accordée à la rémission des peines temporelles dans les récits de pèlerinage[27], quand on connaît la querelle à laquelle les indulgences ont donné lieu au seizième siècle, on peut difficilement croire ici à une simple et insignifiante omission. Autre indice: le *Voyage de Monsieur d'Aramon* affiche une distance et une sobriété peu communes dans les descriptions de l'époque. Alors que les pleurs de contrition sont volontiers évoqués par les pèlerins[28], le texte de Chesneau n'enregistre de son côté

---

[27] Les éditions de l'époque indiquent parfois au moyen d'un symbole graphique (croix pattée, de Lorraine, etc.) les lieux dont la visite procure une indulgence plénière.

[28] Antoine Regnaut donne même sur ce point des consignes précises au futur pénitent: «La première instruction est à intention d'aller voir et visiter avec effusion de larmes les sainctz lieux, que Dieu a esleuz et choisis en ce monde pour rachepter nature humaine» (*op. cit.*, p. 1).

aucune émotion larmoyante, aucun geste de piété particulier. Mieux
que tout commentaire, la confrontation de brefs extraits fait apparaître la différence de ton et d'esprit qui existe entre ce récit et celui
d'un pèlerin «modèle». A propos du trou où fut plantée la croix sur
le mont Calvaire, le carme Nicole Le Huen, qui s'est rendu en Terre
sainte en 1487, écrit avec la plus grande religiosité:

> Le pertuis ou la fosse où fut la crois est parfond de deux paulmes ou
> plus et large pour y mettre sa teste. La mienne y a esté la mercy à
> Jhesus[29].

La description objective de la sainte trace est vite suivie d'une note
personnelle que le pronom possessif bien en évidence se charge
d'ailleurs de rendre immédiatement explicite. Mais à peine prononcé, ce témoignage de piété individuelle un tantinet orgueilleux
se voit contrebalancé par la grâce rendue au Christ, dont le doux
nom vient clore une phrase entamée de manière trop égocentrique.

On ignore si Chesneau a lui aussi ressenti le besoin d'enfoncer sa
tête dans ce creux sacral à même la roche du Golgotha, s'il a lui aussi
voulu poser son crâne tout près de l'endroit où la tradition aime à
placer celui du premier homme, là même où le Nouvel Adam souf-
frit la Passion pour racheter les péchés de l'humanité[30]. De ce geste
crucial, par lequel l'individu fond son destin dans celui du genre
humain tout entier, nulle trace dans le *Voyage de Monsieur d'Aramon*, où l'on peut en revanche lire ceci:

> ...et y a un trou rond qui a environ un pied de parfond, et par dessus y
> a une pierre de marbre percee à l'endroict dudict lieu. Et est ladite
> pierre enfermee tout au tour de cuyvre, et cloué [*sic*] à gros cloux afin
> que on ne la gaste et qu'on n'emporte de la terre du lieu, car aultrement
> les pellerins eussent transporté dudit mont plus gros que n'est toute
> l'esglise[31].

A l'élan fusionnel répondent ici le détail technique et surtout le sar-
casme à l'encontre du fétichisme dont font habituellement preuve
les pèlerins[32]. Ces derniers, plutôt que de respecter la spiritualité du

---

[29] N. Le Huen, *op. cit.*, f. 17 r°-v°.

[30] Il n'est peut-être pas indifférent de rappeler dans ce contexte que le Golgotha
tire son nom de l'araméen *gulgota* (crâne), lequel est rendu en latin par le terme
calvaria, en grec par *cranion*.

[31] Chesneau, *op. cit.*, f. 296 v°; p. 123.

[32] On trouve des remarques similaires chez certains pèlerins médiévaux, comme
par exemple Guillaume de Boldensele (quatorzième siècle): «Mais bien qu'il ne
reste rien selon moi du vrai Sépulcre, les pèlerins emportent des pierres et de la

lieu, le menacent matériellement par leur attitude irresponsable et quelque peu idolâtre. Bref, Chesneau s'applique à miner pour ainsi dire de l'intérieur la description du lieu de dévotion en raillant les pèlerins alors même que leurs textes lui servent de guides ou de modèles.

Son attitude critique va s'affirmer de façon encore plus marquée au moment d'aborder la question controversée de la position exacte du centre du monde à l'intérieur de la basilique. Le débat paraît aujourd'hui déplacé, dont l'issue équivaut forcément à situer le centre d'une sphère en quelque point de sa surface. Il convient cependant de ne pas trop schématiser les données du problème. Pour les géographes médiévaux, la position centrale de Jérusalem (fondée entre autres sur Ezéchiel, 5: 5) n'est nullement incompatible avec la sphéricité du monde. L'expression *medium mundi* (ou mieux encore *medium terræ*) renvoie avant toute chose au centre des terres habitées, au cœur de cette œkoumène en forme de disque qui ne recouvre que le sommet du globe et que représentent les fameuses cartes en T/O[33]. Sans négliger ces données cosmographiques, il importe de bien comprendre que le débat qui nous intéresse concerne au premier chef la localisation précise, topographique, d'un point central à Jérusalem même.

La question semble avoir sérieusement divisé les chrétiens de l'époque, comme le suggère le pèlerin anonyme de 1480 dans son *Voyage de la saincte cyté de Hierusalem*:

> On dit que le lieu où fut plantée la croix est justement le meilleu du monde, *secundum prophetam dicentem quod operatus est salutem in medio terræ*, combien que les Grecz dient qu'il est au meilleu du cueur de ladicte eglise à un gect de pierre de la place de la croix; et y a audict cueur ung petit pillier de pierre qui sort hors de terre environ demy pied et dessus ladicte pierre y a ung petit trou que Nostre Seigneur fist de son doygt en disant: «Ecce medium mundi», ainsi que dient les Grecz[34].

D'un côté, donc, les franciscains du mont Sion – on voit mal à qui d'autre le pronom impersonnel pourrait renvoyer – s'appuient sur une vague parole prophétique pour situer le centre des terres à

---

terre autant qu'ils le peuvent. S'ils le pouvaient, ils emporteraient toute la Terre sainte» (*Traité de l'état de la Terre sainte*, in *Croisades et pèlerinages*, p. 1018). Ce genre de critique reste toutefois marginal et ne vise jamais le pèlerinage en tant que tel.

[33] Voir W. G. Randles, *De la Terre plate au globe terrestre*, pp. 11-17.

[34] *Le Voyage de la saincte cyté*, p. 97.

l'emplacement de la croix[35]. Les religieux grecs, de leur côté, super-posent le milieu du monde à celui de l'église et le matérialisent même par un curieux *omphalos* d'inspiration delphique. Pour fonder leur dire, ils recourent à l'improbable autorité d'un Jésus géographe dont les paroles laconiques font par ailleurs écho à celles de Ponce Pilate.

En somme, deux tendances opposées s'affrontent ici à propos d'un problème pour le moins central. Au christocentrisme franciscain – bien dans l'esprit du *filioque* – répond en quelque sorte l'ecclésiocentrisme grec, lequel ne saurait souffrir de décalage entre le centre du monde et le chœur de la basilique. Contre toute attente, le pèlerin anonyme se garde bien de trancher en faveur des Latins et expose de manière assez équitable les deux thèses en présence. Mais en donnant poids égal à l'une et à l'autre, il ne fait que creuser davantage le fossé qui sépare les Eglises d'Orient et d'Occident. De ce bref extrait, il ressort en dernière analyse que les Grecs et les Latins demeurent inconciliables sur cette question comme sur tant d'autres, et que le schisme d'Orient trouve à Jérusalem une mesure pour le moins évocatrice: celle d'un «gect de pierre»[36].

Compte tenu des rapports à la fois étroits et ambigus que Chesneau entretient avec les récits de pèlerinage, on ne s'étonnera pas de retrouver, dans le *Voyage de Monsieur d'Aramon*, quelques lignes directement inspirées des remarques du pèlerin anonyme:

> On nous disoit que le lieu où fut plantée ladite croix est le millieu du monde. Toutesfois les aultres disoient qu'il est au milieu du cueur de ladite eglise, où il y a un petit pillier de pierre qui sort dehors de terre environ demy pied; et y a dessus ledit pillier un petit pertuis que Jesus fist de son doigt, disant: «Voyez cy le milieu du monde»[37].

L'emprunt au *Voyage de la saincte cyté de Hierusalem* est ici patent. Dans sa plus grande partie, le texte du pèlerin est littéralement retranscrit par le secrétaire d'Aramon. On relève toutefois des écarts d'importance entre les deux passages.

Tout d'abord, Chesneau supprime ou traduit les citations latines qui, chez son devancier, constituaient autant de prestigieux argu-

---

[35] Cf. Ps 73: 12, dans la Vulgate: «Deus autem rex meus ab initio operatur salutes in medio terræ»; et surtout dans le Psautier gallican: «Deus autem rex noster ante sæcula: operatus est *salutem* in medio terræ».

[36] Dans sa relation publiée en 1536, le pèlerin Denis Possot prend position de manière plus explicite en précisant que l'affirmation des Grecs «n'est bonnement trop à croire» (*Voyage de la Terre Sainte*, p. 180).

[37] Chesneau, *op. cit.*, f. 297 r°; p. 124.

ments en langue sacrée et savante. Voilà du coup les cordeliers et les caloyers privés des solides assises sur lesquelles ils fondaient leurs thèses respectives. Dépouillé de ces marques d'autorité, le débat sur le centre du monde perd incontestablement de sa noblesse, de sa dimension universelle, et prendrait même des allures de querelle de clocher.

En prolongement – et avec beaucoup plus d'audace –, le diplomate élimine purement et simplement toute référence explicite aux religieux grecs, qu'il se contente de désigner de la manière la plus vague possible («les aultres»). Ce faisant, il donne implicitement à penser que la discussion se cantonne à l'intérieur de l'Église catholique, au sein de laquelle les uns semblent désormais affirmer le contraire des autres. Le moins que l'on puisse dire est que cette imprécision désoriente le lecteur non averti, lequel ignore totalement pour quelle thèse son appartenance religieuse devrait le faire docilement pencher.

On mesure à présent la distance qui sépare le texte de Chesneau de sa source directe. Chez le pèlerin, chacune des deux thèses présentées était clairement et exclusivement associée à une Eglise et à sa doctrine. En d'autres termes, le monde grec avait (ou croyait avoir) un centre distinct de celui du monde latin. On peut supposer que le lecteur occidental n'avait alors pas besoin de l'opinion personnelle de l'auteur afin de conclure au fourvoiement des schismatiques. Mais en tous les cas, que l'on fût d'Orient ou d'Occident, le monde conservait un seul ombilic officiellement reconnu.

Une fois remanié par Chesneau, le texte acquiert une tout autre signification. A présent que le débat semble circonscrit aux limites de la chrétienté occidentale, tout se passe comme si l'omnisciente Eglise catholique ne savait pas vraiment, comme si elle s'avérait incapable de localiser le milieu du monde de manière indubitable. De ces quelques lignes privilégiant le flou et l'indéterminé se dégage en définitive une idée tranquillement subversive: celle d'une terre à deux centres. Or laisser entendre que l'Eglise reconnaît deux nombrils du monde dans la seule basilique du Saint-Sépulcre, c'est déjà suggérer qu'elle ferait mieux de n'en admettre aucun. Ou, plus subversif encore, c'est donner à penser qu'on pourrait en trouver d'autres, à Jérusalem même ou en n'importe quel point de la surface du globe.

Par un subtil travail de retranchement et de brouillage, Chesneau détourne presque complètement le sens du texte qu'il récrit, de manière à bien faire comprendre – mais sans jamais le dire – que la question de la localisation exacte du milieu du monde à Jérusalem est une fausse question. En reformulant à sa manière un problème topographique, il ébranle le credo cosmographique sur lequel les récits de pèlerinages en Terre sainte se sont appuyés dès l'origine. Soudainement décentrée, Jérusalem n'est plus l'église au milieu du village. Si sa sacralité rayonne encore à chaque page des Ecritures, elle ne se lit plus de manière objective sur l'espace de la mappemonde.

Aussi audacieux qu'il puisse paraître, l'extrait du *Voyage de Monsieur d'Aramon* que nous venons d'examiner ne vise en réalité qu'à préparer, par un travail de sape, le coup final porté à l'encontre des pèlerinages de toute sorte. Immédiatement après avoir mentionné le faux débat sur le centre du monde, Chesneau se livre à un commentaire personnel beaucoup plus radical:

> Et de cela je en lerray la dispute à Messieurs les Theologiens; mais en passant, je puis dire qu'il n'est point besoing d'aller en Jerusalem pour trouver Jesus Christ, pour ce que l'on le trouve bien en sa maison qui veult. Et continuray d'escrire d'aultres lieux qu'avons veuz, encores que se [*sic*] ne soit chose qui fut d'edification[38].

Laisser aux théologiens le soin de trancher la stérile controverse au moyen d'une bonne vieille dispute scolastique, voilà qui permet à l'auteur de prévenir toute critique et de signifier du même coup qu'il ne perdra pas son temps à de pareilles futilités. Une fois les *Magistri Nostri* relégués dans leurs bibliothèques, il glisse de manière anodine («mais en passant») une attaque de fond remettant totalement en question l'utilité et la raison d'être du pèlerinage. De même que le centre du monde ne peut être localisé de façon exclusive en quelque point de l'œkoumène, le Christ ne saurait être confiné à la Jérusalem terrestre. C'est la foi seule qui permet d'aller à sa rencontre et les épreuves du voyage le plus pénible n'y pourraient rien changer. La disparition du lieu sacral est ici concomitante de celle de l'ombilic. Alors que la notion même de pèlerinage suppose un espace hétérogène arpenté par une foule homogène, Chesneau inverse brusquement ce schéma ancestral: à ses yeux – et comme l'avait déjà enseigné une lettre célèbre de Grégoire de Nysse[39] –, l'hétérogénéité est dans les cœurs et l'homogénéité dans l'espace, si bien que la rencontre du sacré ne peut que résulter d'un

---

[38] Chesneau, *op. cit.*, f. 297 r°; p. 124.

[39] On lit en effet dans sa seconde lettre, entièrement consacrée au pèlerinage hiérosolymitain: «'Vous donc qui craignez le Seigneur, louez-le' dans les lieux où vous êtes. Un changement de lieu ne procure aucun rapprochement de Dieu, mais, où que tu sois, Dieu viendra vers toi, si la demeure de ton âme est trouvée telle que le Seigneur puisse habiter en toi et y circuler. Mais si tu as 'l'homme intérieur' plein de pensées mauvaises, même si tu es sur le Golgotha, même si tu es sur le mont des Oliviers, même si tu es dans le tombeau de

cheminement personnel et intérieur. En définitive, le *Voyage de Monsieur d'Aramon* s'applique à rendre tout bonnement caduque la notion même de lieu saint. Désormais écriture d'un espace entièrement profane, la topographie ne saurait constituer matière à édification. Le renversement de perspective est tel que les récits de pèlerinage, auxquels le texte a pourtant puisé de façon manifeste et presque ostentatoire, se voient du coup érigés en contre-modèles. Or si cette rupture est finalement consommée, c'est sans doute parce que les convictions religieuses de Chesneau ne s'accordent pas du tout avec celles des marcheurs de Dieu.

Il ne peut en effet suffire de conclure ici à une simple «sécularisation du récit de voyage», à une «scission toute moderne entre une religiosité intériorisée et l'appréhension désintéressée du monde extérieur»[40]. Loin d'être le fait d'une pensée laïque sans véritable ancrage idéologique, cette critique fondamentale de l'acte pèlerin au nom de la foi individuelle s'inscrit dans un contexte théologique extrêmement cohérent. Elle fait écho à une tradition polémique qu'il importe de retracer au moins dans ses très grandes lignes.

RÉFORME ET PÈLERINAGE

La condamnation ou la simple satire du pèlerinage est un véritable *topos* des littératures évangélique et réformée. Dès la première édition de l'*Enchiridion* (1504, n.s.), Erasme stigmatise l'écart qui parfois se creuse entre les manifestations extérieures de piété liées au pèlerinage et le sentiment profond de l'individu. Le cheminement spatial et corporel du pèlerin est alors partiellement discrédité au nom d'une géographie intérieure et spirituelle:

> Est-ce grande chose que de te rendre corporellement à Jérusalem quand, au-dedans de toi-même, il y a Sodome, il y a l'Egypte, il y a Babylone? Il n'y a pas grand mérite à mettre tes pas sur les pas corporels du Christ, mais très grand mérite à suivre par les dispositions de l'âme les traces du Christ. Si c'est un très grand exploit que d'avoir touché le sépulcre du Seigneur, n'en sera-ce pas un tout à fait grand d'avoir imité le mystère de la sépulture?[41]

---

l'Anastasis, tu es aussi loin de recevoir le Christ en toi que ceux qui n'ont même pas commencé de le confesser» (*Lettres*, 2, 16-17; p. 121). Sur ce texte et le débat auquel il donne lieu au seizième siècle, voir W. Williams, *op. cit.*, pp. 94-103 et surtout M.-C. Gomez-Géraud, *Le Crépuscule*, pp. 34-38 et 167-180.

[40] Cf. F. Wolfzettel, *op. cit.*, p. 66.

[41] Erasme, *Enchiridion Militis Christiani*, éd. A. J. Festugière, p. 162.

Quelques années plus tard, l'humaniste revient à la charge dans son célèbre colloque *Peregrinatio religionis ergo* (1526), où il met en scène le risible Ogygius[42], de retour d'un triple pèlerinage imposé par sa belle-mère, et le sage Menedemus – «celui qui reste dans son pays» –, lequel préfère accomplir ses *stationes Romanas* sans sortir de chez lui[43]. Il ne s'agit pas véritablement, pour Erasme, de condamner sur un plan doctrinal les pratiques d'Ogygius et ses semblables, mais plutôt d'en dénoncer la vaine religiosité, d'en dévoiler toute l'inanité afin d'aiguiller les chrétiens vers un comportement «plus proche de la vraie piété»[44].

La remise en question du pèlerinage est plus marquée chez Luther, qui associe systématiquement cette pratique à la vénalité et à la corruption de la très satanique Eglise romaine. Dans le traité *Von den guten Werken* (1520), «ceux qui courent à Rome, à Saint-Jacques, ici et là»[45] ne font certes pas encore l'objet d'attaques virulentes, mais ils se voient déjà taxés d'*oisiveté*, accusation qui frôle le paradoxe pour mieux mettre en évidence l'inutilité de leur agitation viatique, pour mieux suggérer aussi que le pèlerinage relève d'une sorte de péché de «paresse spirituelle». Or cette vaine errance du corps et de l'âme, parce qu'elle finit par détourner le fidèle des sacrements, de la prédication et de son prochain, apparaît vite comme un signe bien plus inquiétant. Tel est par exemple le cas dans le manifeste *An den christlichen Adel deutscher Nation von des christlichen Standes Besserung* (1520), où le voyage de dévotion se charge d'un caractère diabolique[46], au point que son interdiction pure et simple est clairement envisagée:

> Pour extirper cette croyance mensongère et corruptrice des naïfs Chrétiens et rétablir une saine intelligence des bonnes œuvres, il faudrait supprimer tous les pèlerinages, car il n'y a là-dedans rien de bon, aucun commandement, aucun acte d'obéissance, par contre d'innombrables occasions de pécher et de mépriser les commandements de Dieu[47].

---

[42] Dans l'*Odyssée*, Ogygie est le nom de l'île où Ulysse, prisonnier de Calypso, ne peut que regretter son Ithaque natale, et d'avoir pris la mer...

[43] Cf. *Opera omnia*, I, 3, pp. 470-494; ce colloque a été traduit par J. Chomarat (Erasme, *Œuvres choisies*, pp. 705-744). Sur Erasme et le pèlerinage, voir L.-E. Halkin, «Erasme pèlerin» et «Le thème du pèlerinage dans les *Colloques* d'Erasme».

[44] Cf. la lettre à Paul Voltz sur laquelle s'ouvre l'*Enchiridion* de 1518 (p. 82).

[45] Luther, *Œuvres*, t. I, p. 255. Voir également, toujours dans *Des Bonnes Œuvres*, les pp. 229 et 239, où le pèlerinage est simplement déclaré inutile.

[46] *Ibid.*, t. II, p. 131; voir aussi t. VII, p. 232 (*Les Articles de Smalkalde*).

[47] *Ibid.*, t. II, p. 118.

Ces brefs sondages tendent à prouver que la critique du pèlerinage atteint chez le réformateur allemand un caractère implacable offrant un net contraste avec le sourire moqueur généralement affiché par Erasme. Cependant, Luther opte parfois pour une attitude plus nuancée, surtout lorsqu'il se souvient avoir lui-même accompli ses «stations romaines». Son commentaire au *Psaume 117ᵉ* (1530) s'ouvre ainsi sur une surprenante dédicace adressée au chevalier Hans von Sternberg, ancien pèlerin de Jérusalem. Contre toute attente, l'anathème et la fulmination laissent ici la place à l'évocation amusée des erreurs passées, voire à une réhabilitation partielle du pèlerinage, pour autant qu'on ne l'accomplisse pas en succombant à la superstition:

> Mais je souhaite que ce petit livre vous plaise bien et que votre cœur y trouve l'occasion d'un meilleur et plus heureux pèlerinage que celui que vous avez fait à Jérusalem. Non pas que je méprise cette sorte de voyage, car j'aimerais bien moi-même faire un tel pèlerinage, et maintenant que je ne le peux plus, j'écoute et je lis très volontiers ceux qui en parlent; c'est ainsi que, tout dernièrement, je vous ai aussi écouté avec beaucoup de plaisir et d'attention. Et pourtant, nous n'avons pas fait de tels pèlerinages dans une pensée très juste; exactement comme cela m'est arrivé à Rome alors que j'étais aussi un saint insensé, courant à travers toutes les églises et les cryptes et croyant tout ce qui est imaginé et inventé là-bas. J'ai bien aussi célébré une messe et même dix à Rome et j'étais, par-dessus le marché, vraiment malheureux que mon père et ma mère fussent encore en vie; car je les aurais volontiers délivrés du purgatoire avec mes messes et d'autres œuvres et prières excellentes[48].

La position de Luther est plus nuancée qu'on aurait de prime abord tendance à le croire. Loin de se réduire nécessairement à une condamnation sans appel, elle peut parfois se rapprocher de l'attitude conciliante et parfois nostalgique adoptée par Erasme. Sur cette question précise, il apparaît en définitive que les évangéliques et les réformés se rejoignent dans une même attitude critique face à une dévotion jugée au mieux tout simplement inutile, au pire carrément idolâtre et même satanique. Si les remarques de Chesneau doivent vraisemblablement être rattachées à la mouvance réformée entendue dans son sens le plus large, il est par conséquent délicat d'y reconnaître la marque distinctive de tel courant ou de telle «secte».

Au sein de ce vaste contexte théologique, il est toutefois possible qu'une source précise ait exercé une influence prédominante sur le *Voyage de Monsieur d'Aramon*. Dans son fameux *Traité des reliques* (1543), Calvin commence par dénoncer de manière expli-

---

[48]   *Le Psaume 117ᵉ*, *ibid.*, t. VI, p. 210.

cite la réification du spirituel à laquelle succombent ceux qui, «au lieu de chercher Jesus Christ en sa Parolle, en ses Sacremens et en ses graces spirituelles», s'amusent «à ses robbes, chemises et drappeaux»[49]. Mais ces attaques contre le culte des reliques et les pèlerinages qu'il induit logiquement font bientôt place à une stratégie plus pragmatique et quelque peu détournée. Au lieu d'interdire ces formes de dévotion ou d'en contester la légitimité doctrinale, il s'agit alors pour Calvin de faire naître le doute à propos de l'authenticité des corps et des objets vénérés. Outre que l'exposé accorde une place importante aux vestiges exhibés à Jérusalem, il faut noter que la tactique employée consiste très souvent à tourner en dérision l'ubiquité de telle ou telle relique (les deux ou trois prépuces de Jésus, les innombrables fragments de la Croix avec lesquels on pourrait, comme le notait déjà Erasme[50], charger «un bon grand bateau», etc.). Comme souvent, c'est ici la conscience d'une multiplicité qui commande l'attitude sceptique. Le doute est d'ailleurs d'autant plus sérieux que la prolifération des reliques ne se limite pas à la chrétienté occidentale:

> Car le principal est de noter que toutes les reliques qu'on monstre de Jesus Christ par deçà, et des Prophetes, on les trouvera aussi bien en Grece, et en Asie, et aux autres regions où il y a des eglises chrestiennes. Or, je demande maintenant, quand les chrestiens de l'eglise orientale disent que tout ce que nous en pensons avoir est par devers eux, quelle resolution pourra on prendre là dessus?[51]

Déjà déconcertant, le nombre de ces vestiges dont chacun est déclaré unique doit encore être multiplié par celui des autres sectes chrétiennes, principalement levantines. Les corps ou objets adorés par les chrétiens d'Orient, loin d'être disqualifiés de façon unilatérale, viennent en fait concurrencer les reliques catholiques et donc ajouter au vertige que Calvin s'emploie à provoquer chez les fidèles occidentaux. Un vertige qui ne nous est pas totalement étranger: lorsqu'il s'efforce d'éveiller la conscience critique de son lecteur en juxtaposant l'ombilic latin et celui des Grecs (qui n'est pas déclaré tel, il est vrai), Chesneau semble pour une bonne part reconduire la stratégie calvinienne. Et si cette parenté d'esprit entre les deux textes ne saurait être la preuve irréfutable d'une filiation directe, elle permet sans doute de mieux cerner le profil religieux d'un voyageur-écrivain dont on ne sait au fond que très peu de choses.

---

[49]   Calvin, *Three French Treatises*, p. 49.
[50]   Cf. *Peregrinatio religionis ergo*, in *Opera omnia*, I, 3, p. 478.
[51]   Calvin, *op. cit.*, p. 94.

Quelle que soit dans ce cas précis l'influence de Calvin sur Chesneau, l'appartenance de ce dernier à la mouvance réformée se trouve au demeurant fortement confirmée par plusieurs éléments textuels ou extratextuels qu'il convient à présent de rapidement passer en revue.

On se souvient tout d'abord que Chesneau procède dans certaines parties de son récit à un démarquage presque systématique du *Discours du voyage de Venise à Constantinople* publié par Gassot en 1550. Or même si elle revêt parfois un caractère extrêmement littéral, cette imitation n'a rien de neutre ou de passif. Selon des modalités que j'ai eu l'occasion d'analyser ailleurs[52], Chesneau se livre en douceur à une véritable réorientation idéologique de la relation laissée par son devancier catholique. Au moyen d'un subtil travail de retranchement et de retouche, il épure son modèle de certaines allusions à la messe, aux reliques ou à d'autres manifestations sensibles et matérielles de la foi chrétienne. Aussi discrète et minutieuse soit-elle, cette réécriture du texte de Gassot obéit à une incontestable cohérence confessionnelle. Elle fait un peu figure de «réforme textuelle».

Dans le même esprit, le secrétaire d'Aramon omet manifestement de relater une anecdote édifiante tout à l'honneur de l'ambassadeur et que Brantôme, lui, rapportera de manière on ne peut plus circonstanciée :

> Estant en Hiérusalem, il [Aramon] y accomplit sainctement son vœu, et y demeura quelques jours; et tous ceux de sa trouppe, à son imitation, visitarent ledict Saint-Sépulchre le plus dévoctieusement qu'ilz peurent, fors le capitaine Barthelomé, lequel estoit pour lors un jeune homme fou, bizarre, assez libertin et grand dériseur de nos vœuz et de nos cérémonies chrestiennes; et pour ce ne fit comme les autres. M. d'Aramont l'en pria souvant d'y aller, mais il promettoit beaucoup, et rien; et en faisoit beaucoup accroyre; enfin, un jour, M. d'Aramont l'en pria et l'en sollicita tant que pour l'amour de luy il y allast, s'il ne le vouloit faire pour d'autre occasion ou subject, et qu'il l'en aymeroit toute sa vie, et qu'il s'en trouveroit très-bien; ce qu'il fit; et M. d'Aramont l'y mena luy-mesme, où estant entré, ledict Barthelomé dist qu'il sentit en soy aussitost l'ame attaincte d'une telle dévoytion et religion à son Dieu, qu'il alla oublyer toutes les derrisions qu'il avoit faictes; se prosternant devant son Dieu, fit ses prières et repentances si fervantement, qu'oncques puis il ne sentit de ces erreurs et follies, et remercia cent fois M. d'Aramont qui estoit cause d'un tel bien pour luy[53].

---

52 Cf. F. Tinguely, «Réforme et réécriture dans le *Voyage* de Jean Chesneau».

53 Brantôme, *Discours sur les couronnels de l'infanterie de France*, op. cit., t. VI, pp. 180-181.

Et Brantôme d'ajouter qu'il tient ce «conte» du capitaine Bartholomé en personne... On comprend sans peine pourquoi Chesneau ne mentionne à aucun moment cette histoire pieuse dont il pouvait difficilement ne pas avoir connaissance: le repentir de Bartholomé illustre trop parfaitement la sacrale puissance du lieu à laquelle les catholiques sont si attachés et que le *Voyage de Monsieur d'Aramon* s'emploie précisément à remettre en question.

Il faut enfin rappeler que Chesneau, lorsqu'il rédige sa relation, se trouve depuis au moins neuf ans au service de Renée de France, l'ancienne protectrice de Marot et Calvin[54]. C'est d'ailleurs lui-même qui prend soin de nous renseigner à ce sujet dans les toutes dernières lignes de son récit:

> ...je fis aultre deliberation et m'en vins à la ville de Ferrare, où trouvé Monsieur le chevalier de Seure cy devant nommé, qui estoit là de la part du Roy et pour son service, qui fut fort aise de me voir et d'entendre des nouvelles du pays de Levant. Avec lequel je prins conseil et trouva bon le desir que j'avois d'antrer au service de Madame Renee de France, Duchesse dudit Ferrare, et qu'il luy en parleroit volontiers. Ce qu'il fist finalement. Ladite Dame m'accepta et me retint pour controlleur de sa maison et depuis luy a pleu me donner estat de maistre d'hostel. Je commencé à venir à son service le premier jour de may 1555, que j'ay continué jusques à maintenant, ce que j'espere faire encore à l'advenir, aydant Dieu, auquel soit randu tout honneur et gloire à jamais[55].

Que Renée de France ait investi Chesneau de fonctions si importantes, que celui-ci en informe le lecteur *in fine*[56] et dans des phrases d'une tonalité si fortement évangélique, voilà qui, compte tenu des indices textuels relevés plus haut, permet de parvenir à une quasi-certitude à propos de ses opinions religieuses après son retour du Levant[57]. Des convictions qui, seules, peuvent donner tout son sens

---

[54] Pour plus de détails sur Renée de France et son attachement aux idées nouvelles à l'époque du retour de Chesneau, voir E. Rodocanachi, *Une Protectrice de la Réforme*, pp. 231-246. Sur Montargis comme «centre d'une colonie protestante» dans les années où Chesneau rédige son récit, cf. pp. 427-429.

[55] Chesneau, *op. cit.*, f. 309 r°-v°; p. 167.

[56] Tout se passe un peu comme si Chesneau avait attendu les dernières lignes de sa relation presque officielle de l'ambassade d'Aramon pour nous livrer une sorte de clé interprétative invitant à une relecture volontiers subversive de l'ensemble du texte.

[57] Il est difficile de se prononcer sur les convictions religieuses de Chesneau à l'époque de son voyage. Il serait par exemple étrange qu'un partisan de la Réforme ait pris la peine de se faire adouber chevalier de l'Ordre du Saint-Sépulcre: «Nous sejournasmes audict Jerusalem cinq ou six jours, où je me fis passer chevallier avec un de mes compagnons et payames seulement chascun

et toute sa cohérence à l'*imitatio* subversive dont les récits de pèlerinage font chez lui clairement l'objet.

De Venise à Jérusalem, c'est en effet la même stratégie de détournement qui est mise en œuvre par le secrétaire d'Aramon. A chaque fois, l'intertexte pèlerin fournit un modèle de base que le récit s'évertue peu à peu à pervertir et à saper en profondeur. Pour Chesneau, il s'agit avant tout de désacraliser le matériau emprunté aux relations de pèlerinage afin de le recycler au service d'un discours qui semble laïque dans un premier temps (Venise), puis se révèle carrément réformé (Jérusalem). Autant dire que l'opération équivaut purement et simplement à vider ces textes de leur substance et de leur unique raison d'être. Immanquablement, la relation intertextuelle porte ici en elle le germe d'un conflit à venir.

Dès l'éloge de Venise, des divergences entre le *Voyage de Monsieur d'Aramon* et son modèle catholique se font jour. Mais parce que la cité des Doges n'est que la première étape de l'itinéraire de Terre sainte, parce qu'elle revêt en conséquence un degré minime de sacralité, l'antagonisme demeure encore partiellement latent. En revanche, la description de la basilique du Saint-Sépulcre, véritable clef de voûte du récit de pèlerinage, se prête mieux que toute autre au dévoilement de la relation conflictuelle, à l'émergence des idées nouvelles. Ce n'est certainement pas un hasard si l'auteur choisit de rompre explicitement avec son modèle juste après avoir décrit le «pertuis» de la croix ainsi que l'*omphalos*. En apparence discret et peu violent, le coup n'en est pas moins décisif, car porté droit au cœur – droit au chœur –, à l'endroit le plus stratégique qui se puisse imaginer. Par là même, il faut bien reconnaître qu'il s'élève à la dimension d'un grand geste iconoclaste.

UN CURIEUX PÈLERIN

André Thevet entretient également des relations très problématiques avec la littérature de pèlerinage, mais les tensions semblent chez lui de nature moins idéologique. Elles découlent davantage d'enjeux épistémologiques et peut-être même esthétiques. Plus

---

cinq ducatz, tous les aultres qui le sont en payent dix» (*op. cit.*, f. 302 r°; p. 139). Pareille indication donne plutôt à penser que la remise en question du pèlerinage au nom des idées nouvelles est ici postérieure au séjour levantin. On sait d'ailleurs que les esprits indécis sont très nombreux en France avant le Colloque de Poissy.

exactement, elles sont le résultat d'un déplacement, d'une poussée qui s'exerce avec force et qui mène de l'austérité de l'expérience dévote aux plaisirs avoués d'une connaissance en grande partie sécularisée. Un mouvement sans doute irrésistible à long terme, mais qui se heurte encore chez le cordelier à d'étonnantes résistances dont je voudrais tenter d'examiner les modalités.

La minutieuse archéologie des sources entreprise par Frank Lestringant sur la *Cosmographie de Levant*[58] a révélé à quel point cet ouvrage procède d'un formidable travail de montage à partir des textes les plus divers, tels l'*Histoire naturelle* de Pline, le *Polyhistor* de Solin (enrichi des scolies de Joannis Camers ou de Sébastien Münster), les *Leçons Antiques* de Cœlius Rhodiginus, l'*Opusculum* du pèlerin Bernard de Breydenbach et bien d'autres encore. Ce matériau prélevé chez autrui se range dans un cadre lui-même emprunté tantôt à l'*Epitome* du réformateur Joachim Vadian, tantôt au *Discours du voyage de Constantinoble* du poète Bertrand de La Borderie. L'importance de cette dernière source s'avère capitale dans la mesure où elle contribue grandement à donner à la compilation de Thevet la forme d'un récit de voyage. En dépit de son titre et de sa substance, la *Cosmographie*[59] adopte en effet une structure linéaire qui s'efforce de reproduire, à quelques détails près, l'itinéraire vraisemblablement suivi par le voyageur. On pourrait croire que le choix d'un tel cadre narratif découle uniquement d'une volonté de «faire vrai» et d'asseoir de la sorte le principe d'autopsie continuellement invoqué par le texte. En réalité, certains indices disposés par l'auteur au seuil même de son œuvre permettent de supposer bien davantage.

Dans son épître à «Monsigneur François, Conte de La Rochefoucaud», le cosmographe avoue de façon explicite son allégeance envers deux modèles littéraires: le «voyage de Jerusalem» et le *Polyhistor* de Solin[60]. Une telle reconnaissance de dette chez un si grand spécialiste de l'occultation des sources ne doit probablement rien au hasard. Par son caractère exceptionnel dans l'œuvre de Thevet et par la place de choix qu'il occupe dans la *Cosmographie*, cet aveu liminaire a toutes les chances de revêtir une signification capitale, de dessiner un horizon d'attente susceptible d'orienter la réception du

---

[58] Voir surtout *CL*, pp. XLV-LX.

[59] Ce titre court désignera toujours la *Cosmographie de Levant* et non la *Cosmographie Universelle*.

[60] Cf. *CL*, pp. 4-5. Le fait a été indiqué et commenté par F. Lestringant (*CL*, pp. XLVI *sqq.*).

texte qu'il introduit. Tout lecteur soigneux se doit par conséquent de chercher un sens à cette déclaration initiale.

Frank Lestringant en a proposé une lecture dont le caractère syncrétique correspond sans doute à la visée de l'auteur. Si celui-ci renvoie simultanément au *Voyage de Jérusalem* – vraisemblablement l'adaptation de Breydenbach par Le Huen[61] – et au *Polyhistor*, c'est sans doute qu'il s'efforce de mettre en avant le commun dénominateur au pèlerin allemand et au «singe de Pline», à savoir leur goût prononcé pour la *varietas* et leur recours à l'incontournable autorité du regard. Thevet n'invoque ainsi deux modèles distincts que pour mieux se réclamer de l'esthétique et de la méthode qu'ils semblent partager. Ce qu'il fait miroiter à son lecteur, c'est tout bonnement la synthèse du récit de pèlerinage et du genre polyhistorique.

On ne saurait toutefois définir le projet thevétien sans du même coup tenter d'en mesurer le degré de réussite. Après tout, rien ne nous oblige à jouer le jeu du cosmographe, à docilement accepter son contrat de lecture alors même que les divergences entre les modèles allégués s'avèrent tout aussi nombreuses que les points de rencontre. D'autant que si Thevet, en bon amateur de singularités, a facilement pu se reconnaître dans l'extrême diversité cultivée par Solin, il faut avouer que le lien entre sa *Cosmographie* et les récits de pèlerinage même les plus bigarrés ne va pas sans poser de sérieux problèmes.

Entre la curiosité du cosmographe et la dévotion des marcheurs de Dieu se creuse un écart de l'ordre de l'abîme. Et le fait qu'un Breydenbach succombe en partie aux plaisirs de la *varietas mundi* n'y saurait rien changer en profondeur: sur le chemin du lieu sacral, la curiosité, aussi répandue soit-elle, est d'abord un vilain défaut. Témoin une fois encore l'instruction capitale dispensée par Regnaut aux futurs pèlerins:

> La premiere instruction est à intention d'aller voir et visiter avec effusion de larmes les sainctz lieux que Dieu a esleuz et choisis en ce monde pour rachepter nature humaine. Et non pas affin de voir le monde ou, par exaltation, de dire «j'ay esté voir et ay veu le pays», pour estre estimé du monde, ainsi comme aucuns font, desquelz nostre Seigneur dit en l'Evangile: «Receperunt mercedem suam»[62].

---

[61] Les rééditions parisiennes de Le Huen (1517 et 1522) portent en effet le titre de *Grant Voyage de Jherusalem*. On notera toutefois que Thevet renvoie peut-être moins à une œuvre précise qu'à un modèle générique.

[62] *Op. cit.*, p. 1. La fin de cet extrait renvoie à Matthieu, 6: 5, 12 et 16, où les hypocrites et les faux dévots sont stigmatisés par le Christ à coups de «amen dico

La remarque est cinglante. Elle fissure d'un seul coup le principe d'autopsie en obligeant à opposer regard mondain et contemplation larmoyante. Pour peu qu'on l'applique à la *Cosmographie*, cette distinction permet de mesurer la distance réelle qui sépare la démarche thevétienne de la quête entreprise par les pèlerins.

On pourrait sans doute objecter que l'incompatibilité de principe entre la curiosité du monde et la dévotion pèlerine est une vue de l'esprit, un idéal théologique souvent contredit par la réalité des voyages et des œuvres, notamment chez les auteurs du quinzième siècle dont Thevet semble se réclamer[63]. Que ces «pèlerins curieux» aient considérablement assoupli les règles d'un genre séculaire, voilà qui est incontestable. Reste que tout est question de degré, et que cette ouverture du récit de pèlerinage s'accompagnait alors d'un sentiment de culpabilité tout à fait perceptible à la lecture des textes. Conscients de mettre à mal un modèle ancestral, des voyageurs comme Le Huen ou Faber se sentaient forcés de reconnaître leurs «écarts de conduite»[64] et révélaient par là même les limites de leur émancipation. Rien de tel dans la *Cosmographie*, où les problèmes théologiques soulevés par la coexistence du sacré et du singulier sont tout simplement passés sous silence. Les pèlerins du quinzième siècle s'employaient à élargir le moule: en dépit de ses déclarations liminaires, Thevet donne plutôt l'impression de le briser.

Une comparaison même superficielle permet de constater à quel point la *Cosmographie* diffère profondément des traditionnels *Voyages de Jérusalem*. Alors que ceux-ci multiplient les renseignements pratiques à l'intention des futurs pèlerins, le livre de Thevet ignore superbement ce genre de détails concrets et multiplie au

---

vobis: receperunt mercedem suam». Ces lignes de Regnaut font écho aux déclarations liminaires du pèlerin Thietmar (treizième siècle): «En rédigeant ces lignes, je veux seulement plaire à Dieu, et je rejette tout orgueil et fausse gloire ne voulant pas être de ceux qui recherchent les louanges des hommes et une vaine renommée et dont l'Evangile dit: 'En vérité, je vous le dis, ils ont reçu leur récompense'» (*Le Pèlerinage de Maître Thietmar*, in *Croisades et pèlerinages*, pp. 931-932). Cf. aussi le *Viaggio in Terra santa* du pèlerin milanais Santo Brasca (1480). Ce véritable *topos* de la littérature pèlerine sera réactivé au début du dix-septième siècle dans les *Guides* de Castela et Balourdet, sans doute en réponse aux humanistes et aux cosmographes (cf. W. Williams, *op. cit.*, pp. 57 *sqq.*).

[63] Dans les faits, la curiosité semble avoir perturbé le pèlerinage au moins dès le quatorzième siècle, comme tend à le prouver l'ouvrage de C. Zacher (*Curiosity and Pilgrimage*). Reste qu'elle ne contamine pas encore les *relations de pèlerinage* de manière significative, contrairement à ce qu'affirme l'auteur en se fondant sur le texte nullement représentatif de Mandeville...

[64] Cf. sur ce point mon article déjà cité: «Janus en Terre sainte», pp. 58 *sqq.*

contraire les remarques savantes. Plus grave encore: au lieu de reproduire la linéarité des processions hiérosolymitaines, il se contente du panorama de la ville sainte selon les quatre points cardinaux[65] et ne mentionne jamais les indulgences attachées aux différents lieux de dévotion. Sur les quelque dix-huit pages que l'ouvrage réserve à la Terre sainte dans l'édition lyonnaise de 1556, plusieurs présentent à grand renfort d'érudition les anciennes sectes juives ou la «Doctrine et exposicion des Hebrieus», si bien que la part du texte où il est véritablement question de la Jérusalem chrétienne se trouve en définitive extrêmement réduite: environ huit pages, c'est-à-dire à peine plus que les chapitres «crétois» et beaucoup moins que ceux consacrés aux ménageries de Constantinople!

Des pèlerins curieux comme Breydenbach et son imitateur Le Huen étaient eux aussi sensibles au charme des animaux exotiques ou fantastiques, mais ils ne leur accordaient somme toute que de rapides digressions, toujours identifiables comme telles. Si la littérature de pèlerinage peut effectivement accueillir en le circonscrivant un matériau de nature hétéroclite, elle ne saurait en aucune manière tolérer la coexistence non hiérarchisée du religieux et du «géographique». Or quand Thevet place son ouvrage sous le signe d'une double quête, il nous met justement dans l'impossibilité de faire le départ entre l'accessoire et l'essentiel. Dans la pratique, il va même au delà de ce nivellement et n'hésite pas à privilégier de façon très nette la recherche de singularités. Il renverse ainsi l'ordre des priorités habituellement respecté par les *Voyages de Jérusalem* et opère du même coup une rupture radicale avec l'esprit du pèlerinage.

Ce qui a toutes les chances de confondre le lecteur, c'est pourtant moins cet affranchissement manifeste que les signes contradictoires qui l'accompagnent par moments. Alors même que la *Cosmographie* se démarque profondément des relations de pèlerinage, elle continue d'en afficher certaines caractéristiques superficielles. Est-ce à dire que l'auteur n'a pas conscience de nous proposer *autre chose* qu'un traditionnel *Voyage de Jérusalem*? Compte tenu des différences fondamentales qui viennent d'être soulignées, cela paraît extrêmement peu probable, même s'il est vrai que les hommes de la Renaissance s'accommodent volontiers de ce que nous percevons parfois comme des incompatibilités profondes et insurmontables. En tout état de cause, seule une analyse détaillée du

---

[65] F. Lestringant a montré à quel point cette description de Jérusalem s'inspire de l'*Epitome* de Joachim Vadian (cf. *CL*, p. 317). A noter que Postel décrit lui aussi la ville en fonction des points cardinaux (*Description et charte de la Terre Saincte*, pp. 38 *sqq.*).

dispositif en question est susceptible de révéler dans quel esprit et dans quel but Thevet a bien pu présenter son hymne à la diversité comme un *Itinéraire de Terre sainte*.

Les principaux éléments permettant de rapprocher la *Cosmographie* des récits de pèlerinage s'organisent en un dispositif binaire. Ils relèvent soit d'une stratégie paratextuelle de nature métadiscursive, soit d'une structure narrative s'appliquant à l'ensemble du texte. Examinons tour à tour ces deux facettes distinctes, mais tout à fait cohérentes.

BROUILLAGE PARATEXTUEL

Dès le seuil de son ouvrage, Thevet procède à une série de déclarations d'intention bien conformes à la règle du genre, selon laquelle il ne saurait exister de récit de pèlerin sans «protestation de pèlerinage». L'épître liminaire et la préface présentent l'auteur comme un pèlerin à part entière dont la relation va forcément suivre le droit chemin tracé depuis longtemps par les *Voyages de Jérusalem*. Cette stratégie d'annonce crée bien évidemment une attente; elle conditionne le lecteur qui, de lui-même, aura peut-être tendance à projeter sur le texte à venir l'éclairage dévot qu'on lui laisse brièvement entrevoir. A y regarder de près, il apparaît pourtant que ces «indices» de pèlerinage sont d'emblée contrebalancés par des éléments renvoyant très clairement au voyage de curiosité.

L'épître liminaire s'ouvre sur un éloge de l'autopsie et de la *natura naturans* qui permet à Thevet d'affirmer contre toute critique son droit à l'écriture géographique et, du même coup, de s'inscrire implicitement dans la lignée des plus prestigieuses autorités en la matière:

> Que ne s'est teu Pline, puis que Strabon avoit avant lui tant absolument traité de la geographie? Et apres eus, Ptolemee, Volaterran, Glarean, et infinis autres, desquels (s'ils ussent creint telle censure) nous n'aurions les excellens escris?[66]

Cette profession de foi géographique est alors vite nuancée par l'évocation des récits de pèlerinage à laquelle j'ai déjà fait allusion:

> Vray est que plusieurs, et gens de grande doctrine, ont descrit et fait imprimer le voyage de Jerusalem, qui toutefois ainsi qu'ils sont hommes, aussi ont ils peu laisser quelque chose, n'ayans memoire

---

[66] *CL*, p. 4.

parfaite de tout ce qu'ils avoient vu, et ont laissé aus autres qui vien-
droient apres eus quelque chose à deduire par escrit...[67]

Après s'être pratiquement posé en continuateur des grands géographes, voici donc que l'auteur se tourne vers les pèlerins et prétend même leur emboîter le pas afin de combler les éventuelles
lacunes de leurs récits. A peine formulée, cette nouvelle affirmation
est cependant à son tour neutralisée par le magnifique morceau
polyhistorique que l'on sait:

> Au demourant, vous trouverez en ce mien petit euvre, non tant seule-
> ment la peregrinacion faite en la Terre sainte, qui est assez commune aus
> Crestiens, mais aussi le discours du voyage de la Grece, de la Turquie,
> d'Egypte, mont de Sinay, Judee, jusques en Antioche et Armenie, et
> plusieurs isles tant fertiles que steriles: en quoy me suis essayé de faire
> comme Solin en son livre nommé Polyhistor, où non seulement il fait
> mencion des païs et viles, mais aussi des animaus, manieres de vivre des
> habitans, et plusieurs autres choses singulieres à fin que l'euvre, com-
> posé de diverses matieres, puisse mieus recreer l'entendement humein,
> qui est semblable aus terres, qui demandent diversité, et mutacion de
> semences[68].

Le rigoureux parallélisme syntaxique suggère bien évidemment que
la *Cosmographie* est au récit de pèlerinage ce que le *Polyhistor* est à
la géographie «politique»: une version améliorée, car enrichie d'un
matériau des plus hétéroclites. L'analogie est toutefois trompeuse
dans la mesure où elle ne considère que la *réception* du texte par le
lecteur *cultivé*. Or il n'est que de considérer le pôle de la *production*
pour que l'écran analogique déployé dans ces lignes ne parvienne
plus à dissimuler une profonde différence. Ce que Thevet ne dit pas,
c'est tout simplement que la diversification de la matière a pour le
pèlerin des conséquences tout autres que pour le géographe. Dès
lors qu'il s'écarte à l'excès du chemin sacral pour se divertir à
décrire la Turquie ou l'Arménie, le marcheur de Dieu pactise avec le
monde et son *Voyage de Jérusalem* cesse d'exister en tant que tel
pour devenir une *Cosmographie de Levant.* D'un texte l'autre, l'en-
richissement thématique s'accompagne forcément d'une perte sur le
plan spirituel et la frontière est désormais franchie, qui sépare le
sacré du profane.

De cette modification essentielle, Thevet ne touche mot. Tout se
passe au contraire comme s'il s'efforçait d'ignorer cette incompatibilité au profit de vagues similitudes de surface. Rien d'étonnant,

---

[67] *Ibid.*

[68] *CL*, p. 5.

dès lors, à ce que son épître cultive jusqu'à la dernière ligne le flou et l'indéterminé: alors que le lecteur voyait déjà pencher Thevet du côté de la *varietas mundi*, le texte se clôt sur une évocation dévote de la «Jerusalem supernelle»[69].

Le mouvement de balancier se prolonge et tend même à s'amplifier à mesure que le lecteur progresse au sein de l'appareil paratextuel. Dans la préface faisant suite à l'épître dédicatoire, le cosmographe convoque tout d'abord les plus grandes autorités de l'Antiquité gréco-latine (Aristote, Lucrèce, Horace, Homère) afin de vanter les mérites conjoints de la connaissance par le regard et de la «Peregrinacion». A ce stade, les voyageurs érigés en modèles ont encore pour nom Ulysse, Solon ou Thalès, mais la constatation que «Dieu le Createur ayme les Viateurs» vient bientôt introduire dans le texte une touche chrétienne, même si celle-ci ne concerne pas encore de façon spécifique les pèlerins hiérosolymitains[70]. Après avoir une fois de plus mentionné son «desir de voir, et de connoitre», Thevet évoque enfin le souvenir de «feu monsieur le reverendissime Cardinal de Lorreine», lequel lui a fourni «l'opportunité de faire le voyage de Jerusalem»[71]. Sous l'égide du cardinal, le cosmographe a maintenant beau jeu de se donner des airs de pèlerin: c'est d'abord à la piété du protecteur qu'on mesure celle du protégé, lequel peut du coup s'offrir le luxe de s'interroger sur le bien-fondé du pèlerinage et de conclure que «le voyage de Jerusalem» est «chose louable, et honneste aus Chrestiens».

Penser que la préface a désormais totalement basculé dans la sphère du sacré serait méconnaître la structure d'entrelacement selon laquelle elle s'organise. De la «réflexion» sur les pèlerinages découle un prolongement inattendu: Thevet affirme avoir décidé de visiter les «pais estranges, pour acquerir science à l'exemple de plusieurs sages Filozofes», parmi lesquels figurent Homère, Lycurgue, Pythagore, Apollonios de Tyane et même «Saint Jerome (pour ne nous regler du tout aus Ethniques)»[72]. Une fois encore, les grands noms du paganisme font massivement retour sous la plume du

---

[69] Thevet qualifie alors son ouvrage d'«opuscule», peut-être moins par modestie que par désir d'évoquer l'*Opusculum* de Breydenbach.

[70] *CL*, p. 14. A noter toutefois que ce *topos* – inspiré entre autres de Genèse, 12: 1 (vocation d'Abraham) –, était intégré dans les *lectiones* accompagnant les cérémonies accomplies par les pèlerins de Jérusalem avant leur départ (cf. C. Zacher, *op. cit.*, p. 51).

[71] *CL*, p. 15. Il s'agit de Jean de Lorraine, frère du premier duc de Guise. Sur Thevet et les Guise, voir F. Lestringant, *André Thevet*, pp. 255-258.

[72] *CL*, p. 16.

cosmographe. Cette nouvelle mention des modèles antiques ne s'effectue pourtant que de façon indirecte, puisqu'elle s'autorise de la célèbre épître à Paulin de Nole, dans laquelle saint Jérôme, en se fondant sur les exemples de Pythagore, Platon, Apollonios et saint Paul, rappelait à son correspondant que «certains philosophes ont parcouru les provinces, abordé des peuples nouveaux, franchi les mers pour voir aussi face à face des hommes qu'ils ne connaissaient que par leurs livres»[73].

La manœuvre est habile. Elle vise tout d'abord à inscrire la *Cosmographie* dans un réseau intertextuel prestigieux et même irréprochable. Comme Thevet prend bien soin de le rappeler, l'épître de saint Jérôme est à l'époque traditionnellement placée «au prologue des Saintes Bibles», c'est-à-dire en tête de la Vulgate. Evoquer le sacro-saint paratexte dans la préface d'un ouvrage, c'est déjà symboliquement conférer à celui-ci une sorte de rayonnement biblique.

Ce rappel de l'épître à Paulin vient en outre renforcer le lien explicite que la *Cosmographie* s'efforce d'entretenir avec la tradition du *Voyage de Jérusalem*. Afin de justifier son «impertinente curiosité», sa *concupiscentia oculorum*, le carme Nicole Le Huen avait lui aussi recours à l'autorité de saint Jérôme, dont il reprenait les propos en les résumant quelque peu:

> Or est il tout cler et evident que les choses veues à l'œil plus fort nous esmeuvent, car les figures sont plus fort impressez ès sens que ne sont les choses ouyes ou leutes [*sic*], comme sainct Hierosme recite des anciens philosophes, lesquelz ont circuys regions diverses, visité nouveaulx peuples, passé les mers, et ce que ilz congnoissent par les escriptz, des yeulx le veullent voir. Ainsi fit Pithagoras, proloquuteur des Memphitiques. Ainsi Platon en Egypte et en la partie d'Ytalie, laquelle se disoit la grant Grece, laborieusement passa. Ainsi lisons en Tite Live, qui est la fontaine du laict d'eloquence, que des ultimes parties des Espaignes et Gaulles plusieurs hommes nobles sont à Romme venus, non pas attirez pour la beaulté de Romme, mais pour la renommee d'ung homme vertueux. Ainsi Appoloneus traversa divers royaulmes. Aussi la lectre saincte (affin que je laisse ces hystoires extremes ou estranges) recite de la noble royne [de] Sabba qui vint de la fin des terres pour ouyr la sapience de Salomon...[74]

Lorsqu'il place son texte sous le signe de saint Jérôme, Thevet semble vouloir l'insérer dans la chaîne textuelle la plus sacrée qui

---

[73] Cf. saint Jérôme, *Lettres*, t. III, pp. 8-10. Il s'agit de l'épître LIII. La liste de voyageurs donnée dans cette épître s'achève sur l'exemple chrétien de saint Paul; or Thevet reproduit exactement le même geste lorsqu'il boucle sa propre énumération en mentionnant saint Jérôme.

[74] Le Huen, *op. cit.*, éd. de 1522, f. 4 r°.

soit, de la Bible à son traducteur et de celui-ci (auteur d'un fameux *De Locis Hebraicis*) aux pèlerins de Jérusalem.

Au delà de cette dimension intertextuelle, Thevet se fonde probablement sur l'épître à Paulin dans l'espoir de dépasser l'opposition rigide entre voyageurs païens et chrétiens. À la suite de Le Huen, il semble se réclamer d'un nouveau paradigme viatique, celui du voyage initiatique tel que l'ont accompli les mages de la *prisca theologia*, eux-mêmes suivis de saint Paul et de saint Jérôme. Reste que la quête orientale de Pythagore ou d'Apollonios n'est pas un pèlerinage *stricto sensu* et que Thevet, même s'il s'applique à réconcilier voyageurs païens et chrétiens, ne parvient pas à véritablement contourner la dichotomie qui, au sein du christianisme, continue d'opposer la *libido sciendi*[75] et l'authentique dévotion. La distinction demeure fondamentale. Elle trouve sa parfaite expression dans une autre épître de Jérôme à Paulin (LVIII):

> Non Hierosolymis fuisse, sed Hierosolymis bene vixisse laudandum est[76].

Dans son laconisme même, cette maxime souvent reprise par les pèlerins[77] instaure une distinction rigide entre voyage de piété et voyage tout court. Comme le soulignent la thématisation de «Hierosolymis», la rhématisation des infinitifs et bien sûr l'adverbe de qualité, l'essentiel du pèlerinage réside moins dans le déplacement spatial que dans l'accomplissement spirituel (ou moral). Or il faut bien reconnaître que la *Cosmographie*, si elle multiplie les preuves d'un «Hierosolymis fuisse», ne parvient pas véritablement à convaincre sur le plan du «bene vixisse».

Peut-être conscient de la difficulté (et de ne pas l'avoir résolue), Thevet revient une dernière fois à l'idéal du pèlerinage en lançant cette assertion importante entre toutes:

> Joint que mon intencion principale estoit de voir les lieus où premierement ha esté preschee par le Sauveur la nouvelle de notre redempcion.

---

[75] Sur la condamnation de la curiosité dans le discours chrétien de l'Antiquité à la Renaissance, voir G. Defaux, *Le Curieux, le glorieux et la sagesse du monde*, ch. IV et V.

[76] *Op. cit.*, t. III, p. 75. La formule est une réminiscence de Cicéron: «non Asiam numquam vidisse, sed in Asia continenter vixisse laudandum est» (*Pro Murena*, VI, 12).

[77] Elle figure même chez les «pèlerins curieux» (cf. Félix Faber, *Evagatorium*, vol. I, p. 18; Le Huen, *op. cit.*, f. 6 v°). Sur sa présence au frontispice du *Devotissimo Viaggio* de Jean Zuallart (Rome, 1587), voir M.-C. Gomez-Géraud, *Le Crépuscule*, pp. 311-314.

La déclaration d'intention paraît cette fois-ci sans ambages. On pourrait croire qu'elle va s'imposer de façon définitive. Et pourtant sa position en «hyperbate» donne à penser qu'elle se greffe sur le discours sans y occuper une place centrale. Si l'on ajoute à cela le souvenir des autres motivations précédemment invoquées par l'auteur, il devient légitime d'aborder celle-ci avec le plus grand scepticisme.

Par delà ce que la phrase dit de façon explicite transparaît alors quelque chose qui, de l'intérieur, s'efforce de la contredire. A bien y réfléchir, on s'aperçoit que ce non-dit se cristallise autour de l'adjectif «principale», lequel, bien loin de renforcer l'affirmation, en limite considérablement la portée et finit même par en détourner le sens. En clair, une intention principale n'est jamais exclusive; or la quête du sacral, tout comme celle du saint Graal, interdit le multiple au même titre que l'impur. Le véritable pèlerin n'a jamais d'intention *principale*, il n'a qu'une intention *unique*.

Au terme de cet examen détaillé, il apparaît que l'épître et la préface de la *Cosmographie* fonctionnent selon un schéma identique. Dans l'une comme dans l'autre s'entrelacent des signes contradictoires renvoyant à deux registres incompatibles, celui du pèlerinage chrétien et celui de l'écriture cosmographique ou polyhistorique. Parce que la synthèse est ici, en toute rigueur, irréalisable, le texte en vient à osciller entre deux pôles sans parvenir à quelque uniformité que ce soit. On n'y constate aucun processus dialectique: une chose et son contraire sont alternativement affirmées, et jamais la contradiction ne fait mine de se résoudre. En somme, ce texte duel s'adresse tour à tour aux dévots et aux curieux: il ne les réconcilie à aucun moment.

On pourrait sans doute parler ici de dimension polysémique, mais à condition de prendre doublement garde. D'une part, cette polysémie n'est pas de celles que génère subrepticement le texte à l'insu même de son auteur. Elle procède plutôt d'un soigneux travail de marqueterie entrepris de manière probablement délibérée. D'autre part, il faut avouer qu'elle ne conduit pas vraiment à une indétermination généralisée. Entre les deux discours coexistant au sein du paratexte ne s'établit aucun équilibre durable, si bien que l'ambiguïté demeure localisée et que le lecteur soigneux ne suspend pas longtemps son jugement. Pour peu qu'il pénètre dans le corps du texte, il constate inévitablement que la parole du cosmographe y couvre presque totalement celle du soi-disant pèlerin.

UN ITINÉRAIRE PROBLÉMATIQUE

Cette impression se trouve d'ailleurs confirmée dès lors qu'on examine avec un œil critique l'autre volet du dispositif binaire mis en place par Thevet, à savoir l'adoption d'une structure narrative respectant la sacro-sainte «vérité de l'ordre» si essentielle à toute relation de pèlerinage. On mesure à présent l'importance de cette linéarité si déconcertante dans un premier temps: par delà le simple fait qu'elle permet de fonder l'autorité d'un regard et d'une parole, elle s'avère un cadre complémentaire aux protestations de pèlerinage multipliées par l'auteur. En d'autres termes, celui-ci n'aurait eu aucune chance de donner à lire son texte (même superficiellement) comme un *Voyage de Jérusalem* s'il n'avait opté pour une stratégie narrative donnant clairement à voir l'itinéraire suivi jusqu'en Terre sainte.

L'ironie du sort veut que ce soit précisément cet itinéraire qui pose problème. On sait en effet que Thevet n'a emprunté la route traditionnelle du pèlerinage que dans un premier temps, de son départ de Venise à son arrivée en Crète[78]. Dans le récit relatant cette partie du voyage, rien ne laisse supposer une destination finale autre que la Terre sainte, surtout compte tenu des déclarations faites en ce sens dès l'épître et la préface. En réalité, Thevet pouvait alors difficilement ignorer qu'il se rendrait d'abord à Constantinople afin d'y demeurer au moins quelques mois. Mais ce que le voyageur savait déjà, l'écrivain s'efforce encore de le dissimuler au lecteur.

On devine pourtant qu'une tension sous-jacente est sur le point de se déclarer au grand jour, car les voies maritimes menant à Jérusalem et à Constantinople cessent de se confondre précisément à partir de l'escale crétoise. Entre la ville sainte et la capitale de l'Empire ottoman, entre les centres spirituel et temporel[79], le voyageur doit désormais impérativement choisir. Poursuivre vers Chypre, c'est demeurer sur le chemin sacral; mettre le cap sur Chio et Lesbos, c'est se diriger vers le palais du plus puissant monarque du monde. A ce

---

[78] Thevet s'est embarqué à Venise au mois de juin (1549), c'est-à-dire à la même période que les pèlerins, mais certainement pas dans le même galère (cf. *CL*, p. 22).

[79] Nous avons vu que le centre du monde, à Jérusalem, était indiqué par les religieux grecs au moyen d'un *omphalos* d'inspiration delphique. Il faut ici rappeler que la colonne serpentine *apportée de Delphes* par Constantin et située *au milieu* de l'Hippodrome de Constantinople revêtait probablement une fonction symbolique comparable.

moment précis du récit, l'auteur semble donc contraint de lever toute ambiguïté et de révéler les motivations réelles de son voyage. Mais Thevet ne l'entend pas de cette façon et refuse toujours d'abattre son jeu. Voici comment il tente de contourner la difficulté, de dissimuler sa déviation manifeste de l'itinéraire suivi par les pèlerins:

> Or apres avoir demeuré en ladite isle de Candie par l'espace de quatre mois, fut question de passer outre, mais pource que la nave sur laquelle je m'estois embarqué à Venise ne tiroit la route de Jerusalem, ains s'en alloit de Candie en Chipre, je me transportay en Alquence, seconde vile de Candie, où de fortune je trouvay une nau genevoise, le patron de laquelle vouloit faire voile en Chio, pour charger du blé[80].

Le cosmographe ne manque pas d'audace. Au lecteur distrait (et peu au fait de géographie levantine), il désire faire croire qu'il s'est embarqué pour Chio au lieu de poursuivre vers Chypre afin de ne pas s'écarter de la route de Jérusalem. Mais un bref coup d'œil à la carte la plus approximative qui soit suffit à démentir cette fragile excuse. Faire voile en direction de Chypre était au contraire l'unique manière d'espérer gagner la Terre sainte; et prendre le chemin de Chio, c'était bien évidemment s'orienter vers Constantinople.

Ce n'est qu'au chapitre concernant l'île de Chio que Thevet, après avoir multiplié les emprunts au *Discours du voyage de Constantinoble* de La Borderie, reconnaît explicitement s'être efforcé de rallier la capitale ottomane:

> Brief, j'atendois d'heure en heure en ce lieu quelque vaisseau qui fit voile à Constantinoble, ce que jamais je ne pu rencontrer. Ainsi la demeuree fut plus longue que je ne cuidois[81].

Jusque dans cet aveu différé, le voyageur-écrivain laisse entendre qu'il n'a «jamais» atteint les rives du Bosphore. Mais quelques lignes plus loin, le voilà déjà narrant son embarquement sur un navire génois faisant «voile à Constantinoble». La destination de la navigation apparaît enfin de manière explicite; à présent que le texte enregistre clairement la déviation de parcours, il n'y sera plus jamais question du traditionnel itinéraire de Terre sainte.

La stratégie déployée par Thevet fait ici clairement sens. Afin de ne pas arracher trop tôt, ni trop brusquement, ce qu'on serait désormais tenté d'appeler son *masque* de pèlerin modèle, il s'applique à ne révéler sa véritable destination que le plus tard possible et en

---

[80]   *CL*, p. 42.
[81]   *CL*, p. 46.

deux ou trois temps. Il donne ainsi à la première partie de sa navigation vers Constantinople l'apparence d'un commencement de pèlerinage, puis amortit considérablement ce que le lecteur est en droit de considérer comme un brusque changement de cap. En d'autres termes, il présente comme le produit d'un détournement progressif ce qui, à n'en pas douter, constituait un itinéraire programmé dès l'embarquement à Venise. Ce que le récit et sa puissance mimétique donnent ici à voir, c'est à la fois une vraie pérégrination et un faux pèlerinage[82].

De cette lecture rapprochée, il ressort que la *Cosmographie*, jusque dans les contradictions voire les mensonges qu'elle renferme, obéit en partie à un dispositif de persuasion cohérent qui prend naissance dès les remarques prologales et se prolonge dans la stratégie narrative visant à «reproduire» l'itinéraire emprunté par le voyageur. Mais parce que ce double dispositif se greffe mal sur le sujet profondément polygraphique constitué par la *Cosmographie*, parce qu'il n'en reflète ni les présupposés épistémologiques, ni les fondements esthétiques, ni même les orientations religieuses[83], il finit par détonner de manière assez évidente et s'effondrer comme un château de cartes.

*　*　*

Il ne s'agit pourtant pas ici de remettre en question la dimension religieuse parfois perceptible dans la *Cosmographie*. Que l'éloge constant de la *varietas* renvoie indirectement le lecteur à l'omnipotence du Créateur, que la description des Lieux saints ou des régions visitées par saint Paul constitue chez Thevet comme chez son modèle Vadian une forme de propédeutique facilitant la compréhension et la mémorisation du texte biblique, voilà en effet qui paraît difficilement contestable. Mais cette solidarité du géographique et du religieux ne comble en aucune manière le fossé qui sépare le voyageur de curiosité et le pèlerin engagé dans son rituel

---

[82] Dans son analyse des dernières pages de la *Cosmographie de Levant*, W. Williams a lui aussi récemment souligné l'écart qui sépare le texte de Thevet des relations traditionnelles (*op. cit.*, pp. 266-268; cf. aussi les remarques plus ponctuelles des pp. 57-58, 64, 125, 142). De manière tout aussi convaincante, M.-C. Gomez-Géraud exclut la *Cosmographie* du corpus pérégrin et montre que les auteurs de l'époque avaient la même perception des choses: dans son *Hodœporicon* (Cologne, 1599), le cordelier et pèlerin Jean Du Blioul reproche précisément à Belon et Thevet leur manque de dévotion hiérosolymitaine (cf. *Le Crépuscule*, pp. 195-196 et 846).

[83] Sur les accents évangéliques de la *CL*, cf. F. Lestringant, *André Thevet*, ch. II.

de pénitence et de dévotion. Elle tendrait même à le creuser encore davantage dans la mesure où la corporéité du pèlerinage s'accorde mal, on s'en souvient, avec l'esprit de l'Evangélisme et de la Réforme. Et s'il est vrai que Luther n'a pas totalement exclu la possibilité d'un pèlerinage non superstitieux, il n'en a pas moins opposé de façon radicale et définitive les deux modèles concurrents que la *Cosmographie* prétend réconcilier:

> Quiconque désormais voudrait faire un pèlerinage ou former le vœu d'en faire un, devrait auparavant en indiquer le motif à son curé ou à son souverain. S'il se trouvait alors qu'il le fasse pour accomplir une bonne œuvre, le curé ou le souverain fouleraient hardiment aux pieds ce même vœu et cette même bonne œuvre comme une illusion créée par le diable et l'inciteraient à employer l'argent et le travail nécessaires pour le pèlerinage, à obéir aux commandements de Dieu et à accomplir des œuvres mille fois préférables, c'est-à-dire à les consacrer aux siens ou aux pauvres de son entourage. S'il le fait par curiosité, pour visiter les pays et les villes, qu'on le laisse suivre son désir[84].

Non sans malice, Luther prend l'exact contre-pied de la position catholique en réhabilitant le pérégrinateur curieux au détriment du pèlerin dévot[85]. Mais en dépit de ce brutal renversement, il ne fait au fond que reconduire le traditionnel clivage entre les deux modèles viatiques. Si les voyageurs catholiques devaient clairement choisir entre la voie de la connaissance et celle de la pénitence, les réformés sont désormais placés devant une alternative encore plus contraignante: soit ils partiront pour voir le monde, soit ils resteront tout bonnement chez eux. Plus que jamais, la synthèse du pèlerinage et du voyage de curiosité semble relever de l'*adunaton* théologique et l'on voit en définitive assez mal comment Thevet aurait véritablement pu la réaliser.

Le cordelier a-t-il sous-estimé les tensions que pouvait générer le rapprochement de paradigmes si peu compatibles? A-t-il sincèrement tenté de célébrer les noces de Pèlerinage et de Curiosité? Cela n'est pas impossible et n'aurait au fond rien d'extraordinaire chez un auteur qui s'efforcera bientôt de concilier le modèle cosmographique et l'impératif d'autopsie. Reste que le «maquillage» de l'escale crétoise oblige à prendre en considération d'autres facteurs, à s'interroger en particulier sur les attentes des différents destinataires visés. En conférant à son ouvrage certains traits superficiels d'un *Voyage de Jérusalem*, le cosmographe a tout d'abord pu détour-

---

[84]   Luther, *A la Noblesse chrétienne*, op. cit., t. II, p. 118.
[85]   Cf. aussi Erasme, *Peregrinatio religionis ergo*, in *Opera omnia*, I, 3, p. 470.

ner à son profit le prestige que devaient conserver les récits de pèlerinage en dépit du terrible creux éditorial de la décennie 1541-1550[86]. Se présenter en continuateur de Le Huen et de ses pairs, c'était gagner à sa cause un public assez intrépide pour s'aventurer en esprit sur les pistes levantines, mais trop timoré pour rompre avec ses vieilles habitudes de lecture[87]. En faisant symboliquement œuvre de pèlerin, Thevet répondait de surcroît à des attentes plus spécifiques: d'un côté, il demeurait ouvertement fidèle à l'ordre franciscain et semblait même inscrire son œuvre dans le prolongement de celle du cordelier Jean Thenaud, son ancien supérieur d'Angoulême parti prier en Terre sainte à l'instigation de Louise de Savoie[88]; de l'autre, il affichait une dévotion hiérosolymitaine qui ne pouvait qu'agréer à ses protecteurs de la maison de Lorraine, lesquels comptaient Godefroi de Bouillon parmi leurs prestigieux ancêtres. En tous les cas – et quelle que soit la part de ces différents facteurs dans l'ambivalence fondamentale du projet de Thevet – il est clair que la *Cosmographie* illustre à merveille l'influence exercée par la tradition pèlerine sur les descriptions de l'Orient à l'époque de Luther et de Calvin. Que l'on ait au moins jusqu'au début du dix-septième siècle continué d'écrire et de publier un grand nombre de relations de pèlerinage, cela ne saurait réellement surprendre compte tenu de la réhabilitation du genre liée à la Contre-Réforme. Qu'un si grand amateur de singularités, même cordelier de son état, ait dans les années 1554-1556 éprouvé le besoin de se façonner *coûte que coûte* un vague profil de pèlerin, voilà en revanche qui peut laisser songeur.

---

[86] Sur ce «creux dramatique», voir M.-C. Gomez-Géraud, *Le Crépuscule*, pp. 199-201.

[87] A en juger par ses trois éditions, la *Cosmographie* a bel et bien trouvé public. Comme le rappelle F. Lestringant, «si Thevet peut se prévaloir de quelque succès d'auteur, c'est bien à propos de son premier ouvrage, qui semble avoir répondu le mieux à l'attente de ses contemporains» (*CL*, p. XXVI).

[88] C'est à l'époque où Thevet entre au couvent d'Angoulême que paraît *Le Voyage et itinaire [sic] de oultre mer faict par frère Jehan Thenaud, maistre és ars, docteur en theologie et gardien des freres mineurs d'Angoulesme* (Paris, sans doute entre 1524 et 1529). Sur cette relation de pèlerinage elle aussi problématique, voir F. Tinguely, «Une tradition réorientée».

CHAPITRE II

RECONNAISSANCES

Aussi conflictuelle qu'elle ait pu se révéler à la lumière d'une lecture rapprochée, la réécriture du modèle pèlerin, geste d'imitation par excellence, ne laisse que bien rarement au voyageur l'occasion d'appréhender directement le monde qu'il arpente, de donner libre cours à ses talents d'observateur. Même contestés dans leur esprit, les récits de pèlerinage continuent souvent d'exercer une emprise paralysante sur les descriptions de la Terre sainte. Pris en charge par les franciscains du mont Sion, guidé dans sa visite par des récits aussi catégoriques qu'unanimes dans leur identification des reliques, le voyageur est la plupart du temps forcé – au risque de commettre une manière de blasphème – de reconnaître sans le moindre scepticisme les Lieux saints s'égrenant en chapelet sous ses yeux. Emettre un doute à propos de cette reconnaissance cristalline équivaudrait en somme à nier la valeur atemporelle des Ecritures, à les déclarer en partie caduques, remise en question impensable chez les voyageurs du seizième siècle.

Certaines différences se font bien sûr sentir entre le monde biblique et le pays s'offrant désormais au regard du pérégrinateur, mais tous ces écarts ont déjà été amplement constatés et recensés par la tradition pèlerine. Leur mention ne saurait donc surprendre le lecteur informé; elle n'apparaît plus guère que comme un lieu commun. A preuve la regrettable dégradation de Bethléem, au sujet de laquelle se lamentent déjà les pèlerins et dont on trouve des échos nombreux et monotones chez les compagnons d'Aramon. C'est au fond toujours la même complainte que reprennent en chœur les textes les plus divers, avec il est vrai une nostalgie plus ou moins marquée selon les cas. En voici la version reproduite dans la relation de Jean Thenaud:

> Bethleem pour le temps present est tout ruyné fors celle sumptueuse et solempnelle eglise qui jadis fut construicte et edifiée par Saincte Heleine, puis augmentée par Godeffroy de Billon et ses successeurs...[1]

---

[1] Op. cit., p. 90. Voir aussi A. Regnaut, op. cit., p. 129.

Dans sa *Description et charte de la Terre Saincte*, Postel oppose de manière plus systématique «jadis» et «maintenant». Qu'il s'agisse de Nazareth ou de Samarie, c'est à chaque fois le même parallèle qui se met en place, la même structure binaire qui organise la description. En ce qui concerne la ville natale du Sauveur, la concision de la formule rend l'existence de l'écart plus manifeste encore:

> Betlehem jadis fut cité, maintenant village ruineux en la tribu de Judah...[2]

Quant à Chesneau, dont on sait désormais combien il emprunte aux relations des pèlerins, on n'est nullement surpris de le voir prolonger à son tour l'opposition topique entre «autrefois» et «aujourd'hui»:

> Le landemain, XXVIe jour dudit moys, nous allasmes en Betlehem qui est à quatre ou cinq mil de Jerusalem, qui par le passé a esté une belle cité, mais maintenant est reduite en ung village situé sur une montaignette en pais pierreux et bossu...[3]

Malgré la syntaxe quelque peu torturée, le lieu commun reste une fois de plus aisément identifiable, et les précisions chronologiques ou topographiques apportées par le secrétaire d'Aramon n'y sauraient rien changer en profondeur. Dans tous ces textes qui se font inlassablement écho, Bethléem est toujours déjà reconnue comme une ville devenue village[4]. Bien loin de poser problème, l'écart entre

---

[2]   Postel, *Description et charte de la Terre Saincte*, p. 89. Voici par ailleurs comment Postel définit les principes de sa méthode dans une déclaration importante sur le plan théorique: «Si la description des choses qui ne sont plus, ou si elles sont, elles ne sont plus comme jadis, servoit de quelque chose, j'eusse bien icy traduict de [Flavius] Josephe l'ancienne description et forme de Jerusalem, mais la laissant dedens le dict aucteur qui se trouve en françois comme en grec et latin, je la mettray en brief selon que je l'ay veue, *et noteray là où elle est de son antiquité diferente*» (p. 38). En réalité, la topographie de Postel ne parvient jamais à se dégager de l'emprise de l'intertexte autant que ces remarques pourraient le donner à croire: bien au contraire, l'écriture géographique se met chez lui presque totalement au service de la compréhension du texte biblique.

[3]   Chesneau, *op. cit.*, f. 297 v°; p. 125.

[4]   On peut ajouter aux exemples déjà cités celui de Thevet: «et reviendray à notre Bethleem, qui n'est à présent qu'un petit village» (*CL*, p. 181). Chez Belon, en revanche, la grandeur passée de Bethléem est reléguée dans le domaine de l'implicite: «Allants ainsi le pas nous ne fusmes que deux heures à arriver en Bethlehem, qui est un petit village mal basti de maisonettes» (*OS*, f. 145 r°). Mais à propos de Jéricho, le parallèle avec les temps bibliques s'inscrit parfaitement dans la série que nous venons de considérer: «Nous arrivasmes au village où autresfois la ville de Jericho avoit esté edifiée, où maintenant n'y a sinon une meschante tour quarrée, qui n'est guère plus forte qu'un colombier» (f. 144 r°).

le passé et le présent vient ici confirmer la tradition descriptive véhi-
culée par les pèlerins dans leurs récits. Il n'entrave en rien le processus de reconnaissance. De façon assez paradoxale, il est signe de
transparence et non d'opacité.

L'exemple nullement exceptionnel de Bethléem suffit à le faire
comprendre: la Terre sainte ne s'avère guère propice à la probléma-
tisation de la reconnaissance par laquelle, nous le verrons, s'opère
fréquemment la lente émergence d'un regard autonome et d'un discours critique envers la véracité de l'intertexte ancien[5]. Mais si la
Palestine interdit encore à la *mimesis* de pleinement s'épanouir, des
lieux aussi prestigieux que le mont Athos ou Constantinople ne
peuvent déjà plus faire obstacle à ce qu'il faut bien considérer
comme une évolution à la longue inévitable.

L'OMBRE DU MONT ATHOS

Au seuil de l'Orient décrit par sire Jean de Mandeville s'élève
une montagne «si haute que son ombre s'étend jusqu'à Lemnos qui
est éloignée de soixante-seize milles»[6]. Cette masse titanesque,
ancien rempart des Grecs contre les Barbares orientaux, n'est autre
que le mont Athos, *haut lieu* souvent mentionné par les historiens,
les géographes et les voyageurs depuis les temps lointains d'Hérodote. La description métonymique qu'en donne Mandeville s'inscrit d'ailleurs dans la tradition la plus pure: toujours prudents
lorsqu'il s'agit de déterminer d'un chiffre précis l'altitude démesu-
rée de l'imposant sommet – en réalité seulement un peu plus de
2000 m –, les Anciens préfèrent s'émerveiller de son ombre colos-
sale, laquelle atteint quatre-vingt-sept milles selon Pline[7], quatre-
vingt-six selon Solin, «quod non frustra inter miracula notaverunt»[8].

---

5   Dans le prologue du *Traité de l'état de la Terre sainte* du pèlerin Guillaume de
     Boldensele (quatorzième siècle), cette adéquation parfaite de la tradition et de
     l'expérience est exprimée par l'intermédiaire du Psaume 48, 9: «Ce que nous
     avions entendu dire, nous l'avons vu dans la ville du Seigneur...». Et l'auteur
     d'ajouter: «Depuis le temps de mon enfance, j'ai désiré voir cette Terre sainte,
     comme mon propre et légitime héritage, dû en raison de la foi en Jésus-Christ
     à moi et à tout bon chrétien; je voulais que mes yeux soient témoins de ce qui
     avait été si souvent répété à mes oreilles et que je puisse dire avec le prophète
     David les paroles que j'ai proposées plus haut» (in *Croisades et pèlerinages*,
     pp. 1001-1002).
6   Jean de Mandeville, *Voyage autour de la terre*, p. 14.
7   Cf. *Histoire naturelle*, IV, 23.
8   Cf. *Polyhistor*, 11, 33-34 (in *Collectanea*, p. 77).

La sombre merveille est attestée par mainte autorité. Elle semble d'autant moins sujette à caution qu'elle donne naissance à un proverbe que les humanistes consigneront comme il se doit dans leurs répertoires de lieux communs. Erasme l'explique par le menu: dans la langue imagée des Anciens, «porter ombrage à la gloire d'autrui» peut s'exprimer au moyen de l'adage «Athos celat [ou «obumbrat»] latera Lemniæ bovis»[9].

A en juger par son ombre proverbiale, le mont Athos culmine donc à une altitude inhabituelle, peut-être inégalée et certainement propice à l'étrange et au merveilleux. Selon la *Chorographie* de Pomponius Méla, il s'élèverait même au-dessus des régions d'où tombent les pluies, si bien que la cendre, sur les autels érigés à son sommet, ne serait jamais emportée par les eaux mais demeurerait telle qu'on la laisse entassée. L'endroit semble avoir toujours échappé aux vicissitudes de ce monde sublunaire; il paraît dès lors normal que la vie des habitants y ait été de moitié plus longue que dans les autres contrées[10]. Ces hommes à la longévité exceptionnelle, Solin nous rappelle de son côté qu'ils portent un nom bien connu: ce sont les *Macrobioi* des Grecs ou les *Longævi* des Latins[11]. Selon l'éternelle logique du «Croyez le, si voulez: si ne voulez, allez y veoir»[12], l'inaccessibilité du lieu favorise une fois de plus l'apparition des *mirabilia* les plus traditionnels.

Mais le *Monte Sancto* est bien plus qu'une merveille: un symbole. Pour s'en convaincre, il suffit de revenir à Mandeville, lequel, en bon héritier de la tradition antique, ne s'astreint guère au pénible labeur de l'observation *de visu*, ce qui ouvre pleinement à sa description le champ de l'imaginaire. L'Athos devient sous sa plume de compilateur le lieu d'une utopie, l'espace rêvé où prend soudain consistance le fantasme de tout voyageur levantin. Voici la porte symbolique de l'Orient, l'endroit étrange et onirique par lequel le

---

[9] Cf. Erasme, *Adagiorum chiliade quatuor*, III, 2, 90, in *Opera omnia*, II, 5, pp. 152-153. La vache en question n'est en fait qu'un «simulacrum ingens, candido factum lapide» érigé par les habitants de Lemnos.

[10] Pomponius Méla, *Chorographie*, IV, 31-32, p. 43. Voici le texte original: «Athos mons adeo altus est, ut credatur altius etiam quam unde imbres cadunt surgere. Capit opinio fidem, quia de aris quas in vertice sustinet non abluitur cinis, sed quo relinquitur aggere manet [...]. In summo fuit oppidum Acrothoon, in quo, ut ferunt, dimidio longior quam in aliis terris ætas habitantium erat».

[11] Solin recopie presque mot pour mot le texte de Pomponius Méla puis ajoute en effet: «ideo inde homines macrobios Græci, nostri appellavere longævos» (*loc. cit.*). Voir également Pline, *op. cit.*, IV, 17. Rabelais se souviendra de la légende des Macrobes dans son *Quart Livre* (ch. XXV-XXVIII).

[12] Cf. Rabelais, *op. cit.*, ch. XXXVIII.

désir se réalise, la quête des origines ne s'y heurtant plus à aucun
obstacle:

> Au sommet de cette montagne, l'air est si pur qu'il n'y souffle ni vent ni
> brise. Aucun oiseau, aucune bête ne peut y vivre, car l'air est trop sec.
> On dit en cette région que les philosophes montèrent jadis sur cette
> montagne, tenant en main une éponge imbibée d'eau pour humidifier
> l'air, sinon ils n'auraient pu respirer et auraient défailli par manque d'air
> car l'air y est trop sec. Au sommet, ils tracèrent avec leurs doigts des
> lettres sur la poussière; au bout d'un an, ils remontèrent et trouvèrent
> les lettres telles qu'ils les avaient écrites l'année précédente, *sans aucune
> altération*[13].

Ce lieu de transparence où le temps n'a plus cours et où la trace des
Anciens jamais ne s'efface, il faut y voir la figure emblématique de
l'Orient dans son ensemble, tel que l'ont rêvé maints pèlerins et
voyageurs du Moyen Age tardif ou de la Renaissance[14]. Mais le rêve
porte ici en soi ce qui le dénonce comme tel: le fait que Mandeville
ait dû situer cette trace originelle dans l'improbable région de l'air
pur[15] témoigne de l'abîme qui s'est creusé entre les espoirs des
Occidentaux et la décevante réalité levantine. Persuadés d'aller au-
devant d'un «texte» intact, sans altération ni corruption aucune, les
voyageurs ont probablement déchanté au contact du Proche-
Orient réel, ce palimpseste noirci qu'il leur incombait pourtant
d'essayer de déchiffrer.

---

[13] Mandeville, *ibid.*

[14] Le livre de Mandeville a été l'un des plus lus au seuil de la modernité. Comme
le rappelle C. Deluz, on en conserve plus de deux cent cinquante manuscrits
dont le plus ancien remonte à 1371. L'apparition de l'imprimerie ne fait
d'ailleurs qu'accroître la popularité de l'ouvrage: toutes langues confondues,
on en recense plus de cent quatre-vingts éditions à la Renaissance (Mandeville,
op. cit., introduction, p. XV).

[15] Le «dogme» de la région de l'air pur procède d'une simplification des thèses
exposées par Aristote dans le livre premier des *Météores*. En réalité, le Philosophe parle davantage d'air sec et chaud, voire quasi igné: «...de ce que nous
appelons l'air, la partie qui entoure la Terre est humide et chaude, du fait qu'elle
contient à la fois une vapeur et une exhalaison sèche venant de la Terre, *et que
la partie au-dessus de celle-là est dès lors chaude et sèche*. En effet, la vapeur est
par nature humide et froide et l'exhalaison, chaude et sèche; et la vapeur est en
puissance une sorte d'eau, et l'exhalaison, en puissance une sorte de feu. – *Ainsi
donc, la raison à donner pour laquelle les nuages ne se forment pas dans la
région supérieure, c'est que cette région est remplie, non pas d'air seulement,
mais plutôt d'une sorte de feu*» (*Les Météorologiques*, p. 15). Je ne retiendrai pas
cette distinction de détail dans la suite de ce chapitre: l'important reste à mon
sens que la théorie de l'air pur ait, à tort ou à raison, été associée à l'autorité
d'Aristote.

Le discours sur l'Athos, parce qu'il s'inscrit manifestement au cœur de cette recherche obstinée de lisibilité, doit ici faire l'objet d'une attention particulière. Si la montagne légendaire cristallise les rêves d'Orient partagés par bon nombre d'auteurs, on ne saurait se passer d'examiner dans le détail les descriptions qu'en donnent les compagnons d'Aramon. Le sort qu'ils réservent à cette utopie de la transparence doit en dire long sur la part d'illusion ou, au contraire, de désenchantement qui a entouré – et donc marqué – leur redécouverte et leur réécriture des régions levantines.

Contrairement à ce qu'il affirme dans sa *Cosmographie de Levant* et laisse entendre quelque trente ans plus tard dans son *Grand Insulaire*, Thevet n'a sans doute jamais vu le mont Athos, pas même de très loin[16]. A la tradition séculaire que je viens de retracer dans les grandes lignes, il ne peut par conséquent opposer aucune expérience propre, aucune observation nouvelle susceptible d'ébranler le dogme bien établi d'une montagne hors du temps. Dans son cas, le processus de la reconnaissance ne s'amorce tout simplement pas et la description peut reconduire le plus tranquillement du monde le poncif de la permanence et de l'immuabilité:

> La hauteur de cette montaigne surpasse la mediane region de l'air, où sont engendrees les pluyes, ce qui ha quelque aparence de verité: pour autant que lors qu'on y faisoit sacrifices (au dire des habitans du lieu) les cendres se trouvoient sur les autels au dessus de la montaigne, colloquez au mesme monceau, qu'on les y avoit laissees, qui est un argument de l'air pur, liquide, et qui n'est en rien troublé de vents, bruines, ou nuees[17].

La parenthèse probablement inspirée du «On dit en cette région» mandevillien ne trompe à vrai dire pas grand monde: les seuls habitants du lieu consultés pour l'occasion ont pour nom Pomponius Méla et Solin. L'une ou l'autre de leurs descriptions jumelles est ici suivie à la lettre par Thevet, qui se contente seulement d'y ajouter quelques remarques de météorologie aristotélicienne, elles aussi vraisemblablement empruntées à Mandeville. Si le cosmographe invoque le témoignage des autochtones, ce n'est que pour mieux dissimuler le rôle de compilateur auquel il se trouve réduit par son manque d'expérience directe, par son manquement au principe

---

[16] Cf. *CL*, p. 51 et les notes importantes de F. Lestringant (pp. 266-267). Dans le *Grand Insulaire* (1586-1587), il est question d'«un calojer du mont Athos, nommé Theodore docte philosophe, celuy qui nous fit voir à Pierre Gilles, à Guillaume Postel et à moy plusieurs beaux livres antiques...» (II, f. 101 v°).

[17] *CL*, p. 52.

d'autopsie. La réécriture devient ici répétition stérile; elle ne parvient jamais à se dégager du modèle qu'elle reproduit machinalement et, en toute logique, *sans aucune altération*. On comprend aussitôt la menace que constitue pour l'écriture du voyage l'utopie de la transparence. Là où les choses se sont figées depuis des temps immémoriaux, seul le vain plaisir de s'entregloser à l'infini justifie qu'une nouvelle description vienne se substituer à celle des Anciens. On est ainsi en droit de se demander ce que les philosophes dont parle Mandeville ont bien pu trouver à dire d'original concernant le mont Athos après s'être émerveillés de son inaltérabilité: il y a gros à parier qu'ils n'avaient rien à ajouter aux lettres tracées dans la poussière... Représenté une fois pour toutes par les géographes antiques, le lieu de pérennité n'autorise plus guère que l'imitation docile et répétitive d'une *mimesis* ancestrale logiquement considérée comme toujours d'actualité. Au pays de la transparence, le texte du voyageur tend forcément à se pétrifier comme ces monceaux de sable qu'aucun vent ne disperse, et la vie s'y fait dès lors aussi rare que dans la région de l'air pur. L'*uchronie* s'avère ici rapidement totalisante, au point d'en étouffer toute parole individuelle: on respire souvent mal à l'ombre du mont Athos.

BELON STRATÈGE

Il n'est cependant pas impossible d'échapper en grande partie à cette pesante et paralysante tradition descriptive. A l'extrême opposé du geste thevétien d'imitation passive, Pierre Belon[18] réussit à secouer le joug des autorités gréco-latines et à rendre sa prise de parole tout à fait légitime aux yeux du lecteur. Loin de se contenter

---

[18]   Apothicaire de formation, puis étudiant et compagnon d'exploration du botaniste Valerius Cordus, Pierre Belon du Mans (1517-1564?) voyage au Levant de 1547 à 1549. A son retour, il publie ses copieuses et minutieuses *Observations* (1553), l'un des chefs-d'œuvre de la littérature géographique au seizième siècle. Il fait aussi paraître divers ouvrages d'ichtyologie (*De aquatilibus libri duo*, 1553) et d'ornithologie (*Histoire de la nature des oyseaux*, 1555) qui font de lui l'un des grands zoologistes de l'époque. Protégé du cardinal de Tournon, il se révèle un catholique convaincu, comme en témoigne sa *Cronique [...] au Roy Charles neufvyesme*, un texte «autobiographique» demeuré à l'état manuscrit. Belon meurt en 1564 ou 1565, assassiné «par un sien ennemi» dans le Bois de Boulogne. Pour plus de détails, voir surtout P. Delaunay, *L'Aventureuse Existence de Pierre Belon* et l'introduction de Ph. Glardon à son édition de l'*Histoire [...] des oyseaux*.

de compulser les géographes antiques ou même de décrire à distance l'ombre et la silhouette de l'imposante montagne, il s'applique au contraire à démythifier ce *Monte Sancto* qu'il connaît mieux que nul autre Occidental pour avoir eu tout loisir de l'arpenter en long et en large au printemps 1547[19], à la recherche d'informations utiles à sa gigantesque enquête sur les singularités levantines. Dans l'édition de 1553, le livre premier des *Observations* consacre plus de vingt pages serrées à la «description du Mont Athos et des choses memorables qu'on y trouve»[20]. Belon dépeint les mœurs et cérémonies des «six mille caloieres» qui peuplent la montagne sainte, énumère les «vingt et quatre grands monasteres antiques» qui leur servent de retraite et nous renseigne avec une infatigable exhaustivité – déformation professionnelle oblige – sur les plantes et les arbres aperçus au hasard de ses nombreuses promenades. Face à un matériau si riche et si neuf, on en viendrait presque à soupçonner l'auteur de n'avoir jamais lu ses classiques, de ne rompre avec la tradition savante que de manière candide et à peine consciente.

La description belonienne est néanmoins agencée de telle sorte que ce doute ne puisse guère germer longtemps dans l'esprit du lecteur vigilant. En plusieurs étapes et selon un mouvement de *crescendo* que l'on peut croire savamment orchestré, elle parvient à miner complètement le discours traditionnel concernant le mont Athos. La stratégie de démantèlement ici mise en œuvre ne s'offre pas pleinement au premier regard; elle se révèle au contraire extrêmement complexe et réserve bien des embûches au commentateur. Cette résistance au discours critique me paraît tenir à au moins deux raisons. On constate tout d'abord que le texte des *Observations* s'entoure de multiples précautions, privilégie systématiquement le non-dit et ne renvoie généralement à l'intertexte que de manière implicite. En second lieu – et de façon beaucoup plus originale –, la réfutation des modèles entreprise par Belon ne se déploie pas linéairement, mais plutôt selon un déconcertant mouvement de spirale: les coups portés à l'encontre des autorités ne prennent souvent sens et force que par le biais des énoncés qui leur font suite, lesquels y révèlent comme à retardement la part de l'ironie et du conflictuel. Pour bien saisir la cohérence de la démarche belonienne, il importe d'examiner de près ces étranges circonvolutions, de dresser une topographie rigoureuse de ces *pulcherrimæ ambages*.

La première phase de cette sinueuse trajectoire dénote chez Belon une conscience très nette des problèmes de réécriture, ce qui

---

[19] Ou au tout début de l'été (cf. appendice).

[20] Cf. ff. 34 v°-44 v°.

lui confère une remarquable capacité à commenter sa propre démarche afin de la situer clairement par rapport à la tradition savante. Au seuil même de sa description, le voyageur prévient toute accusation d'ignorance et contre ainsi d'entrée de jeu les attaques probables des érudits casaniers:

> La montaigne que je descriray maintenant est nommée en grec Athos, en italien Monte sancto. Je ne sçache avoir escript chose qui ait mieulx merité d'estre escripte plus par le menu que ce mont, car les anciens historiens en ont tant parlé que leurs escriptz à bon droict le rendent admirable[21].

Si pareille entrée en matière était suivie d'une docile imitation des «anciens historiens», on pourrait penser qu'elle relève uniquement de la topique de l'exorde et vise surtout à justifier la prise de parole de Belon en l'inscrivant dans la lignée d'une tradition séculaire. Mais rétrospectivement, lorsqu'on connaît le contenu réel de la description à venir, on ne peut s'empêcher de projeter un éclairage entièrement différent sur ces remarques préliminaires d'apparence toute inoffensive. Si Belon donne ici à entendre qu'il connaît bien les modèles antiques, c'est aussi pour signifier qu'il ne s'en écartera jamais que de manière consciente et délibérée. Mieux: c'est peut-être précisément parce que les Anciens «ont tant parlé», parce qu'ils se sont tant appliqués à rendre le mont Athos «admirable» – c'est-à-dire également *mirabilis*, peuplé de *mirabilia*[22] – que le voyageur-écrivain doit maintenant corriger le tir, démystifier le lecteur en procédant à une méritoire description *de visu*. Par un véritable tour de force, le lieu commun le plus ressassé se met dans un second temps au service d'une parole individuelle en conflit sous-jacent avec les autorités. Le *topos* sur lequel s'ouvre généralement l'*imitatio* la plus machinale est en somme détourné au profit d'une *mimesis* qui va vite se révéler considérablement affranchie.

Pour se convaincre que pareille interprétation ne relève pas d'une pure construction de l'esprit, il n'est que d'examiner la

---

[21] *OS*, f. 34 r°.

[22] On objectera sans doute que le texte résiste à cette lecture étymologique de l'adjectif «admirable». Pourquoi l'auteur affirmerait-il en effet que l'Athos a été «à bon droict» rendu merveilleux ? Je pense toutefois que cette expression revêt ici une valeur ironique nettement soulignée par la suite du texte. Chez Belon, *mirari* et ses dérivés connotent souvent le scepticisme et l'incompréhension, comme dans cette petite pointe à l'encontre de Pline: «Mirabar cur Plinius lapidem seu Colossum hunc, Sphingem nuncupaverit, cum tamen nihil aliud quam mulieris caput præse ferre videatur» (*De admirabili*, f. 2 v°; dans le titre de cet ouvrage, «admirabilis» a en revanche un sens clairement positif).

seconde phase du dispositif mis en place par l'auteur, à savoir la sévère critique d'Hérodote faisant *immédiatement* suite à la déclaration d'entrée en matière:

> Et vrayement, il est d'estrange façon, ce qui a premierement esté escript par Herodote, touchant les Perses, de ce mont Athos, et que Xerxes la [*sic*] feit entailler par le pied au destroict en ce peu d'intervalle de terre pour faire passer ses navires, me semble estre totalement faulx. Toutefois je ne l'ose bonnement asseurer. Si est ce que quand je passay par là, j'y prins garde tout expressement, car me partant de la ville de Hierissos, pour veoir si je verroye quelque vestige d'entailleures et fossoyeures, je n'y en ay point trouvé, ou pour le moins s'il en y a eu [*sic*], elles sont comblées pour le present[23].

Comme témoignage de déférence à l'égard des «anciens historiens», on imagine difficilement pire que cette irrévérencieuse attaque à l'encontre du «Père de l'histoire». La remise en question du modèle antique est ici patente: elle oblige à relire d'un autre œil les remarques apparemment banales qui la précèdent et à y déceler aussitôt la trace d'une ironie certaine.

Par son essence même, l'ironie ne donne cependant jamais lieu à une dénonciation franche et totale, de sorte que la stratégie rétroactive employée par Belon témoigne également d'une volonté d'éviter autant que faire se peut le choc d'une confrontation directe avec les défenseurs des autorités. Malgré la relecture éclairée que le lecteur soigneux est forcément amené à en faire, les remarques sur lesquelles s'ouvre la description de l'Athos constituent toujours, au sens littéral et au premier degré, une déclaration d'allégeance envers les Anciens. Même s'il nous fait indirectement comprendre qu'il conteste certaines de leurs affirmations, Belon ne s'aventure jamais à le crier haut et fort.

Cette tension entre un désir d'affranchissement manifeste et un prudent respect de la tradition intellectuelle apparaît avec insistance jusque dans la critique, pourtant corrosive, du témoignage d'Hérodote. Tour à tour audacieux et entouré de précautions, le discours

---

[23] *Ibid.* Belon se réfère ici au livre VII, 22-24, des *Histoires*. Après avoir décrit les gigantesques travaux effectués par les Perses, Hérodote y affirme que Xerxès a fait creuser ce canal moins pour des raisons pratiques que pour «manifester sa puissance et laisser un souvenir de son passage». Belle marque d'*hubris* et bel échec puisque, dès l'époque de Strabon, la reconnaissance du lieu suscite certains doutes: «C'est là également qu'on montre, dans les environs d'Acanthos, une tranchée qui fait dire que Xerxès a percé l'Athos et, pour sortir du golfe Strymonique, fit franchir l'isthme à sa flotte en ouvrant à la mer l'accès de son canal. Mais Démétrios de Skepsis ne pense pas que cette tranchée ait pu servir à des bateaux» (Strabon, *Géographie*, VII, fr. 35). On voit que même le scepticisme de Belon a des antécédents classiques.

conflictuel se déploie ici comme par à-coups, les percées téméraires y alternant toujours avec des retraites partielles. Première audace: en précisant que le récit auquel il s'en prend a «premierement» été écrit par Hérodote, Belon nous fait implicitement savoir que, par delà le seul historien grec, c'est en réalité toute une tradition qui est ici visée[24]. Il ne se contente d'ailleurs pas de mentionner avec discrétion l'invraisemblance de l'exploit perse tant célébré: c'est sans grand ménagement qu'il déclare les propos d'Hérodote «totalement faux»[25]. A peine décoché, le trait est néanmoins suivi d'une prudente atténuation («toutefois je ne l'ose bonnement asseurer») qui en dit peut-être long sur les réactions suscitées chez certains savants par ce type de déclaration contestataire.

Cela n'empêche pourtant pas Belon de repartir à la charge en protestant de son expérience viatique, laquelle ne doit en l'occurrence rien au hasard puisqu'il s'est «expressement» livré à des recherches afin, dit-il, «de veoir si je verroye quelque vestige d'entailleures et fossoyeures». Sans doute le redoublement du verbe «voir» procède-t-il d'une maladresse de style: il n'en souligne pas moins le rôle fondamental joué une fois encore par le principe d'autopsie à l'appui de la crédibilité de l'auteur, si bien que cette insistance sur l'autorité du regard accroît très certainement la violence du coup porté à l'encontre du vieil Hérodote. Mais alors que la phrase pourrait s'achever avec force sur un constat pur et simple d'autopsie négative[26], Belon semble soudain pris de remords – ou de crainte – et finit par émettre la seule hypothèse permettant de réconcilier le discours des Anciens et sa propre expérience visuelle: si une enquête soigneuse n'a pas permis de trouver trace du gigantesque canal mentionné par l'historien grec, et si celui-ci ne s'est pas tout simplement fourvoyé[27], c'est

---

[24] L'anecdote du détroit percé par Xerxès est reprise sans aucune réserve par Pomponius Méla (*op. cit.*, II, 2, 32, p. 43), Pline (*op. cit.*, IV, 17) et Solin (*op. cit.*, 9, 3; p. 63).

[25] La force du «totalement» est cependant déjà en partie neutralisée par l'emploi du verbe «sembler».

[26] J'emprunte ce concept à N. Fornerod (*Caraïbes et Cannibales*, pp. 54-56), lequel opère une série de distinctions extrêmement pertinentes entre les divers «degrés de l'autopsie». Selon Fornerod, on peut parler d'«autopsie négative» sur un «axe dialogique» lorsqu'un auteur affirme par exemple avoir constaté de ses propres yeux l'absence ou l'inexistence de ce dont a parlé autrui. Ce concept est d'une importance capitale pour saisir le mécanisme de ce que j'appelle la «reconnaissance infructueuse».

[27] Le timide «ou pour le moins s'il y en a eu» donne à penser que le voyageur formule cette hypothèse sans trop y croire. La litote est ici de mise: Belon dit le moins pour signifier le plus.

donc que son texte décrivait un paysage différent de celui désormais observable[28]. L'homme ou la nature doit avoir apporté à la configuration du lieu des modifications suffisamment importantes pour que les «fossoyeures» effectuées par Xerxès se trouvent «comblées pour le present».

Au moment même où la contradiction paraissait insurmontable, Belon évite de justesse une rupture radicale en laissant entrevoir un compromis possible entre la tradition et l'expérience, entre le respect des autorités et le principe d'autopsie. En apparence du moins, sa reconnaissance infructueuse ne mène plus nécessairement à la réfutation du texte antique: elle peut tout aussi bien donner à voir la *différence* qui sépare le monde des Anciens et celui des Modernes. Emettre l'hypothèse, même timide, d'un canal de Xerxès peu à peu comblé au point d'en disparaître complètement, c'est déjà prendre conscience du lent travail des siècles et de l'inévitable écart qui, lui, se *creuse* irrémédiablement entre autrefois et aujourd'hui. C'est finalement – et prudemment – accorder le bénéfice du doute à l'«estrange» récit d'Hérodote.

Dans un premier temps, il est vrai, Belon ne semble pas réellement ajouter foi à pareille modification du paysage. Tout indique au contraire qu'il formule cette supposition sans grande conviction et avant tout par précaution. Il ne prend d'ailleurs pas la peine de s'interroger sur la manière dont le canal aurait été comblé, si bien que rien n'indique encore si c'est l'homme ou la nature qui aurait effacé l'orgueilleux travail de Xerxès. Seul le résultat – et non le processus – de cet éventuel remplissage est considéré par l'auteur: le lecteur est libre de trancher entre l'hypothèse d'un remblayage et celle d'un remblaiement. Il n'est donc pas du tout certain que Belon ait déjà, à ce stade, pleine conscience de la distance considérable qui le sépare des temps d'Hérodote. Mais tout se passe comme si cette hypothèse d'abord émise par pure stratégie prenait peu à peu consistance dans son esprit; c'est du moins ce que semble indiquer la manière sensiblement différente dont il la formule quelque quatre ans plus tard, dans ses *Portraits d'oyseaux* (1557):

---

[28] Il n'est pas certain que l'enquête de Belon ait été aussi minutieuse qu'il se plaît à l'écrire. Trois siècles après lui, le voyageur anglais William Martin Leake affirme en tout cas avoir identifié certains vestiges des excavations effectuées par les Perses, et ce justement près de la ville de Hierissos dont parle Belon: «About the middle of the isthmus, where the bottom is highest, are some traces of the ancient canal» (*Travels in Northern Greece*, pp. 143-144). Le Manceau aurait-il expédié ses recherches afin de mieux s'affranchir de l'autorité d'Hérodote?

> Cecy n'est pas pour nyer que Xerxes n'y ait fait espace [au mont Athos]
> pour passer ses navires. Car il peut advenir que la fosse se soit comblée
> depuis ce temps là[29].

La suppression de la construction hypothétique, l'emploi réflexif du verbe «combler» et la mention de l'éloignement temporel renforcée par l'adverbe de distanciation «là», autant de modifications stylistiques qui tendent à prouver que la transformation progressive du mont Athos est une éventualité maintenant prise au sérieux.

Par cette trace qui peu à peu s'efface, c'est en somme le temps qui, dans toute son épaisseur, fait ici irruption sous l'œil et la plume du voyageur-écrivain. Alors qu'elle aurait pu paralyser ce dernier ou, pour le moins, scléroser son discours, la tension entre le respect et le rejet du modèle antique lui permet en définitive de mesurer pleinement l'écart séparant le siècle de Xerxès de celui de Soliman. Davantage, elle donne pour ainsi dire à voir le *mouvement* qui mène d'une époque à l'autre, c'est-à-dire le processus d'altération progressive auquel est nécessairement soumis l'Orient réel dès lors qu'il ne se soustrait plus comme par miracle à toute temporalité.

Le compromis proposé par Belon peut paraître timide: parce qu'il assigne un référent distinct au discours géographique des Anciens et à celui des Modernes, le voyageur donne l'impression de couper court à tout débat, d'interdire toute dénonciation des erreurs véhiculées par la tradition savante. Il serait pourtant erroné de réduire le texte de Belon à sa dimension conciliante ou même pusillanime. Ne l'oublions pas: il est ici question de l'Athos, c'est-à-dire d'une merveille d'*immutabilité* unanimement célébrée par le chœur des autorités géographiques. Pour peu que l'on tienne compte de la dimension mythique et symbolique du lieu, on s'aperçoit que dénoncer l'inexactitude des descriptions antiques ou reconnaître qu'un processus d'altération affecte bel et bien la configuration de la montagne, *ce n'est au fond dire qu'une seule et même chose*. A tout le moins en ce qui concerne la description topographique de l'Athos, le compromis que le texte des *Observations* laissait entrevoir, une fois replacé dans un réseau intertextuel assez large, conduit en réalité à une impasse presque totale. Si le lecteur peu au fait de géographie ancienne risque en toute bonne foi d'être dupe du ton apaisant finalement adopté par l'auteur, le lettré nourri de culture classique est quant à lui forcé de constater que la «solution pacifique» ici mise en avant dissimule en fait un rapport des plus conflictuels envers toute une pléiade d'autorités. Dépouillée de

---

[29] *Portraits d'oyseaux*, f. a iiii v°.

toutes les précautions rhétoriques qui la rendent apparemment inoffensive, l'alternative devant laquelle nous place la seconde phase du dispositif belonien est en définitive la suivante: si le canal de Xerxès n'a jamais existé, c'est donc qu'Hérodote s'est manifestement trompé, et avec lui toute la cohorte de ses imitateurs; si, en revanche, le canal a réellement été creusé mais s'est peu à peu comblé au fil des siècles, alors l'Athos n'est pas, ne peut pas être ce lieu magique, cet emblème d'inaltérabilité inlassablement décrit par la tradition géographique. Dans un cas comme dans l'autre, le discours de mainte autorité perd largement de sa crédibilité aux yeux du lecteur tant soit peu averti.

En toute rigueur – et dimension symbolique mise à part –, il faudrait cependant objecter que le canal de Xerxès n'a pas été creusé *au sommet* de l'Athos. La seconde proposition à laquelle conduit l'alternative posée par le texte n'est acceptable que par métonymie ou par synecdoque: l'exemple du canal comblé par le travail des siècles ne saurait infirmer la thèse des Anciens que si l'on étend à l'ensemble de la montagne les propriétés d'immuabilité dont seul son sommet est traditionnellement crédité. Une fois encore, le texte de Belon, tout en entamant sérieusement l'infaillibilité des géographes antiques, les laisse échapper de justesse à une réfutation franche et totale.

Ils ne perdent cependant rien pour attendre, car cette dernière tranchée protégeant leur crédibilité va bientôt se combler à son tour. Troisième et ultime phase du dispositif: contrairement à ses prédécesseurs, le voyageur prend la peine d'escalader l'Athos afin d'en décrire le faîte selon l'autorité de son seul regard. Parvenu au terme de son ascension sans même s'être muni d'une éponge imbibée d'eau, il peut se livrer à quelques remarques et observations non dénuées d'intérêt:

> Le plus haut de tout le mont Athos, et qui est le plus celebré, est au bout du Cheronese. Et pour ce qu'il est hault eslevé en l'air, il y a quasi tousjours de la neige, qui dure jusques à l'esté. Le feste en est tout sterile, et de rochers tresaspres et difficiles[30].

Fidèle à la tactique adoptée dès les premières lignes consacrées au mont Athos, l'auteur commence par nous signifier indirectement qu'il connaît les écrits de ses prédécesseurs. Il le fait au demeurant de la manière la plus neutre et objective qui soit, sans laisser transparaître aucun antagonisme. Mais immédiatement après cette douce

---

[30] *OS*, f. 42 r°.

entrée en matière – et sans le moindre changement de ton –, il assène un coup fatal à la tradition savante qu'il vient discrètement d'évoquer: sur ce sommet censé dépasser la région d'où tombent les pluies, on trouve, nous dit-il l'air de rien, «quasi toujours de la neige», comme sur n'importe quelle montagne suffisamment élevée. A ma connaissance, et aussi surprenant que cela puisse paraître, aucun auteur occidental ne s'était jusqu'alors permis de contredire si manifestement l'opinion des Anciens sur la question. Derrière leur apparente banalité, ces quelques lignes sur lesquelles le lecteur d'aujourd'hui glisse facilement sans s'arrêter dissimulent par conséquent un geste à bien des égards prométhéen: pour la toute première fois, le dogme séculaire de la montagne inaltérable se heurte à une réfutation catégorique. Il est réduit à néant, ou du moins définitivement relégué dans le domaine du mythe[31].

Mais le texte des *Observations* renferme encore davantage. Outre qu'il dénonce les rêveries de Pomponius Méla, Pline, Solin ou Mandeville, il paraît s'attaquer à l'autorité autrement plus prestigieuse d'Aristote à propos des différentes zones de l'atmosphère[32]. On se souvient que les descriptions de l'Athos «mythique» se fondaient de manière généralement implicite sur la théorie de l'air pur, telle qu'on la trouve exposée à quelques détails près au premier livre des *Météores*. Si le sommet de la montagne échappait à toute altération, c'était précisément parce qu'il atteignait cette région de l'air pur où, pensait-on, ne pouvait tomber ni pluie ni neige.

---

[31] On mesure le rôle précurseur de Belon lorsqu'on sait par exemple que Jean Chardin juge nécessaire de procéder à une mise au point similaire à propos du Petit Caucase, qu'il a franchi en décembre 1672 dans des conditions météorologiques extrêmement pénibles: «comme je m'imaginais d'être sur la plus haute montagne du monde, ou du moins sur la plus haute de l'Asie, j'aurais bien voulu reconnaître ce que disent des naturalistes, que sur le sommet des montagnes de la plus grande exaltation, les feuilles des arbres sont toujours au même état, à cause que les vents et les nuées, qui les pourraient faire tomber, sont toujours au-dessous, sans jamais monter si haut. C'est ce que je n'ai remarqué nulle part. Je ne me suis pas aperçu non plus que l'air n'y soit pas vital, comme ils le prétendent. Il est vrai qu'il est très subtil et très sec; mais je crois qu'on y vivrait comme dans les airs plus mêlés» (*Voyage de Paris à Ispahan*, t. I, p. 241). Comme Belon, Chardin surestime l'altitude à laquelle il se trouve (en réalité à peu près 2025 m).

[32] Il faudrait sans doute nuancer, sur ce seul point, les remarques de Jean Céard, selon lequel Belon «n'ose même pas, quand il s'agit d'Aristote, et alors même que partout ailleurs sa propre expérience lui paraît toujours préférable aux allégations des autres, lui opposer ses observations personnelles» (cf. «Pierre Belon, zoologiste», p. 130). Je dirais plutôt qu'il n'ose pas *ouvertement*...

Belon pourrait aisément réfuter l'opinion des géographes latins sans pour autant contredire la thèse du Stagirite : il lui suffirait pour cela de réévaluer à la baisse l'altitude de l'Athos, d'affirmer tout simplement que son sommet ne se hisse pas aussi haut qu'on avait pu le croire par le passé. Or justement – et l'on ne saurait trop insister sur ce point –, c'est l'option contraire qui est à deux reprises privilégiée dans les *Observations*.

La description de Belon établit premièrement un lien direct de cause à effet entre l'altitude élevée de l'Athos et la présence de neiges à peu près éternelles à son sommet :

> Et *pource qu'il est hault eslevé en l'air*, il y a quasi tousjours de la neige, qui dure jusques à l'esté.

La remarque n'a certes rien de révolutionnaire ; elle paraît plutôt procéder du bon sens le plus communément partagé. Pour peu qu'on la replace dans le réseau intertextuel auquel l'auteur vient juste de faire allusion, elle se charge cependant d'une signification toute particulière : par delà son sens littéral, elle suggère que les Anciens se sont moins abusés sur l'altitude de l'Athos que sur les propriétés de l'atmosphère à son sommet. C'est sur ce second point, non sur le premier, que le texte donne ici l'impression de vouloir corriger la tradition savante.

Tout se passe réellement comme si Belon, sans bien sûr jamais le dire, laissait discrètement entrevoir la possibilité d'une lecture anti-aristotélicienne des *Observations*. A preuve cet autre indice qui, disposé avant même les chapitres sur l'Athos, nous oriente encore plus avant dans cette voie relativement périlleuse. Alors qu'il procédait à la «Description des villes et ruines de Lemnos» (I, 25), le voyageur avait pris position au sujet de l'altitude du *Monte Sancto* selon un glissement métonymique que nous connaissons déjà :

> L'isle [de Lemnos] est estendue plus en longueur qu'en largeur, d'Orient en Occident, de sorte que quand le soleil se va coucher, l'ombre du mont Athos, qui est à plus de huict lieues de là, vient respondre sur le port, et dessus le bout de l'isle, qui est au costé senestre de Lemnos : chose que j'observay le deuxiesme jour de juing. Car le mont Athos est si hault, qu'encores que le soleil ne fust bien bas, neantmoins l'ombre touchoit la senestre corne de l'isle[33].

---

[33] *OS*, f. 26 v°. On ne peut s'empêcher de voir dans cette corne ombragée une vague réminiscence de la «Lemniæ bovis» proverbiale. On sait par ailleurs que Thevet renvoie de son côté très clairement à l'adage d'Erasme : «Cette montaigne est de si grande hauteur qu'elle estend son ombre jusques en l'Isle de Lemnos ; et là jadis rendoit obscurité à la statue d'une vache blanche, comme le

Le moins que l'on puisse dire est que cette description fabuleuse détonne singulièrement sous la plume de Belon, lequel nous a habitués à beaucoup plus de rigueur et d'esprit critique. Ces affirmations chimériques déstabilisent d'autant plus le lecteur qu'elles se prétendent fondées sur l'expérience visuelle de l'auteur, sur ces «observations» qui donnent à l'ouvrage son titre, sa méthode et sa raison d'être. Prise à la lettre, pareille fantaisie pourrait bien discréditer l'autopsie belonienne dans son ensemble, faire de celui que l'on considérait comme un champion de la description *de visu* un nouveau disciple de «Ouy-dire», et qui plus est un disciple étonnamment naïf.

On l'aura pressenti: il est possible – et même nécessaire – de rendre compte d'une tout autre manière de cet «écart» commis par Belon. Dès lors qu'on le replace dans la perspective d'une remise en question des *Météores*, la description de l'ombre prodigieuse apparaît comme un moyen supplémentaire et terriblement efficace de contrer la théorie d'Aristote. Si l'Athos projette son ombre titanesque à «plus de huict lieues», et ce «le deuxiesme jour de juing», c'est donc qu'il s'élève réellement à une altitude admirable: or Belon nous fait bien remarquer que l'on ne constate nulle trace d'air pur à son sommet. Ce qui passait dans un premier temps pour une description naïve pourrait bien participer d'une stratégie argumentative machiavélique au possible. En matière de réfutation des autorités, la fin justifie souvent les moyens et Belon a peut-être produit un faux témoignage afin de mieux dénoncer comme telles les erreurs du Stagirite. Que l'on souscrive ou non à l'hypothèse d'une stratégie consciemment élaborée, il est en tous les cas indéniable que ce manquement au principe d'autopsie vient dans un second temps renforcer un dispositif bel et bien destiné à asseoir de façon définitive l'autorité du regard.

Le potentiel «agonistique» de cette description n'est pourtant pas encore épuisé: tout en prétendant se fonder sur une observation personnelle, le témoignage en question est en fait directement démarqué de Pline ou de Solin, ce qui lui confère sans doute plus de poids encore. La tradition est ici mise au service de l'expérience,

---

commun proverbe nous tesmoigne, duquel nous usons, quand quelcun retarde le cours de notre bruit, et renommee. Cet ombrage est fort bien noté de quelques-uns, comme chose merveilleuse, car de Lemnos (aujourd'hui nommee Sidrio) jusques à Monte Santo, y ha octante six miles» (*CL*, pp. 51-52). Quant à Nicolay, il se contente de reconduire le *topos* de l'ombre merveilleuse: «Ce mont Athos est si haut, qu'on le voit surpasser les nuees, tellement que plusieurs ont escrit, que lors que le soleil luyt, son ombre se dilate et estend jusques à l'Isle de Lemnos à présent nommée Stalimene, estant la distance de l'un à l'autre de septante mille pas» (*NPV*, p. 263).

l'*imitatio* se trouve subordonnée à la *mimesis*. Cette utilisation des géographes latins à des fins d'émancipation anti-aristotélicienne relève au demeurant d'un véritable tour de force: ni Pline ni Solin n'avaient, sur la question précise de l'air pur, entrepris de contredire le Stagirite puisque leurs descriptions s'inspiraient précisément de ses théories atmosphériques. Du bricolage effectué par Belon, il résulte pourtant qu'Aristote se voit maintenant implicitement réfuté grâce à Pline et Solin, lesquels en finissent du coup par se contredire eux-mêmes. Le texte des *Observations* détourne et manipule les affirmations des Anciens; il les fait s'entrechoquer alors que rien ne les opposait à l'origine. Il joue avec les autorités, il les *fait jouer* les unes contre les autres et profite de cette neutralisation réciproque pour s'affranchir considérablement de leur influence.

Voici donc parvenu à son terme le processus par lequel le voyageur-écrivain s'est lentement, mais sûrement, libéré de l'emprise des modèles de l'Antiquité. Au risque de schématiser un peu et de présenter comme linéaire une démarche constituée en réalité de maints tours et détours, il est en fin de compte possible d'identifier trois moments en fonction desquels s'articule et se déploie cette opération d'émancipation. Dans une déclaration d'entrée en matière, l'auteur met à la fois l'accent sur sa connaissance de l'intertexte antique et sur l'utilité de sa propre description. Au travers de la critique d'Hérodote et de la fausse alternative sur laquelle elle débouche, la pertinence du discours des Anciens se trouve ensuite sérieusement remise en question. Enfin, un complexe et peu scrupuleux alliage d'observation réelle (neige) et de réécriture des modèles (ombre) permet de réfuter tour à tour et de manière définitive les autorités les plus prestigieuses. Tout au long de cette progression, Belon se contente de suggérer des lectures conflictuelles; il n'en assume jamais l'entière responsabilité. Si son texte renferme tous les éléments permettant de corriger la tradition savante, c'est au lecteur – et à lui seul – qu'il incombe de procéder à l'assemblage final, de révéler le non-dit et l'implicite, d'accomplir en solitaire la dernière partie du chemin, à la fois la plus praticable et la plus risquée.

RENVERSEMENTS

Dès lors qu'Aristote, Pomponius Méla, Pline, Solin ou Mandeville ne sont plus guère en mesure de lui faire beaucoup d'ombre, le voyageur peut enfin savourer son triomphe et se laisser aller au plaisir de contempler de ses propres yeux le panorama que ses compagnons et lui découvrent depuis le faîte de la montagne sainte:

> Quand nous fusmes à la summité du mont Athos, nous voyons claire-
> ment les isles et les pays à l'entour, comme Cassandria, qu'ilz nomment
> Schiato, Scyros, Lemnos, Tassos, Samothrace, Imbros, lesquelles isles
> nous voyons quasi aussi à clair que si elles eussent esté plus pres de
> nous[34].

De Mandeville à Belon, la transparence est toujours de mise au sommet de l'Athos, mais sous une forme différente. Chez le premier, elle garantissait la reconnaissance cristalline du monde figé décrit par les autorités, encourageant ainsi l'imitation docile de leur discours pertinent à jamais. Grâce à elle, l'épaisseur des siècles se réduisait comme par miracle, au point que nul écart ne séparait les descriptions d'hier et le monde d'aujourd'hui. A la limite, les mots «passé» et «présent» étaient tout bonnement vides de sens: la limpidité s'avérait telle que le temps s'en trouvait aboli.

Pareille utopie, on le sait, n'a désormais plus cours sous la plume de Belon, où temporalité rime généralement avec opacité[35]. Mais si le voyageur n'est plus en mesure de scruter au travers de la transparence des siècles, s'il ne réussit plus toujours à reconnaître le monde décrit par les autorités, il n'en parvient que mieux à appréhender l'espace qui l'entoure *hic et nunc*. En se détournant du texte caduc des Anciens, le regard s'émancipe peu à peu jusqu'à clamer haut et fort son omnipotence. Tout indique même que cet affranchissement s'accompagne d'une amélioration réelle de la performance visuelle. Depuis le point d'observation idéal que constitue le sommet de l'Athos, il est certes naturel que le champ de vision du voyageur s'élargisse, qu'il en vienne à embrasser d'un seul coup et presque cosmographiquement «les isles et les pays à l'entour». Ce qui, en revanche, peut paraître plus surprenant, c'est que son acuité visuelle s'en trouve elle aussi augmentée de telle sorte que les îles lointaines semblent soudain à portée de main. On en viendrait presque à se demander si ce phénomène étrange ne trahit pas, dans l'esprit de Belon, une rémanence inconsciente de la théorie de l'air pur.

---

[34] *OS*, f. 42 v°. A noter que Belon et ses compagnons portent leurs regards vers la mer et tournent donc le dos à Stagire...

[35] On notera toutefois qu'opacité n'est pas obscurité. Belon ne désespère jamais de trouver dans le monde qu'il parcourt des traces non négligeables du monde décrit par les Anciens. Il y parvient d'ailleurs à de nombreuses reprises, particulièrement lorsqu'il identifie les plantes recensées par les botanistes antiques. A bien des égards, il s'avère même émerveillé par la possibilité d'une telle reconnaissance et finit par vouer un véritable culte aux rares vestiges du passé encore observables. C'est en grande partie de cette fascination pour l'inaltérabilité que procède son *De admirabili*.

Quoi qu'il en soit – et cette évolution s'avère tout simplement capitale –, ce n'est plus l'écart *chronologique,* mais *spatial* que la transparence permet désormais d'abolir. Le dispositif ici mis en évidence s'achève sur une prise de possession symbolique de l'espace géographique par le regard libéré du voyageur-écrivain. L'escalade de l'Athos évoquée par le récit se double en fin de compte d'un long parcours d'initiation et d'émancipation effectué par l'auteur au fil des pages de son propre texte. Comme la première, cette seconde ascension – elle toute métaphorique – culmine dans un hymne à la toute-puissance du regard et à la clairvoyance. Au sommet du mont Athos, c'est maintenant l'autopsie la plus triomphante et la plus orgueilleuse qui se donne littéralement à voir.

✳ ✳ ✳

Cette extraordinaire libération du regard ne signifie toutefois pas que le texte des *Observations* cesse purement et simplement de dialoguer avec les Anciens. La double réussite de Belon ne prend même parfaitement sens qu'à la lumière d'autres ascensions, moins triomphales mais d'un point de vue moral beaucoup plus exemplaires.

Le lecteur de l'*Histoire romaine* peut ainsi se souvenir d'un passage édifiant où Tite-Live évoque avec un sourire moqueur les ambitions politiques démesurées qui conduisent Philippe V de Macédoine à gravir l'un des sommets occidentaux du Grand Balkan:

> Le désir de monter au sommet du mont Hæmus s'était emparé de lui, car il avait souscrit à l'opinion commune selon laquelle on pouvait, de là, apercevoir à la fois le Pont-Euxin, l'Adriatique, le Danube et les Alpes: le fait de voir ces contrées étendues sous ses yeux n'aurait pas peu de poids dans sa conception d'une stratégie contre Rome[36].

L'expédition du monarque, loin de culminer dans une «prise de vue» anticipant les plus audacieuses conquêtes militaires, s'achève assez pitoyablement dans l'obscurité la plus totale:

> Mais alors qu'ils approchaient des cimes, tout le paysage était recouvert d'un brouillard si épais (phénomène rare en altitude), qu'ils connurent des difficultés semblables à celles d'une marche de nuit. Ils ne parvinrent au sommet que le surlendemain. Une fois redescendus, ils n'infirmèrent en rien l'opinion commune, plus, je crois, pour éviter d'exposer à la moquerie l'inutilité de leur voyage que parce qu'ils avaient pu réel-

---

36   Tite-Live, *Histoire romaine*, XL, 21.

lement apercevoir du même endroit des mers, des montagnes et des fleuves aussi éloignés les uns des autres[37].

Les Macédoniens peuvent certes constater l'absence d'air pur au sommet des hautes montagnes, mais à leurs dépens. L'inexactitude des *Météores* se vérifie dans leur cas par d'exécrables conditions météorologiques et l'orgueilleux désir du roi n'en est que mieux tourné en dérision par l'historien romain.

Autre *exemplum* bien connu des lecteurs de l'époque: celui de Pétrarque gravissant le mont Ventoux. La très célèbre lettre familière (IV, 1) dans laquelle l'humaniste retrace cette ascension s'inscrit d'ailleurs d'entrée de jeu dans le prolongement du récit de Tite-Live:

> ...j'avais relu la veille l'*Histoire romaine* de Tite-Live et j'étais tombé sur le passage où Philippe de Macédoine – celui qui fit la guerre contre Rome –, parvenu au sommet de l'Hémus, en Thessalie, aurait cru voir deux mers, l'Adriatique et le Pont-Euxin. Si ce que l'on raconte est vrai ou faux, je ne saurais le dire: cette montagne est trop lointaine et les avis divergents de ceux qui rapportent l'anecdote la rendent peu sûre. Le géographe Pomponius Mela, pour ne citer que lui, la tient pour certaine, tandis que Tite-Live y voit pure légende[38].

Si Pétrarque entreprend à son tour de s'élever corporellement au-dessus des simples mortels, c'est bien sûr qu'il est animé du même désir que Philippe, mais c'est aussi et surtout parce qu'il ne tient pas compte de la leçon dispensée par Tite-Live. Les réserves exprimées par celui-ci étaient essentiellement la marque d'une sanction morale: dans son aveuglement initial, Pétrarque les réduit à un simple doute historique ou «scientifique». Il n'en saisit en somme que le sens littéral.

Au sommet du Ventoux, le panorama exceptionnel semble dans un premier temps donner tort à l'historien romain et raison à l'humaniste:

> Au début, surpris par cet air étrangement léger et par ce spectacle grandiose, je suis resté comme frappé de stupeur. Je regarde derrière moi: les nuages sont sous mes pieds, et je commence à croire à la réalité de l'Athos et de l'Olympe en voyant de mes yeux, sur un mont moins fameux, tout ce que j'ai lu et entendu à son sujet. Je tourne mon regard

---

[37] *Ibid.*, XL, 22. Le doute de Tite-Live à propos du panorama s'offrant au sommet de l'Hæmus est partagé par Strabon (VII, 5, 1). Pomponius Méla est quant à lui persuadé que l'extrême élévation de la montagne permet à ceux qui la gravissent d'apercevoir le Pont-Euxin et l'Adriatique (II, 2, 17).

[38] Pétrarque, *L'Ascension du Mont Ventoux*, p. 28.

> vers les régions italiennes, où me porte particulièrement mon cœur; et
> voici les Alpes immobiles et couronnées de neige: le farouche ennemi
> du nom de Rome les traversa en arrosant la pierre de vinaigre; loin-
> taines, elles me semblent toutes proches[39].

Mais ce triomphe visuel explicitement placé sous le signe de l'Athos
n'est que de très courte durée. On connaît en effet la suite: la
contemplation de l'horizon italien réveille le souvenir des années
d'études, puis des «turpitudes passées»; l'impossibilité d'apercevoir
les Pyrénées témoigne soudain de la faiblesse du regard humain et le
poète n'a plus qu'à jeter un coup d'œil sur les *Confessions* d'Augustin, où se trouve inscrite en toutes lettres la vanité de son entreprise[40].
La leçon est cette fois-ci trop sévère pour ne pas être entendue:

> Alors, satisfait jusqu'à l'ivresse de la vue de cette montagne, je tournai
> les yeux de l'âme vers moi-même et, à partir de ce moment, personne ne
> m'entendit proférer un mot de toute la descente...[41]

De Philippe à Pétrarque, la conquête des sommets est à chaque
fois disqualifiée au nom d'une vérité supérieure, d'ordre éthique ou
théologique. Successivement évaluée à l'aune de l'opposition *super-
bia vs mediocritas* et du dualisme corps/âme, elle n'est jamais considérée pour elle-même et se trouve inévitablement investie d'une
valeur négative. Rien d'étonnant, dès lors, à ce que les *Observations*
ne fassent pas expressément écho à ces prestigieux *exempla*: la nouveauté et la force du geste de Belon résident précisément dans cette
capacité à superbement ignorer des textes bien connus des lecteurs
de l'époque[42]. Jusque dans son mutisme, le voyageur-écrivain
donne à entendre à quel point l'écart est immense entre la tradition
moralisante et la perspective «scientifique» qui est désormais la
sienne. Il s'était implicitement distancié du dogme aristotélicien:
voilà qu'il se dégage du carcan éthico-théologique véhiculé par les

---

[39] *Ibid.*, pp. 36-37.

[40] «Et les hommes vont admirer les cimes des monts, les vagues de la mer, le vaste
     cours des fleuves, le circuit de l'Océan et le mouvement des astres et ils s'ou-
     blient eux-mêmes» (X, 8). Il s'agit du chapitre où la puissance de la mémoire est
     valorisée au détriment de la connaissance sensible...

[41] Pétrarque, *op. cit.*, p. 42.

[42] Belon connaissait évidemment le livre XL de Tite-Live, auquel il renvoie à pro-
     pos des mines de Siderocapsa (f. 47 r°). Il décrit par ailleurs le «mont Hemus»
     et laisse même entendre qu'il l'a escaladé (f. 59 v°). Quant à Pétrarque, il est
     apparemment absent des *Observations*, mais sa Dame est peut-être discrète-
     ment évoquée lorsque, dans les lignes consacrées au sommet de l'Athos, Belon
     mentionne le monastère d'«Agias laura» ([*sic*], f. 42 v°).

modèles et au nom duquel la connaissance par le regard est toujours signe d'orgueil ou de *libido videndi*.

L'affranchissement est incontestable, et pourtant les modalités mêmes auxquelles il obéit permettent paradoxalement d'en mesurer les limites. Le fécond parallèle avec Tite-Live et Pétrarque en témoigne à sa manière: les potentialités sémantiques des *Observations* ne se réalisent pleinement qu'à la lumière d'un intertexte souvent présent en creux ou en filigrane. De cette vérité incontournable, on trouve au demeurant une confirmation éclatante dans la «curieuse» description disposée par Belon à la fin du premier chapitre qu'il consacre à l'Athos. Le texte mérite ici d'être cité dans son intégralité:

> Pour bien figurer ceste montaigne et donner à entendre comme elle est faicte, il fault supposer voir un *homme renversé* estendu en la mer en longueur de l'occident au midy. Ce faisant, l'on aura la perspective de ceste montaigne. Elle est longue trois journées de chemin. Et tout ainsi que *si un homme estoit renversé* nageant sur l'eau, et touchoit des pieds au rivage, l'endroict qui seroit joingnant les pieds, seroit plus estroict que nulle autre partie du corps, et consequemment le corps se elargiroit jusques aux espaules, et de là se estreciroit à l'endroict du col, puis la teste apparoistroit ronde elevée plus haulte que le corps: semblablement il y a une treshaulte montaigne au bout dudict mont Athos que l'on veoit en la mer de plus de trente lieues loing, et est l'endroict où est la teste de la dicte montaigne. Et diroit l'on proprement, à la regarder de loing de dessus les montaignes de Macedoine, qu'on y voit la forme d'un *homme renversé*. Car comme le menton et les [*sic*] nez d'un *homme renversé* à terre sont eslevez contre mont, et de là un peu apres l'on voit un intervalle entre le menton et la poictrine, lequel se represente par l'espace de celle cavité qui descend du menton à la gorge, tout ainsi l'on veoit la montaigne s'eslargir en espace, monstrant les haulteurs des espaules, et consequemment se reduisant en estrecissant: tellement que l'on peult figurer le millieu du corps en l'endroict du nombril, puis apres en se engrossissant encores comme pourroit estre l'endroict des hanches, et poursuivant jusques à la part des genoulx, se monstrants eslevez contremont, comme si un *homme couché à la renverse* avoit retiré ses jambes à soy. Puis des genoulx suyvant les jambes vient tellement en estrecissant, où il conjoinct à terre ferme, que le susdict corps de ce Cheronesse du mont Athos semble avoir esté expressement contrefaict par l'industrie des hommes pour representer le corps d'un *homme couché à la renverse*[43].

On aurait doublement tort de voir dans cette description la marque d'un regard singulier, l'expression «originale» d'une sorte de subjectivité analogique. En réalité, cette montagne figurant un être humain nous renvoie tout d'abord à l'extraordinaire sensibilité transformiste dont témoignent fréquemment les hommes du seizième

---

[43] *OS*, f. 35 v°.

siècle et qui, entre mille autres manifestations, trouve parfois à s'exprimer dans la représentation de paysages anthropomorphes[44]. Les rochers et les monts sont d'ailleurs omniprésents dans ces ingénieuses compositions, peut-être à cause de la figure archétypale du géant-montagne, mais aussi et plus simplement parce qu'il est assez difficile de donner forme humaine à un paysage dénué de tout relief[45]. La description belonienne entretient un lien évident avec ces fantaisies picturales: elle en transpose le fonctionnement dans l'ordre du discours et, beaucoup plus important, dans la géographie de l'espace réel[46].

Or l'application de cette technique descriptive au mont Athos plutôt qu'à tel autre massif n'a elle non plus rien de fortuit ou de spontané. La comparaison longuement filée dans les *Observations* s'inspire d'un *exemplum* bien connu des lecteurs de Vitruve et de Plutarque: l'anecdote qui met en scène l'ambitieux sculpteur Dinocrate (ou Stasicratès)[47] et que Belon racontera bientôt par le menu dans ses *Portraits d'oyseaux*[48]. En voici la version synthétique donnée par Nicolas de Nicolay alors qu'il traite de l'Athos et qu'il vient justement de faire référence au texte des *Observations*:

> Plutarque, en la vie du grand Alexandre, faict mention d'un certain Stasicrates maistre ingenieux, lequel estant mandé devant ledict Alexandre,

---

[44]   Cf. M. Jeanneret, *Perpetuum mobile*, en particulier pp. 284-286. Voir également F. Hallyn, «Le paysage anthropomorphe», in *Le Sens des formes*, pp. 153-166.

[45]   Voir les deux gravures reproduites in M. Jeanneret, *ibid.*, pp. 285-286: le *Campus anthropomorphus* d'Athanase Kircher (1646), inspiré d'un tableau de la fin du seizième siècle représentant le jardin romain du cardinal Montaldi; le *Rocher anthropomorphe* de Hans Meyer (début dix-septième), d'après Arcimboldo.

[46]   Dans ses *Portraits d'oyseaux*, Belon insérera une «carte du mont Attos» qui, contrairement à celle du Sinaï, manque dans tous les exemplaires que j'ai pu consulter. Il y a gros à parier que cette carte avait les caractéristiques d'un paysage anthropomorphe.

[47]   Cf. Vitruve, *Les Dix Livres d'architecture*, préface du livre II; Plutarque, *Vie d'Alexandre*, 72, 5-8 et mieux encore *La Fortune ou la vertu d'Alexandre*, II, 2. On trouve aussi un écho de cette légende chez Strabon, *op. cit.*, XIV, 1, 23. Le sculpteur se nomme Dinocrate chez Vitruve et Strabon, mais Stasicratès chez Plutarque. De son côté, Pline le nomme Dinocharès (*HN*, VII, 125). F. Hallyn considère ce «modèle de Dinocrate» comme la plus importante «source antique d'ordre artistique» dont procède le paysage anthropomorphe (*op. cit.*, pp. 157-159).

[48]   *Portraits d'oyseaux*, ff. a iiii v°-e i r°. Contrairement à ses sources antiques, Belon affirmera que Dinocrate a eu l'idée de «tailler l'image d'Alexandre» en voyant dans l'Athos la «figure d'un homme renversé»; ce que dissimule encore le texte des *Observations* deviendra alors totalement explicite.

luy proposa que si son plaisir estoit, il feroit tailler en figure humaine le mont Athos, par tel art et industrie que de sa main senestre elle soustiendroit une cité habitable de dix mille personnes, et de la dextre verserait un grand fleuve, qui iroit tomber dans la Mer. Mais Alexandre, l'ayant prins pour risee, n'y voulut entendre[49].

On ne peut s'empêcher de supposer que Nicolay n'aurait certainement pas mentionné cette histoire sans le truchement préalable du récit de Belon, qu'il avait selon toute vraisemblance sous les yeux au moment de rédiger ses remarques sur l'Athos. Quoi qu'il en soit – et c'est au fond la seule chose qui importe –, le détour par les *Portraits d'oyseaux* et les *Navigations* met indirectement en lumière les soubassements de la description anthropomorphique proposée dans les *Observations*.

Eclairé de biais, le texte belonien s'inscrit parfaitement dans le prolongement des correspondances entrevues par Dinocrate (ou Stasicratès). Mais alors que chez Vitruve et Plutarque la forme humaine de l'Athos n'existait qu'en puissance, alors que le refus d'Alexandre semblait avoir condamné à jamais son actualisation, la voici qui se réalise de manière tout à fait inattendue sous la plume du voyageur de la Renaissance. Sans tailler le moindre rocher, Belon concrétise par la seule magie du verbe le projet fou du sculpteur macédonien. Il donne du même coup à voir toute la puissance de ses capacités descriptives, mais cette démonstration de force a pourtant un prix: elle trahit immanquablement la rémanence discrète, proprement fondamentale, de l'intertexte antique sous la lettre même des *Observations*. Malgré l'incontestable efficacité et l'apparente originalité de ses techniques, la *mimesis* continue ici de se nourrir de l'imitation des Anciens, d'y plonger profondément ses racines comme pour tenter d'y puiser un surplus de sens.

Cette fascinante description de l'Athos réserve au commentateur beaucoup plus qu'il ne pourrait le soupçonner même à ce stade. En précisant que le mont «semble avoir esté expressement contrefaict par l'industrie des hommes», Belon ne se contente pas de faire allusion à la proposition rejetée par Alexandre: il transfère purement et simplement à Dame Nature les compétences artistiques dont se targuait l'orgueilleux sculpteur. Donner corps au rêve de celui-ci, c'est donc *aussi* symboliquement reléguer son travail dans le domaine du

---

[49] *NPV*, pp. 263-264. Et quelques lignes plus haut: «Il y a puis le mont Athos, des Latins *Monte Santo*, à cause qu'il est tout habité de Caloieres grecs, qui sont (comme fort curieusement escrit maistre Pierre Bellon [sic] dans ses observations) en nombre de cinq à six mille» (p. 263).

superflu[50]. Dans la logique du texte de Belon, la médiation de l'artiste ancien est désormais de l'ordre du supplément: le voyageur se donne à voir dans un rapport direct et privilégié avec le monde. Le voilà face à face avec la prestigieuse montagne. C'est d'ailleurs à lui seul qu'incombe le rôle actif assigné au spectateur par tout paysage anthropomorphe[51].

Une fois encore, les Anciens font indiscutablement les frais de la pulsion scopique dont témoigne constamment le voyageur-écrivain. Sans doute cette nouvelle offensive n'est-elle pas plus que les précédentes véritablement inscrite dans la lettre des *Observations*, mais il n'est certainement pas impossible de la lire en filigrane, dans cette étrange insistance avec laquelle le texte souligne désormais le *renversement* de la montagne humaine. Ne pourrait-on pas voir dans ce titanesque «homme renversé» une sorte de figure allégorique renvoyant au caractère conflictuel de la démarche belonienne? La chose n'est pas impossible. En tous les cas, il faut admettre que les récits de Plutarque et de Vitruve ne faisaient nullement mention d'une telle horizontalité, au demeurant peu compatible avec la dignité d'un monarque[52]. Sous la plume de Belon, le géant est d'abord un cadavre, un gisant dans lequel on reconnaît peut-être moins les traits d'Alexandre que ceux de son illustre précepteur...

---

[50] Chez Plutarque, l'histoire de Stasicratès est mise au service d'une réflexion philosophique sur la part de la fortune et de la vertu dans le destin d'Alexandre: «Mais, par les dieux, admettons qu'un tel ouvrage ait été mené à bien et se soit offert aux regards des hommes. Est-il quelqu'un qui aurait pu penser, à sa vue, que sa forme, sa disposition, son aspect fussent l'œuvre de la Fortune, du hasard? Je ne le crois pas» (*La Fortune ou la vertu d'Alexandre*, II, 3). De même que la gigantesque statue n'aurait rien dû au hasard, la destinée d'Alexandre est d'abord le résultat de sa vertu. A condition de remplacer Fortune par Nature ou Providence, on peut considérer que Belon prend ici le contre-pied de Plutarque.

[51] Cf. M. Jeanneret, *Perpetuum mobile*, p. 285. En transposant le paysage anthropomorphe du visuel au textuel, Belon limite considérablement notre marge de participation et de liberté dans l'élaboration du sens. Nous ne découvrons pas à proprement parler une forme humaine dans la représentation: elle nous est donnée et même imposée par le texte. De la même façon, nous ne pouvons plus véritablement opérer un libre va-et-vient entre deux représentations également signifiantes: malgré certaines contaminations du plus bel effet (surtout dans la seconde partie de la description), la représentation de l'homme renversé (comparant) est en définitive subordonnée à celle de la montagne (comparé).

[52] Chez Plutarque et Strabon, le sculpteur se propose de tailler le mont Athos *à l'image d'Alexandre*. Dans l'anecdote telle que la rapporte Vitruve, il est en revanche uniquement question de donner à la montagne «la forme d'un homme».

CONSTANTINOPLE AU PLURIEL

Bien loin de rompre avec la tradition descriptive ou même de n'en tirer parti que de manière quasi clandestine, Pierre Gilles se réclame toujours ouvertement d'un modèle textuel envers lequel il affiche respect, voire admiration. Si cette attitude caractéristique de l'humanisme le plus érudit a permis à de nombreux textes antiques de perdurer aussi intacts que possible, elle n'en constitue pas moins un danger certain pour l'écriture géographique dans son existence même. La parole du voyageur risque ici de s'effacer presque complètement devant celle de l'autorité citée, traduite ou commentée. La glose savante menace à chaque instant d'éclipser toute trace de témoignage vécu, toute impression ressentie sur les pistes des contrées lointaines.

Le *De Bosporo Thracio*, première partie du diptyque gillien, illustre assez bien le processus d'aliénation dont le texte viatique peut parfois faire l'objet. L'ouvrage est avant toute chose une traduction commentée d'un manuscrit découvert par le voyageur dans sa quête de livres rares : la *Remontée du Bosphore* du géographe Denys de Byzance, un texte jusqu'alors exclusivement connu par le biais de la tradition indirecte[53]. Ce n'est que dans les commentaires proliférants de cette édition savante que Gilles parvient à communiquer l'expérience de son propre voyage, laquelle vaut ici moins pour elle-même que dans la mesure où elle permet d'éclairer tel passage du traité antique. Au sein du *De Bosporo Thracio*, les notes philologiques et les notes de voyage se situent en définitive sur le même plan.

Comme l'a très bien montré Christian Jacob, Gilles prend pour fil conducteur le texte de Denys et se contente simplement de répéter le périple de ce dernier. Son récit s'appuie par conséquent sur une double lecture : celle du traité antique et celle du paysage réellement parcouru. Au moyen d'un intense travail herméneutique, le voyageur s'efforce de faire « coller » ces deux « textes », de ramener l'espace géographique arpenté à une description préexistante :

> Il lui faut organiser cette étendue, la décomposer en lieux nommables, grâce à la représentation qui préexiste à son référent. La mimésis du texte prouvera ainsi son efficacité, en provoquant une « reconnaissance » :

---

[53]   Le manuscrit de l'*Anaplous Bosporou*, perdu peu après la découverte de Gilles, n'a été retrouvé qu'au dix-neuvième siècle dans un monastère du mont Athos. Sans aucune altération ?

mais contrairement au schéma aristotélicien, ce n'est pas l'image qui doit ressembler au réel, mais le réel qui doit ressembler à son image[54].

Certes, la reconnaissance en question s'avère parfois extrêmement problématique étant donné la «corruption» du paysage, de la toponymie ou même du manuscrit dont dispose le voyageur. Mais en dépit de ces décalages entre lecture et observation, le traité du géographe grec continue d'exercer une emprise considérable sur l'enquête topographique. A preuve l'acharnement avec lequel Gilles s'efforce de réduire les écarts constatés, alors que Belon, on s'en souvient, s'ingénie de son côté à les accentuer de manière à mieux s'affranchir de la tradition géographique. La *Remontée du Bosphore* ne constitue pas seulement l'ossature du texte de Gilles: elle est un point de repère stable et constant, une référence pratiquement infaillible. Seul l'ancien traité peut permettre de retrouver la géographie du passé; si le voyageur admet volontiers les imperfections du manuscrit, «la confiance reste néanmoins très grande devant l'autorité de l'auteur grec qui dit toujours vrai pour qui sait bien le lire»[55].

Même problématisée, la reconnaissance du lieu antique relève toujours du possible. Elle est ce à quoi le voyageur-écrivain doit s'employer de façon privilégiée, pour ne pas dire exclusive. L'écriture géographique se met au service quasi absolu d'une *mimesis* ancestrale et ne peut guère donner à voir son propre pouvoir de représentation. Loin de se déployer en toute liberté, la topographie gillienne reste à ce stade prisonnière d'un modèle religieusement respecté, un peu comme les descriptions de la Terre sainte subissaient le joug pesant du texte biblique.

Ce n'est que dans le second volet du diptyque, le célèbre *De Topographia Constantinopoleos*[56], que le regard de Gilles parvient vraiment à gagner ses lettres de noblesse. Non que l'auteur renonce alors à tirer parti des richesses de l'intertexte: plus encore que celle du Bosphore, la description de Constantinople mobilise une

---

54 «Le voyage de Pierre Gilles», p. 69.

55 *Ibid.*, p. 75.

56 Cet ouvrage doit à bien des égards être considéré comme le premier traité d'archéologie byzantine. Pendant plus de deux siècles, il a exercé une influence déterminante sur les descriptions de Constantinople, comme en témoignent les textes de Philippe Du Fresne-Canaye, Georges Dousa (van der Does), Pietro della Valle, Thomas Smith ou Jean-Baptiste Lechevalier. Cf. J. Ebersolt, *Constantinople byzantine*, pp. 97, 99, 108, 121-122, 160 et 194. Gilles reste selon cet auteur «une autorité incontestable pour tous ceux qui s'intéressent aux choses de Byzance» (p. 76).

myriade d'auteurs – principalement des historiens byzantins[57] – dont elle met constamment à profit les différents écrits. Elle recourt même à une source particulière: la *Notitia Urbis Constantinopolitanæ*, un inventaire anonyme datant du cinquième siècle et dont un manuscrit a vraisemblablement été découvert par le voyageur[58]. Mais le caractère relativement lacunaire de ce modèle textuel tout comme les innombrables modifications dont Constantinople a fait l'objet depuis l'Antiquité tardive garantissent à la description proprement gillienne un espace de déploiement loin d'être négligeable. Le *De Topographia* devient ainsi le lieu privilégié où coexistent l'*imitatio* ouverte des Anciens et la *mimesis* la plus contemporaine. De cette double allégeance procède un ouvrage volontiers ambivalent où les postulats les plus contraires (du moins selon *nos* critères) se côtoient la plupart du temps en toute tranquillité.

Afin de bien cerner la première composante de ce texte pluriel, il importe de pleinement mesurer la dimension mythique attribuée à Constantinople par le voyageur humaniste nourri de lectures classiques. Conformément au vœu de Constantin, la Nouvelle Rome se présente à ses yeux comme l'héritière privilégiée du monde gréco-latin: elle fait un peu figure d'écrin inégalable où auraient été déposés les plus précieux joyaux de la civilisation antique. Mais Constantinople n'est pas seulement la dépositaire de tous ces trésors: contrairement à l'ancienne Rome, elle a su longtemps résister aux flots des invasions barbares, si bien qu'elle apparaît symboliquement comme une sorte d'îlot d'Antiquité miraculeusement épargné par les âges obscurs. C'est d'abord ce lieu de survivance et de pérennité que Gilles va s'employer à décrire dans le *De Topographia*.

Selon la topique de l'exorde la plus éprouvée, la préface de l'ouvrage donne lieu à un fervent éloge de Constantinople, de son site unique au monde, de ses eaux merveilleusement poissonneuses – on reconnaît ici le coup d'œil de l'ichtyologiste –, de son climat tempéré, etc. Qu'elle soit comparée à Troie, Chalcédoine, Babylone, Athènes, Venise ou Rome, la ville de Constantin l'emporte toujours par ses qualités exceptionnelles, qui la désignent sans aucun doute comme le lieu d'une élection particulière. Une ombre vient pourtant

---

[57] Entre autres et par ordre chronologique: Zosime, Procope, Cédrénus et Zonare.

[58] Ce texte a été intégré par Gilles dans le *De Topographia* (pp. 338-348). Il a également été publié à la suite du texte de 1632 (pp. 359-428). Il en existe en outre une édition établie au siècle passé (in *Notitia Dignitatum*, éd. O. Seeck, pp. 227-243).

planer sur ce *locus amœnus* lorsque l'auteur, soudain désireux de nuancer son panégyrique et de donner au lecteur des gages d'impartialité, finit par admettre l'existence d'un léger petit problème:

> ...hoc uno malo laborat, quod barbaris frequentius, quam excultis humanitate habitetur; non quin sit apta ad molliendos homines etiam barbarissimos; sed quod ob copiam humanarum rerum ejus habitatores remollescant ad resistendum Barbaris, quibus longe lateque circundata est...[59]

Selon toute apparence, l'humaniste considère Constantinople comme une ville «assiégée» par la barbarie. Si de telles remarques avaient été rédigées avant le 29 mai 1453, elles feraient aisément sens et n'auraient même pas à être commentées. Le problème est bien sûr que Gilles prend la plume environ un siècle *après* la chute de la ville devant l'armée de Mehmet II. Or aussi étrange que cela puisse paraître, il se refuse au moins partiellement à enregistrer la conquête ottomane, sans quoi il pourrait difficilement prétendre que les barbares continuent d'encercler Constantinople. En tous les cas, pareille déclaration préfacielle demande à être examinée dans le détail pour peu que l'on désire comprendre l'esprit et la logique auxquels obéit le *De Topographia*.

On peut tout d'abord remarquer que Gilles n'emploie pas ici le terme de *Turci*, lequel apparaît ailleurs sous sa plume, mais bien celui de *Barbari*, qui peut renvoyer à tout peuple étranger à la civilisation gréco-latine. Quels sont en conséquence ces Barbares qui menacent la ville? A quel contexte historique ces lignes du *De Topographia* font-elles précisément allusion? Il semble que ces questions doivent demeurer sans réponse et que l'auteur ait même tout entrepris pour qu'elles ne s'avèrent guère pertinentes.

A bien y réfléchir, on s'aperçoit que cette préface vise à mettre en lumière l'essence même de Constantinople indépendamment de toute situation historique précise. Si le texte passe quasiment sous silence la domination turque, c'est qu'il nous parle moins de la ville du seizième siècle que de la cité mythique fondée par Constantin et demeurée depuis lors identique à elle-même en dépit des vicissitudes de l'Histoire. Il s'agit plus précisément pour Gilles de dégager

---

[59]   *TC*, f. A 6 v°. «...[cette ville] souffre d'un seul mal: elle est davantage peuplée de barbares que de gens humainement civilisés; non qu'elle soit incapable d'adoucir les hommes même les plus barbares, mais parce que, dans l'abondance des raffinements, ses habitants résistent avec mollesse aux barbares dont elle est entourée de tous côtés...». Ici comme ailleurs, je donne ma traduction du texte de Gilles.

des *constantes*, de faire apparaître ce qui perdure à travers les âges. Dans une telle perspective, la Nouvelle Rome se définit comme un lieu éternel de civilisation, un lieu de résistance perpétuelle contre la barbarie orientale sous toutes ses formes:

> Quare cum totius Europæ Constantinopolis sit arx contra Ponticos, et Asiæ Barbaros, etiamsi sæpe deleatur, semper non deerit aliquis, qui eam restituat, invitatus loci opportunitate[60].

Un peu comme le Phénix, et contrairement à toutes les autres villes, Constantinople renaîtra toujours de ses cendres pour mener à bien sa mission civilisatrice. Elle n'est certes pas invulnérable, mais elle se révélera probablement immortelle:

> Cæteræ igitur urbes, ut sint mortales, hæc sane quandiu erunt homines, futura mihi videtur immortalis[61].

C'est sur cette note optimiste que s'achève la préface consacrée par Gilles à la ville éternelle dont il se veut le chantre. Sur le plan symbolique, Constantinople n'a pour l'instant rien à envier à l'inaltérable mont Athos qui faisait le bonheur des polygraphes antiques.

⁕ ⁕ ⁕

La description détaillée de ce lieu idéal n'est pourtant pas chose facile. En toute logique, l'observation topographique doit forcément s'inscrire dans un contexte historique déterminé: le voyageur témoigne toujours de la configuration provisoire de l'espace qu'il appréhende. L'objet de son enquête s'avère même particulièrement éphémère lorsqu'il s'agit de constructions humaines et c'est à cette vérité triviale que se heurte le projet du *De Topographia*. L'auteur en a d'ailleurs vite conscience, qui va tenter de contourner la difficulté au moyen d'une stratégie assez ingénieuse.

---

[60]   *TC*, f. A 7 r°: «C'est pourquoi Constantinople, la forteresse de toute l'Europe contre les Pontiques et les Barbares de l'Asie, même si elle est souvent détruite, trouvera toujours quelqu'un pour la relever de ses ruines, encouragé par l'heureuse disposition du lieu». Ces remarques de Gilles doivent sans doute être rapprochées de l'idée que les Byzantins eux-mêmes se faisaient de leur Empire, îlot de vérité et de beauté investi depuis l'aube des temps par les Barbares dans une sorte de lutte éternelle contre la civilisation (cf. A. Ducellier, *Le Drame de Byzance*, p. 163). Elles doivent aussi beaucoup aux lamentations des premiers humanistes (Æneas Sylvius en tête) après la chute de Constantinople (cf. M. J. Heath, *Crusading Commonplaces*, pp. 27-30).

[61]   *TC*, f. A 7 v°. «Alors donc que toutes les autres villes sont mortelles, celle-ci me semble assurément devoir être immortelle tant qu'il y aura des hommes».

Par delà les bouleversements dont Constantinople a immanquablement été victime au cours de son histoire mouvementée, il s'applique à dégager une sorte de cadre permanent, peu susceptible
d'être modifié par la main de l'homme, où seraient tour à tour venus
s'engranger les éléments les plus divers. C'est tout d'abord la forme
générale de la ville qu'il nous décrit avec un sens aigu de la nuance:

> Magis igitur proprie Constantinopolis tricornis, quam triangula[62].

Mais le topographe ne saurait bien évidemment en rester là. Il entre
dans le détail, ne craint pas de se livrer au jeu des correspondances
et parvient finalement à reconnaître dans cette structure vaguement
triangulaire une forme plus précise et plus évocatrice, celle d'un
aigle aux ailes déployées:

> ...nec admodum dissimilis est aquilæ pandenti alias, oblique intuenti
> sinistrorsum: in cujus rostro positus est collis primus, ubi Regis Pala-
> tium, in oculo templum Sophiæ, in capitis vertice posteriori fere est
> Hippodromus, in collo sunt duo colles, secundus et tertius. Reliqua
> Urbis pars ala, et cæterum corpus occupat[63].

Cette description ornithomorphique n'a sans doute rien d'innocent.
Comme l'Athos belonien, elle suscite des réminiscences, ici probablement liées à la «mission historique» de Constantinople. Qu'elle
évoque les célèbres enseignes romaines[64] ou bien les aigles ayant pré-
sidé à la fondation de la cité[65], elle inscrit manifestement dans l'espace géographique la marque indélébile des origines légendaires.

---

[62] *TC*, p. 40. «A proprement parler, Constantinople est donc tricorne plutôt que
triangulaire». Les textes médiévaux insistent déjà sur cette forme générale (voir
J. P. A. Van der Vin, *Travellers to Greece and Constantinople*, p. 250).

[63] *TC*, p. 42. «...elle ressemble un peu à un aigle déployant ses ailes et regardant
obliquement vers la gauche: dans son bec est située la première colline, où se
trouve le Palais du Sultan, dans son œil l'église Sainte-Sophie, à peu près derrière
le sommet de la tête l'Hippodrome, dans le cou deux collines, la seconde et la
troisième. La partie restante de la Ville occupe les ailes et tout le reste du corps».

[64] A noter toutefois que Constantin avait remplacé les aigles romaines par le *laba-
rum* (composé du chrisme et du *In hoc signo vinces*) avant la bataille décisive du
pont Milvius.

[65] Cf. Zonare, *Annales*, XIII, 3, dont le récit est d'ailleurs repris par Nicolay:
«Voulant le grand Constantin Empereur des Romains resister aux courses et
ribleries, que faisoyent journellement les Parthes contre les Romains, delibera
de transferer l'Empire en Orient, et y bastir une ample cité, laquelle il voulut
premierement construire en Sardique, puis en la Troade, païs de la haute Phri-
gie près le promontoire Sigee, au lieu où fut jadis la cité de Troie, qu'il com-
mença à reedifier, et en refaire les fondemens. Mais estant inspiré par revelation

A l'instar de Rome, Constantinople est placée sous le signe de
l'aigle. Mieux: elle possède également sept collines en fonction des-
quelles le voyageur érudit va organiser sa description panoramique
(livre I). Comme les contours aquilins, ce relief particulier présente
le double avantage d'évoquer le rêve de l'Empereur chrétien tout en
offrant une grille difficilement altérable et donc idéale dans la perspective d'une topographie atemporelle. Depuis les temps de
Constantin, les *septem colles* sont toujours là, pareilles à elles-
mêmes, et peu importe au fond si celui qui les décrit vit au quatrième ou au seizième siècle. Dans un cas comme dans l'autre, il a
sous les yeux l'essence même de cette ville éternelle à laquelle sied à
merveille le nom de Nouvelle Rome.

Reste que la description par collines et vallées n'offre de la cité
qu'un aperçu très sommaire et ne permet pas d'atteindre à une précision véritablement digne d'une enquête topographique. Cela
explique sans doute que Gilles ait recours à ce qu'il appelle une
«antiqua[m] Urbis descriptione[m] incerti auctoris, sed antiqui, et
fidei pleni»[66], un texte qui lui permet d'affiner son quadrillage systématique de Constantinople.

De manière extrêmement laconique, mais rigoureuse, la *Notitia*
recense les différents monuments contenus dans chacune des qua-
torze régions selon lesquelles était encore divisée la ville du cinquième siècle[67]. Aussi fastidieux qu'il puisse paraître à nos yeux,
l'inventaire se révèle une véritable aubaine pour le voyageur, auquel
il offre la possibilité d'un découpage plus précis qu'une division en
fonction du relief. A partir du livre II, le *De Topographia* reproduit
à peu de choses près la structure de la *Notitia*: Constantinople y est
passée au crible, région par région, monument par monument.
Gilles complète bien sûr son modèle; il recueille même une masse
considérable d'informations nécessairement inconnues de l'auteur

nocturne de changer de lieu, fit recommencer l'œuvre en Calcedon, *où certains
aigles (comme escrit Zonare) estant là volez, prindrent au bec les lignes des
maçons, et traversant le destroit les laisserent cheoir tout auprès de Byzance.*
Dequoy l'Empereur adverty, le prenant pour bon augure, et instruction divine,
après avoir veu le lieu y revoqua les maistres architectes de Calcedon, et fit
refaire et amplifier la cité, qui de son nom fut appellee Constantinople, combien qu'il l'eust premierement nommee nouvelle Rome» (*NPV*, p. 89).

[66]   *TC*, p. 34. Il s'agit bien évidemment de la *Notitia Urbis Constantinopolitanæ*.

[67]   Cette division date de l'époque de Constantin et constitue elle aussi un souvenir de l'ancienne Rome (cf. J. Ebersolt, *op. cit.*, p. 12). Gilles est tout à fait
conscient de cette similitude. Il nous rappelle que Constantinople, lorsqu'elle
s'appelait encore *Nova Roma*, «in totidem [regiones] enim quot antiqua Roma
dividebatur» (*TC*, p. 90).

anonyme, mais cet apport s'effectue toujours à l'intérieur d'un moule préexistant et d'une structure transposée. Si le matériau topographique se diversifie et s'enrichit sensiblement, le cadre qui l'accueille n'a lui guère évolué depuis le cinquième siècle.

On devine du coup le problème que pose l'utilisation de ce modèle textuel: contrairement au découpage par collines et vallées, la grille empruntée à la *Notitia* est le produit d'une époque déterminée. Si elle était en vigueur sous le règne de Théodose II, elle peut difficilement être projetée *ad æternum* sur l'espace mouvant de Constantinople. Dès lors qu'il adopte la structure de la *Notitia*, dès lors qu'il décide de couler son propre texte dans ce moule ancestral, mais forcément caduc, l'auteur renonce en partie à la topographie atemporelle qu'il avait à l'origine entreprise. C'est moins la ville éternelle que celle du temps jadis qu'il se propose désormais de décrire. La différence peut paraître infime: elle est pourtant fondamentale. Pareil déplacement de l'atemporel vers l'originel est en effet solidaire de cette «historical solitude» qui caractérise selon Thomas Greene[68] la position de l'humaniste face au monde antique. Du moment qu'il s'attache à reconnaître les *vestiges* de la ville de Théodose, le voyageur prend forcément conscience de l'abîme qui le sépare des Anciens. Face à cette fracture historique, le thuriféraire devient archéologue et le panégyrique cède finalement la place à un travail de reconstitution.

On pourrait penser qu'une telle entreprise archéologique détourne définitivement le voyageur humaniste de la réalité du seizième siècle. Or c'est exactement le contraire qui se produit: le processus de la reconnaissance – ici beaucoup plus laborieux que dans le cas du *De Bosporo* – va justement le contraindre à multiplier les observations personnelles sur le terrain, en plein cœur de la capitale ottomane. Car Constantinople a particulièrement souffert de l'injure du temps et des hommes, beaucoup plus que ne le soupçonnait Gilles en découvrant avec enthousiasme le manuscrit de la *Notitia*:

Equidem cum in hujus divisionem regionum ante mille annos a nobili magis quam noto authore scriptam incidissem, sperabam me facile assecuturum antiquam urbem; sed barbari homines antiqua illa, et plane heroïca Urbis ornamenta, quibus viles casas exornarent, sic labefactarunt, et barbaricis oppressere ædificiis, ut veterum fundamentorum paucis in locis restent vestigia. Adde incendia, et ruinas, quas cum alii barbari, tum postremum Turci ediderunt, qui jam centum annos non cessant funditus antiquæ Urbis vestigia delere. Ita enim ab imis fundamentis ædificia prisca demoliuntur, atque in aliam formam immutant,

---

[68]   Cf. T. M. Greene, *The Light in Troy*, ch. II.

ut ne illi quidem, qui ea viderint, agnoscere queant. Adde Græcorum
inertem inscitiam, qui videntur totum oblivionis flumen ebibisse[69].

Les destructions occasionnées par les Turcs ou autres «barbares»,
les incendies, l'ignorance criante des nombreux Grecs habitant
encore la ville[70]: tout concourt à rendre la reconnaissance extrêmement problématique. Cette opacité a du bon: elle provoque chez le
voyageur une prise de conscience aiguë du caractère éphémère de
toute construction humaine. A plusieurs reprises, Gilles évoque la
disparition récente de certains monuments, destruction parfois
contemporaine de son séjour levantin[71]. Le lieu qu'il rêvait immuable se métamorphose pour ainsi dire sous ses yeux et cela ne peut
que l'inviter à en donner une description *de visu* avant que ne dis-
paraisse toute trace de la ville antique. Puisque ce processus de
dégradation s'avère inéluctable et donne même l'impression de s'in-
tensifier, le voyageur doit de manière urgente compléter la *Notitia*
par de minutieuses observations personnelles.

---

[69]   *TC*, pp. 90-91. «Certes, comme j'étais tombé par hasard sur une description
des zones de Constantinople rédigée il y a plus de mille ans par un auteur plus
noble que connu, j'espérais qu'il me serait facile de me représenter la ville
antique. Mais les barbares ont tellement endommagé les antiques et héroïques
ornements de la Ville afin d'en décorer leurs vulgaires baraques, ils les ont tellement enfouis sous leurs édifices barbares que les vestiges des anciennes fon-
dations ne subsistent qu'en peu d'endroits. Ajoutez à cela les incendies, les
ruines causées soit par d'autres barbares, soit dernièrement par les Turcs, lesquels, depuis déjà cent ans, ne cessent de détruire de fond en comble les vestiges
de la Ville antique! En effet, ils démolissent par la base les constructions origi-
nelles et en modifient tellement l'aspect que ceux-là mêmes qui les avaient vues
ne peuvent plus les reconnaître. A quoi s'ajoute la passive ignorance des Grecs,
qui semblent avoir bu tout le fleuve de l'oubli».

[70]   Le *topos* de la *Græcorum inscitia* participe, on le sait, d'un courant mishellène
omniprésent dans la littérature sur l'Orient à la Renaissance. Belon peut par
exemple écrire dans ses *Observations*: «Il fault que nous attribuons ceste ruine
des livres grecs à la nonchallance et ignorance qui a esté entre les peuples des
pays de Grece, qui se sont totalement abastardis. Et non seulement de nostre
memoire, mais aussi depuis long temps, il n'y ha eu personne de sçavoir en
toute Grece [...]. Entre tous les six mille Caloieres, qui sont par la montagne
[l'Athos], en si grande multitude à peine en pourroit on trouver deux ou trois
de chasque monastere, qui sachent lire ne escrire...» (f. 37 v°).

[71]   Cf. par exemple *TC*, pp. 127 et 301. Voir également les remarques alarmistes
auxquelles il se livre à la fin de l'ouvrage: «adeo omnia immutata sunt, ut non
modo, quæ supra memoriam viventium antiqua dicere possumus, sed etiam
quæ sunt supra singulos cursus ætatis, antiqua dici possunt. Sic enim quotidie
vastantur, ut senex nesciat, quæ puer vidit» (p. 355). Tout se passe un peu
comme si le temps, d'abord presque ignoré par l'auteur, se mettait soudain à
s'accélérer.

Un problème pratique se pose néanmoins: dans la Constantinople du seizième siècle, un chrétien, même allié, peut difficilement se livrer à des relevés archéologiques sans être aussitôt soupçonné d'espionnage. D'où la nécessité d'employer des Turcs pour prendre les mesures exactes des différents monuments et pénétrer dans certains lieux interdits aux non-musulmans ou simplement aux étrangers. De façon assez paradoxale, Gilles est par conséquent forcé de recourir aux services d'un «barbare» s'il entend décrire aussi fidèlement que possible les précieux vestiges de la civilisation gréco-latine. A propos des dimensions de Sainte-Sophie, devenue mosquée, il reconnaît sans ambages:

> ...longitudinem vero ab Oriente ad Occasum eam ipse metiri ausus non sum, sed metiendam curavi per hominem Turcum; qui mihi retulit, latitudinem templi esse ducentorum et tredecim pedum; longitudinem vero ducentorum et quadraginta pedum[72].

Le voyageur n'a guère le choix: il lui faut faire confiance à son aide turc. Lui qui feignait tantôt de ne pas voir les signes de la présence ottomane, le voilà maintenant contraint non seulement de côtoyer les infidèles, mais encore d'observer Constantinople à travers leurs yeux. La réalité historique du seizième siècle refait ici irrémédiablement surface en raison même des exigences de l'enquête archéologique. Le *De Topographia* met à présent en pleine lumière ce dont il avait tenté de nier l'existence.

On constate par ailleurs que le travail de reconnaissance, bien qu'inextricablement lié à l'imitation d'un modèle textuel, finit peu à peu par engendrer un processus d'observation autonome. Dès lors qu'il pose son regard sur le monde qui l'entoure *hic et nunc* – même dans l'intention unique de reconnaître ce dont parle un texte ancien –, le voyageur ne parvient jamais à restreindre son enquête aux vestiges d'une époque révolue. Qu'il le veuille ou non, il est amené à prendre en considération l'existence de réalités nouvelles que sa source ne mentionne pas. Dans l'enchevêtrement architectural que constitue la ville de Soliman, il est tout à fait impossible d'isoler les éléments antiques afin de les examiner en vase clos. Lorsque les monuments du quatrième ou du cinquième siècle n'ont pas tout simplement été rasés pour faire place à d'autres constructions, ils ont la plupart du temps été modifiés afin d'être intégrés

---

[72] *TC*, pp. 105-106. «...en vérité, je n'ai pas osé mesurer moi-même sa longueur d'Est en Ouest, mais j'ai pris soin de la faire mesurer par un Turc; celui-ci m'a rapporté que la largeur de l'église est de deux cent treize pieds; quant à sa longueur, elle est de deux cent quarante pieds».

dans de nouvelles structures. La ville ottomane se présente donc
comme un espace profondément hétéroclite où coexistent les styles
les plus divers, où se superposent et parfois se confondent différentes strates temporelles. Constantinople n'est pas une: elle est
plurielle, et la lecture de son espace ne peut se comparer qu'au
déchiffrement d'un palimpseste.

CATABASE

La reconnaissance de la ville de Théodose II suppose une
connaissance préalable de celle de Soliman. Une preuve parmi beaucoup d'autres: c'est en examinant des constructions récentes que
Gilles parvient finalement à retrouver la fameuse citerne impériale
(*cisterna basilica*), le *Yerebatan Sarayi* qui se visite encore de nos
jours. Le récit de cette importante découverte vaut la peine d'être
examiné de près:

> Porticus regia non extat; cisterna incolumis permanet: quæ cum negli-
> gentia civium ignoraretur, a me peregrino diligenter quæsita venit in
> cognitionem multorum. Cisternæ ignorationem auxerant superædifi-
> catæ domus, quarum nonnullos incolas deprehendi ignorare cisternam
> infra ædes suas positam, cum tamen quotidie aquam hujus haustam
> puteis potarent intra ædes suas sitis in cisternam penetrantibus.
> Denique incidi in domum, qua in hanc descensus patebat, scafam
> conscendi, quam agens dominus domus funalibus accensis huc illuc per
> medios ordines, velut per sylvam columnarum maxima ex parte demer-
> sarum aqua, ubi omnia perlustravi; ille ad capiendos pisces (quibus cis-
> terna abundat) se convertit, nonnullosque tridente cepit ad lucem
> funalium: lux enim exigua apparet intromissa per ora puteorum, velut
> per spiracula, quo pisces etiam congregantur[73].

---

[73] *TC*, pp. 179-180. «Le portique royal n'existe plus; la citerne demeure intacte.
Elle était tombée dans l'oubli par la négligence des citoyens. Beaucoup appri-
rent son existence grâce à moi, étranger, qui l'ai consciencieusement recherchée. Les maisons édifiées au-dessus de la citerne avaient contribué au fait
qu'elle soit inconnue. Je constatai que certains habitants ignoraient qu'une
citerne était située sous leurs pieds, alors qu'ils en buvaient quotidiennement
l'eau grâce à des puits qui y pénètrent depuis l'intérieur de leurs demeures.
Finalement, je découvris une maison par laquelle on pouvait y descendre; je
montai dans une barque que le propriétaire de la maison, après avoir allumé des
torches, manœuvra çà et là, entre les rangées d'une forêt de colonnes presque
entièrement immergée et que j'explorai dans sa totalité. Lui se mit à pêcher des
poissons (la citerne en regorge), et en prit quelques-uns avec son trident, à la
lumière des torches. Un jour très faible pénètre en effet par la bouche des puits
comme par des soupiraux, et les poissons se regroupent vers la lumière».

La descente dans la citerne antique n'a pu s'effectuer que grâce à l'observation attentive des nouveaux édifices et à la rencontre du propriétaire de l'une des *superædificatæ domus*. C'est au sein même de la ville ottomane que Gilles a dû repérer les signes nécessaires à la localisation du palais englouti.

Mais ce récit ne dit pas seulement les modalités techniques d'une exceptionnelle découverte archéologique: il laisse entrevoir la fonction symbolique que celle-ci revêt dans l'imaginaire du voyageur-écrivain. A bien des égards, l'aventure de Gilles dans les profondeurs de la capitale ottomane présente les caractéristiques d'une sorte de *descensus Averno*. Comme un héros épique, le *peregrinus* humaniste est investi d'une «mission» qui le démarque de ses contemporains et le contraint à pénétrer dans un monde souterrain («infra ædes»). Cette catabase initiatique s'effectue en outre sous la conduite d'un autochtone au trident neptunien dont la fonction rappelle la Sibylle (guide) et plus encore Charon (nocher). Si l'on ajoute à ces quelques données la comparaison sylvestre[74] et la fantomatique lueur des flambeaux, on est obligé d'admettre que l'enquête archéologique est ici partiellement narrée sur le mode de la descente aux enfers. Mais alors que les motifs infernaux pourraient, comme dans les *Antiquitez* de Du Bellay, participer d'une méditation mélancolique sur la vanité des entreprises humaines face à la nécessité d'un retour à la poussière et au chaos[75], ils concourent ici à créer une atmosphère où prévalent indiscutablement la plénitude et la pérennité.

Champs Elysées plutôt que Tartare, l'enfer gillien est avant tout un *locus amœnus* très personnalisé où se conjuguent comme dans un rêve les deux grandes passions du voyageur-écrivain: l'archéolo-

---

[74] Cf. *Enéide*, VI, vv. 270-217 (comparaison sylvestre) et surtout 658-659 («le puissant fleuve de l'Eridan, qui roule à travers la forêt, sort pour monter à la surface de la terre»). La forêt est omniprésente dans le livre VI. On la retrouvera au second vers de la *Divine Comédie* mais aussi dans le ...*Guide Bleu* d'Istanbul, où la citerne redécouverte par Gilles est gratifiée de deux étoiles: «Le spectacle est à la fois féérique et rafraîchissant: accompagné par des airs d'opéra et le clapotis de gouttes, vous vous promènerez au-dessus des eaux où se reflète *une forêt de colonnes* hautes de 8 m» (p. 72). La description architecturale qui fait suite à cet extrait entretient elle aussi d'étroits rapports avec le texte de Gilles...

[75] J'admets volontiers que ce constat négatif est contrebalancé dans les *Antiquitez* par un recours au mythe d'Amphion et une revalorisation du chaos en tant qu'inépuisable potentiel (Cf. T. M. Greene, *op. cit.*, ch. XI et M. Jeanneret, *Perpetuum mobile*, pp. 104-108). La différence entre la catabase de Gilles et celle de Du Bellay demeure pourtant immense dans la mesure où la première fait l'économie *de toute négativité*.

gie et l'ichtyologie. Rien ne sert de faire irruption dans cet espace heureux afin d'en ressusciter les morts à la manière d'Orphée: il suffit simplement d'en admirer la beauté architecturale et les eaux merveilleusement poissonneuses. L'infra-monde n'est pas ici un lieu sépulcral: c'est un vivier bien ordonné où l'humaniste, tel Enée auprès d'Anchise, s'initie aux principes d'harmonie et de vitalité grâce auxquels sera toujours contrebalancé le déchaînement des forces destructrices. Sous la ville constamment ravagée par les Turcs ou les cataclysmes, le voyageur découvre un espace onirique miraculeusement épargné par les morsures du *Tempus edax*.

L'exploration des profondeurs de Constantinople est l'occasion d'un double retour à l'univers des Anciens: d'un côté, la découverte archéologique est manifestement la preuve que la ville antique subsiste parfois intacte sous les édifices ottomans; de l'autre, la libre réécriture de la catabase virgilienne montre bien que l'intertexte classique continue, de manière sous-jacente, à informer les textes modernes tout en leur permettant de faire entendre leur voix propre. Dans l'esprit de l'humaniste, un seul danger semble vérita-blement menacer cette reprise de contact avec la culture antique: l'*amnésie* qui guette chacun d'entre nous et dont sont particulière-ment victimes les Grecs de Constantinople. Lorsque l'auteur disait d'eux qu'ils semblaient «avoir bu tout le fleuve de l'oubli», on pou-vait dans un premier temps comprendre la plaisante formule comme une expression métaphorique tout à fait isolée. A présent que le *De Topographia* nous révèle l'existence, sous la métropole, d'un infra-monde aquatique où la population puise sans même le savoir son eau quotidienne, on saisit pleinement la cohérence mythologique de la description gillienne: les eaux tranquilles que sillonnent le voyageur et son étrange nocher, ce ne sont vraisembla-blement ni celles du Styx, ni celles de l'Achéron...

On aurait pourtant tort d'oublier l'essentiel, à savoir que ce retour aux Anciens n'aurait pas été possible sans un *détour* par la ville ottomane, sans une observation attentive de ses nouveaux édi-fices. Il serait d'ailleurs aisé de multiplier les exemples tendant à prouver que le processus de la reconnaissance s'accompagne tôt ou tard d'une prise en considération de l'espace géographique renou-velé. Que ce soit par contiguïté (lorsque constructions antiques et nouvelles sont juxtaposées) ou par substitution (lorsqu'un bâti-ment récent est venu remplacer un monument antique), l'œil de l'archéologue finit toujours par se détourner au moins en partie des objets sur lesquels il entendait se concentrer. Dans le cas du *De Topographia*, cette déviation du regard a tout pour nous réjouir, puisqu'elle donne par exemple lieu à une description détaillée du

Grand Sérail[76] ainsi qu'à une énumération *in extremis* des principaux types de constructions ottomanes:

> [Constantinopolis] Ædes Mametanas continet plus trecentas, quarum
> sumptuosissimæ a regibus, et regum purpuratis ædificatæ, sed omnes
> tectæ plumbeis tegulis, marmoribus, et columnis marmoreis ornatæ ex
> spoliis Christianarum ædium; ut hæ prius ornatæ fuerant ex veterum
> deorum spoliis. Balnea et thermas habet publicas supra centum: qua-
> rum quinquaginta magnæ et geminæ, et fere tales quales descripsi a
> Mametho Rege ædificatas. Xenodochia et publica hospitia longe supra
> centum habet, quorum illustria aquas salientes in medio atrio habent ex
> agris suburbanis ductas[77].

On mesure sans peine la distance séparant cet inventaire, aussi sommaire soit-il, des remarques quasi *uchroniques* sur lesquelles s'ouvrait le *De Topographia*. Au cœur même de la Nouvelle Rome
s'élèvent à présent des mosquées, des bains turcs, des caravansérails
et des *imarets*. Même si elle renferme encore des trésors de pérennité, la ville du seizième siècle ne se réduit ni à celle de Constantin,
ni à celle de Théodose II: elle est aussi la capitale de Soliman, ce que
Gilles est en définitive bien forcé de reconnaître[78].

⁕ ⁕ ⁕

Aveugle à la réalité ottomane mais obligé de voir à travers des
yeux turcs, désireux d'échapper au temps tout en ayant conscience
de ses inévitables ravages, rêvant d'une Constantinople éternelle
sans pour autant renoncer à décrire les beautés d'Istanbul, Gilles
apparaît toujours en porte-à-faux, mobilisé par des projets multiples et parfois même contradictoires. L'ambivalence inhérente au
De Topographia peut sans doute gêner nos habitudes de lecture: il

---

[76] Cf. *TC*, pp. 50 *sqq.*

[77] *TC*, pp. 335-336. «[Constantinople] compte plus de trois cents mosquées, dont
les plus somptueuses ont été édifiées par les Sultans et les hauts dignitaires,
mais qui sont toutes recouvertes de toitures de plomb, de marbres, et ornées de
colonnes de marbre pillées dans les églises chrétiennes, comme celles-ci avaient
auparavant été décorées grâce aux trésors des anciens dieux. Elle possède plus
de cent bains et thermes publics, dont cinquante grands, doubles et presque
identiques à ceux que j'ai décrits et qui furent édifiés par Sultan Mehmet. Elle
compte largement plus de cent caravansérails et *imarets*; dans les plus illustres,
des eaux amenées de la campagne avoisinante jaillissent au milieu de la cour».

[78] L'intérêt de Gilles pour les réalités ottomanes se limite le plus souvent à des
considérations architecturales. L'auteur du *De Topographia* ne se préoccupe
guère des Turcs et de leur mode vie, à l'exception toutefois du mystérieux Sultan, (cf. *infra*, pp. 179-180 et 186-188).

faut néanmoins résister à la tentation de vouloir la «dépasser» coûte que coûte[79] et bien plutôt s'efforcer de comprendre les possibilités mêmes de son existence.

Pour ce faire, il n'est peut-être pas inutile de commencer par rappeler les circonstances particulières dans lesquelles Gilles séjourne à Constantinople. D'un côté, il est essentiellement chargé d'acquérir d'anciens manuscrits destinés à enrichir les collections royales. Cette mission se révèle étroitement liée à son activité d'écrivain, puisque c'est grâce à elle qu'il découvre les deux manuscrits (la *Remontée du Bosphore* et la *Notitia*) sur le modèle desquels il va fonder son diptyque. Ce n'est donc pas seulement sa prodigieuse érudition, mais également les motifs mêmes de sa présence au Levant qui l'orientent vers l'intertexte antique. D'un autre côté, il est contraint de demeurer en Orient beaucoup plus longtemps que ne l'exigerait sa mission (de 1544 à 1552), car le Roi «oublie» de lui faire parvenir l'argent qu'il lui a promis. A en croire le pauvre Gilles, c'est même pour meubler la longue et vaine attente de ces deniers virtuels qu'il entreprend sa vaste enquête archéologique[80]. Mais ces huit années levantines offrent surtout au voyageur mainte occasion de se familiariser avec le monde ottoman, comme lorsqu'il s'engage dans l'armée du Sultan afin de subvenir à ses besoins. On peut penser que la tournure imprévue prise par son voyage le pousse à se rapprocher des Turcs et de leur culture beaucoup plus que ses préoccupations livresques ne l'y disposaient à l'origine et en tous les cas davantage qu'il ne l'avoue dans ses textes. Plaie d'argent n'est pas mortelle: le périple de Gilles s'enrichit de ces déboires financiers pour se placer en définitive sous le double signe de l'érudition classique *et* de l'altérité orientale.

Mais l'expérience viatique ne saurait tout expliquer. En particulier, elle ne nous dit pas comment le *De Topographia* parvient à articuler ses diverses composantes, ses projets divergents, sans être du même coup miné par des tensions insurmontables. Elle ne nous éclaire pas sur les mécanismes grâce auxquels l'*imitatio* et la *mimesis* se côtoient ici sans heurt et de la manière la plus ouverte qui soit.

---

[79] Le *De Topographia* résiste en particulier à la rassurante hypothèse évolutive; il ne se laisse pas découper en moments, en phases successivement traversées par le voyageur.

[80] «Ipse tamen, ne otio conficerer, dum a Rege constitutos nummos in veterum Codicum conquisitionem expectabam, quibus potui indiciis, deprehendere conatus sum per multa antiquitatis monumenta, quod ille cognoscet, qui similia invenire nitetur» (*TC*, p. 91). Sur ces *nummi* jamais déboursés par le Roi, voir aussi la lettre de Gilles «ad amicum» datée d'avril 1549 (in C. Müller, *Geographi Græci Minores*, v. 2, p. XII).

La raison de cette coexistence pacifique doit être recherchée ailleurs, tout d'abord dans le véritable abîme qui sépare ici le modèle imité et le monde observé. Du fait même de leur disparition pure et simple ou de leur transformation radicale, la plupart des réalités mentionnées par l'intertexte antique ne peuvent pas faire l'objet d'une nouvelle description. Dans tous les cas où la reconnaissance se révèle infructueuse, où l'écart entre autrefois et aujourd'hui s'avère manifestement impossible à combler, nul conflit ne saurait éclater entre les autorités et l'autopsie pratiquée par le voyageur. Ce dernier peut en toute légitimité reproduire les descriptions antiques en les complétant par ses propres observations, mais sans jamais véritablement les contredire.

En prolongement, il faut souligner que le choix très judicieux de la *Notitia* comme modèle privilégié du *De Topographia* permet à Gilles de combiner dans des conditions particulièrement favorables l'*imitatio* et la *mimesis*. On s'en souvient: la *Notitia* ne décrit jamais les monuments qu'elle recense et regroupe par régions. En suivant ce texte plutôt qu'un autre, l'auteur parvient à éviter toute relation conflictuelle même lorsque les constructions antiques ont résisté au lent travail des siècles. Le manuscrit anonyme lui permet de resituer tel édifice dans la topographie de la ville de Théodose II, d'identifier la région dans laquelle il était compris et de lui assigner une place précise dans l'économie du *De Topographia*. Il ne contient en revanche aucun détail descriptif susceptible d'être réfuté au nom d'une expérience visuelle.

La reconnaissance est ici localisation, rien de plus. L'imitation de l'inventaire antique fournit avant tout une structure, une *dispositio* selon laquelle s'organise le matériau géographique réuni au cours de l'enquête. Les observations personnelles du voyageur peuvent ainsi remplir le cadre emprunté à la *Notitia* sans que la moindre tension se fasse sentir. Voilà sans doute pourquoi l'imitation textuelle et la représentation directe du monde se complètent dans le *De Topographia* de la façon la plus heureuse qui se puisse espérer, pourquoi le traité de Gilles s'avère en définitive harmonieusement composite, un peu à l'image de Sainte-Sophie, où les minarets se marient parfaitement à la coupole justinienne.

CHAPITRE III

L'ÉCRITURE DU *TOPOS*

Qu'elle entraîne la réfutation des Anciens ou, plus respectueusement, la réactualisation de leurs écrits, la pratique de la reconnaissance permet toujours au voyageur-écrivain d'affermir l'autorité de son propre regard, de développer ses talents d'observateur et, en définitive, de perfectionner ses techniques de représentation. Au travers de cet incessant va-et-vient entre les textes d'autrefois et le monde d'aujourd'hui, il s'exerce à mieux voir et à voir davantage: son regard se précise tout en s'élargissant. Parallèlement, il prend peu à peu conscience de son propre labeur et finit presque toujours par s'autoreprésenter en pleine observation. Voilà donc que l'œil se donne en spectacle, qu'il se met littéralement sous les yeux du lecteur, qu'il marque le texte de sa présence, ne serait-ce que d'un simple «j'ai vu», selon le principe d'autopsie entendu dans son sens le plus spécifique. Autant de facteurs qui, à la longue, contribuent à faire le jeu de la *mimesis*, à la rendre non seulement légitime, mais carrément indispensable ou du moins beaucoup plus fiable que son pendant l'*imitatio*. Conséquence directe de ce prestige croissant: les voyageurs protestent sans cesse de leur expérience visuelle et, en parallèle, effacent discrètement toute trace de médiation entre leur regard et le monde qu'ils décrivent. L'usage de l'intertexte se fait de plus en plus tacite, sous-jacent, à tel point que l'utopie de la transparence donne l'impression de triompher de manière définitive. Mais tout cela n'est bien souvent qu'apparence trompeuse et fiction d'écriture, car la réalité des textes ne cesse de démentir les prises de position théoriques des différents voyageurs. En d'autres termes, la *mimesis* ne se substitue jamais totalement à l'*imitatio*, même si elle parvient fréquemment à l'éclipser et à occuper en quelque sorte le devant de la scène.

Cette survivance discrète (mais tenace) d'une manière d'écran textuel semble s'opérer suivant deux schémas complémentaires qu'il n'est pas inutile de distinguer d'un point de vue théorique. Elle peut prendre la forme d'un retour délibéré aux stratégies imitatives ou, plus profondément, d'une rémanence diffuse et sans doute largement inconsciente d'une sorte de substrat intertextuel.

Dès lors qu'elle est transposée dans le domaine de la représentation, qu'elle se fait texte ou image, l'expérience sensible peut donc
tout d'abord faire l'objet d'un travail conscient de reproduction ou
d'imitation. On aurait tort de considérer l'émergence de la *mimesis*
géographique comme un affranchissement irréversible, comme
l'aboutissement d'un processus sans retour: à peine couchée sur
papier, et du fait même de la crédibilité qu'elle a désormais acquise,
la description *de visu* risque d'être soumise à un travail d'*imitatio* le
plus souvent clandestin. À supposer même qu'elle ne plonge aucune
de ses racines dans l'intertexte – ce qui, on le verra, paraît difficilement concevable –, elle ne saurait éviter d'être elle-même à l'origine
d'un réseau textuel. Cette description dont on prisait le caractère
direct, immédiat, la voilà devenue l'instrument d'une médiation
entre un nouveau voyageur et les réalités levantines. La *mimesis* ne
cesse en fin de compte de générer de nouveaux processus de réécriture. Elle se voit constamment rattrapée par l'*imitatio*.

La seconde modalité de cette sourde résistance au triomphe de la
mimesis nous oblige à repenser la distinction originelle et radicale
que le discours critique établit toujours de façon plus ou moins
explicite entre *expérience* et *expression* du voyage. Contrairement à
ce que l'on pourrait croire en se fondant sur les données immédiates
de sa conscience, il n'existe probablement pas d'observation pure,
d'expérience sensible réellement antérieure à toute opération langa-
gière. Il est par conséquent simpliste de dissocier la quête des choses
et celle des mots, de distinguer d'un côté le vu, de l'autre le dit. A
bien des égards, le voyageur ne perçoit véritablement que ce qu'il
est capable de dire, de sorte que le sensible et le dicible se révèlent
solidaires avant même la production du récit de voyage. Toute
expérience de l'altérité suppose déjà la possibilité d'une formulation
future, d'une mise en texte, et cette compétence est bien entendu
fonction des innombrables énoncés lus ou entendus avant le face à
face avec la différence[1].

Cette omniprésence du déjà dit, outre qu'elle interdit toute
opposition rigide entre *imitatio* et *mimesis*, doit nous conduire à
nuancer en partie les notions de singularité et de *varietas* auxquelles
on a si souvent recours afin de caractériser la littérature géogra-

---

[1] Il va de soi que ces phénomènes de reprise dépassent en grande partie le cadre
que la rhétorique classique assigne à l'*imitatio* et relèvent davantage de l'intertextualité au sens très large (sans doute un peu trop) où l'entend Julia Kristeva
(cf. *La Révolution du langage poétique*, pp. 59-60). Je me contente par conséquent d'en signaler l'existence et n'en tiendrai pas réellement compte dans la
suite de cette étude.

phique de la Renaissance. Appréhendé de manière isolée, un récit de voyage du seizième siècle a certes toutes les chances de communiquer à son lecteur la saveur du «bigerre», c'est-à-dire à la fois du bizarre et du bigarré. Mais cette impression s'atténue et se modifie profondément à mesure qu'augmente le nombre de textes pris en considération. Plus on se familiarise avec cette littérature viatique, plus on s'aperçoit que les mêmes singularités sont souvent décrites dans des termes identiques par une multitude d'auteurs. Au fil des ouvrages, le singulier devient pluriel et l'émerveillement face à la *varietas mundi* célébrée et représentée par les voyageurs cède peu à peu la place à un sentiment de «déjà lu» qui confinerait à la monotonie si les modalités mêmes de ces continuelles reprises ne s'avéraient particulièrement dignes d'intérêt.

Une fois constatée dans toute son ampleur, cette résurgence de l'*imitatio* mérite d'être analysée dans le détail, d'autant que les mécanismes auxquels elle obéit par moments ne sont pas sans lien avec certaines structures épistémiques particulièrement privilégiées par la rhétorique et la «science» de la Renaissance. On le verra: l'analyse du riche corpus aramontin permet de poser en termes relativement précis la question des rapports que le texte viatique entretient d'un côté avec les techniques de l'*inventio* et de la *memoria*, de l'autre avec la conception encyclopédique que les hommes du seizième siècle ont très souvent de la connaissance. Mais de manière à comprendre le processus selon lequel l'expérience du lointain se fige peu à peu pour (re)donner naissance à une tradition livresque, il convient avant toute chose de s'interroger sur la fonction spécifique que revêt la topique au sein de la littérature géographique de l'époque.

TOPOGRAPHIES

Pour peu qu'on en fasse usage dans l'analyse d'un texte viatique, le concept classique de lieu commun (*locus communis, koinos topos*[2]) se voit réinvesti de toute sa dimension spatiale. Il ne désigne plus seulement un élément contenu dans un espace métaphorique, dans un compartiment de l'arsenal rhétorique à la disposition de l'orateur ou de l'écrivain: il peut également, au sens le plus littéral qui soit, renvoyer à un espace géographique ou pour le moins à la

---

[2] Pour une excellente mise au point sur les différentes définitions classiques du lieu commun, voir A. Moss, *Printed Commonplace-Books*, pp. 2-13.

description qu'en donne un voyageur. Pour prolonger et systématiser le parallèle, on se fondera avec profit sur la définition proposée par Cicéron dans le *De Inventione*:

> Argumenta quæ transferri in multas causas possunt, locos communes nominamus[3].

Définition qui, une fois «transférée» et légèrement adaptée au domaine précis qui nous occupe, devient:

> Nous nommons lieux communs les descriptions d'endroits réels pouvant être intégrées dans de nombreux textes de voyage.

Il est par conséquent certaines descriptions récurrentes dont on peut dire qu'elles s'avèrent *doublement topiques*: au sens rhétorique d'abord, parce qu'elles «passent» souvent et facilement d'un texte à l'autre; au sens géographique ensuite, parce qu'elles représentent des endroits du monde réel visités ou non par le voyageur-écrivain. Selon un raccourci utile à l'analyse et parfaitement dans la logique de l'illusion mimétique à laquelle souscrivent les auteurs qui nous intéressent, on dira également de certains espaces traditionnellement décrits qu'ils sont *doublement topiques*. Ce sont ces endroits représentés à d'innombrables reprises et de façon toujours similaire que je qualifierai provisoirement de lieux communs (ou *topoi*) et dont je me propose à présent d'étudier certaines caractéristiques.

Du point de vue du voyageur-écrivain, le lieu commun ne se définit pas uniquement comme un espace déjà décrit et à re-décrire: c'est également un lieu qu'il faut s'efforcer de visiter à tout prix, un *must*, l'équivalent pour l'époque des sites gratifiés de trois étoiles dans nos guides de voyage. Et cependant l'écriture du lieu commun s'avère si machinale et répétitive, elle obéit à une telle codification que, la plupart du temps, l'expérience viatique ne saurait ajouter ni modifier quoi que ce soit de fondamental à la description traditionnelle. Même si le voyageur a véritablement observé la réalité dont il traite, il coulera tout naturellement sa description dans le moule étroit légué par l'intertexte. Si les circonstances de son voyage ne lui ont pas permis de visiter l'endroit tant célébré, il en sera d'autant plus réduit à un travail de démarquage. Dans la perspective qui est la nôtre, il est à la limite indifférent que l'auteur ait ou non vu de ses propres yeux le lieu qu'il décrit: dans un cas comme dans l'autre, sa topographie relèvera de l'*imitatio* la plus mécanique.

---

[3]   *De Inventione*, II, 15, 48.

L'existence d'une telle pression intertextuelle s'exerçant sur la description de certains lieux doit sans doute nous amener à relativiser la pertinence de la notion d'expérience sensible – et plus particulièrement visuelle – telle qu'on l'applique généralement à la littérature géographique de la Renaissance. En toute rigueur, l'approche intertextuelle ne saurait se contenter de la classique opposition binaire entre disciples d'Aristote et suppôts de «Ouy-dire»[4], entre topographes dignes de foi et cosmographes menteurs[5]. Lorsqu'un pèlerin de Jérusalem décrit le Saint-Sépulcre ou Bethléem en des termes pratiquement identiques à ceux employés à d'innombrables reprises par ses prédécesseurs, lorsqu'un voyageur de passage à Constantinople reproduit dans les moindres détails l'évocation classique des différentes cours du Sérail, on est en droit de s'interroger sur le caractère empirique de ces descriptions. Dans ces nombreux cas où l'expérience de voyage ne laisse aucune trace textuelle digne d'être prise en considération – ou même tout simplement repérable –, il n'est en fait guère possible d'opérer une distinction tranchée entre voyageurs et compilateurs. Bien souvent, la description du *topos* se révèle commune aux uns et aux autres.

La déconcertante réalité des textes ne permet plus de reconduire avec rigidité l'opposition entre «ceux qui n'ont pas vu» et «ceux qui ont vu». Encore faut-il à propos de ces derniers faire à chaque fois la part de l'*imitatio* et se demander dans quelle mesure les voyageurs qui ont vu ce qu'ils décrivent s'efforcent véritablement de décrire ce qu'ils ont vu... Négliger cette problématique, c'est tout simplement se condamner à ne pas comprendre pourquoi la topographie souhaitée par Montaigne se réduit si facilement et si fréquemment à de vagues formules topiques.

---

[4] Pour l'opposition entre Aristote et «Ouy-dire», voir bien entendu le *Cinquième Livre*, ch. XXX. A noter toutefois qu'au pays de Satin le clivage ne s'opère pas véritablement au sein de la littérature géographique. D'un côté, les disciples d'Aristote (c'est-à-dire de l'expérience visuelle) sont essentiellement des philosophes au sens large et ancien du terme. Si Pierre Gilles intègre la troupe du Stagirite, c'est ainsi avant tout en sa qualité de naturaliste: «Entre iceux j'y advisay Pierre Gylles lequel tenoit un urinal en main, considerant en profonde contemplation l'urine de ces beaux poissons». De l'autre côté, ce sont essentiellement des auteurs géographiques qui sont réunis autour du monstrueux «Ouy-dire». La ligne de partage proposée par le texte ne traverse pas la discipline géographique proprement dite: elle l'exclut au contraire, la sépare nettement des sciences empiriques pour la reléguer à peu de choses près dans le domaine de la fiction, à savoir précisément celui du *Cinquième Livre*.

[5] Cf. Montaigne, «Des Cannibales» (I, xxxi) et Léry, *op. cit.*, p. 67.

Mais l'on ne saurait se contenter de repérer ces phénomènes sans du même coup pousser plus loin l'analyse: car si certains lieux communs se présentent comme des bribes de matériau géographique uniquement susceptibles de remplir une trame déjà tissée d'avance, d'autres semblent au contraire obéir à des agencements complexes, si bien que leur description revêt une importante fonction structurante au sein du texte géographique. Or précisément, ce sont ces lieux communs bien particuliers qui donnent l'impression de s'imposer avec le plus de facilité et de revenir avec le plus de fréquence sous la plume des voyageurs de la Renaissance. Pour le dire autrement: tout se passe comme si certains lieux orientaux étaient par leur structure même prédisposés à devenir des *topoi* de la littérature viatique.

Parmi les lieux que j'ai qualifiés de *doublement topiques*, il en est certains – et non des moindres – qui se révèlent en outre *doublement communs*: au sens rhétorique et cicéronien de l'expression, parce que leur description est commune à de nombreux textes viatiques, et sur le plan de leur organisation spatiale, parce qu'ils réunissent *en commun* des réalités habituellement dispersées aux quatre coins du Levant ou même du monde[6].

VARIETAS ET STRUCTURE

Dans les textes qui nous occupent, l'exemple le plus caractéristique de lieu doublement commun est sans aucun doute Jérusalem et plus précisément la basilique du Saint-Sépulcre, où cohabitent dans un espace restreint et généralement clos les représentants de toutes les variantes du christianisme[7]. Pour les pèlerins comme pour

---

6   En toute rigueur, ces lieux qui réunissent d'autres réalités fonctionnent donc moins comme les *loci communes* (*koinoi topoi*) que comme les *loci* (*topoi*) ou *sedes argumentorum* tels que les définissent Cicéron et Quintilien (cf. *Topica*, II, 7-8; *Institutio oratoria*, V, x, 20). Dans les pages qui suivent, je ne retiendrai pas la distinction entre *loci communes* (*koinoi topoi*) et *loci* (*topoi*): les termes de lieux communs et de *topoi* désigneront ainsi le même référent, à savoir désormais les lieux doublement communs. Je veillerai toutefois à ne pas utiliser *topos* au sens réducteur et aujourd'hui courant où l'entendait E. R. Curtius (cf. *La Littérature européenne*, pp. 133-134).

7   A l'exception, bien sûr, des ministres réformés. Cette absence sera d'ailleurs soulignée avec insistance par Belon dans sa *Cronique*, texte polémique extrêmement sévère à l'encontre des huguenots: «Donc ambassadeurs qui encor pour l'heure presente avés chacun vostre chapelle dans l'église du Saint Sepulchre de Nostre Seigneur en Hierusalem, aiants à chacun son autel, leans à

les pérégrinateurs, la description de la basilique et de ses multiples chapelles consacrées chacune à un rite spécifique est évidemment l'occasion rêvée de passer en revue, le plus souvent en les fustigeant, les différentes hérésies orientales[8]. Mais par delà toute dimension polémique, l'église du Saint-Sépulcre offre pour ainsi dire en raccourci l'image de la chrétienté tout entière et autorise le voyageur à évoquer, au travers de leurs «ambassadeurs», les peuples les plus «estranges» et les contrées les plus lointaines.

C'est sans aucun doute Belon qui se montre le plus fasciné par cet «échantillonnage» de la *varietas christiana*. Dans ses *Observations*, il nous apprend que le Saint-Sépulcre réunit «douze langues de la religion chrestienne, differentes l'une à l'autre»[9]. Il avoue toutefois n'en avoir identifié que huit (neuf en réalité), qu'il énumère dans l'ordre suivant: Latins, Grecs, Arméniens, Jacobites, Géorgiens, Coptes, Abyssins, Nestoriens et Maronites. A chaque fois, un petit commentaire vient brièvement caractériser la «nation» considérée. Voici, à titre d'exemple, ce qu'il écrit à propos des Abyssins:

> Les autres sont Indiens, qui y sont envoyez du pays auquel domine le prestre Jehan, et sont fort noirs, appellez Abycini. Et pource qu'ils sont baptisez en feu, ils portent trois bruslures, une entre les deux yeulx au dessus du nez, les deux autres sont pres des temples...[10]

Par la magie de la synecdoque, la seule description des «ambassadeurs» suffit à évoquer le royaume légendaire du Prêtre Jean, cette terre si aride que même le baptême s'y place sous le signe du feu. Que les déserts brûlants de l'Abyssinie surgissent de la sorte en

---

chacun son coffre, là où sont enclos les vestemens, et le Livre de differents caracteres et lettres pour vous en servir en disant la messe, je viens un peu considerer vos couleurs, et voir s'il y (a) en a quelqu'un de par les Huguenots; si voit on celuy des Ethiopiens ne ressembler à celuy des Abyssins, ny celuy des Latins ne ressemble à celuy des Grecs, ne celuy des Armeniens à celuy des Copites comme aussy les vestemens sont aussy totalement dissemblables selon l'ancienne façon des pais, si que les pelerins, qui de touttes parts viennent par devotion pour visiter le Saint Sepulchre de Nostre Seigneur, ne trouvent rien nouveau quand ils arrivent leans, car chacunne des nations s'en va trouver l'ambassadeur du pontife de son Eglise, qui le meine en la chapelle qui luy est ordonnée, et là y celebre la messe et touttefois il n'y en a point de la ligne des Huguenots...» (f. 100 v°).

[8] Cf. entre autres Louis de Rochechouart, *Journal de voyage à Jérusalem*, in *Croisades et pèlerinages*, pp. 1151-1154; Breydenbach, *Opusculum*, f. 76; Thenaud, *op. cit.*, pp. 95-105; Regnaut, *op. cit.*, pp. 73 *sqq.*; Jacques de Villamont, *Voyages*, livre II, ch. 21-24.

[9] *OS*, f. 143 r°.

[10] *Ibid.*

pleine description de Jérusalem, voilà qui prouve, s'il en est besoin, que la structure du *topos* rend possible toutes les superpositions d'espaces géographiques.

Ce télescopage a du bon: il permet au voyageur de mesurer par lui-même la place très relative qu'occupe l'Europe occidentale au sein de la chrétienté tout entière. Belon retiendra la leçon d'humilité et la dispensera à son tour sans ambages dans sa *Cronique* restée inédite:

> Ceux qui resident dans Hierusalem content sommairement douze de tels ambassadeurs, et si n'y comprennent toutte l'obeissance romaine, quelque grande estendüe qu'elle contienne de nostre Europe, que pour ung [ambassadeur]; qui est grand cas, que pour toutte la langue d'oüy, et la langue d'hoc, et pour ce qui est compris en l'Espagne, et dans Portugal, et dans France, et dans l'Alemagne, et dans Flandres et dans Hongrie et Transylvanie, et dans l'Ytalie, et dans l'Angleterre, et aultres peuples là uniformes reduits à l'Université Latine, n'y en a sinon ung qui est logé dans un beau monastere, au Mont Sion joignant les murs de Hierusalem, avec grande quantité de religieux latins[11].

Tout en relativisant la pertinence de la bénédiction *Urbi et Orbi*, la visite du Saint-Sépulcre a ceci d'extraordinaire qu'elle donne en quelque sorte à voir la totalité du globe. Belon se montre particulièrement sensible à cette dimension universelle:

> Tandis que les pelerins chrestiens des pais d'Asie, d'Afrique et des Indes orientales et occidentales, et de nostre Europe aussy, sejournent en la sainte cité de Nostre Seigneur, Hierusalem, ils [ne] s'y trouvent par trop estrangers, car ils conversent avec des sacrificateurs chrestiens qui y ont esté envoiés de leurs provinces, d'aultant que les chefs des Eglises chrestiennes des susdits pais y en entretiennent chacun le sien, et là, se tenants de sejour dans Hierusalem sous le nom et tiltre d'ambassadeurs, conferent avec les pelerins venants de leurs provinces. *Ceste machine ronde, estant de plus grande estendüe qu'il n'est bonnement advis aux François, contient beaucoup de contrées chrestiennes, dont plusieurs n'ont encor oüy parler, qui sera chose emerveillable d'entendre qu'il y ait si grande estendüe de pais esloigné de France,* et qui ne sont pas papistes, qui sçavent bien les articles de la religion chrestienne, et qui touttefois ne sont perturbateurs du repos public de leurs pais, comme les Huguenots le sont en cette province françoise[12].

Une fois encore, le *topos* est prétexte à stigmatiser l'ennemi en religion. Mais sur le plan strictement géographique, il permet surtout de prendre conscience de l'immensité de cette «machine ronde»

---

[11]   *Cronique*, f. 116 v°. Cf. aussi *Portraits d'oyseaux*, f. e ii v°.

[12]   *Cronique*, f. 115 r°-v°.

dont il constitue une sorte de réplique miniature. En effectuant le
tour de la basilique, le voyageur arpente des espaces gigantesques en
seulement quelques pas, il embrasse des horizons cosmographiques
tout en demeurant topographe. Le Saint-Sépulcre n'est pas uniquement le centre du monde: il est aussi l'endroit où le monde se
concentre.

Un peu à l'image de l'aleph borgésien[13], le *topos* se caractérise par
son extrême densité, par l'étonnante masse de matériau géographique qu'il attire vers son centre comme un trou noir la matière.
La dynamique de cette convergence est d'ailleurs telle que les voyageurs tendent toujours à surestimer le nombre de réalités rassem-
blées en ce même point de l'espace. Nous avons déjà vu que Belon
évaluait au nombre de douze les «sectes» chrétiennes se partageant
la basilique du Saint-Sépulcre alors qu'il n'était pourtant capable
d'en recenser que neuf. En grand professionnel de l'hyperbole et de
la surenchère, Thevet illustre mieux encore ce mouvement concen-
trique sans cesse généré par le lieu commun:

> En ce Saint Sepulcre nous fumes bien *dix mile Cretiens* renfermez l'es-
> pace de quatre jours, par les Turcqs et Maures, de tous lesquels n'y avoit
> aucun suget à l'Eglise romeine, que moy: car les uns estoient Geor-
> giens, qui sont confins de la Perse, les autres Grecs, Armeniens, Syriens,
> Nestoriens, Jacobites [...]. Il y avoit aussi des Indiens et des Ethiopiens,
> et plusieurs autres nacions estranges, lesquels faisoient le service de
> Dieu, et ofice selon la coutume du païs dont ils estoient, et avoient cha-
> cun leur lieu deputé audit S. Sepulcre, pour dire leur service, et faire
> leurs ceremonies diferentes les unes des autres, non seulement en lan-
> gage, mais aussi en façon de faire, et en gestes[14].

Certes, le nombre de «nations» énumérées demeure ici le même que
chez Belon et correspond à ce que nous connaissons de la réalité
historique; en revanche, la masse prodigieuse de pèlerins orientaux
réunis à huis clos dans le Saint-Sépulcre dépasse largement le seuil
du possible, comme si la synecdoque devenait littérale dans l'esprit
de Thevet et que les «ambassadeurs» avaient décidé de se cloîtrer
dans la basilique en compagnie plutôt qu'à la place des peuples
qu'ils représentent.

Mais, toujours à l'instar de l'aleph, le lieu commun n'apparaît
pas seulement comme un point de concentration exceptionnelle,
sans quoi il se réduirait à un enchevêtrement chaotique, à une masse

---

[13] Lequel se définit comme «le lieu où se trouvent, sans se confondre, tous les
lieux de la planète, vus sous tous les angles» (cf. J. L. Borges, *El Aleph*, p. 161).

[14] *CL*, p. 174.

informe. Pour que la convergence n'entraîne pas l'entropie, il faut que les éléments réunis conservent leur spécificité et se juxtaposent sans jamais se confondre. C'est pourquoi le *topos* se définit également comme un espace clairement compartimenté où chaque objet occupe une place déterminée. Dans le cas précis du Saint-Sépulcre, cette organisation spatiale se traduit par l'octroi d'une chapelle à chacune des «nations» en présence, à l'exception des Grecs et des Latins, auxquels sont respectivement attribués le centre de la basilique (*Katholicon*) et le Sépulcre proprement dit. Si Thevet s'avère déjà sensible au fait que les «nacions estranges» disposent chacune de «leur lieu deputé audit S. Sepulcre», Chesneau met encore davantage l'accent sur la nécessité fonctionnelle de cette répartition:

> Elle [la basilique du Saint-Sépulcre] est fort grande et bien bastie à merveilles et dit on que sainte Helaine la feit faire pour enclore dedans plusieurs lieux des misteres de la Passion Nostre Seigneur et y faire plusieurs chapelles esquelles se tiennent Chrestiens de diverses nations comme Grectz, Arminiens, Georgiens, Copthiens, Suriens, Jacobites, Maronites, Abicins et Chrestiens de la saincture. Et chacune nation a sa chapelle pour ce que ilz officient diversement, *et y auroit confusion en leur service pour la diversité de leurs langues, s'il n'y avoit separation...*[15]

La confusion babélique qu'entraînerait l'absence de séparation entre les rites ne se limiterait certainement pas à l'espace réel de la basilique: elle contaminerait sans doute la description du lieu par les voyageurs-écrivains. Sans la fragmentation et l'organisation de son espace, le Saint-Sépulcre n'offrirait plus un tour d'horizon, une vision panoramique et ordonnée de la *varietas christiana*. Il ne serait plus lieu *commun*, mais *confus*, et tout porte à croire que le caractère topique de sa représentation textuelle serait difficilement compatible avec un tel chaos. En tous les cas, le *topos* ne serait plus en mesure d'imposer une structure type à la description: l'inventaire traditionnel par chapelle et par «hérésie» n'aurait plus aucune raison d'être et cesserait sans doute de se perpétuer. Plus encore que sa densité, c'est l'agencement rigoureux de son espace qui garantit au lieu commun une longue vie textuelle.

Pour s'en convaincre définitivement, il n'est que d'examiner rapidement la description d'un autre centre d'intérêt pour nombre de voyageurs levantins à la Renaissance: la célèbre ménagerie située dans le château du Caire. Sur un plan purement structurel, cette ménagerie fonctionne exactement comme le Saint-Sépulcre, puisqu'elle réunit dans un même lieu, et tout en les séparant les unes des

---

[15] *Voyage*, f. 296 r°; pp. 121-122.

autres, des réalités généralement éparses. En d'autres termes, elle est
à la faune africaine ce que la basilique constituait pour la chrétienté
tout entière: une réplique microcosmique.

Rien d'étonnant, dès lors, à ce que Belon la caractérise avant tout
comme un lieu de spectacle et de convergence:

> Il ne fut onc que les grands seigneurs, quelques barbares qu'ilz aient
> esté, n'aimassent qu'on leur presentast les bestes estranges. Aussi en
> avons veu plusieurs au chasteau du Caire, qu'on y a apportées de toutes
> parts...[16]

De son côté, Thevet semble moins intéressé par le phénomène de la
ménagerie en soi. Il se contente de nous donner la liste des animaux
qu'il aurait admirés lors de sa visite du château:

> Ce chateau fut fait anciennement des Rois dudit païs, au plus beau et
> haut lieu qui soit en toute la cité, tellement qu'il se voit de loin. Là y ha
> plusieurs animaus, comme quatre elefans, lions, tygres, leopars, scor-
> pions, rhinoceres (qui est un animal à quatre piez, ayant une corne aus
> narines, grand ennemi de l'elephant), veaus marins, cigongnes. Je ne
> veus mettre en oubli deus girafles que j'y ay vuës...[17]

Certes, l'énumération des espèces prétendument observées ne correspond pas vraiment à nos critères modernes de classification: elle
ne s'avère pourtant pas plus chaotique que celle des chrétiens orientaux rassemblés au Saint-Sépulcre, laquelle n'obéissait pas rigoureusement à une logique géographique ou théologique. Girafes
mises à part, la liste proposée par Thevet se révèle d'ailleurs
conforme à la taxinomie du vivant en vigueur au seizième siècle,
puisqu'elle répartit les espèces animales en fonction du milieu dans
lequel elles évoluent (terre, eau, air) plutôt que selon des critères
anatomiques ou morphologiques. Le désordre n'est ici qu'apparent: la ménagerie ne doit pas être assimilée à un cabinet de curiosités où s'entasseraient pêle-mêle les réalités les plus hétéroclites.

Bien au contraire, le lieu commun offre au voyageur l'occasion
d'inscrire une structure régulière au sein de son récit, de décrire
méthodiquement ce qu'il a vu sans nécessairement trahir la linéarité
de son parcours. Dans l'impressionnante disparate du second livre
des *Observations*, où les singularités les plus diverses défilent la
plupart du temps selon l'ordre unique de leur appréhension par
Belon, la ménagerie du Caire donne ainsi naissance, entre la description des «violes des Egyptiens» (ch. XLVIII) et celle des «basteleries

---

16 *OS*, f. 118 v°.
17 *CL*, p. 145. Voir aussi *CU*, f. 36 v°.

qu'on faict au Caire» (ch. LII), à une série de trois chapitres homogènes successivement consacrés à la girafe (XLIX), à un «moult beau petit bœuf d'Aphrique, que les anciens Grecs nommerent bubalus» (ch. L), à «une autre maniere de cerf, resemblant à un daing, anciennement nommé axis» et à «la gazelle, anciennement orix» (ch. LI). Si le récit de Belon obéit ici à une séquence plus cohérente que de coutume, c'est en quelque sorte parce qu'il reproduit la division en cages selon laquelle s'organisent généralement les ménageries. Le lieu commun se révèle une fois de plus créateur d'ordre au sein du texte viatique. Il met à disposition de l'auteur une structure facilement transposable à la description, une grille permettant d'encadrer le matériau géographique, de cimenter le récit et, en définitive, d'aménager au mieux l'espace textuel de l'écriture du Levant.

Loin d'être exceptionnelle, la séquence que je viens de dégager dans les *Observations* renvoie à une pratique très répandue chez les voyageurs de l'époque. Si Thevet n'exploite pas aussi rigoureusement que Belon les potentialités structurelles de la ménagerie cairote, c'est tout bonnement parce qu'il a déjà utilisé le procédé dans sa description de Constantinople, où s'inscrit une série de cinq chapitres traitant tour à tour des lions, des tigres, des ânes sauvages, des éléphants et des chameaux[18].

Reste que les quelques lignes que Thevet consacre à la ménagerie du Caire sont elles aussi riches d'enseignements. A l'en croire, le cosmographe aurait en effet pu admirer pas moins de «quatre elephans» et même un «rhinoceres» lors de son séjour dans la ville égyptienne, très certainement début 1552. Bien qu'impossible à réfuter de manière catégorique, l'affirmation paraît difficile à admettre lorsqu'on sait que ni Belon, ni Chesneau, ni Gilles ne mentionnent la présence de tels animaux dans cette même collection zoologique[19].

---

18   *CL*, ch. XVIII-XXII. Voir aussi le *Voyage* de Chesneau, où la description de Constantinople renferme une parenthèse zoologique consacrée à l'hippopotame, à l'éléphant et au chameau (ff. 276 r°-277 r°; pp. 35-38).

19   Cf. Belon, *OS*, ff. 118 v°-120 v°; Chesneau, *Voyage*, ff. 299 v°-300 r°; pp. 132-133; Gilles, *Elephanti nova descriptio*, pp. 24-38 (lettre d'Alexandrie). Dans ces trois textes, la grande attraction de la ménagerie cairote est incontestablement la ou les girafe(s) (un seul spécimen selon Belon, trois selon Chesneau et Gilles, deux selon la *CL*). A noter que ces voyageurs n'ont pas séjourné au Caire la même année que Thevet. La visite de Belon remonte à septembre ou octobre 1547; celle de Chesneau et Gilles au mois d'août 1549. Il paraît toutefois peu probable qu'entre cette dernière date et l'hiver 1551-1552 la collection zoologique du Pacha d'Egypte se soit enrichie de quatre éléphants et même d'un rhinocéros, animal alors extrêmement rare en captivité. Tout compte fait, on aurait plutôt tendance à mettre en doute la réalité de la visite de Thevet (cf. les judicieuses remarques de F. Lestringant, *CL*, pp. 305-306).

Selon toute probabilité, l'évocation de la célèbre ménagerie est pour Thevet l'occasion d'une sorte de surenchère dans laquelle il faut voir beaucoup plus qu'un simple «mensonge».

Au delà de toute dimension anecdotique, l'apparition de ces nouvelles bêtes appelle deux remarques d'ordre général concernant les modalités de l'écriture du *topos*. Parce qu'il se présente avant toute chose comme une *structure* à reproduire, le lieu commun est toujours susceptible d'accueillir en son sein, au moment de la rédaction du texte viatique, un nouveau matériau que l'auteur a décidé d'y placer de son propre chef, indépendamment de son expérience ou de la tradition textuelle. Il apparaît du coup comme une sorte de damier extensible à loisir en fonction du nombre d'objets qu'on désire y loger. Voilà pourquoi viennent souvent s'y engranger des réalités observées dans des endroits et à des moments distincts. Cette attraction exercée sur le matériau géographique recueilli par le voyageur n'a d'ailleurs rien pour nous surprendre: elle constitue le prolongement littéraire d'une réalité extratextuelle. Point de convergence dans le monde réel, le lieu commun continue de rassembler et d'ordonner des éléments de provenance diverse lorsqu'il ne participe plus que d'un système de signes. Il est plus que jamais le lieu d'une prolifération ordonnée, l'espace privilégié où le singulier tend immanquablement à se faire pluriel.

Cette dimension «générative» doit en fin de compte nous conduire à reconsidérer la nature du lieu commun, à en nuancer le caractère figé ou pétrifié. Car si sa structure globale reste nécessairement identique à elle-même, le matériau qu'elle abrite est lui susceptible de subir des modifications quantitatives, qualitatives ou séquentielles. Au cœur même de cet espace topique, de nouvelles subdivisions ou de nouveaux agencements peuvent prendre forme en fonction des intentions, des connaissances et des croyances propres à chaque auteur. Tout en se perpétuant, en passant d'un texte l'autre, le *topos* est continuellement travaillé de l'intérieur. Comme toutes les formes, il évolue selon un rythme propre, souvent difficilement perceptible, mais jamais insignifiant. Il a en quelque sorte une histoire, une vie, ce dont on se persuadera en examinant de près la façon progressive dont il peut voir le jour.

NAISSANCE D'UNE TOPIQUE: CONSTANTINOPLE OTTOMANE

Capitale de l'Empire ottoman depuis à peine un siècle, la Constantinople visitée par les compagnons d'Aramon est encore à bien des égards une ville en formation, un vaste chantier où les mosquées, déjà très nombreuses, continuent de s'élever au rythme des victoires remportées par le padichah. Exemple parmi d'autres de cette effervescence architecturale: la première pierre de la célèbre Süleymaniye est posée en 1550, l'année même où Chesneau, Gassot, Gilles, Postel et Thevet séjournent sur les rives de la Corne d'Or. A l'opposé de Jérusalem, la ville de Soliman apparaît comme un espace en plein renouvellement, un organisme encore instable parce que toujours en expansion.

Voilà qui pourrait en partie expliquer pourquoi, vers le milieu du siècle, la capitale ottomane n'a encore donné lieu à aucune tradition descriptive bien établie au sein de la littérature géographique occidentale. Mais à cette explication «objective» s'en ajoute une seconde, sans doute plus pertinente, laquelle tient essentiellement compte des préoccupations et des intérêts subjectifs des masses chrétiennes: dans les premières décennies du seizième siècle, auteurs et lecteurs occidentaux désirent avant toute chose connaître l'origine, l'histoire, les coutumes et, bien évidemment, l'organisation politico-militaire du Turc et de son empire. Face à la menace croissante que représente alors la puissance ottomane pour ses ennemis comme pour ses alliés, personne ne se soucie réellement de topographie constantinopolitaine. Lorsqu'on ne se contente pas des nouvelles du front véhiculées par d'innombrables pamphlets[20], on s'attache surtout à comprendre *qui* est le Turc, à savoir *comment* et non *où* il vit.

Les titres des principaux ouvrages consacrés au monde turc durant cette période reflètent généralement une telle priorité dans le choix de l'information «géographique». *La Genealogie du grant Turc à present regnant* attribuée à Théodore Spandugino (Paris, 1519), le *Commentario delle cose de Turchi* de Paul Jove (Rome, 1532), le *Des Coustumes et manieres de vivre des Turcs* de Christophe Richer (Paris, 1540), l'*Estat de la court du grant Turc, l'ordre de sa gendarmerie, et de ses finances* d'Antoine Geuffroy (Paris, 1542), *La Maniere et ceremonies des Turcs* de Bartholomé Georgiewitz (Anvers, 1544) ou le *Trattato de costumi et vita de Turchi* de Giovan Antonio Menavino (Florence, 1548), autant de traités souvent admirablement informés, mais dans lesquels Constantinople ne joue la plupart du temps qu'un rôle de second plan, autant de textes où la société ottomane éclipse inévitablement la cité du Sultan. Dès 1550, Gassot éprouvera le besoin de se situer par rapport à cette tra-

---

[20] Pour se faire une idée de cette production abondante, voir C. D. Rouillard, *The Turk in French History, Thought and Literature*, appendix I: «A bibliography of pamphlets relating to the Turks, 1481-1660», pp. 646-665.

dition bien établie, de réagir à la fois contre la redondance et l'inexactitude (toute relative) de ces nombreuses «études de mœurs»:

> Quand au particulier des Turqs, de leur maniere de vivre, leurs loix, et
> manieres de proceder en justice, de leur foy, religion, et oraison qu'ilz
> font, de leurs baings, et comme ilz en usent, leurs habits, leurs estats, et
> offices, et gouvernement d'un si grand pays qu'ilz tiennent tant en paix,
> que temps de guerre, de leurs capitaines, et souldars, leur justices, et
> griefves condemnations à mort, comme ilz gouvernent les chevaux,
> maniere de bastir leurs maisons, les impositions et tailles par tout leur
> pays, comme ilz traictent leurs schiaves, et plusieurs autres particulari-
> tez, qui sont totalement et directement contraires à noz actions, je ne
> vous en escry maintenant, tant pour estre la chose fort longue, que pour
> avoir esté traictée, et escripte de plusieurs: toutefoys qu'il y en a qui en
> ont escript assez legerement, et par ouy dire, pour le temps que je suys
> pardeça je vous promects que j'ay diligemment consyderé et observé
> leurs actions, et redigé par escript ce qui ma semblé digne d'estre noté[21].

Parmi les ouvrages d'importance antérieurs au corpus aramontin, il
n'est en somme que les *Libri tre delle cose de Turchi* de Benedetto
Ramberti (Venise, 1539) et, sur un mode poétique, *Le Discours du
voyage de Constantinoble* de Bertrand de La Borderie (Lyon, 1542)
qui proposent véritablement une description de la capitale ottomane[22]. En l'absence d'une solide tradition topographique, ces
textes n'obéissent toutefois pas à un modèle rigide, même si certains
hauts lieux tels le Sérail ou Sainte-Sophie s'imposent trop au regard
pour que le voyageur-écrivain oublie de s'y attacher[23]. Jusque vers
le milieu du seizième siècle, l'écriture de Constantinople jouit
encore d'une rare liberté descriptive aussi bien dans le choix de la
matière que de la manière.

Pareille situation ne saurait pourtant durer, compte tenu du
nombre croissant de voyageurs-écrivains attirés par la capitale ottomane. A tout le moins dans le domaine français, le jeu des emprunts

---

[21] *Discours*, ff. 13 v°-14 r°. On n'a jamais trouvé trace de ce texte annoncé par
Gassot.

[22] Pour les références complètes de tous ces ouvrages, cf. bibliographie. Aux
textes de Ramberti et de La Borderie, on pourrait ajouter l'*Itinéraire de Jérôme
Maurand d'Antibes à Constantinople* (1544), mais ce récit, dont l'original est
rédigé en italien, est demeuré longtemps à l'état manuscrit et n'a donc exercé
qu'une influence très limitée sur la tradition descriptive.

[23] Il est évident que les principaux monuments byzantins ont déjà été sommaire-
ment décrits par des voyageurs occidentaux au Moyen Age (cf. J. Ebersolt, *op.
cit.*, pp. 27-64 et J. P. A. Van der Vin, *op. cit.*, pp. 249-291). Parmi les textes les
plus intéressants dans cette perspective, voir ceux de Robert de Clari, Ruy
González de Clavijo, Cristoforo Buondelmonti, Bertrandon de La Broquière
et Pero Tafur.

et des influences s'intensifie très rapidement. Il prend une telle ampleur que les *topoi* se constituent, se consolident et finissent par s'imposer de manière inéluctable. Le corpus aramontin occupe bien évidemment une place de choix dans ce processus de régularisation et d'homogénéisation: on ne décrit plus Constantinople avec la même liberté après la publication des ouvrages de Gassot, Belon, Thevet et Gilles[24]. En l'espace d'un peu plus de dix ans, ces textes réunissent une telle masse d'informations et mettent en place des stratégies descriptives si efficaces qu'ils s'imposent dorénavant comme des références obligées pour les voyageurs ou les compilateurs. Il suffit de compulser le récit de Philippe Du Fresne-Canaye ou la *Cosmographie* de Belleforest pour s'en convaincre aussitôt: les compagnons d'Aramon ont profondément marqué de leur empreinte les descriptions de Constantinople rédigées dans les dernières décennies du siècle[25].

A bien y réfléchir, on s'aperçoit d'ailleurs que cette convergence textuelle relève à la longue de l'inévitable. En dépit même des modifications dont elle fait constamment l'objet, la ville de Soliman paraît doublement prédisposée à la création d'une telle topique, car elle constitue elle-même un gigantesque lieu commun. En tant que capitale d'un immense empire centralisé à l'extrême, elle ne peut que générer un mouvement convergent d'une ampleur inhabituelle et devenir en quelque sorte le microcosme du Levant tout entier. De manière assez symbolique, ce flux continuel orienté *vers la ville* s'inscrit jusque dans le nouveau nom de cette dernière: *Istanbul* passe en effet pour une altération du grec *eis tên polin*. Que la plupart des ethnies, des marchandises ou des curiosités affluent de la sorte dans la métropole, voilà qui ne peut qu'attirer l'attention des voyageurs-écrivains et favoriser l'émergence d'une topographie de

---

[24]   Le livre de Nicolay, un peu plus tardif (1567-1568), ne fait bien souvent qu'entériner cette mise en place des *topoi*. Quant à Postel, son manque d'intérêt pour les monuments de Constantinople peut s'expliquer pour des raisons chronologiques et «idéologiques»: d'un côté, ses textes ont été en grande partie rédigés dès les années 1538-1540; de l'autre, ses projets de concorde religieuse font qu'il se passionne davantage pour les Turcs que pour les merveilles de leur capitale.

[25]   Du Fresne-Canaye ne fait d'ailleurs pas mystère de cette influence: dans son *Voyage du Levant*, rédigé en italien vers 1573, il renvoie à trois reprises au *De Topographia* de Gilles: à propos de l'obélisque maçonné ornant l'Hippodrome (p. 102), de la colonne de porphyre (p. 106) et de la colonne d'Arcadius (p. 109). De son côté, François de Belleforest démarque le *De Topographia* de manière encore plus systématique et reconnaît lui aussi sa dette envers Gilles, «homme remarquable pour son grand, et exquis sçavoir, et à la mémoire duquel touts les amateurs de bonnes lettres doivent une grande reverance» (*Cosmographie*, 1575, t. II, col. 385).

Constantinople, au double sens du terme. De ce point de vue, on est presque en droit de constater ici l'existence d'une sorte de déterminisme du lieu[26].

D'autant que ce formidable pouvoir d'attraction est loin de constituer une nouveauté dans l'histoire de la ville. On se souvient que dès sa fondation, entre 325 et 330, la Nouvelle Rome est conçue comme l'héritière de la civilisation gréco-latine, à tel point que des statues, colonnes ou obélisques provenant de tout l'Empire – et en particulier de l'ancienne capitale – y sont rassemblés avec la plus grande ostentation. Le caractère littéralement monumental de la *translatio imperii* opérée par Constantin est évidemment bien connu des voyageurs du seizième siècle:

> Or voyant l'Empereur sa ville construicte et suffisamment peuplee, l'environna de murs, tours et fossez, y edifia plusieurs sumptueux temples, l'aorna d'autres magnifiques edifices et œuvres necessaires tant publiques que privez. Puis, pour plus grande decoration, fit amener de Rome plusieurs memorables antiquitez, et entre autres le Palladium de l'ancienne Troie, qu'il fit poser en la place de Placote, la grande colomne de Porphyre, qui fut dressee en la mesme place. Auprés de laquelle fit eriger une statue de bronze à la semblance de Apollo, de grandeur demesuree...[27]

Mais c'est bien sûr l'Hippodrome, lieu de spectacle par définition, qui illustre le mieux, grâce aux œuvres d'art ornant sa *spina*, cette «politique culturelle» totalisante et centralisatrice. Les Sultans ottomans auront d'ailleurs pleine conscience de cette dimension symbolique et, en dépit des nombreuses transformations qu'ils feront subir à la ville byzantine, préserveront de toute destruction majeure les trois monuments qui s'admirent encore de nos jours sur la place de l'At-Meïdan: l'obélisque égyptien érigé par Théodose le Grand, la colonne serpentine apportée de Delphes par Constantin et l'obélisque maçonné également connu sous le nom de Colosse de

---

[26]   Pour un tableau extrêmement documenté de la capitale ottomane à cette époque, voir R. Mantran, *La Vie quotidienne à Istanbul*, ch. I. L'auteur estime que la ville (faubourgs du Bosphore non compris) devait abriter environ 500'000 habitants, chiffre absolument colossal pour l'époque (p. 63). On trouve la même estimation chez B. Lewis, *Istanbul et la civilisation ottomane*, p. 113.

[27]   Nicolay, *NPV*, pp. 89-90. De son côté, Belon est assez sévère à l'encontre du fondateur éponyme: «Je vueil bien dire qu'un seul Constantin a plus despouillé Romme de ses ornements d'antiquité, pour les transporter à Constantinoble, que vingt autres Empereurs n'avoient basty en cent ans. Aussi tout ce qu'on y veoit de beau et d'antique, est ce qu'on y a autrefois transporté de Romme» (*OS*, f. 73 v°).

Constantin Porphyrogénète[28]. Ibrahim Pacha s'efforcera même de prolonger cette tradition en adjoignant à cette prestigieuse triade un Hercule de bronze enlevé aux Hongrois lors de la prise de Buda en 1526. Mais quelque temps après la mort tragique du grand vizir, la statue du demi-dieu sera abattue, comme le souligne Gilles, par les Turcs «acerrimis hostibus statuarum»[29].

Trait d'union entre Constantinople byzantine et Istanbul, l'Hippodrome constitue par-dessus tout un lieu de mémoire. Les monuments qui y sont exposés ne proviennent pas seulement de régions distinctes: ils renvoient également à des époques lointaines et à des civilisations disparues, de sorte que les espaces géographiques et les strates temporelles se côtoient ici en un raccourci saisissant. Bref, l'Hippodrome fait un peu figure de musée à ciel ouvert ou de cabinet de curiosités géant installé en plein cœur de la capitale, et l'on devine aussitôt que tout le prédispose à devenir un des lieux communs les plus récurrents de l'écriture du Levant. A l'exception de Postel, les compagnons d'Aramon s'attachent tous à décrire ce *topos*. C'est bien entendu Gassot qui, le premier, publie sa description de l'Hippodrome, ou plus exactement celle de Ramberti traduite par ses soins:

> ...l'on voit en Constantinople l'Hyppodrome où anciennement faisoient courir les chevaux, avec la forme du theatre et arenes. Au milieu dudict Hyppodrome y a une grand eguille [l'obélisque égyptien], qui est une colomne faicte en façon d'eguille fort belle, et bien elabourée, et sans chaulx, *faicte des pierres vivfes mises ensemble*, de sorte qu'elle est

---

[28] Seules les trois têtes de serpent n'ont pas traversé les âges, en partie victimes de l'iconoclasme musulman (ou orthodoxe). Voici ce qu'indique le *Guide bleu*: «A plusieurs reprises, les têtes des serpents furent mutilées, notamment sous le règne de Théophile Ier (829-842). On assure même qu'un patriarche de Constantinople vint en personne, armé d'un marteau pour détruire cette représentation démoniaque. De sa massue, Mehmet II Fatih aurait brisé la mâchoire d'une des têtes, mais le lendemain, affirme la légende, il se produisit dans la ville une invasion de serpents et, dès lors, le sultan fit protéger le monument. C'est vraisemblablement vers 1700 que les deux dernières têtes furent cassées et volées» (p. 68). A l'époque de Gilles, les trois têtes étaient encore en place (cf. *TC*, p. 136). Selon Du Fresne-Canaye, c'est Soliman qui «brisa la mâchoire inférieure d'une des têtes en lui courant sus la lance en main» (*op. cit.*, p. 102). R. Janin affirme de son côté que les trois têtes «furent mutilées par les Turcs à partir du XVIIe siècle» (*Constantinople byzantine*, p. 191).

[29] *TC*, p. 105. Voir aussi Ramberti, *op. cit.*, f. 12 r° et Gassot, *Discours*, f. 10 v°, où il est bien précisé que la statue n'orne plus la *spina*. Seul Thevet, on le verra, affirme contre toute vraisemblance que cet «Hercules de cuivre» se trouve encore sur l'Hippodrome (*CL*, p. 65). Cette mémoire du lieu n'a d'ailleurs rien pour nous surprendre: les *topoi* ont forcément tendance à véhiculer des éléments descriptifs ne correspondant déjà plus au monde réel.

elevée plus de cinquante brasses en amenuisant tousjours en forme d'eguille, ou de pyramide, et est appuyée sur quatre bales de marbre. Davantage l'on voit une coulonne de bronse en forme de serpent avec trois testes; il y avoit n'a pas long temps un Hercules de bronse qui avoit esté porté de Ungrie, mais ilz [l']ont osté de ce lieu. Au milieu puis y a une grande machine comme un colosse de divers marbres et beaulx [obélisque maçonné], *en laquelle est entaillée et engravée l'hystoire des susdictes choses et autres* qui jadis souloient estre en theatre, et Hyppo-drome[30].

Parce qu'il fait excessivement confiance au texte du Vénitien[31], Gassot reproduit ici deux erreurs dont on verra qu'elles auront la vie dure. Tout d'abord l'obélisque égyptien, contrairement au Colosse, n'est pas constitué de pierres «mises ensemble», mais bel et bien taillé d'une seule pièce dans un grand bloc de porphyre de Syène. Seconde inexactitude: dès l'époque byzantine, le Colosse avait été dépouillé des plaques de bronze doré qui le décoraient; au seizième siècle, il ne portait donc pas d'histoire «entaillée et gravée», contrairement à l'obélisque égyptien, dont le socle est véritablement orné de bas-reliefs. En clair, Ramberti et Gassot intervertissent malencontreusement certaines caractéristiques de l'obélisque égyptien (décoré, mais non maçonné) et du Colosse de pierre (maçonné, mais

---

30 *Discours*, f. 10 v°.

31 Cf. Ramberti, *op. cit.*, f. 12 r°-v°: «Vi è l'Hippodromo, cioè il loco, dove anticamente si faceano correr gli cavalli con la forma del Theatro & circo: nel mezzo alqual Hippodromo vi sta una agucchia, che è una colonna fatta in forma di ago molto bella & benissimo lavorata e senza calcina, fatta di pietre vive commesse di maniera insieme, che si innalza per piu di cinquanta braccia assottigliandosi in forma di agucchia: laqual riposa sopra quatro balle di marmo. Vi è una colonna di bronzo in forma di serpe con tre capi. Vi è uno Hercule di bronzo portato di Hungaria. & nel mezzo poi vi è una machina come un Colosso di marmi diversi & belli: nellaquale è intagliata la historia di tutte le sopradette cose, & altre che gia soleano essere nel Theatro & Hippo-dromo». Pour une description minutieuse de l'Hippodrome, voir Gilles, *TC*, pp. 127-140. Bien que beaucoup moins précis que l'Albigeois, Belon semble distinguer assez clairement les deux obélisques: «Il y a aussi un Hipprodrome, qui estoit une chose sumptueuse et magnifique, dedens lequel on veoit deux obelisques, dont l'un estoit revestu de lames de erain, puis dorées; aussi n'est il faict que de pierres de marbre liées avec fer et plomb. L'autre obelisque y a esté apporté d'Egypte, qui n'est pas tout entier. Encor y a leans, un serpent d'erain fondu d'excessive grosseur, eslevé droict en maniere de colonne» (*OS*, ff. 73 r°-74 r°). Reste que l'on voit assez mal pourquoi l'obélisque égyptien ne serait «pas tout entier». Aurait-on ici affaire à une réminiscence du texte de Gassot? Le fait est possible, car Belon avait incontestablement lu son prédécesseur (cf. son *Histoire naturelle des estranges poissons marins*, f. 50 v°, où il est question d'«un nommé Jaques Gassot, escrivant quelque petit discours du voiage de Constinoble»).

non décoré), comme si la juxtaposition de ces monuments au sein du lieu commun favorisait leur contamination réciproque.

Plus grave encore: cette description erronée va désormais servir de modèle et, du même coup, faire douter plus d'un voyageur-écrivain, même parmi ceux qui séjournent le plus longtemps à Constantinople. C'est ainsi que Thevet, peut-être conscient du problème posé par ce texte, mais visiblement incapable de le résoudre, préfère contourner la difficulté en demeurant dans le vague autant qu'il lui est possible:

> Outre, il y ha de beaus, et plaisans spectacles, nommez Hippodromes, c'est à dire lieus spacieus, où anciennement les Empereurs faisoient courir les chevaus par recreacion, et maniere d'exercice. Au milieu de celle grand'place y ha plusieurs belles colomnes fort antiques et magnifiquement ouvrees et gravees, toutes de marbre, fors une qui est de cuivre en forme d'un serpent ayant trois testes. Là aussi y ha un Hercules de cuivre, qui fut apporté de Hongrie, chose singuliere, et plaisante à regarder[32].

En toute rigueur, cette mention de plusieurs «colomnes [...] magnifiquement ouvrees et gravees» est déjà fautive, mais son caractère très général permet à l'auteur de dissimuler son ignorance ou son incertitude à propos des deux obélisques. Contrairement à son habitude, Thevet semble ici jouer la carte de la prudence textuelle[33].

De leur côté, Nicolay et Chesneau s'efforcent de corriger les erreurs de leurs devanciers. Mais parce que les textes qu'ils tentent d'amender sont précisément ceux dont ils s'inspirent, leur entreprise débouche inévitablement sur un échec partiel. Aussi critique et sélective soit-elle, l'*imitatio* n'atteint que très rarement la perfection en matière de filtrage: elle finit la plupart du temps par reproduire quelque inexactitude contenue dans le texte modèle. A preuve la description de l'Hippodrome proposée dans les *Navigations*:

> Au milieu de ceste grand'place se veoit eslevee sur quatre boules de fin marbre une belle obelisque de pierre miste, *toute d'une pierre*, de la hauteur de cinquante coudees, remplie et enrichie de lettres hierogli-

---

[32]   *CL*, pp. 64-65. Le fait que Thevet mentionne la statue d'Hercule, déjà abattue lors de son séjour à Constantinople, indique peut-être qu'il suit ici le texte de Ramberti.

[33]   L'illustration donnée par la *CL* (p. 64) constitue en revanche une magnifique fantaisie iconographique. On y voit une colonne serpentine de grandeur disproportionnée entourée d'un obélisque égyptien étonnamment rapetissé et d'une petite colonne circulaire sans doute censée représenter le Colosse de pierre (cf. aussi les remarques de F. Lestringant, p. 272).

phiques, et tout auprés un grand Colosse *auquel sont entaillees, par histoires les choses memorables qui ont esté faictes en l'Hippodrome*[34].

Si Nicolay rétablit avec pertinence le caractère monolithique de l'obélisque égyptien, il reconduit encore l'erreur flagrante concernant le Colosse, un peu comme s'il se fondait simultanément sur ses observations personnelles *et* sur une description préexistante.

Plus déconcertante apparaît encore la stratégie qu'adopte Chesneau face aux erreurs véhiculées par le *Discours* de Gassot, qui lui sert si souvent de référence. En bon connaisseur de la capitale, le secrétaire d'Aramon a certainement conscience du problème que pose cette description désormais classique de l'Hippodrome. Pour tenter d'y apporter une solution sans toutefois trop s'écarter de la tradition intertextuelle, il va s'employer à modifier radicalement son modèle tout en le recopiant presque mot pour mot. Il ne saurait en effet admettre que l'obélisque égyptien soit décrit comme un *assemblage* de «pierres vivfes» et, en conséquence, il s'applique à scinder en deux parties la description du monument telle qu'elle figurait chez Gassot. Il s'agit en somme d'amputer cette description de tous les éléments qui n'ont rien à y faire, puisqu'ils renvoient en réalité au Colosse. Dans un premier temps, le résultat de ce minutieux découpage paraît des plus satisfaisants:

> L'on voit audit Constantinople [...] l'hipodrome où antienement l'on faisoit courir les chevaux avec la forme du theatre et arenes. Au milieu dudit Hipodrome, y a une grande colonne faite en forme d'aiguille fort belle et bien lavoree, laquelle est soutenue sur quatre balles de marbre; et y en a un[e] autre faite de pierres vivfes commises de telles sortes qu'elle est eslevee plus de cinquante brasses en minuissant tousjours. Davantage l'on voit une colonne de bronse en forme de serpent avec trois testes[35].

Les détails descriptifs faussement appliqués au seul obélisque égyptien par Ramberti et Gassot sont maintenant redistribués de manière pertinente. Au moyen de cet habile bricolage, Chesneau parvient à faire d'une pierre deux coups: à partir d'une description erronée, il en obtient deux tout à fait correctes sinon exhaustives. Il effectue cette opération avec une précision vraiment chirurgicale.

Reste que Chesneau ne retranche pas aussi facilement qu'il divise. Par inadvertance ou par respect démesuré envers son modèle, il reproduit telle quelle la suite du texte de Gassot, à savoir précisément les lignes consacrées au Colosse:

---

34 *NPV*, p. 94.
35 *Voyage*, f. 274 v°; pp. 29-30.

> Aussy y a une machine comme un Colosse de divers marbres et beaux
> en laquelle est entaillee [...] grande histoire des susdites choses et autres
> qui jadis soulloient estre au theatre et hippodrome[36].

Chesneau nous propose ainsi deux descriptions du même objet. Faute d'avoir rassemblé tous les éléments descriptifs renvoyant au même référent, il offre par erreur une double représentation de l'obélisque maçonné. Apprenti sorcier de l'*imitatio*, il vient de donner naissance à un Colosse *bifrons*, à un véritable monstre textuel. Ironie du sort: c'est en s'efforçant de corriger le texte de son devancier qu'il a fini par commettre cette bourde magistrale.

Aussi surprenante soit-elle, cette duplication d'obélisque ne doit pourtant pas être considérée comme un phénomène isolé, comme une sorte de *hapax* sans signification plus large. A l'instar de la prolifération constatée dans la ménagerie du Caire, elle montre que le lieu commun s'avère un terrain particulièrement propice à la création d'objets textuels n'entretenant plus de relation étroite avec le monde réel. Si le cadre de la description correspond toujours fidèlement à une réalité extratextuelle, les éléments qui viennent s'y loger procèdent parfois de multiplications, de fragmentations ou de télescopages pour le moins fantaisistes.

LOCUS COMMUNISSIMUS

En deçà de toute analyse structurelle, notre *topographie* de la Constantinople ottomane nous amène à une constatation d'autant plus troublante qu'elle s'avère «objective»: au seizième siècle, le rapprochement entre l'Hippodrome et une ménagerie n'a rien d'abstrait ni d'arbitraire. Il se lit tel quel à même l'espace de la capitale:

> Il y a un lieu en Constantinoble, où le grand Turc fait garder des bestes
> sauvages, qui est une eglise antique, *tout joignant le Hippodrome*; et à
> chasque pilier de l'eglise il y a un lion attaché [...]. Et pource qu'il ne fut
> onc que les grands seigneurs, quelques barbares qu'ils aient esté,
> n'ayent eu plaisir de veoir les animaulx singuliers et rares, tout ainsi
> chasque nation du pays où domine le Turc, ayant pris quelque animal
> sauvage, l'envoye à Constantinoble, et là l'Empereur le faict nourrir et
> garder soigneusement. Il y avoit des loups enchesnez, des asnes sau-
> vages, des herissons, des porcs espics, ours, loups cerviers, et onces,
> qu'on nomme autrement linces[37].

---

[36]   *Ibid.*; p. 30.

[37]   Belon, *OS*, f. 74 r°-v°. Cette description est antérieure à celle, très similaire, de la ménagerie cairote (cf. *supra*, p. 123). La ménagerie où le Sultan exhibe ses

Tout se passe comme si, dans le monde réel, les lieux de convergence avaient eux-mêmes tendance à converger, à se regrouper dans un espace commun afin de faciliter leur appréhension et leur description par le voyageur-écrivain. De cette dynamique de concentration élevée à la puissance, il découle que le cœur de Constantinople va devenir le lieu commun par excellence de l'écriture du Levant à la Renaissance, une sorte de *locus communissimus*.

Sur un plan strictement textuel, ce noyau composé de l'Hippodrome et de la ménagerie du Grand Turc fonctionne comme un pôle d'attraction autour duquel gravitent d'autres lieux communs de la capitale. On se souvient que Thevet prolonge tout naturellement sa description de l'Hippodrome par une série de chapitres successivement consacrés aux lions, tigres, ânes sauvages, éléphants et chameaux. Des monuments aux bêtes qui les jouxtent, le texte semble fidèlement reproduire le mouvement du voyageur et de son regard. Or les choses ne sont pas si simples : en dépit de ce que l'auteur voudrait nous faire accroire, cette séquence zoologique n'a pas du tout été transposée telle quelle de la ménagerie du Grand Turc au texte de la *Cosmographie de Levant*.

Dans son *Histoire naturelle des estranges poissons marins*, Belon opère une distinction très nette entre le lieu où sont gardés les fauves et celui où sont montrés les éléphants ainsi que l'hippopotame :

> Et combien qu'il y ait un lieu en Constantinoble moult voisin de l'Hippodrome, sur le chemin de Saincte Sophie, auquel sont gardees les bestes cruelles, où nous avons veu des lynces ou onces, des tygres, des lions, des liepards, des ours, des loups, lesquels les Mores gouvernent, ne se faignants de les manier non plus que nous ferions un chat privé. Toutesfois ils n'ont l'*hippopotamus* en ce lieu là, mais ailleurs, en un lieu qu'ils nomment le Palais de Constantin, auquel lieu sont monstrez les elephants[38].

---

fauves ainsi que d'autres bêtes va devenir un *topos* de la description constantinopolitaine au seizième siècle (cf. Gassot, *Discours*, f. 12 r°; Thevet, *CL*, pp. 65 *sqq.*; Chesneau, *Voyage*, f. 276 r°; p. 35, etc.). On en trouve même la trace dans la seconde moitié du dix-septième (cf. Jean Thévenot, *Voyage du Levant*, p. 53).

[38] F. 48 v°. Il semble que Belon corrige implicitement le texte de Gassot, dont il cite un large extrait deux feuillets plus loin. Bien que mentionnant clairement l'existence de différentes ménageries, l'auteur du *Discours* s'est apparemment fourvoyé en adjoignant le «porc marin» (hippopotame) aux fauves du Sultan : «Il y a aussi plusieurs lieux, où l'on monstre beaucoup de bestes sauvages que fait garder le grand Seigneur, comme lyons, lyonnes, loups cerviers, loups sauvages, liepards, ours, asnes sauvages, austruches en quantité, aussi une certaine beste, que les uns appellent porc marin, mais les autres beuf marin, mais je ne voy point qu'il ressemble ny à l'un ny à l'autre [...]. En un autre endroict y a deux elephants grands merveilleusement...» (f. 12 r°). Chesneau (*op. cit.*, f. 276 r°;

Les témoignages des autres voyageurs concordent sans exception: alors que les fauves du Sultan étaient effectivement gardés dans une ancienne église proche de l'Hippodrome[39], les éléphants et les chameaux se trouvaient rassemblés à plusieurs kilomètres de là, dans les ruines du Palais de Constantin. Thevet se permet donc de télescoper deux lieux communs à l'origine bien distincts de manière à renforcer la cohérence de sa *dispositio*. Il ne se contente pas d'agglutiner un matériau géographique normalement épars: il fusionne carrément deux structures réunissant elles-mêmes des réalités diverses.

Cette synthèse est avant tout le produit d'un déplacement. Thevet rabat en quelque sorte l'espace du Palais de Constantin sur celui de l'église-ménagerie. Ce faisant, il consolide encore davantage le noyau formé de cette dernière et de l'Hippodrome. La description du cœur de Constantinople draine ainsi une masse toujours croissante de singularités levantines. Elle augmente en bigarrure de même qu'en densité. De ce glissement d'une ménagerie vers l'autre, il ressort que le lieu commun ne s'avère pas plus immobile qu'immuable. Déjà travaillé de l'intérieur par une mutation constante de ses composantes, il semble à présent susceptible, du moins dans certains cas, d'être irrésistiblement mis en mouvement, comme attiré par un pôle plus puissant que lui.

Un autre *topos* propre à la Constantinople du seizième siècle illustre parfaitement cette mobilité potentielle du lieu commun: il s'agit du fameux cortège qui, tous les vendredis, accompagne le Sultan lorsque celui-ci se rend à la mosquée (généralement Sainte-Sophie). Outre qu'elle offre souvent au voyageur une occasion inespérée d'apercevoir le Grand Seigneur, cette parade lui permet, plus fondamentalement, de passer en revue les diverses composantes de l'armée ottomane sans même avoir à se déplacer. Mieux: le rigoureux agencement hiérarchique de ce défilé facilite également l'identification des différents grades (ou fonctions) propres à l'organisation politico-militaire de l'empire. Pareille opportunité est bien entendu mise à profit par de nombreux auteurs comme Geuffroy,

---

p. 35) corrigera à son tour cette erreur de localisation en insérant «En ung autre endroict» avant la mention de l'hippopotame: le secrétaire d'Aramon est décidément coutumier de ce type de redistribution du matériau géographique.

[39]   Il s'agit de l'église Saint-Jean-du-Diippion (cf. R. Janin, *La Géographie ecclésiastique*, p. 265). Voir aussi Gilles, *TC*, p. 186: «...et ex æde divi Joannis Theologi, quam Constantinopolitani dicunt eam esse, ubi jam leones Regis stabulantur, vicinam Hippodromo». Selon un *lapsus calami* très révélateur, le traducteur anglais de Gilles écrit: «The inhabitants say that this was the church where the elephants of the Grand Seignor are now stabled» (*The Antiquities of Constantinople*, p. 116).

Postel et plus tard Du Fresne-Canaye[40]. Mais c'est une fois de plus Thevet qui tire le plus systématiquement parti de cette structure ordonnée:

> Et devez entendre que celui grand Turq, nommé à présent Sultan Soliman, sortant de son Saray pour aller faire son oraison en ladite Mosquee, est honnorablement et d'une mirable magnificence acompagné (ce que j'ay vu) des grans Signeurs et divers oficiers de sa court. Premierement les Janissaires, qui peuvent estre en nombre de sept mile, vont devant lui tous à pié, en si bon ordre que l'un ne passe pas l'autre [...], leur capitaine vieil et ancien marchant apres eus. De suite, viennent divers oficiers à cheval nommez les uns Billerbeys, amirals de mer, les autres Chadis, Sobassis, juges des provinces, Sangiacz, Spachis, et sur tous autres le grand Mofti [...]. Apres lesquels marche un grand nombre de beaus pages ornez et parez ne faut pas demander. Consequutivement [*sic*] viennent les quatre Bachas, qui gouvernent paisiblement le grand Signeur, et avec eus les conseilliers du privé conseil, richement accoutrez, et à leurs contenances demontrans une fort signeuriale magesté. Alors vient ledit grand Signeur, bien quinze pas apres eus...[41]

En dépit du fait qu'il ne constitue pas un *topos* au sens proprement spatial du terme, le défilé, par la régularité de ses apparitions – «tous les vendredis»[42] – comme par l'agencement ordonné selon lequel il s'organise, fait figure de lieu commun au même titre que la ménagerie ou l'Hippodrome. Pour le topographe de Constantinople, la mobilité de cette structure présente au demeurant un avantage non négligeable: elle permet de créer un lien entre ces deux autres *topoi* que sont le Grand Sérail et Sainte-Sophie. Davantage, le *topos* mobile paraît plus que tout autre susceptible de venir graviter

---

[40] Cf. Geuffroy, *op. cit.*, f. b 4 r°-v°; Postel, *RT*, I, pp. 53-54; *HO*, p. 155; Du Fresne-Canaye, *op. cit.*, pp. 120-128.

[41] *CL*, pp. 60-61. Ce type de défilé peut aussi être décrit lorsque le Sultan est en campagne. En 1553, le voyageur anglais Anthony Jenkinson assiste ainsi à l'entrée de l'armée ottomane dans la ville d'Alep, ce qu'il consigne dans une description extrêmement minutieuse (cf. B. Lewis, *op. cit.*, pp. 72-75). Au dix-septième siècle, Jean Thévenot raffolera de ces descriptions d'«entrées» ou de défilés (cf. *op. cit.*, pp. 236-237, 241-242, 267-268 et 277-279). A noter enfin que le camp du Sultan peut également fonctionner comme lieu commun, se substituant en quelque sorte aux cours du Sérail (cf. Chesneau, *Voyage*, ff. 291 v°-292 v°; pp. 106-108).

[42] *CL*, p. 60. A l'époque de Du Fresne-Canaye, cette régularité n'est déjà plus de mise, étant donné le peu de piété de Sélim l'Ivrogne: «Il ne nous restait plus rien à voir à Constantinople que le Grand Seigneur allant à la mosquée. Mais ce Sultan Sélim, de même que pour l'usage du vin il est très éloigné des habitudes de son père, ainsi pour aller à la mosquée, bien que Soliman y allât tous les vendredis, celui-ci, pendant trois mois que j'ai été à Constantinople, n'y est allé que deux fois» (*op. cit.*, pp. 120-121).

autour de la *spina* et de renforcer de la sorte la compacité du «noyau» de la capitale. Selon cette logique de convergence, le cortège du Sultan va du coup effectuer une boucle assez peu vraisemblable par l'Hippodrome, lequel ne se situe nullement entre le Palais et la basilique reconvertie en mosquée[43]. Un tel rapprochement des lieux communs va plus que jamais permettre à la représentation d'allier exhaustivité *et* concision.

A ma connaissance, cette stratégie de regroupement s'observe pour la première fois – et de la manière la plus évidente – dans la dernière des sept gravures imprimées à Anvers en 1553 sous le titre de *Ces Mœurs et fachons de faire de Turcz avecq' les Regions y appartenantes, ont esté au vif contrefaictez par Pierre Cœck d'Alost...*[44] Voici la légende accompagnant cette superbe planche VII:

> La Ville de Constantinoble, avec tous leurs Moschées ou temples, obelisces ou eguilles, et coulomnes avec le serpent de cuyvre, à veoir par le dedens. Item, comment et en quelle maniere le grant Turcq ayant devant luy allans douze hacquebutiers ou archiers: et apres luy suyvent deux de ses plus nobles chambrelains. Et ainsy circonvoyant la ville faict sa demonstration[45].

Comme l'indique le texte, la capitale ottomane et le cortège du Sultan se partagent ici l'espace pictural. Sur le devant de la scène se déploie le défilé des spahis et des janissaires ouvrant la voie au padichah. Au second plan, on aperçoit différents édifices de Constantinople et surtout les monuments de la *spina*. Car le cortège foule ici la piste même de l'Hippodrome, et les deux obélisques «encadrent» le Sultan à cheval comme pour mieux délimiter le centre symbolique, sinon géométrique, de la gravure. Bref, l'essence même de cette composition réside précisément dans la superposition de ce que j'ai appelé des lieux communs, superposition rendue possible par la seule mobilité de l'un d'entre eux.

Trois ans après l'impression de cette planche, Thevet insère dans la seconde édition de la *Cosmographie de Levant* (Lyon, 1556) une illustration représentant Soliman se rendant à la mosquée[46]. Malgré

---

[43] En juin 1582, Jean Palerne aura quant à lui plus vraisemblablement l'occasion de décrire «le grand Seigneur [Murad III] allant à l'Hyppodrome» pour y célébrer la circoncision de son fils Mehmet (cf. *D'Alexandrie à Istanbul*, pp. 282-283).

[44] Voir planche I. L'artiste flamand Pierre Cœck d'Alost (Pieter Kœck van Aalst) avait séjourné environ une année à Constantinople en 1533. Les sept bois qu'il avait lui-même tirés de ses dessins pris «au vif» ont fait l'objet d'une impression posthume. Cf. Rouillard, *op. cit.*, pp. 273-275.

[45] Cf. Rouillard, *op. cit.*, p. 275.

[46] *CL*, p. 60. Cf. planche II.

sa faible valeur artistique, cette gravure entretient un rapport étroit avec celle de Pierre Cœck: même si le prestigieux cortège ne longe plus ici les monuments de la *spina*, la silhouette du Sultan à cheval se détache une fois encore sur fond d'Hippodrome, à tel point qu'un obélisque vient parfaitement prolonger de sa verticalité la patte étirée de la monture seigneuriale, dessinant du même coup l'axe central de la représentation. Sous l'œil du spectateur se présentent à nouveau simultanément les vestiges emblématiques de la Nouvelle Rome et la «demonstration» ordonnée de la puissance ottomane: on aurait peine à imaginer tableau plus condensé de Constantinople-Istanbul[47].

* * *

Une *topographie* exhaustive de Constantinople se devrait bien sûr d'examiner par le menu les descriptions traditionnelles d'autres lieux communs, tels le Palais du Grand Seigneur, le «Bezestan» (Grand Bazar) ou le Sérail des femmes, et d'en déterminer à chaque fois les caractéristiques spécifiques, les variations particulières. Dans la perspective ici privilégiée, il s'agissait toutefois davantage de retracer l'émergence de structures communes aux représentations récurrentes de divers lieux-clefs de la capitale ottomane. Allonger la liste des exemples ne changerait rien d'essentiel à la démonstration: c'est de toute façon vers le milieu du siècle, et en grande partie sous l'impulsion du corpus aramontin, que se constitue une topique de la description stambouliote dont on trouve au demeurant des traces évidentes jusque dans nos guides de voyage les plus modernes. Considérés de façon globale, les textes que je viens d'analyser tissent à partir du réel, mais selon une logique de

---

[47] Par delà ces représentations iconographiques, il faut noter que les lieux communs ont également tendance à se rapprocher dans l'espace du texte. Voici par exemple comment, dans la *Cosmographie Universelle* de Thevet, la description de la ménagerie (largement démarquée de Belon) vient prolonger celle du cortège: «Et ainsi s'en va faire son oraison, et s'en retourne en pareil arroy et silence vers son Serrail. Il n'est Seigneur, ou grand Monarque aucun, que de tout temps ne se soit pleu à voir et tenir en sa maison des bestes les plus rares qu'on sçauroit voir, et mesmes de celles qu'on estime les plus farouches, et difficiles à manier. Mais je pense que le Turc surpasse les autres en ceste curiosité. Car en un lieu qui est pres de l'Hippodrome, il en faict nourrir de toutes sortes, comme lyons, tigres, leopards, loups cerviers, elephans, et rats, qu'on dict de Pharaon; et souvent les gens qui les gouvernent, soit en Constantinople, ou au Caire, les meinent par la ville, avec une grosse chesne de fer...» (f. 839 r°). Voilà donc que la *double* ménagerie de Thevet se fait elle-même cortège: on se plaît à l'imaginer défilant sur l'Hippodrome à la suite de la parade du Sultan...

convergence plus implacable encore, un réseau de *topoi* d'une densité tout à fait exceptionnelle, lequel intègre dans une même structure l'Hippodrome, l'église-ménagerie et le cortège du Sultan, reliant lui-même le Grand Sérail à Sainte-Sophie. C'est la formation de ce *locus communissimus* qu'il importait avant toute chose de mettre en relief, la création de cet espace textuel où la *mimesis* est plus que jamais aux prises avec le processus mécanique, répétitif, mais aussi particulièrement «économique» de l'*imitatio*.

STOCKAGE ET MISE EN ORDRE

Telle que je viens d'en dégager quelques aspects, l'extraordinaire fortune des *topoi* de Constantinople (ou plus généralement du Levant) au seizième siècle ne saurait toutefois s'expliquer uniquement en fonction de considérations pratiques, matérielles, liées aux impératifs de voyage, de rédaction ou d'édition (gain de temps, de papier, etc.). En réalité, ce phénomène complexe ne prend tout son sens et n'éclaire véritablement les modalités de l'écriture géographique à la Renaissance que dans la mesure où on le rapproche de techniques et structures cognitives particulièrement répandues à l'époque.

On peut tout d'abord constater l'existence de similitudes profondes entre le fonctionnement du *topos* et divers procédés relevant de la rhétorique de l'*inventio* et de la *memoria*. A chaque fois, l'homologie semble se déployer sur deux plans distincts: d'un côté, celui des relations entre le voyageur-écrivain et le monde (production); de l'autre, celui des rapports entre le lecteur et le texte viatique (réception).

D'une manière très générale, on peut considérer que le voyageur, lorsqu'il arpente et décrit les régions lointaines, privilégie nettement les lieux de convergence parce qu'il sait pouvoir y trouver (ou loger) des objets exotiques un peu comme l'orateur puise (ou rassemble) des arguments topiques dans les différents compartiments de son arsenal rhétorique. L'analogie ne peut que se préciser dès lors qu'on aborde la question sous l'angle de la réception: à bien des égards, la fonction structurante du lieu commun confère au texte de voyage une organisation rigoureuse, une *dispositio* qui le rend aisé à manipuler, de sorte qu'il peut faire l'objet de lectures consultatives. Le lecteur désireux de se renseigner sur la faune levantine n'aura qu'à feuilleter la table des matières et ouvrir son livre au passage consacré à la ménagerie du Caire ou de Constantinople: il y trouvera en quelques instants un matériau zoologique varié, représentatif et d'une certaine façon prêt pour l'emploi. De ce point de vue, le texte viatique fait figure de lieu commun au sens où l'entend nouvellement le seizième siècle lorsqu'il désigne par là un «recueil organisé par rubriques»[48]. Qu'elle soit le fait du voyageur ou plus encore de son lecteur, l'*invention* des singularités entretient ici des rapports évidents avec les méthodes heuristiques particulièrement développées par la rhétorique du seizième siècle.

En prolongement, tout se passe comme si le voyageur-écrivain avait parfois l'occasion de mettre en pratique certains des procédés mnémotechniques si admirablement décrits par Frances Yates. Abstraction faite de toute dimension ésotérique, l'art de la mémoire consistait à visualiser un lieu (souvent réel) dans lequel on pouvait ensuite loger des séquences d'objets évoquant, selon plusieurs types d'association, les différents points d'un discours, les diverses composantes d'un savoir. Or les structures topiques dégagées dans le corpus aramontin ne sont pas sans rapports avec de tels lieux de mémoire, et l'on imagine volontiers l'auteur d'un récit de voyage parcourant mentalement le Saint-Sépulcre ou le camp du Sultan afin de se remémorer les diverses sectes chrétiennes ou les différents corps de l'armée ottomane. Cette fonction d'anamnèse se double en outre de vertus didactiques: l'agencement spatial du lieu commun facilite grandement la mémorisation des réalités exotiques par le lecteur. Les *topoi* du texte viatique ne sont pas seulement des rubriques où l'on peut trouver divers éléments: dans l'idéal, ce sont également des grilles permettant à la représentation d'objets lointains de se graver profondément dans la mémoire du public européen. Du monde levantin à l'esprit du voyageur, de celui-ci au texte viatique et finalement à l'esprit du lecteur, c'est en somme la même structure qui se perpétue en vertu d'une conception fondamentalement spatiale des phénomènes mentaux, celle-là même qui sert d'assise à la rhétorique.

Par delà ces liens étroits avec l'art de bien dire, l'écriture du *topos* nous renvoie plus largement à la composante encyclopédique de l'*epistêmê* du seizième siècle. Grâce aux brillantes analyses de Neil Kenny[49], on sait mieux aujourd'hui à quel point les savants de la Renaissance tardive ont globalement oscillé entre deux pôles, entre deux attitudes cognitives radicalement opposées sur le plan théorique:

[48] Cf. F. Goyet, *Le Sublime du lieu commun*, p. 61. A propos des recueils de lieux communs, de leur fonctionnement et de leur influence sur les structures mentales de l'homme du seizième siècle, voir également l'ouvrage déjà cité d'Ann Moss.

[49] Cf. N. Kenny, *The Palace of Secrets*.

d'un côté, une démarche irrégulière, aléatoire, voire volontiers chaotique, qui débouche généralement sur la constitution de mélanges,
de miscellanées reflétant à leur façon la mouvante diversité de la
Création; de l'autre, une approche systématique, ordonnée, une
conception harmonieuse et encyclopédique du savoir qui se traduit
souvent, dans les textes, par le recours à des métaphores spatiales et
structurantes comme le palais, le cabinet de curiosités, le théâtre,
etc. En dépit de tout ce qui théoriquement les sépare, ces deux rapports au monde et à la connaissance peuvent au demeurant coexis-
ter dans la pratique[50] et même se compléter de façon tout à fait
équilibrée.

Dans une manière générale, il est évident que le texte viatique
penche alors plutôt du côté du mélange et de l'aléatoire. Lorsque le
voyageur-écrivain obéit au schéma parataxique de l'«ordre vrai»,
lorsqu'il se contente d'enregistrer avec émerveillement les réalités
les plus hétéroclites au fil de son parcours, il brosse du monde un
tableau volontiers chaotique où la bigarrure l'emporte sur la structure, où le flux des objets exotiques semble difficile à canaliser selon
le rigoureux agencement d'un modèle idéal. En clair: l'ordre du
voyage aboutit souvent à un très beau désordre. Reste que les lieux
communs dont j'ai analysé le fonctionnement relèvent d'une tout
autre logique: au sein du chaos et de la disparate, ils apparaissent
comme autant d'îlots de régularité et de stabilité au moins relative.
Dans les compartiments qui toujours les composent, la *varietas*
n'est certes pas niée[51], mais bel et bien contrôlée, maîtrisée de telle
sorte que la matière ne risque pas d'y faire éclater la forme et que
l'abondance puisse tout de même faire l'objet d'un savoir harmonieusement agencé.

Le lieu commun opère en quelque sorte la synthèse de l'ordre et
du divers. Tout en faisant la part de la *copia* et de la *varietas*, il ras-
sure et fascine par des propriétés structurelles qui lui permettent de
résister aux forces du chaos et grâce auxquelles il véhicule une
conception extrêmement optimiste de la connaissance. Dans sa plénitude ordonnée, les rêves d'encyclopédisme semblent se réaliser de
manière d'autant plus encourageante que les dispositifs architectu-
raux n'ont rien ici de métaphorique. Loin de relever d'une fiction
d'écriture, les anneaux du savoir se lisent désormais à même le

---

[50] Cf. N. Kenny, *op. cit.*, pp. 43-44.
[51] N. Kenny précise bien que la *varietas* n'est pas incompatible avec une conception encyclopédique de la connaissance: «So diversity has the potential either
to support or else to undermine an encyclopaedic view of the world» (*op. cit.*,
p. 133).

monde, qu'ils se déploient dans les chapelles absidiales du Saint-Sépulcre ou entre les colonnes du Palais de Constantin.

En dernière analyse, l'émergence et la fortune des lieux communs peuvent en grande partie s'expliquer par leur statut intermédiaire entre le modèle abstrait, idéal, et la réalisation concrète, observable[52]. Si les voyageurs-écrivains n'ont pu s'empêcher de les évoquer à de si nombreuses reprises et en des termes si répétitifs, c'est qu'ils les ont sans doute intuitivement reconnus comme la transposition objective des modèles cognitifs privilégiés par la rhétorique et l'encyclopédisme. Balisant le désordre du monde levantin (ou autre[53]), les lieux communs ont fait office de points d'ancrage pour le voyageur égaré ou pris de vertige; ils se sont imposés comme l'indispensable trait d'union entre les réalités exotiques et l'outillage mental des Occidentaux de la Renaissance.

---

[52] Cette ambivalence doit évidemment être mise en relation avec l'impossibilité de représenter le lieu commun tel qu'il s'offre à l'expérience sensible. La reproduction d'un modèle idéal fait appel à l'*imitatio* plutôt qu'à la *mimesis*. N. Kenny remarque à juste titre que les cabinets (littéraires) de curiosités «imitate rather than represent nature, transforming its everyday flux into order» (*op. cit.*, p. 174).

[53] Il est clair que les lieux communs sont beaucoup moins fréquents dans la littérature sur le Nouveau Monde, sans doute à cause du caractère relativement peu «développé» de nombreux peuples décrits (Arawaks, Caraïbes, Tupis, etc). Reste que le lieu commun par excellence est peut-être le marché de Tlatelolco (à Mexico-Tenochtitlan) tel que le donnent à voir Hernán Cortés (*Cartas de relación*, II, pp. 70-71) et Bernal Díaz del Castillo (*Historia verdadera*, I, 92, pp. 330-332).

DOSSIER ICONOGRAPHIQUE

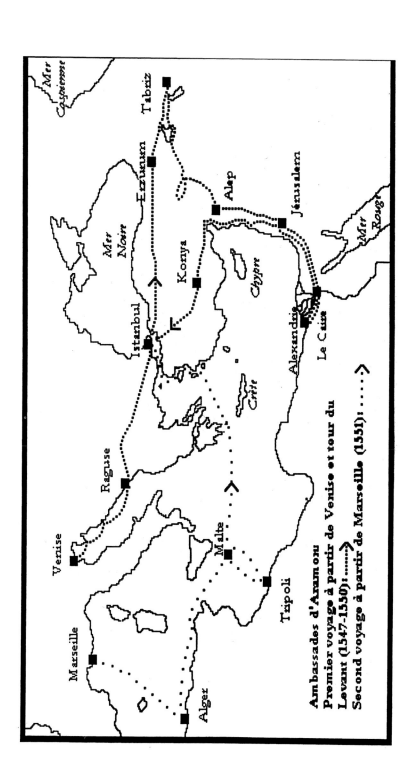

Ambassades d'Aramon
Premier voyage à partir de Venise et tour du
Levant (1547-1550): ·····➤
Second voyage à partir de Marseille (1551): ·····➤

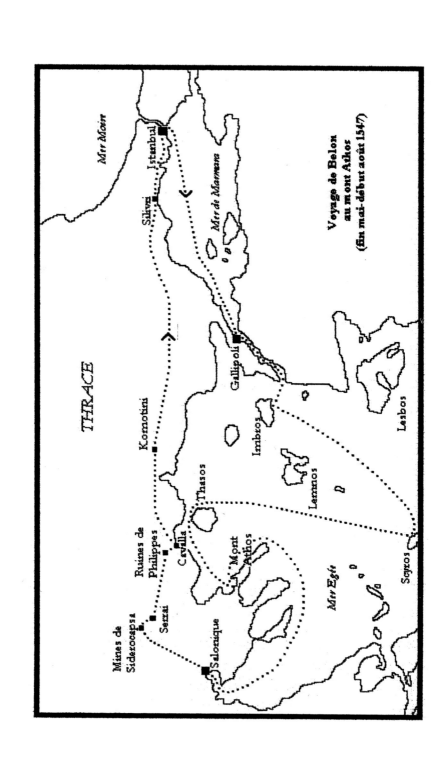

THRACE

Mer Noir

Mer de Marmara

Mer Egée

Istanbul

Silivri

Komotini

Gallipoli

Imbros

Lemnos

Thasos

Ruines de
Philippes

Cavalla

Mont
Athos

Mines de
Sidérocapsa

Serrai

Salonique

Lesbos

Sayros

Voyage de Belon
au mont Athos
(fin mai-début août 1547)

Pl. I. «Demonstration» du Sultan (Pierre Cœck, *Mœurs et fachons de faire de Turcz*, Anvers, 1553, pl. VII, cliché British Library).

tagne eſt la Moſquee qu'a acoutumé frequenter le grand
Turq tous les vendredis. Et deuez entendre que celui grand
Turq, nommé à preſent Sultan Soliman, ſortant de ſon Saray pour aller faire ſon oraiſon en ladite Moſquee, eſt hon-
norablement, & d'une mirable magnificence acompagné
(ce que ïay vù) des grans Signeurs & diuers oficiers de ſa

mirabili

court. Premierement les Ianniſſaires, qui peuuent eſtre en
nombre de ſept mile, vont deuant lui tous à pié, en ſi bon
ordre que l'un ne paſſe pas l'autre: portant l'arc Turquois en
main, & le carquois doré au coté, bien garni de fleſches da-
maſquines : & cheminent auec merueilleus ſilence, leur Capitaine

Auec Turquois ſe¢oui quil eſt ainſi appellé porce qu'il n'y a plus que les Turcs à ce ſon ſeruir.

Pl. II. «Sultan Soliman, sortant de son Saray pour aller faire son oraison» (André
Thevet, *Cosmographie de Levant*, Lyon, 1556, p. 60, cliché Bibliothèque nationale de France, Paris).

Femme more, d'Alger en Barbarie allant
par la Ville.

B 3

Pl. III. Nicolas de Nicolay, *Navigations*, Anvers, 1576, f. B 3 r°, cliché Bibliothèque nationale de France, Paris.

Pl. IV. Nicolas de Nicolay, *Navigations*, Anvers, 1576, f. B 4 r°, cliché Bibliothèque nationale de France, Paris.

Fille de l'isle de Chio.

F 2

fo. 72

Pl. V. Nicolas de Nicolay, *Navigations*, Anvers, 1576, p. 72, cliché Bibliothèque nationale de France, Paris.

Pl. VI. Nicolas de Nicolay, *Navigations*, Anvers, 1576, p. 122, cliché Bibliothèque nationale de France, Paris.

Pl.VII. Nicolas de Nicolay, *Navigations*, Anvers, 1576, p. 270, cliché Bibliothèque nationale de France, Paris.

TIERS LIVRE DES SINGVLA:

deſſus de la cheuille des pieds, qui leur eſt ornement de bonne grace. Lon n'en trouuera pas beaucoup au Caire, qui n'ayent les bras & cuiſſes ouurez à la damaſquine: car eſtants es baings, ſe font treſſer la peau ſelon la portraiĉture, & la couleur noire entre en la peau, qui y demeure, tellement qu'on leur Voit des cercles fort biē marquetez ſur les bras, & autres endroiĉts du corps: mais telle maniere de faire n'eſt encor cōmune aux femmes d'Aſie. Et pource que la loy de Mahomet leur defend de ne ſe mōſtrer en public le Viſage deſcouuert, elles ont touſiours Vn Voile ſur les yeux deſſus le front, & auſſi ont la gorge & les mains cachées. Elles portent des botines de cuir qui ſont haultes & ferrées par le talon, comme lon peult Voir par ceſte preſente peinĉture.

Portraiĉt d'vne Turque d'Aſie.

Pl. VIII. Pierre Belon, *Observations*, 1554, f. 184 v°.

Se Femme Turcque allant par la ville.

Pl. IX. Nicolas de Nicolay, *Navigations*, Anvers, 1576, p. 116, cliché Bibliothèque nationale de France, Paris.

§ *Pleuianders luytants.*

N 3   fo. 159

Pl. X. Nicolas de Nicolay, *Navigations*, Anvers, 1576, p. 159, cliché Bibliothèque nationale de France, Paris.

Pl. XI. Nicolas de Nicolay, *Navigations*, Anvers, 1576, p. 181, cliché Bibliothèque nationale de France, Paris.

ſentrée de la nuit : la cinquieme quand ils ſe vont coucher.
Et eſt leur Meſquite un temple tout blanc au dedens, ou il y
ha grand' quantité de lampes ardentes. Leurs Preſtres nom-

mez Taliſmans, ſont tenus de les apeler aus heures preciſes,
à venir faire l'oraiſon : & pour ce faire montent à la cime
d'une

Pl. XII. Mosquée à l'heure de la prière (André Thevet, *Cosmographie de Levant*, Lyon,
1556, p. 143, cliché Bibliothèque nationale de France, Paris).

DEUXIÈME PARTIE

LE TEXTE ET L'AUTRE

Interrogé sous l'angle des autorités et des modèles, des soubassements textuels et des stratégies de reprise, le corpus aramontin s'est révélé particulièrement riche d'enseignements sur les modalités de l'écriture viatique au seizième siècle: de fait, il nous a davantage appris sur la France et l'Europe occidentale que sur les réalités levantines. Il importe à présent de poser l'autre grande question, celle des rapports à l'altérité orientale (et plus particulièrement turque) tels que les différents auteurs les enregistrent, les répercutent et plus encore les *construisent*: car là aussi, les textes nous parleront moins du Levant «réel» que de ses multiples reflets dans l'imaginaire et le savoir européens. C'est donc l'Occidental, le complexe enchevêtrement de ses désirs, angoisses, connaissances, jugements et croyances qui sera examiné selon des perspectives complémentaires dans les trois chapitres à venir. Les orientalistes n'y trouveront pas leur bonheur, à moins qu'ils s'intéressent aux origines lointaines, préscientifiques, de leurs postulats et de leurs méthodes.

On l'aura en effet pressenti: il est à ce stade impossible d'ignorer les problèmes soulevés par Edward Saïd, essentiellement à partir d'auteurs des dix-neuvième et vingtième siècles, dans un ouvrage tout à fait fondateur bien qu'il ne s'embarrasse guère de nuances et se heurte parfois à de sérieux obstacles méthodologiques[1]. Dès lors qu'on tente de l'appliquer à la période et à l'aire géographique qui nous occupent, la triple «définition» que Saïd propose de l'orientalisme[2] s'avère en grande partie inadéquate. Certes, le seizième siècle

---

[1] Cf. E. Saïd, *L'Orientalisme*. Sur les limites méthodologiques de cette approche, voir l'excellent compte rendu de J. Clifford, in *History and Theory*, XIX (1980), pp. 204-223.

[2] Cf. *op. cit.*, pp. 14-15, où l'auteur «définit» successivement l'orientalisme comme: 1) une tradition universitaire d'études orientales, 2) «un style de pensée fondé sur la distinction ontologique et épistémologique entre 'l'Orient' et (le plus souvent) 'l'Occident'» (orientalisme imaginaire), 3) «un style occidental de domination, de restructuration et d'autorité sur l'Orient». Comme le souligne J. Clifford, Saïd qualifie l'orientalisme plutôt qu'il ne le définit; quant aux trois acceptions présentées, leur compatibilité pose un problème théorique dans la mesure où la seconde paraît problématiser l'existence même de

reprend à son compte et dans une large mesure accentue la «distinction ontologique et épistémologique» que l'Antiquité grecque avait
déjà établie entre l'Occident et l'Orient. Il élabore même progressivement à propos de celui-ci un système particulièrement dense de
connaissances mêlées de croyances. Et pourtant la forme d'orientalisme qu'il privilégie se démarque doublement de celle dénoncée
par Saïd.

Malgré l'engouement de certains humanistes pour l'hébreu et
– beaucoup plus rarement – pour l'arabe, malgré la création de col-
lèges trilingues à Louvain ou à Paris[3], la Renaissance ne connaît pas
encore de réseau d'«institutions d'enseignement supérieur» permettant l'émergence d'un orientalisme académique. En l'absence
d'une telle assise, d'un tel *emplacement* institutionnel, le discours
sur l'Orient a nécessairement plus de peine à se constituer en *formation stratégique*[4]. Comme l'activité humaniste dans son ensemble, il
se déploie en dehors de toute structure rigide, principalement dans
l'entourage des éditeurs et plus encore des mécènes, ce qui, au
demeurant, ne lui vaut certainement pas d'échapper aux collusions
entre savoir et pouvoir.

Mais encore faut-il préciser de quel pouvoir il est ici question. Si
le discours orientaliste doit alors naturellement tenir compte des
enjeux politiques, des intérêts de telle maison ou de telle couronne,
il ne saurait pourtant fonctionner comme un instrument de *domination* employé aux dépens des Orientaux. On devine bien pourquoi : face à la redoutable puissance ottomane, les Occidentaux font
à l'époque figure de victimes réelles ou potentielles plutôt que de
conquérants. Même après Lépante, et malgré leurs rêves surannés

---

l'Orient, alors que la première et la troisième semblent la tenir pour acquise
(cf. Clifford, art. cit., p. 208).

[3] C'est ici l'occasion de rappeler que Postel, auteur en 1538 d'un *Linguarum
duodecim characteribus differentium alphabetum* (alphabets hébraïque, chal-
déen, samaritain, arabe, etc.) et d'un *De Originibus seu de Hebraicæ linguæ et
gentis antiquitate* se voit en 1539 inscrit au nombre des lecteurs royaux avec
pour charge d'enseigner, entre autres, les lettres «hébraïques et arabiques» (cf.
G. Weill/F. Secret, *Vie et caractère de Guillaume Postel*, pp. 42-43 et 274, n. 56).
Vers 1540, il fait paraître sa *Grammatica Arabica*. Tous ces ouvrages sont
publiés à Paris.

[4] Pour la notion d'*emplacement*, voir M. Foucault, *L'Archéologie du savoir*,
pp. 69-71. De même, c'est en s'inspirant de l'analyse foucaldienne des *forma-
tions discursives* que Saïd recourt à la notion de *formation stratégique*, laquelle
désigne chez lui le fait que «des groupes de textes, des types de textes, des
genres de textes même, acquièrent de la masse, de la densité et un pouvoir de
référence» (*op. cit.*, p. 33).

de concorde ou de croisade, ils ne réussiront jamais à faire durablement pencher l'équilibre des forces en leur faveur. Bien que leurs certitudes religieuses les conduisent généralement à juger le Turc spirituellement inférieur, la réalité géostratégique ne les autorise jamais à se placer face à l'Orient dans un rapport de supériorité concrète, sans même parler d'hégémonie[5]. En somme, la *localisation stratégique*[6] du discours orientaliste est alors tout le contraire de celle analysée par Saïd pour la période coloniale. Au seizième siècle, le seul discours de domination en partie comparable à ce que décrit *L'Orientalisme* ne porte paradoxalement pas sur l'Orient, mais bien sur l'Amérique et ses peuples «sauvages».

Ni institutionnalisé, ni dominateur, le discours sur le Turc à la Renaissance n'en apparaît pas moins comme un ensemble relativement cohérent qu'il importe à présent de caractériser au moins dans ses très grandes lignes. Pour ce faire, il est utile de recourir à la féconde typologie que Tzvetan Todorov a proposée afin d'aborder de manière plus rigoureuse et plus systématique la question des différents rapports à l'altérité. Dans toute relation à l'Autre, Todorov distingue trois axes en partie autonomes: 1) les connaissances (plan épistémique), 2) les jugements de valeur (plan axiologique), 3) l'action de rapprochement ou d'éloignement (plan praxéologique)[7]. Bien qu'élaborée essentiellement en vue d'une description précise des comportements *individuels* face à l'altérité, cette typologie peut certainement servir à dresser une carte sommaire des relations entre civilisations ou cultures différentes à une époque donnée.

Appliqué à la relation au Turc telle que la donnent globalement à lire les compagnons d'Aramon et avec eux la plupart des voyageurs-écrivains de la Renaissance, le modèle de Todorov permet de dégager un certain nombre de tendances privilégiées et même de spécificités. Sur l'axe épistémique, il est ainsi incontestable que les orientalistes de l'époque se démarquent quantitativement et

---

[5] En 1517, c'est-à-dire avant même le règne de Soliman, l'auteur anonyme d'un prologue aux *Fleurs des histoires d'Orient* du Prince arménien Hayton (Haycon) l'écrit avec une lucidité sans égale: «Et pource quant au temps present il n'est point question d'aller recouvrir la Terre saincte, ne de faire guerre aux Sarrazins, mais il suffira bien grandement qu'on puisse resister aux Turcz, et qu'on puisse garder le demourant de la crestienté de leurs courses et horrible ferocité» (*S'Ensuyvent les Fleurs des histoires de la terre d'Orient*, f. A 2 r°).

[6] Dans le cadre de son étude, Saïd définit la *localisation stratégique* comme «la position de l'auteur d'un texte par rapport au matériau oriental sur lequel il écrit» (*op. cit.*, p. 33; cf. Foucault, *op. cit.*, pp. 71-72).

[7] Cf. T. Todorov, *La Conquête de l'Amérique*, pp. 191 *sqq.* J'ai modifié l'ordre dans lequel l'auteur présente ces différents axes.

qualitativement de leurs prédécesseurs médiévaux[8]. A parcourir les ouvrages de Richer, Geuffroy, Georgiewitz, Belon, Postel et bien d'autres encore, le lecteur d'aujourd'hui ne peut qu'être surpris par la masse d'informations précises recueillies à propos du fonctionnement politique et militaire de l'Empire ottoman, de la religion musulmane et des multiples facettes de la civilisation turque (habitudes alimentaires, vestimentaires, divertissements, langue, etc.). Malgré certaines zones d'ombre et d'inévitables méprises, les voyageurs européens sont extrêmement bien informés sur l'altérité culturelle et religieuse dont ils traitent, à tel point que leurs successeurs de l'âge classique auront parfois beaucoup de peine à dépasser leurs compétences[9].

Sur le plan axiologique, l'attitude de la majorité des auteurs face à la société ottomane se caractérise par son ambivalence, par la juxtaposition de jugements de valeur totalement divergents selon le domaine considéré ou la perspective adoptée. D'un côté, par exemple, l'organisation et la discipline régnant chez les Turcs exercent une invariable fascination sur les témoins occidentaux, qui n'en finissent pas de détailler avec admiration les différents grades et offices en usage dans l'armée ou au palais du Grand Seigneur. L'extraordinaire efficacité de la machine ottomane laisse pantois. Quelque deux siècles avant les *Lettres persanes*, elle induit bien souvent un brusque renversement du regard et la condamnation sans réserve des tares européennes. Mais la conscience très nette de cette supériorité orientale est toujours déjà compensée, nous le savons, par la certitude d'un ascendant spirituel: au regard des choses de Dieu, la république des Turcs n'est que cruauté et barbarie, ce dont témoigne par-dessus tout le rapt d'enfants chrétiens sur lequel elle repose, le fameux *devshirmè* (littéralement «ramassage»). Qu'il s'agisse d'organisation politique et militaire, de pratiques religieuses ou de coutumes laïques, le jugement de valeur porté par l'Occidental n'est jamais stable ou univoque. Il menace toujours de faire volte-face et de violemment stigmatiser ce qu'il a d'abord érigé en modèle[10].

---

[8] A souligner toutefois que les savants médiévaux ont élaboré à propos de l'islam un «canon établi» tout à fait considérable, comme l'a montré l'ouvrage magistral de Norman Daniel (*Islam et Occident*).

[9] Il ne m'appartient pas de refaire ici l'inventaire du très riche matériau «ethnographique» rapporté d'Orient par les voyageurs de la Renaissance. Pour plus de détails, voir C. D. Rouillard, *op. cit.*, et Y. Bernard, *L'Orient du XVIe siècle*.

[10] Sur le Turc en proie aux «ambivalences passionnelles» de l'Européen, voir l'éclairant article de F. Lestringant, «Guillaume Postel et l'"obsession turque'».

Enfin, sur le plan praxéologique, il est clair que les voyageurs-écrivains – à l'exception notoire de Postel[11] – font généralement l'impossible pour marquer et maintenir la distance qui les sépare du Turc. Loin de vouloir se fondre dans l'altérité orientale, de nourrir un désir d'*envoilement* pareil à celui qu'on éprouvera parfois au dix-neuvième siècle[12], l'Européen de la Renaissance entend s'approcher du Turc juste ce qu'il faut pour l'observer: guère moins, mais surtout pas plus. Le dernier pas, celui du franchissement de la barrière ontologique et théologique, l'Occidental ne l'imagine généralement que dans ses angoisses de conversion forcée et de damnation. Prenons bien garde à ne pas lui prêter des fantasmes anachroniques: à ses yeux, le rêve d'Orient n'est encore qu'un cauchemar[13].

Richesse épistémique, instabilité axiologique et retenue praxéologique, telles sont en substance les caractéristiques de la relation que les voyageurs-écrivains de la Renaissance entretiennent globalement avec l'altérité turque. Les chapitres qui suivent ne prendront pas la peine d'illustrer cet état de fait: plus fondamentalement, ils tenteront d'examiner les stratégies cognitives dans les secrètes connivences qu'elles peuvent entretenir avec les jugements de valeur, les réflexes identitaires ou les projets missionnaires, mais aussi et plus généralement avec l'ordre du symbolique et de l'imaginaire. Des problèmes d'observation (ch. IV) aux stratégies de «traduction» – au sens large (ch. V) puis spécifique du terme (ch. VI) –, ils dessineront le profil complexe d'une «anthropologie orientale» encore tâtonnante, sans doute, mais qui, dans ses hésitations mêmes, nous réserve parfois des trésors d'invention et peut éveiller en nous de profondes résonances.

---

[11] Cf. *infra*, pp. 215-222 et 249-260.

[12] Cf. A. Buisine, *L'Orient voilé*.

[13] Dans leur admirable étude sur les renégats au début de l'âge moderne, Bartolomé et Lucile Bennassar ont néanmoins montré à quel point le passage volontaire à l'islam a pu tenter, généralement dans les régions frontières, un certain nombre d'individus marginalisés à divers titres en Occident (déserteurs, débiteurs insolvables, délinquants, etc.). La possibilité de refaire sa vie dans une société maghrébine (ou levantine) extrêmement prospère et apparemment plus permissive en matière de sexualité constituait une aubaine pour ces déclassés (cf. *Les Chrétiens d'Allah*, surtout pp. 237-266 et 414-426).

CHAPITRE IV

AUTOPSIES

La connaissance par le regard constitue au milieu du seizième siècle un principe méthodologique auquel souscrivent, en théorie du moins, la plupart des voyageurs occidentaux. Mais la suprématie de l'œil sur l'oreille, si elle est universellement admise dans le méta-discours viatique[1], a parfois plus de peine à s'imposer dans l'imprévisible réalité de l'enquête. Dès lors qu'on s'efforce de la mettre en pratique, la règle d'or de l'expérience visuelle se révèle moins généralisable qu'on aurait tout d'abord eu tendance à le croire. Le principe d'autopsie n'a pas l'applicabilité régulière et uniforme d'un modèle mathématique: il ne saurait investir la surface du globe avec la même constance que le réseau des parallèles et des méridiens. Selon les régions et les cultures appréhendées, il se heurte à des résistances plus ou moins fortes, qui l'obligent à se décliner en de multiples degrés, à se déployer sous différentes formes. Au contact de la *varietas mundi*, l'autopsie se fragmente et devient plurielle.

Sans doute trouve-t-on, aux frontières de ce déploiement, deux cas limites, deux pôles entre lesquels prennent place d'innombrables combinaisons et variantes. D'un côté, la transparence du Nouveau Monde et de ses peuples «sauvages», tels ces Tupinambas que côtoient Thevet et Léry lors de leur séjour brésilien. Au milieu de ces Indiens nus, de leur société ouverte aux barrières symboliques plutôt que matérielles, l'Européen a tout loisir de promener son regard sur les choses et les corps, d'obéir à ses exigences méthodologiques tout en assouvissant sa *libido videndi*. La seule difficulté résiderait peut-être ici dans la limpidité même, dans cette étonnante capacité que possèdent les objets découverts, les corps nus, à désamorcer toute pulsion scopique[2].

---

[1] Cf. par exemple Belon, *OS*, f. ã iiii v°; Thevet, *CL*, pp. 3 et 13, ainsi que les remarques de F. Lestringant, pp. XLIX-LI; Nicolay, *NPV*, ff. a 8 v°-b r°.

[2] On connaît le paradoxe qui veut que la nudité des belles Indiennes incite beaucoup moins à paillardise que la coquetterie vestimentaire des Européennes (cf. Léry, *op. cit.*, pp. 234-235).

Aux antipodes de cette transparence américaine, sur le flanc opposé du champ de l'autopsie, se situe l'autre pôle, le plus problématique, celui de l'opacité orientale. Là, le regard du voyageur ne cesse de se heurter à des obstacles, à des interdits, à des voiles[3]. Dans cet univers clos que constitue pour l'Européen la société islamique, l'omnipotence de l'œil semble trouver des limites bien réelles, lesquelles ne font paradoxalement qu'attiser le désir de voir[4]. Une telle résistance ne saurait bien sûr se réduire à une série de problèmes pratiques, de difficultés matérielles: elle apparaît aussi comme un obstacle épistémologique menaçant le principe d'autopsie dans son universalité même et avec lui, peut-être, la légitimité de tout discours viatique à la Renaissance. C'est essentiellement dans cette perspective que l'inquiétante épaisseur du monde ottoman sera examinée dans le présent chapitre.

Face à l'opacité orientale, l'œil pourrait donc ne plus voir et ne plus écrire. L'écart est ici total, qui d'entrée de jeu se creuse entre la méthode cognitive et l'objet de connaissance. D'ailleurs les textes n'en font pas mystère: nous verrons comment les compagnons d'Aramon enregistrent ce décalage et tendent même à en surestimer l'importance avant de tout faire pour en minimiser les conséquences épistémologiques. Car pour être en crise, l'autopsie n'en reste pas moins un outil extraordinairement performant, un instrument anthropologique d'une surprenante polyvalence. Alors qu'on pourrait la croire entièrement disqualifiée, tenue définitivement en échec par les difficultés rencontrées, elle parvient toujours à réajuster ses moyens, à réorienter ses pouvoirs. Ce sont ces fascinantes inflexions du regard dont je tenterai ici de suivre le tracé, non sans avoir au préalable dégagé le réseau complexe des obstacles qui les stimulent, voire en commandent l'existence.

---

[3]   A noter que les rapports entretenus par le voyageur avec l'Amérique et l'Orient s'opposent sur le plan scopique comme c'était déjà le cas au point de vue de la localisation stratégique. Rien d'étonnant, bien sûr, dans la mesure où la relation visuelle est aussi une relation de force. Au Nouveau Monde, l'Européen regarde et domine; dans l'Empire ottoman, il est à la fois dominé et exposé au regard de l'Autre (cf. *infra*, pp. 181-188).

[4]   Sur cet autre paradoxe de l'économie du désir, voir les fameuses questions posées par Montaigne dans l'essai intitulé «Que nostre desir s'accroit par la malaisance» (II, xv): «[C] Pourquoy inventa Poppæa de masquer les beautez de son visage, que pour les rencherir à ses amans? Pourquoy a l'on voylé jusques au desoubs des talons ces beautez que chacune desire montrer, que chacun desire voir?», etc. Relire aussi le beau commentaire que Jean Starobinski a consacré à ces pages (*L'Œil vivant*, pp. 9-27).

OPACITÉS

Le regard et les réalités qui s'y offrent trop crûment sont toujours suspects et souvent condamnés dans la société ottomane telle que la décrivent les compagnons d'Aramon. Cette méfiance à l'encontre du visuel s'exprime de manière assez brutale dans la haine féroce que le Turc voue aux images. L'évocation de Sainte-Sophie est traditionnellement l'occasion de quelques brèves remarques sur cette question sensible entre toutes, comme ici dans la première *Cosmographie* de Thevet:

> Je laisse les belles peintures, desquelles les visages par les Turqs ont esté efacez, car ils ne peuvent voir ne soufrir statue ou pourtraiture de ce que Nature produit[5].

Ces mutilations, en réalité d'origine probablement byzantine[6], acquièrent une dimension autrement symbolique dans les *Navigations* de Nicolay:

> Mais aux images de mosaique et autres de platte peinture, les Turcs leur ont *crevé les yeux*, par ce que ils ne veulent figure, ne image aucune, disans qu'il faut adorer un seul Dieu Createur du Ciel et de la Terre, non les murailles et peintures, qui ne sont que choses mortes, et qui ne ont aucun sentiment[7].

Crever les yeux aux images, c'est tout à la fois faire acte d'iconoclasme et métonymiquement châtier le spectateur qui les contemple. Sur un plan symbolique, c'est réunir pour mieux les anéantir d'un même geste l'objet visible et le sujet voyant. L'Occidental,

---

[5]   *CL*, p. 63. Sur l'iconoclasme musulman, voir aussi Gilles, *TC*, p. 135; Chesneau, *Voyage*, f. 285 r°; p. 75; Postel, *RT*, I, p. 46; *HO*, p. 145.

[6]   Il semble que les Turcs se soient contentés de recouvrir d'une couche de peinture les mosaïques byzantines (cf. le récit de Tursun Beg, vétéran de la conquête de Constantinople, in B. Lewis, *op. cit.*, p. 19). Gilles est le seul à laisser entrevoir la possibilité de destructions remontant à l'époque byzantine en évoquant de manière suffisamment vague les «imaginum oppugnatores» (*TC*, p. 116).

[7]   *NPV*, p. 104. Nicolay ne fait ici que traduire littéralement le *Trattato de costumi et vita de Turchi* de Menavino (cf. p. 59 dans l'édition florentine de 1548). Dans son chapitre sur Rhodes, Thevet précisera en partie dans le même sens le type de mutilations infligées par les Turcs aux images: «Je vis semblablement sur l'entree du portal de la vile deus images de marbre, l'un de la Vierge Marie, l'autre de saint Jan Baptiste, ausquels lesdis Turqs avoient gasté les faces, leur ayant rompuz le né et *poché les yeus*, tant ils ont en horreur toutes pourtaitures [*sic*] des creatures, soient en bosse, ou peinture plate» (*CL*, p. 112).

lorsqu'il perçoit ces représentations comme aveuglées, semble trahir l'angoisse et même la culpabilité qui accompagnent son travail
d'observation. Dans les mosaïques de Sainte-Sophie, il entrevoit
peut-être l'image de son propre sort, la punition que les Turcs lui
réservent s'il ne résiste pas au désir de soulever le voile de la société
ottomane[8].

Pour l'Européen voyageant dans l'Empire de Soliman, cette
opacité peut prendre tour à tour une forme sexuelle, religieuse ou
politique. Ce sont d'abord les femmes, bien sûr, qui se dérobent
constamment au regard, soit qu'elles demeurent confinées à l'intérieur du harem, soit qu'elles «portent de beaux acoutrements de
fine toile blanche par le dessus», de peur «que leurs mains ne autre
chose de leur chair apparoisse en public»[9]. Non voilée, la femme est
recluse; non recluse, elle est voilée. Pas même possible, pour l'observateur ou le séducteur, de profiter d'une situation ambiguë, d'un
espace intermédiaire entre le dehors et le dedans, comme le permettent en Occident le balcon ou la fenêtre:

> C'est chose tres difficile de veoir le visage d'une belle Turque au des-
> couvert, et est plus difficile en un lieu qu'en autre, car leurs mariz leur
> ostent l'usage des fenestres[10].

Même s'il a l'occasion de pénétrer à l'intérieur d'un logis turc, le
voyageur n'en parvient pas pour autant à véritablement observer les
femmes qui y demeurent. Ainsi Postel, bien que participant aux festivités d'un mariage musulman, est incapable d'affirmer de façon
catégorique si ces dames, retranchées dans des galeries hautes et

---

[8] Dès lors que l'enquête levantine prend une dimension anthropologique, on
constate en effet un retour de cette «mauvaise curiosité» stigmatisée par Plutarque dans son *Peri polupragmosunês* (*De la curiosité*), une tentation dont le
voyageur semblait pourtant s'être libéré en tournant son regard vers les merveilles de la création.

[9] Belon, *OS*, f. 184 r°. Villamont ajoutera que les Turcs «tiennent une femme
pour putain, quand elle monstre seulement ses mains» (*op. cit.*, f. 273 r°).

[10] *OS*, f. 183 v°. Ramberti avait pourtant dit le contraire: «[le donne] stanno
volentieri alle finestre», même s'il ajoutait que «le dongelle non si vedeno» (*op.
cit.*, f. 4 v°; voir également Villamont, *op. cit.*, f. 274 v°). On sait par ailleurs que
l'enfermement des femmes turques scandalisera le jeune Du Fresne-Canaye:
«Pour moi, je ne puis comprendre cette cruelle et vraiment turquesque coutume, que les gracieuses et délicates jeunes filles se tiennent renfermées comme
des êtres mauvais dont la vue serait nuisible, et tout au contraire, les ours, les
lions, les animaux les plus sauvages courent déchaînés partout, au point qu'à
cause de leur insolence je n'eus jamais la hardiesse d'aller voir les tournois, les
jeux, les banquets qui se firent pour ces noces» (*op. cit.*, p. 119). Enfermer la
belle et libérer la bête: comment peut-on décidément être turc!

protégées par des treillis, ont droit au même banquet que le marié et ses compagnons:

> Je croy que les femmes sont traittées de mesmes, car on ne les voit point[11].

L'assurance du «j'ai vu» cède ici la place à l'humilité relative d'un «je crois». En toute franchise, Postel reconnaît les limites de son expérience visuelle, mais à ce stade le manquement au principe d'autopsie ne fait encore que prévenir toute assertion par trop péremptoire. Quelques lignes plus bas, il semble en revanche contraindre le voyageur à suspendre son jugement. Postel sait que les hommes se refusent à danser pendant les noces, mais ses certitudes s'arrêtent là:

> ...si les femmes dansent à leur costé [= *de* leur côté], *je n'en sçay rien. J'ay ouï dire qu'ouï*[12].

La remarque est doublement capitale. D'abord, à l'évidence, parce qu'elle constitue un aveu tout à fait explicite d'ignorance, chose suffisamment rare dans la littérature géographique de l'époque pour être appréciée à sa juste valeur. Ensuite, et plus fondamentalement, parce qu'elle associe clairement ce non-savoir à la connaissance par l'oreille. Celui qui a seulement entendu dire ne sait rien; ses assertions ne seront jamais que la répétition d'énoncés précédents, elles les répercuteront de la même façon que l'affirmation «ouï» fait écho à «ouï-dire»[13]. Face à l'écran qui le sépare de la femme musulmane, Postel renonce à assumer ce «ouï» qui trahirait de lui-même l'absence de toute expérience directe. Il préfère réaffirmer les principes de sa méthode, quitte à en souligner du même coup les limites et à laisser dans son texte une zone d'ombre que le lecteur pourra toujours investir de ses fantasmes.

Du cloisonnement sexuel à l'interdit religieux, la résistance à l'autopsie reste souvent la même. A en croire les voyageurs de la Renaissance, les chrétiens ne sont alors guère acceptés dans les mosquées, ou pour le moins dans certaines d'entre elles, particulièrement en Terre sainte. A propos de tel tombeau hiérosolymitain, le pèlerin Nicole Le Huen l'écrivait déjà sans ambages:

---

[11] Postel, *RT*, I, p. 17; *HO*, p. 106.

[12] *RT*, I, p. 18; *HO*, p. 108.

[13] A noter que l'homonymie se double ici d'une homographie conservée dans les *Histoires orientales* malgré la modification orthographique: «J'ay ouy dire qu'ouy» (p. 108).

> ...et de present les chrestiens n'entrent point dedens, mais seulement les Sarrasins. Et ont fait une musquette au lieu de oraison et l'ont en grande reverence. Quicunque crestien y entre est en danger de mort[14].

Relatant son séjour à Jérusalem, Jean Chesneau évoque le même péril lorsqu'il décrit le «Temple de Salomon», à savoir la Mosquée d'Omar ou Dôme du Rocher:

> Ledict temple de Salomon est au plus bas de la ville, regardant la vallee de Josaphatt et le mont d'Oliviert, tout rond, faict en couppe, couvert de plomb, à galleries tout à l'antour qui sont dudict corps et vaisseau comme sont les chapelles de noz eglises, qui est tout ce qu'on en peut juger, car il n'est permis à aucun Chrestien de y entrer sans dangier de mort ou pour le moings se faire Turcq[15].

Interdit d'entrée, le chrétien même en voyage «officiel» à Jérusalem doit se contenter d'une description sommaire, extérieure, du lieu de dévotion. Pénétrer dans l'enceinte sacrée, ce serait franchir un pas de trop en direction de l'altérité orientale et risquer la dissolution dans la mort ou dans la masse des «Turcs». Autour du lieu sacral et des rites qui s'y déroulent, la société islamique trace un cercle d'exclusion et de secret; elle tend un voile semblable à celui dont elle recouvre la femme.

L'angoissante alternative à laquelle s'expose l'Occidental en profanant une mosquée est d'ailleurs celle-là même qu'il encourait en séduisant une musulmane:

> Mais Chrestien avec Turque, ou Turc avec Chrestienne, sont ainsi punis, que le Turc ou Turque sont fait mourir, et le Chrestien ou Chrestienne est contraint se faire Muhamedique, ou de mourir...[16]

A crimes semblables, châtiment identique. La parenté symbolique des transgressions sexuelle et religieuse se révèle pleinement dans la logique unique qui vient les sanctionner. On ne souille pas deux fois une musulmane ou une mosquée, soit qu'on choisisse courageuse-

---

[14] *Le Grant Voyage*, f. 16 v°.

[15] Chesneau, *Voyage*, f. 295 r°; p. 119. Le cordelier Jean Thenaud ne dit pas autre chose dans son *Voyage et Itinéraire*: «...les Mores ne veullent permettre chrestien entrer dedans ledict temple. Et si aulcun se ingeroit et efforçoit d'y entrer, il se mect en dangier de perdre la vie, ou de renoncer la foy s'il ne paye dix mille seraphs d'or» (p. 107). Cf. aussi Postel, *HO*, p. 182, où le danger de mort n'est toutefois pas évoqué de manière explicite.

[16] Postel, *RT*, I, p. 10; *HO*, p. 97. Le fait est confirmé par Belon: «Si un Chrestien estoit trouvé avec une Turque, la rigueur veult qu'il meure, ou bien le remede est qu'il se face Turc» (*OS*, f. 191 v°; cf. aussi Villamont, *op. cit.*, f. 274 r°).

ment la mort, soit qu'on opte pour une conversion cathartique abolissant d'elle-même l'interdit. Dans l'imaginaire de l'Européen, des liens profonds semblent se tisser entre l'inaccessibilité de la femme musulmane et celle des lieux de culte. Et s'il est vrai que les voyageurs ont peut-être eu moins de peine à visiter les mosquées d'Istanbul[17], ils n'y ont de toute façon jamais été admis au moment fort, pendant la prière, et n'ont donc guère plus assouvi leur *libido videndi* en matière de sacralité musulmane qu'en matière d'odalisques.

Une troisième zone d'ombre se dessine enfin au sein du monde ottoman: celle qui entoure la personne du Sultan, sa vie privée telle qu'elle se déroule mystérieusement dans la partie intérieure et interdite du Sérail (*Saray-i endéroun*). La frustration de l'Européen est ici d'autant plus grande que le palais du padichah est d'abord l'occasion d'un spectacle impressionnant et totalement public, celui qui prend place dans ses deux premières cours et qui fascine entre autres le poète-voyageur Bertrand de La Borderie:

> En ce Saray, maison recreative,
> Deux grands portailz on vient à rencontrer:
> Et double court avant que d'y entrer [...].
> La grande court que l'on trouve premiere,
> A recevoir chevaux est coustumiere
> Des courtisans, qui vont faire la court.
> En l'autre endroit de la seconde court,
> Ou du logis est la magnificence,
> Y sont Bachas qui donnent audience
> Qui sont trois chefz, gouverneurs de l'Empire [...].
> Eux eslevez aux autres apparens,
> Jugent procès, debatz, et differens,
> Non tous les jours, mais trois fois la sepmaine,
> En celle court de peuple toute pleine...[18]

---

[17] La plupart des compagnons d'Aramon semblent avoir pu pénétrer dans Sainte-Sophie, pourtant reconvertie en mosquée par Mehmet II. L'intercession de l'ambassadeur devait peut-être permettre d'obtenir une autorisation semblable à celle qui sera accordée à Chardin en 1672 (*Voyage de Paris à Ispahan*, I, p. 110). Les voyageurs avaient-ils également la possibilité d'entrer dans les mosquées impériales? Ils restent très vagues sur ce point, mais leurs descriptions, à part celles de Postel et de Du Fresne-Canaye, ne nous donnent guère à voir l'intérieur des édifices. Comme l'écrit R. Mantran, «les non-musulmans n'ont pas le droit de pénétrer dans les mosquées et autres édifices religieux, et si certains Occidentaux ont pu le faire, c'est avec la complicité de quelque Turc tolérant et bienveillant, et sous l'apparence d'un fidèle d'Allah» (*op. cit.*, p. 214). Ce travestissement «satanique» expliquerait-il le silence des voyageurs-écrivains à propos des conditions de leurs visites?

[18] La Borderie, *Le Discours du voyage de Constantinoble*, vv. 1692-1694, 1699-1705 et 1709-1712, p. 344. Thevet suivra de très près ces quelques vers dans la prose de sa *CL* (p. 63).

Mais cette aulique ostentation prend brutalement fin au seuil de la troisième cour, où se dresse pour l'Occidental un véritable mur du secret. Gilles nous le fait particulièrement bien comprendre: seul le personnel autorisé franchit la «tertiam portam», celle qui «patet intimus aditus ad Ædes Regias» et que gardent avec la plus grande vigilance les «intimi janitores»[19].

Il en faudrait bien sûr davantage pour dissuader certains Européens de décrire avec un grand luxe de détails la vie quotidienne du padichah[20]. Mais pour les voyageurs véritablement attachés au principe d'autopsie, le cœur du Sérail reste indescriptible et son mystère prend parfois le pas sur le spectacle des deux premières cours. Témoin la manière dont Chesneau entame sa description de la prestigieuse demeure:

> Des bastiments les plus apparantz et renommez est en premier lieu le Pallais du grand Seigneur qu'ilz appellent le Sarrail, contenant environ trois mil de circuit, fermé de haultes murailles où y a onze portes de fer qui ne s'ouvrent jamais[21].

Et quelques lignes plus bas, à la place de la traditionnelle évocation des différents gardes ou fonctionnaires de justice:

> L'on n'entre point dedans les chambres ne au reste du bastiment, sinon à la grand'court et à quelques galleries et salles basses où l'on donne audience quatre fois la sepmaine. Mais de ce lieu l'on peut *exterieurement* cognoistre que c'est ung magnifique edifice[22].

Si le voyageur passe sans problème la Porte impériale (*Bab-i Humayoun*) et celle du Milieu (*Orta Kapi*), il ne saurait en revanche

---

[19] Cf. *TC*, p. 51. On aura noté la manière subtile dont le latin *janitores* traduit littéralement le turc *kapidjis* (portiers) tout en évoquant phonétiquement les fameux «janissaires» (du turc *yeni cheri*, «nouveaux soldats»).

[20] Cf. par exemple *La Genealogie du grant Turc* et l'ouvrage déjà cité de Geuffroy. Au début du dix-septième siècle, le Vénitien Ottaviano Bon insistera sur les problèmes méthodologiques posés par de telles descriptions: «De telle sorte que ce que l'on rapporte sur ce qui se passe derrière cette porte est pour la plus grande part des ouï-dire car ou bien on ne peut rien voir, ou si l'on voit quelque chose c'est seulement en l'absence du souverain» (in B. Lewis, *op. cit.*, p. 81).

[21] Chesneau, *Voyage*, f. 273 v°; p. 25. L'auteur semble se contredire immédiatement après, puisqu'il évoque alors l'ouverture constante de la Porte impériale et celle, épisodique, d'une porte donnant sur la mer. Mais l'important réside surtout dans le fait que la clôture apparaisse ici comme la caractéristique *première* du Sérail.

[22] *Ibid.*, f. 273 v°; p. 26. Contrairement au précédent, ce passage est directement démarqué de Gassot (*Discours*, f. 9 v°).

franchir celle qui ouvre sur l'intimité du Grand Seigneur et à laquelle, comme pour mieux attiser le désir d'en voir davantage, on a donné le nom suggestif de Porte de la Félicité (*Bab-i Séadet*)[23].

* * *

Loin de fonctionner invariablement en vase clos, les trois types d'opacité jusqu'ici dégagés peuvent se croiser et cumuler leurs effets. Que l'interdit sexuel se double d'une dimension politique, et voici le harem du Sultan, dont les femmes sont soustraites aux regards parce qu'elles sont femmes *et* parce qu'elles participent de la vie privée du souverain[24]. On comprend mieux, dès lors, la fascination très vite exercée par ce lieu doublement interdit. Dès 1519, les lecteurs français peuvent en trouver l'évocation dans *La Genealogie du grant Turc* attribuée à Théodore Spandugino, un texte qui servira de modèle tout au long du seizième siècle :

> Hors de la court dedans ung lieu fermé de haultes murailles il y a ung nombre de jeunes femmes les plus belles du pays qui sont choisies et menees de tout costé pour l'Empereur. [...] Et sont lesdictes femmes ou plus ou moins de trois cens selon qu'il luy plaist, et ont cent eunuches à leur garde [...]. Elles sont tousjours fermees dedans celluy serail...[25]

Une cinquantaine d'années après la publication de ces lignes, Nicolay propose une description assez similaire du Vieux Sérail[26], à ceci près que l'évolution du contexte épistémologique le conduit à mettre davantage l'accent sur le problème du regard et de l'observation :

> Il y a encores sur le milieu de la cité le vieil Sarail [...], lequel a aussi deux mille pas de circuit, et est ceint de murailles hautes de quinze toises et

---

[23] Pour être tout à fait exact, il faut préciser que les ambassadeurs occidentaux, lorsqu'ils sont reçus par le Grand Seigneur, franchissent de justesse cette troisième porte. La salle d'audience (*Arz odassi*) se trouve en effet immédiatement au delà : c'est donc elle qui «constitue le lieu ultime où peuvent accéder ceux qui n'appartiennent pas au service domestique personnel du souverain» (R. Mantran, *op. cit.*, p. 247 ; cf. aussi Gilles, *TC*, p. 51 et surtout Du Fresne-Canaye, *op. cit.*, pp. 68-70).

[24] Cette ambivalence apparaît sans doute dans le fait que le terme «sérail» (*saray* = palais) en viendra peu à peu à désigner de façon exclusive le harem du Sultan.

[25] [T. Spandugino], *La Genealogie du grant Turc*, Paris, 1519, f. B 8 r°-v°. Ouvrage réédité en 1535, 1556, 1569-1570 et 1590-1591. Cf. Rouillard, *op. cit.*, p. 170, n. 2.

[26] Il faut rappeler que ce palais construit par Mehmet II ne se trouve pas à proximité du Grand Sérail, mais au cœur de la ville, non loin de la mosquée de Bayézid II.

espesses à l'advenant, sans aucunes tours. Il y a seulement deux portes, dont l'une est ordinairement ouverte et bien gardee par eunuques, et l'autre ne s'ouvre presque jamais. Dans ce Sarail y a plusieurs maisonnettes separees [...] dedans lesquelles habitent les femmes et concubines du grand Turc [...]. Et à nulz autres qu'au grand Seigneur et eunuques du Sarail, tant grands ou favoris soyent il[s], n'est permis en aucune maniere de les veoir[27].

C'est pourtant Postel qui obéit le mieux à la triple logique de l'ombre et du secret en conférant aux harems la dimension religieuse qui seule semblait leur faire défaut. Témoin l'analogie à laquelle il recourt à propos des femmes et concubines des puissants :

Les Princes ou gouverneurs de court ou de païs, en ont quarante, cinquante, autant du plus que du moins, *toutes en un enclos comme un monastere* ; chascune a sa part et chambres gardées par eunuques ou gardecouches, si bien hors des dangers de malfaire qu'il ne les faut de rien douter. Iceus gardent sur la vie qu'il n'y ait homme du monde qui y voise, ou les regarde seulement, fors le seigneur à qui elles sont[28].

La comparaison monastique ne se contente pas d'anticiper la concorde à venir[29]. Elle participe aussi d'un véritable *réseau symbolique* progressivement élaboré par les voyageurs de la Renaissance afin de rendre compte des différentes facettes de l'opacité orientale. Au croisement du sexuel et du politique, le religieux surgit ici dans l'esprit de Postel de la manière la plus cohérente qui soit. Les femmes et concubines des Princes ne sont pas *simplement* invisibles : autour d'elles se superposent ou plutôt s'enchaînent les trois cercles de l'ombre. Le harem apparaît dès lors comme une sorte de point nodal, comme le lieu où se cristallisent les trois modes de l'aveuglement.

Mais cette convergence nettement privilégiée n'exclut certainement pas d'autres combinaisons. Le religieux et le politique peuvent ainsi se croiser lorsque le Sultan se rend à la mosquée[30], le religieux

---

[27] Nicolay, *NPV*, pp. 99-100.

[28] Postel, *RT*, I, 6 ; *HO*, pp. 91-92.

[29] Cf. *infra*, p. 216. L'analogie sera encore utilisée à l'âge classique (voir A. Grosrichard, *Structure du Sérail*, p. 176).

[30] Dans ce cas précis, la logique du secret semble brusquement s'inverser, puisque le déplacement du Sultan est généralement l'occasion d'une véritable parade (cf. *supra*, pp. 136-139). Pour de nombreux voyageurs, c'est même une chance unique d'apercevoir le Grand Seigneur, voire d'échanger avec lui un regard ou une salutation (cf. Luigi Bassano, *I Costumi e modo particulari de la vita dei Turchi*, f. 307 v° ; Thevet, *CL*, pp. 61-62 ; Du Fresne-Canaye, *Voyage*, p. 128). Chez Postel, en revanche, l'ombre semble reprendre le dessus, de telle sorte

et le sexuel se rencontrer dans l'épineux problème de la prière des femmes. Sur ce dernier point, la même interrogation fait invariablement retour chez les auteurs occidentaux: ces femmes dont on ne voit jamais le visage, se rendent-elles parfois dans ces mosquées où l'on n'entre pas?

A question difficile, réponses multiples. D'un côté, Antoine Geuffroy exclut cette possibilité au nom d'une implacable analogie islamique entre la mosquée et le paradis:

> Les femmes n'entrent point es Meschites avec les hommes, pour ce qu'elles ne sont circunsises, dont ilz les reputent immundes; parquoy ilz dient qu'elles n'entreront point en paradiz, mais demoureront à la porte avec les Chrestiens qui auront bien gardé leur loy[31].

Mais Johannes Bœmus ainsi que Bartholomé Georgiewitz ne sont pas du tout de cet avis[32], et avec eux Christophe Richer, lequel l'affirme très clairement dans son *Des Coustumes et manieres de vivre des Turcs* (1540):

> ...les femmes ont es eglises [mosquées] ung lieu separé, lequel est tant bien clos que nul ne peult regarder dedens, ny les veoir quand elles font leur oraison. Et n'est pas permis à toutes les femmes d'y entrer indifferemment, ains seulement aux femmes des princes et gros seigneurs, et le jour du vendredi seulement[33].

En d'autres termes, le vendredi voit la mosquée se transformer partiellement en harem, et les trois interdits se rencontrer une fois de plus pour la plus grande frustration mais peut-être aussi, déjà, pour le plus grand plaisir de l'Occidental.

Entre les affirmations de Geuffroy et celles, plus alléchantes, de Richer, Postel tranche assez clairement en affirmant que les Turcs

---

que le Sultan demeure en partie invisible au milieu du spectacle même: «et encor faut que ceus qui le rencontrent baissent la face vers terre, faignant ne le voir; ceux d'enhaut ferment les fenestres, et ne le voient sinon par fenestre presque fermée ou treillis» (*RT*, I, p. 53; *HO*, p. 155).

[31] A. Geuffroy, *Estat de la court du grant Turc* (1542), f. e v°. L'auteur récrit tout en le résumant un passage des *Libri tre delle cose de Turchi* (1539) de Benedetto Ramberti (f. 27 v°).

[32] Cf. [Johannes Bœmus], *Recueil de diverses histoires*, [1540], f. 104 r° et surtout B. Georgiewitz, *De Turcarum moribus epitome*, pp. 10-11, où sont décrites par ouï-dire («Ita mihi narratum est...») les transes des femmes recluses dans un lieu de culte à l'abri du regard et de l'oreille des hommes.

[33] C. Richer, *Des Coustumes et manieres de vivre des Turcs*, f. 6 v°. Nicolay partage à peu près cette opinion, laquelle explique *en partie* que les femmes, purification oblige, se rendent si souvent aux bains (*NPV*, pp. 109-110).

> vont à la Mesgeda ou eglise, là où les hommes ont leur lieu à part, et les femmes à part, comme aussi ont les Grecs. Ils different en ce qu'on peut bien entrer des hommes avec les femmes grecques, avec les Turcques vous ne pouvés, ne mesme voir autrement[34].

Parmi les autres compagnons d'Aramon, Belon est sans doute celui qui se prononce de la manière la plus péremptoire sur cette question complexe. Bien que généralement fidèle au principe d'autopsie, il semble dans ce cas précis reconnaître que l'œil a ses limites et se fonder avant tout sur la tradition illustrée plus haut par le texte de Geuffroy:

> ...et d'autant que les femmes turques (comme dit Mahomet) ne vont point en paradis, aussi ne vont elles point à l'eglise, car Mahomet ne l'a permis. Pource (dit il) qu'elles ne sont point circoncises comme les hommes. Plusieurs ont eu opinion qu'il y a un lieu es eglises pour les Turques: toutefois j'ose asseurer qu'il n'y en a point. Et de faict, m'en estant enquis, tous ceulx à qui j'ay parlé m'ont dit qu'elles n'entrent point es Mosquées[35].

Plutôt que de pleinement succomber aux charmes de l'opacité orientale ou, pour le moins, de suspendre son jugement au nom de la connaissance par le regard, Belon préfère s'en remettre exceptionnellement au témoignage d'autrui, à l'improbable autorité d'un savoir par ouï-dire. Il refuse ainsi de croire aux «harems» des mosquées. Est-il besoin de préciser qu'il fait erreur?[36]

L'ŒIL MOUVANT

Qu'il s'accompagne de la plus grande circonspection ou au contraire d'une assurance quelque peu téméraire, le recours avoué à la connaissance par ouï-dire n'est de loin pas la solution privilégiée par les Occidentaux dans leur troublant face à face avec l'Orient

---

[34] *RT*, I, p. 15; *HO*, p. 104.
[35] Belon, *OS*, f. 183 v°. Cf. aussi Thevet (*CL*, p. 144), qui s'inspire également de Geuffroy mais prend davantage de précautions.
[36] Voilà ce qu'écrit R. Mantran sur la question: «Les femmes [à l'époque de Soliman] peuvent participer aux prières dites dans les mosquées; elles s'y rendent voilées, bien entendu, mais n'ont pas le droit de prendre place parmi les hommes, à qui est réservée toute l'étendue centrale du sanctuaire. Les femmes s'installent sur les côtés, dans des endroits limités par de petites barrières (*maksoura*), ou bien dans les tribunes du premier étage, lorsqu'il en existe, ce qui est le cas dans les grandes mosquées» (*op. cit.*, pp. 213-214).

voilé. Plutôt que de reconnaître cet aveuglement, lequel devrait en toute rigueur les réduire au silence dans certains domaines, les voyageurs-écrivains préfèrent se réclamer *malgré tout* du principe d'autopsie, soit qu'ils se satisfassent d'une perception lacunaire, soit qu'ils compensent les déficiences de l'expérience réelle par ce qu'on est souvent en droit de considérer comme de véritables *fictions d'observation*. L'autorité du regard est alors telle, en effet, que le «j'ai vu» le plus fragmentaire ou le moins crédible suffit paradoxalement à accréditer l'évocation de réalités dont on sait par ailleurs qu'elles échappent largement au regard. Selon les cas, il ne s'agit pas tant d'observer que d'entrapercevoir, il importe moins d'avoir véritablement vu que d'oser le prétendre avec insistance, de prouver l'autopsie que de la mettre ingénieusement en scène. L'impératif d'expérience visuelle se révèle donc beaucoup moins rigide qu'on aurait pu le penser. Il accorde au voyageur une importante marge de manœuvre, un espace de liberté où les inflexions du regard semblent se déployer selon trois modalités principales.

Devant l'obstacle qui se dresse, il est tout d'abord possible de chercher la faille, de tenter la *percée*. C'est ici l'option la plus directe et la plus simple dans ses mécanismes, puisqu'elle applique l'autopsie à la lettre, sans détours ni médiations. Mais c'est aussi la plus prisée dans la mesure où elle fait volontiers figure d'exploit, où elle consacre pleinement le triomphe du regard, la victoire de l'œil sur l'opacité.

Les vêtements de la femme musulmane ne sauraient ainsi décourager un observateur comme Postel, particulièrement attentif à ce que laissent malgré tout transparaître les vagues de leurs plissements, les courbes de leur drapé:

> Les habits generalement tant d'hommes que femmes aus Perses, Tartares et Turcs, ainsi comme aussi à tous Chrestiens du Nord, sont tous faits comme le corps, si bien qu'aus dames bien formées se voit la forme des mammelles, et des autres parties du corps, avec tous leur mouvemens[37].

L'étoffe épouse si bien les formes féminines qu'elle finit par les souligner, à tout le moins aux yeux pénétrants du voyageur

---

[37]   *RT*, I, pp. 12-13; *HO*, p. 100. Postel est coutumier de ce genre de coup de force, comme en témoigne une version manuscrite de la *RT* (BnF: Ms. fr. 6073) dans laquelle il affirme avoir à plusieurs reprises observé le Grand Seigneur, «qui ne veult estre veu», en entrouvrant une fenêtre sur son passage (f. 16 v°, cité par F. Lestringant, *CL*, p. 272).

expérimenté[38]. Belle revanche sur le Turc jaloux, mais ici pris à son propre piège, qui dévoile tout en croyant voiler, qui voudrait dérober mais n'enrobe que trop bien.

Comme le vêtement a ses transparences, l'enceinte de la mosquée présente parfois des ouvertures aussitôt mises à profit par le voyageur curieux. Dans le meilleur des cas, l'Européen affirme avoir pénétré dans le sanctuaire de manière clandestine, à la faveur de la nuit ou de l'incurie d'un gardien[39]. Mais le principe d'autopsie ne requiert pas forcément une telle prise de risques, réels ou imaginaires: il autorise également le simple coup d'œil, jeté de l'extérieur et bien souvent en toute «légalité». S'ils ne peuvent pas fouler le sol de la célèbre mosquée d'Hébron, les chrétiens n'en sont pas pour autant réduits à ne rien voir, comme prend bien soin de le préciser Belon:

> Les sepulchres d'Adam, Abraham et Isaac sont dedens une mosquée de Turcs, où les Chrestiens n'entrent point, mais ils les regardent par un pertuis qui est en la muraille[40].

Plus limitée mais aussi plus vraisemblable qu'une entrée de plain-pied dans le lieu prohibé, cette pénétration scopique offre incontestablement l'avantage d'insister sur le visuel même, de donner à voir l'œil dans son minutieux travail d'observation. A ce titre, elle revêt certainement un fort indice de crédibilité et semble équivaloir à une véritable visite, à tel point qu'elle en acquiert parfois dans l'esprit de l'Européen un caractère transgressif et donc dangereux. Thevet illustre parfaitement ce phénomène lorsqu'il prétend, dans sa *Cosmographie Universelle*, que le seul fait de contempler une mosquée «à travers des treilliz de bois» lui a valu une incarcération de vingt-trois jours. Certes, la sévérité de la peine aurait d'abord été motivée par de faux témoignages, mais la nature précise de ces calomnies n'en éclaire que mieux la dimension symbolique

---

[38] D'une certaine façon, Postel fait ici preuve du regard de lynx qui fera plus tard défaut à Chardin face à la femme persane: «Elle est voilée du haut jusques en bas, et a de plus, sur la tête, un autre voile plissé comme une jupe, fait de brocard ou de toile d'or, ou de toile de soie, qui la couvre jusqu'à la ceinture, et qui couvre tellement sa taille et sa façon, qu'un lynx ne découvrirait pas comment elle est faite» (*Voyage de Paris à Ispahan*, II, p. 66).

[39] Alors qu'il se trouve au Caire, Jean Thenaud est conduit «de musquette en musquette de nuict, èsquelles si eusse esté apperceu, j'estois en dangier de la vie» (*op. cit.*, p. 84). Quant à Félix Faber, il profite d'une serrure déficiente pour visiter «plus de dix fois» la mosquée édifiée sur les tombes de David et Salomon, à Jérusalem (cf. H. F. M. Prescott, *Le Voyage de Jérusalem*, pp. 162-163).

[40] *OS*, f. 145 v°.

du voyeurisme thevétien: les sycophantes n'avaient au fond pas si tort en accusant le voyageur d'avoir voulu forcer l'entrée du sanctuaire, puis d'avoir souillé celui-ci en y jetant des pierres et des immondices. En terre d'islam, la pénétration même licite d'un regard chrétien est toujours déjà une profanation, une violence susceptible d'entraîner de graves conséquences[41].

C'est à la lumière de ces menaces tangibles ou chimériques qu'il convient d'aborder l'une des *percées* les plus spectaculaires du corpus aramontin et peut-être même de toute écriture du Levant à la Renaissance, celle dont se targue Belon au chapitre des *Observations* prometteusement intitulé «Que les femmes de Turquie sont belles par singularité, et nettes comme perles» (III, 35). Désireux de s'étendre sur la beauté déjà proverbiale des femmes levantines, sur le détail de leur hygiène et les arcanes de leur cosmétique, le voyageur ne peut faire l'économie de la caution méthodologique que constituerait ne serait-ce qu'un semblant d'expérience visuelle. Or s'il est déjà «tres difficile de veoir le visage d'une belle Turque au descouvert»[42], on imagine mal comment il serait possible, même en accédant au harem, d'observer la femme orientale dans l'accomplissement de ses rituels les plus intimes. Une seule solution: la surprendre innocemment au moment du bain, au risque d'encourir un sort aussi tragique que celui d'Actéon. Etant donné la fréquence avec laquelle les Turques se rendent au hammam et plus encore le temps qu'elles y restent, ce n'est d'ailleurs pas l'occasion qui devrait manquer:

> Elles vont aux baings deux ou trois fois la sepmaine, où elles sont quatre ou cinq heures à se farder, et mignotter [...]. Elles y vont en grandes compagnies, où les hommes ne se trouvent point, car elles ont leurs baings à part. Et si elles vont quelque fois es baings des hommes, ce sera

---

[41] Cf. *CU*, ff. 161 v°-162 r°. Il est pour le moins tentant de comparer cette anecdote avec la fameuse scène d'«érotisme ethnologique» où Jean de Léry, intrigué par les chants d'un sabbat tropical se déroulant à huis clos, commence par observer la cérémonie par «un petit pertuis» avant d'entrer purement et simplement dans le carbet en question. Contrairement aux craintes du voyageur, cette brusque intrusion ne provoque nullement la colère des Indiens: «Voyans doncques que les sauvages (comme le truchement estimoit) ne s'effarouchoyent point de nous, ains au contraire, tenans leurs rangs et leur ordre d'une façon admirable, continuoyent leurs chansons, en nous retirans tout bellement en un coin, nous les contemplasmes tout nostre saoul» (*op. cit.*, p. 401; voir aussi le commentaire de M. de Certeau, *L'Ecriture de l'histoire*, p. 239). L'issue radicalement divergente des deux épisodes me semble toùt à fait emblématique de l'abîme qui sépare alors l'Amérique et l'Orient sur le plan de l'imaginaire scopique.

[42] *OS*, f. 183 v°.

en quelque jour deputé en la sepmaine, car il y a des endroicts où les femmes ont le baing pour se laver apres midy, d'autant que le matin est pour les hommes. Il y a aussi des baings en certains endroicts, où les femmes vont seulement le jeudy apres midy. Donc par erreur, ainsi que je vouloie entrer en un baing comme es autres jours, ne sçachants point tel usage, trouvant la porte ouverte comme de coustume, estant entré dedens, trouvay une grande compaignie de femmes turques, qui s'apprestoient pour aller se laver. Mais si je n'eusse bien sçeu le gaigner de vistesse, j'estois en peril de mourir, car la loy de Mahomet est si rigoreuse en ces cas là qu'un homme n'auroit moyen de se saulver, sinon en contrefaisant du fol. Car (comme j'ay dict) les Turcs pensent que les fols participent de quelque saincteté pour leur innocence[43].

L'horaire variable des bains mixtes, l'absence de contrôle à l'entrée du bâtiment et l'inexpérience doublement soulignée de l'Occidental se conjuguent avec bonheur pour offrir une occasion unique – et périlleuse – d'apercevoir de nombreuses femmes non pas exactement au moment du bain, mais juste un peu avant, sans doute à l'instant beaucoup plus intime où, déjà dévêtues, elles ne dissimulent pas encore leurs courbes derrière un voile d'eau ou de vapeur.

Grâce à cette expérience éclair exigeant à la fois *vista* et vitesse, Belon peut en toute déontologie évoquer le soin extrême que les femmes orientales prodiguent à leur corps, qu'il s'agisse de l'onguent dont elles s'enduisent la peau ou de la mixture dont elles se teignent cheveux et sourcils. Mais là encore, l'Occidental ne peut s'empêcher de symboliquement souiller le corps interdit, de s'acharner à le dévoiler par delà même la simple nudité. Ce qui fascine Belon plus que tout, c'est ce dépilatoire minéral grâce auquel les femmes «se font ordinairement abatre le poil des parties honteuses»[44]:

Je diray premierement quelle chose est *rusma*. C'est une drogue qui resemble à de l'excrement ou merde de fer [...]. Toutes femmes de Turquie qui en ont affaire, la usent aux baings. Car jeunes et vieilles, mariées ou à marier, au moins si elles ont du poil, de quelque nation ou loy qu'elles soient, Turques, Grecques, Armeniennes, Juifves, et Chrestiennes, en usent pour se faire abatre le poil [...]. Apres qu'ilz [sic] l'ont batu en pouldre bien subtile, mettent la moitié autant de chaulx vive, que de *rusma* qu'ilz destrempent en quelque vaisseau avec de l'eau, et quand les femmes entrent es baings, lors oignants les parties qu'elles veullent estre sans poil, laissans la susdicte composition dessus autant de temps qu'il fault à cuire un œuf: puis apres esprouvent si le poil veult tumber. Car quand la sueur commencera à percer la peau, lors le poil commencera à ne tenir plus par la racine et de luy mesme tumbera en se lavant seulement d'eau chaulde, moyennant qu'on le avalle de la main.

---

[43]   *OS*, f. 197 v°.
[44]   *OS*, f. 196 r°.

> Ce *psilothre* [dépilatoire] est si temperé qu'il ne cuict point, et laisse la
> partie polie, lisse, et sans vestige de poil...[45]

Bien au delà de tout intérêt «scientifique»[46], le minutieux examen de
cette épilation est surtout l'occasion de promener son regard à la surface même du corps féminin, de ses parties les plus secrètes. En disant
cette peau qui se perle, cette pilosité pubienne qui peu à peu s'efface
comme un dernier obstacle, le voyageur prend en quelque sorte sa
revanche sur les rigueurs du voile et du harem. Il dépouille, dépile et
symboliquement déflore la femme interdite, qu'il laisse exposée à la
vue du lecteur occidental, lisse et polie comme une perle rare. Belon
a peut-être risqué gros, mais le jeu en valait bien la chandelle[47].

* * *

On aurait tort de penser que le regard du voyageur, lorsqu'il ne
parvient pas à transpercer le voile avec pareille audace, s'en trouve
pour autant aveuglé, neutralisé, désavoué dans ses moyens et dans
ses pouvoirs. En vertu d'une extrême adaptabilité, il peut tout aussi
bien se poser sur des réalités contiguës ou semblables à l'objet ori-
ginellement convoité, selon un mouvement de *déflexion* qui mérite
d'être examiné dans le riche éventail de ses manifestations[48].
   De la manière la plus simple qui soit, l'Occidental incapable de
véritablement voir le visage ou le corps des femmes musulmanes
peut tout d'abord, comme par métonymie ou par synecdoque, se
rabattre sur la description de leurs pieds et de leurs mains:

---

[45] *OS*, f. 196 r°-v°.

[46] On se souvient que Belon est apothicaire de formation.

[47] A ma connaissance, la seule percée véritablement comparable à celle de Belon
nous est narrée quelques années plus tôt par Menavino, capturé par les Turcs à
l'âge de douze ans, offert au Sultan puis emmené au «Serraglio delle Donne»
pour notre plus grand bonheur: «Pervenuti al Serraglio, vedemmo le donne
tutte levarsi in piede, & con quello honore & grata accoglienza che piu lor
conveniva, riverentemente allo eunucho inchinarsi, domandandolo quello che
fusse di suo comandamento. Per la qual cosa egli espose loro la volonta del Re,
tanto subitamente ne preseno alcune di loro, et in presentia di tutte l'altre, ch'el
numero di cento sessanta passavano, non altrimenti che creati fummo ci spo-
gliarono, & menaronci fra molte di esse ne bagni, non meno di vestimenti che
di vergogna nude, le quali tutte erano figliuole di Christiani; percio che tal
Serraglio a questo è ordinato; & non vi entrano se non vergini» (*Trattato de
costumi et vita de Turchi*, pp. 13-14). L'interdit n'est pas ici violé, mais
astucieusement contourné grâce au jeune âge du narrateur au moment des faits.

[48] Cette analyse se focalisera sur les nombreuses déflexions motivées par l'invisibilité de la femme.

> Elles se paignent le bout des doigts et les orteils d'une couleur rouge, qu'ils appellent *cna* qui se fait par alkemie de plomb bruslé, qui à grande peine s'en va...[49]

Mais il s'agit parfois moins de se limiter aux mains que de les utiliser comme indice, de les contempler comme le signe ou la promesse d'autres beautés encore dissimulées. C'est sans conteste Du Fresne-Canaye qui semble le plus expérimenté dans cette chiromancie nouvelle manière, lui qui affirme que les femmes turques

> ont la figure si bien couverte d'un tissu fait de poils de chameau teints en noir et le cou enveloppé de broderies qu'on ne peut distinguer les laides des belles. Mais c'est seulement par la voix ou par le port, ou par les mains fines et délicates (que parfois elles laissent voir, car elles ne se servent pas de gants, mais tiennent les mains cachées dans leurs robes), qu'on juge de la figure qu'on ne voit pas...[50]

Entre la beauté des mains et celle du visage, entre ce que l'on voit et ce qui demeure invisible, l'œil rêve un lien nécessaire, une sorte de secrète convenance.

La déflexion ne se laisse pourtant pas circonscrire à cette exacte contiguïté. Elle peut tout aussi bien orienter le regard vers une réalité un peu plus éloignée, à condition que celle-ci entretienne quelque analogie avec l'objet demeurant invisible. On se souvient que Postel, convié à un festin de noces, se trouve dans l'incapacité absolue d'apercevoir les femmes de son hôte turc, toutes confinées dans le harem. Reste que sa pulsion scopique n'en est pas refoulée pour autant, puisqu'elle a tout loisir de se détourner sur un groupe de jeunes musiciennes, chanteuses, acrobates et danseuses chargées de distraire les convives. A en croire l'auteur, le clou du spectacle réside incontestablement dans les trémoussements suggestifs d'une «Moresque venereique»:

> Puis pour varier la matiere, l'une d'elles, la plus grande et belle, se leve pour danser à leur mode. Laissant son couvrechef et bonnet d'or, prent un tulband, qui est le bonnet d'un homme, puis fait une mine sans parler, si tres fort representant les affections d'amours, que le reciter aus hommes sans le voir exciteroit plus desir que plaisir. Premier elle supplie à tous les tours de sa danse, s'addreçant par vives et penetrantes œillades au personnage principal du festin; aïant supplié et faignant ne profiter, faint avec quelque beau mouchoir filler une corde à la desperade...[51]

---

[49]   Postel, *RT*, I, p. 13; *HO*, p. 108.

[50]   *Voyage du Levant*, p. 77.

[51]   *RT*, I, p. 19; *HO*, pp. 108-109. Pendant le numéro sensuel de cette danseuse, «sa compagne, *sonnant la harpe qu'elle a plantée entre les jambes*, tient mesure de sa musique, frappant des genous sur le tapis, et autres telles choses»...

Le voyageur qui satisfait sa *libido videndi* par des voies détournées sait trop les douleurs d'un désir contrarié pour vouloir tout d'abord les imposer longtemps à son pauvre lecteur. Mais cette précaution sincère (ou ce sursaut de pudeur), parce qu'elle se heurterait sans doute au paradoxe du voile, finit par céder la place à une description de la danse lascive, à une évocation compensant aussi *pour le lecteur* l'inaccessibilité des femmes retranchées dans les «galleries hautes».

De la même façon qu'il peut s'attarder sur les charmes aguicheurs d'une danseuse professionnelle[52], le regard occidental se dirige volontiers vers la nudité accessible des jeunes esclaves rencontrées en terre d'islam. Dès le récit de son escale algéroise, Nicolay s'applique à rapprocher comme pour mieux les confondre la description des impudiques esclaves maures et celle des invisibles femmes mariées:

> ...et tout le long du fleuve, et du rivage, les femmes et filles esclaves maures de la ville d'Alger vont laver leurs linges, estans ordinairement toutes nües, excepté qu'elles portent une piece de toille de cotton, de quelque couleur bigaree, pour couvrir leurs parties secretes (lesquelles toutesfois pour peu d'argent elles descouvrent volontiers) [...]. Mais quant aux femmes des Turcs, ou Maures, on ne les veoit gueres aller descouvertes. Car elles portent un grand bernuche [burnous] d'une fine sarge blanche, noire, ou violette, qui leur couvre toute la personne, et la teste[53].

Cette juxtaposition significative se trouve même transposée sur un plan iconographique grâce à deux des soixante superbes gravures illustrant les *Navigations*. Mais alors que dans le texte les épouses voilées étaient décrites *après* les esclaves découvertes, l'ordre s'inverse brusquement dans la séquence iconique, où la «Femme more, d'Alger en Barbarie allant par la ville» *précède* cette fois-ci la «Fille moresque esclave en Alger»[54]. D'une image l'autre, la femme musulmane donne l'impression d'arracher son burnous, de se dévêtir pour exhiber un corps presque nu, offert à l'Occidental comme cette fleur qu'elle tient gracieusement dans sa main droite et qui s'avère riche de toutes les promesses.

Le spectacle d'une telle nudité n'est toutefois pas l'apanage des voyageurs en escale à Alger. Il est assez fréquent dans tous les

---

[52] Selon la même logique de déflexion, d'autres professionnelles musulmanes éveilleront l'intérêt indigné de Chardin, qui décrira longuement le *quartier des dévoilées* à Ispahan (*Voyage de Paris à Ispahan*, II, pp. 51-56).

[53] *NPV*, p. 18.

[54] Ces gravures occupent les ff. B 3 r° et B 4 r°, entre les pp. 19-20. Cf. planches III et IV.

marchés aux esclaves de l'Empire ottoman, à tel point que l'évocation des chrétiennes vendues à l'encan relève de la topique la plus éprouvée du discours sur l'Orient à la Renaissance[55]. Comme bon nombre d'Européens, c'est en visitant le Grand Bazar de Constantinople que Gassot assiste à cette triste scène et tout particulièrement au traitement humiliant réservé à l'esclave mise aux enchères:

> ...ilz lui mettent un voile sur la teste, qui luy couvre le visage, et à tous ceulx qui la marchandent, la descouvrent en un coing et là luy regardent les dents, les mains, s'enquierent de son aage, si elle est vierge, et autres choses semblables comme un cheval, au grand vitupere, et mespris de la Chrestienté[56].

Certes, la description de telles pratiques vise d'abord à susciter l'indignation des lecteurs occidentaux, mais cela ne l'empêche pas de frapper l'imagination autrement, par ce dévoilement qu'elle met en scène et surtout par ce méticuleux examen du corps féminin qui la fait apparaître comme la transposition bien réelle des indiscrètes observations fantasmées par Belon. Et s'il est vrai que Gassot ne prétend à aucun moment avoir lui-même assisté à un tel dépouillement, Nicolay quant à lui ne s'en cache pas:

> Je y ay veu despouiller et visiter trois fois, en moins d'une heure, à l'un des coings du Bezestan une fille de Hongrie aagee de treize à quatorze ans, mediocrement belle, laquelle en fin fut vendue, et delivree à un vieil Turc marchand, pour le pris de trente quatre ducats[57].

Frank Lestringant a justement insisté sur le «caractère pour le moins équivoque» du regard de Nicolay, lequel se montre ici tout à la fois choqué par cette «miserable servitude» et profondément fasciné par la mise à nu qui l'accompagne[58]. Il faudrait ajouter qu'à cette première ambivalence en répond une seconde, celle qui entoure inévitablement le statut de la fille examinée: car cette jeune esclave encore livrée au regard de tout un chacun a paradoxalement bien des chances de finir ses jours au plus profond d'un harem. En tant que chrétienne captive, elle inspire forcément une compassion sincère; en qualité de future femme de l'ombre, elle intrigue déjà le voyageur occidental, qui ne saurait bien sûr manquer l'occasion de contempler ses charmes avant même son prochain maître, fût-il le

---

[55] Cf. G. Turbet-Delof, *L'Afrique barbaresque*, p. 113.
[56] *Discours*, f. 12 r°; cf. aussi Chesneau, *Voyage*, f. 276 r°; pp. 34-35.
[57] *NPV*, p. 114.
[58] F. Lestringant, «Guillaume Postel et l'"obsession turque"», p. 296.

Grand Turc en personne[59]. Contempler l'esclave nue, ce n'est pas seulement voir à côté : c'est aussi voir avant.

On pourrait d'une certaine façon en dire autant des femmes de Chio, qui vivent au seuil de l'Empire ottoman et dont le voyageur prend toujours plaisir à évoquer les charmes. Ces «dames d'aparence et d'honneur», nous dit Thevet, sont «douees d'excellens dons de nature» et, qui plus est,

> sont de leurs maris avouees à faire bon racueil aus estrangers, et principalement aus François, ausquels il est permis de deviser privément avec elles en langue genevoise [génoise], sans creinte quelconque[60].

Le contraste est évidemment total avec ce qui attend le voyageur en terre d'islam, et si l'escale de Chio n'est peut-être pas véritablement vécue comme un bonheur si rare, elle se trouve rétrospectivement investie, dans le souvenir et au moment de la rédaction, de tout le désir défléchi par les harems et les voiles. Tout comme il s'attachait aux jeunes esclaves dénudées, Nicolay se passionne particulièrement pour les femmes de Chio et n'hésite pas à leur adresser les louanges les plus dithyrambiques :

> Quant aux femmes et filles, je ne pense point, sans nulles autres offenser, qu'en toutes les parties d'Orient s'en puissent trouver de plus accomplies en beauté, bonne grace, et amoureuse courtoisie. Car oultre la singuliere beauté, dont nature les a si bien douees, elles s'habillent tant proprement et ont si venuste maintien, et entretien, qu'on les jugeroit plustost Nymphes ou Deesses que femmes ou filles mortelles[61].

Suit alors une description extrêmement minutieuse de leurs robes, tabliers, coiffes, et autres «gorgias». La variété des étoffes (velours,

---

[59] Sur les concubines du Sultan, la plupart chrétiennes et pour certaines d'entre elles «achetees des marchans», cf. par exemple Nicolay, NPV, p. 99.

[60] CL, p. 44. Ces quelques lignes sont directement inspirées de La Borderie (Discours, vv. 1277-1281), qui rassurait toutefois la destinataire de son épître en lui certifiant n'avoir pas pris part à ces conversations intimes : «Chascun de nous en langue genevoyse / Va deviser privément avec elles, / Excepté moy : car bien qu'elles soyent belles, / Laides les trouve, et leur civilité / Estre me semble une imbecilité. / Tant impossible est qu'en mon cœur je sente / Aucun plaisir, où vous estes absente...» (vv. 1280-1286). Cf. F. Tinguely, «Eros géographe : Bertrand de La Borderie et le Discours du voyage de Constantinoble».

[61] NPV, p. 68. Dans ses Observations, Belon rattachait plus précisément la beauté des femmes de Chio à celle d'une nymphe éponyme : «Elles rendent un infallible tesmoignage de leur antique beauté, car comme une nymphe en l'isle de Chio surpassant la neige en blancheur, fut appellée de nom grec Chione, c'est à dire neige, tout ainsi l'isle prenant le nom de la nymphe fut surnommée Chio» (f. 85 v°).

satin, damas, soie), l'éclat des «diverses couleurs» et la richesse des parures (or, perles, «autres pierres fines») sont bien la preuve que ces femmes mettent «tout leur plaisir et estude [...] à se bien parer et farder, à fin de se monstrer plus aggreables aux hommes tant privés qu'estrangers»[62]. Contrairement à leurs voisines turques, les Chiotes s'offrent dans toute leur beauté au regard du voyageur: il leur en saura gré en leur consacrant deux magnifiques gravures de ses *Navigations*[63].

Si les belles de Chio cultivent leur apparence en deçà même de l'opacité stambouliote, les femmes de Péra exercent leurs attraits juste au delà (*pera*) de la Corne d'Or, dans la zone même où résident les ambassadeurs occidentaux. Il est frappant de constater à quel point se répondent chez Nicolay la description des Chiotes et celle des Pérotes, le tout évidemment sur fond de contraste absolu avec les femmes musulmanes. A Péra, les vêtements féminins sont «si riches et magnificques, qu'à peine à qui ne les auroit veus, seroit il croyable». Là aussi, les femmes «mettent toute leur cure et estude à estre braves et bien parees», si bien qu'il n'y a

> si petite bourgeoise ou marchande qui ne porte les robbes de velours, satin cramoisy ou damas, enrichies de passemens et boutons d'or ou d'argent, et les moindres de taffetas et soyes figurees de Bursie, avec force chaines, manilles ou larges braceletz, carquans, pendants, et afficquetz, garnies de diverses pierreries...[64]

Si l'on ajoute à cela un maquillage des plus gracieux, on comprend à quel point le passage d'une Pérote est un véritable don du Ciel pour l'Européen séjournant sur les rives du Bosphore,

> de maniere que on jugeroit à les voir marcher que ce sont nymphes ou espousees[65].

---

[62]　*NPV*, p. 69.

[63]　*NPV*, pp. 71-72. Pour la seconde gravure, cf. planche V. A remarquer que la seule petite ombre au tableau de ces beautés procède justement d'une coutume empruntée aux Turques: les Chiotes ont en effet «les tetins avallez pour la continuelle frequentation des baings» (p. 69).

[64]　*NPV*, p. 120. Cf. aussi le texte assez proche de Belon, *OS*, f. 199 r°. A noter que Nicolay ne se contente pas de cette méticuleuse description, puisqu'il nous propose également trois gravures des femmes de Péra (*NPV*, pp. 123-124; exemple en planche VI).

[65]　*Ibid.* Nicolay semble ici démarquer le texte de Belon: «et diroit on à les veoir aller par la ville que ce sont espousées» (*OS*, f. 199 r°). On note cependant que la comparaison avec les nymphes est introduite par l'auteur des *Navigations*.

Aux nymphes de Chio s'ajoutent maintenant celles de Péra, comme
pour mieux prolonger le défilé substitutif offert au voyageur,
comme pour mieux danser la ronde autour de la femme musulmane. Celle-ci a beau s'obstiner à dérober ses charmes, elle n'en
apparaît pas moins flanquée de deux Grâces qui les suggèrent et
d'une certaine manière les dévoilent, de deux nymphes radieuses
qui l'invitent à moins de pruderie et dont les rires aguicheurs se font
inlassablement écho.

Au sein de l'Orient imaginaire inventé par le texte et les illustrations de Nicolay, tout se passe même comme si les femmes du
Grand Turc, les plus secrètes de toutes, s'étaient finalement laissé
convaincre et avaient miraculeusement accepté de poser pour le
voyageur. Dans la séquence des gravures représentant les musulmanes telles qu'elles se drapent lorsqu'elles vont «de par la ville»
apparaissent quatre planches illustrant des femmes du Vieux Sérail
en tenue d'intérieur[66]. On sait en réalité que Nicolay a dû recourir à
un habile stratagème afin d'accomplir cette prouesse iconique sans
s'exposer à une mort certaine:

> ...pour avoir moyen de vous representer la maniere de leurs habits, je
> prins amitié avec un eunuque de feu Barberousse, nommé Zaferaga de
> nation ragusienne, homme de bon entendement, et amateur de bonnes
> lettres et vertu, qui de son jeune aage avoit esté nourry dans le Sarail. Et
> si tost qu'il s'apperceut que je desirois veoir la façon des accoustremens
> de ces femmes, pour me contenter feit vestir deux femmes turcques
> publiques de fort riches habits, qu'il envoya querir au Bezestan, là où
> s'en treuvent, et vendent de toutes sortes, sur lesquels je fey les pour-
> traicts icy representez[67].

Grâce au concours (d'ailleurs assez paradoxal) d'un eunuque à
l'*ethos* irréprochable, Nicolay parvient ici au degré suprême de la
déflexion. Plutôt que de simplement se rabattre sur les corps accessibles de deux courtisanes, il s'est appliqué à travestir celles-ci afin
qu'elles ressemblent à s'y méprendre aux femmes du Vieux Sérail. Il
a fait en sorte que l'autre et la même se confondent pour mieux faire
illusion à son désir et à celui du lecteur. S'il est une leçon à tirer de
cet ingénieux artifice, c'est bien que la femme sur laquelle se pose le
regard dévié ne compte jamais pour elle-même, mais toujours en
tant que reflet, en tant que substitut.

Défléchi par le voile et les murs du harem, le regard du voyageur
se réoriente en somme vers quatre types de «suppléantes»: la

---

[66] *NPV*, pp. 98, 101-103.
[67] *NPV*, p. 100. Cet extrait a été commenté par F. Lestringant, art. cit., p. 295.

musulmane de mœurs légères (danseuse ou prostituée), l'esclave dénudée, la femme de Chio et celle de Péra. Ces quatre beautés visibles jouent un rôle identique dans l'imaginaire de l'Occidental et cette solidarité fonctionnelle est d'ailleurs soulignée par un motif récurrent dans l'œuvre iconique de Nicolay. Parmi les vingt-sept femmes représentées dans les gravures des *Navigations*, il en est *quatre*, ni plus ni moins, qui tiennent une fleur au bout des doigts: on ne s'étonnera guère, à ce stade, qu'il s'agisse précisément de la «fille moresque esclave en Alger», de la «fille de l'isle de Chio», de la «gentille femme perotte francque» et de la «fille de joye turcque»[68]. Il n'est plus permis d'en douter: à chaque fois, la fleur du désir est venue discrètement signer la singulière accessibilité d'une femme levantine[69].

✳ ✳ ✳

De la percée à la déflexion, du coup d'œil jeté à l'intérieur d'une mosquée aux filles publiques costumées sur les conseils d'un eunuque, le principe d'autopsie ne s'est évidemment pas manifesté avec une même rigueur et selon des critères uniformes. Il a progressivement fait l'objet d'une application moins stricte, moins littérale, et par conséquent beaucoup plus riche sur un plan symbolique, ce qui ne l'a d'ailleurs pas empêché de conserver tout ou partie de son efficacité persuasive. Il nous faut maintenant franchir un pas de plus afin d'examiner une dernière forme de stratégie scopique, celle que l'on pourrait qualifier de *regard délégué*.

La particularité de ce nouveau tour oculaire est de nous faire quitter le domaine du «j'ai vu» sans pour autant nous entraîner totalement dans la connaissance par ouï-dire. Le voyageur n'a pas observé de ses propres yeux, certes, mais il insiste nettement sur la dimension visuelle de ce qu'il raconte ou décrit. Plutôt que de reconnaître son recours à l'oreille, il met en avant un œil qui a vu et qui, par sa présence seule, fonctionne déjà comme un gage de créance. Une savoureuse anecdote contée par Du Fresne-Canaye illustre parfaitement les avantages de ce regard emprunté:

---

[68] *NPV*, cf. f. B 4 r° entre les pp. 19-20 et, pour les autres gravures, pp. 72, 122 et 270. Toutes ces illustrations sont présentes dès la première édition des *Navigations*. Cf. planches IV, V, VI et VII.

[69] Parfois même très discrètement: M.-C. Gomez-Géraud et S. Yérasimos, éditeurs modernes des *Navigations*, n'ont ainsi pas vu que la fille de Chio tient une petite fleur dans sa main gauche, ce qui, au demeurant, n'enlève rien à la pertinence de leur commentaire à propos des trois autres figures (*Dans l'Empire de Soliman*, p. 34).

> ...Piali, second pacha, maria une de ses filles au chef de la fauconnerie du
> Grand Seigneur. Comme il avait entendu dire à sa sultane que la jeune
> fille était très belle, et qu'il ne l'avait jamais vue, il lui vint un tel désir de
> la voir qu'un jour il se cacha dans le sérail de sa femme et y attendit que
> sa fille passât d'une chambre à l'autre, et ainsi la vit. La mère et la fille
> elle-même en furent si irritées que la plus grande injure ne les eût pas
> courroucées davantage; elles accusaient le pauvre père d'avoir fait à la
> pudeur de sa fille un outrage irréparable, attendu que ces grandes dames
> ne sont jamais vues d'un autre homme que de leur mari. Et il y eut fort
> à faire à apaiser la sultane[70].

Ce que ce bref récit met en scène, c'est sans doute moins le voyeurisme de Piali que celui, refoulé, du voyageur occidental. La volonté
de dépasser la connaissance par ouï-dire et le désir transgressif de se
substituer au mari font ici du pacha le double de l'Européen, lequel
exprime d'ailleurs sa solidarité quelque peu intéressée au moyen du
modalisateur («pauvre père»). Or en transférant au dignitaire turc le
privilège de l'expérience visuelle, Du Fresne-Canaye parvient à
minimiser considérablement les conséquences de la transgression
– désormais une simple affaire de famille – sans pour autant perdre
toute l'autorité associée à l'usage de l'œil. L'important, dans cette
anecdote, ce n'est au demeurant pas le crédit accordé à ce que Piali
a vu (et qui n'est pas décrit), mais bien *au seul fait qu'il ait vu*. L'auteur ne nous montre pas l'*objet* d'une connaissance visuelle: il nous
donne à voir l'observation ou plutôt la *percée* dans son processus
même.

Mais le voyageur-écrivain ne se contente pas toujours d'un coup
d'œil aussi furtif sur la mariée. Il aime aussi à s'attarder sur le
moment crucial où, dans la chambre nuptiale, le Turc soulève pour la
première fois le voile de son épouse. Si l'on en croit l'auteur de *La
Genealogie du grant Turc*, la percée n'est pas alors une mince affaire:

> Et quant il se cuyde approcher, luy cuydant oster son voille dont elle a
> le visage couvert, elle fait son effort de non soy vouloir laisser oster
> ledit voille et ne se veult despouiller, dont le povre mary est subgect de
> la despouiller et de la deschausser, car ainsi que vous ay dit les Turcz
> sont tres jalloux et ne se fient en quelconques hommes ne femmes de
> faire tel office. Elle fait la plus grande resistance du monde de soy lais-
> ser despouiller, et quant il a tout fait jusques a luy deslier les brayes, les-
> quelles à ceste heure là elles ont nouees à bon fortz neudz, il fault que le
> povre mary lui promecte oultre le douaire qu'il luy a promis une grande
> quantité d'argent, laquelle quantité est promulguee et publiee le matin
> ensuyvant[71].

---

[70] *Voyage*, p. 119.

[71] [Théodore Spandugino,] *La Genealogie du grant Turc* (1519), f. G. 8 v°.

Des péripéties du «pauvre père» à celles du deux fois «pauvre mari», le principe du regard délégué est à peu près le même, si ce n'est que l'Occidental transfère désormais au Turc ses frustrations tout autant que ses désirs scopiques. On sent bien, en effet, que l'attrait d'une telle reconstitution réside avant tout dans l'évocation de la farouche résistance opposée par la femme turque au dévoilement et au «dépouillement». En disant les obstacles rencontrés par l'époux enflammé, le texte semble pointer dans au moins trois directions différentes: il engage tout d'abord à rire aux dépens du Turc, pris au piège de sa propre jalousie; il suggère et justifie ensuite les difficultés que le voyageur peut lui-même éprouver à soulever le voile; enfin, il accomplit l'exploit de conduire le lecteur curieux au seuil même d'une prometteuse nuit de noces dont il anticipe discrètement les voluptueuses résistances.

Dans l'exact prolongement de *La Genealogie du grant Turc*, Postel nous fait suivre avec un grand luxe de détails les différentes phases qui mèneront le fiancé à la possession complète de sa promise. Il évoque tout d'abord une improbable visite d'inspection grâce à laquelle le jeune homme turc «va voir une fois la fille ou femme dont est question, et regarder s'elle est belle, forte, seine»[72], puis la négociation d'une dot et le transfert de la mariée dans sa nouvelle demeure, défilé prétexte à la description du vêtement féminin jusque dans ses moindres détails:

> Pour habit de dessous elles portent toutes braquesses, là où qui veut chercher quelque chose, il faut qu'il les destache, et principallement le mari au premier jour, et oste tous les abillements d'icelles[73].

La prolepse est pour le moins suggestive. Elle entretient le désir du lecteur en lui faisant bien comprendre vers quelle scène finale le récit du mariage l'achemine. Après avoir longuement décrit les festivités du banquet nuptial et avoir multiplié les digressions comme pour mieux nous faire languir, l'auteur en arrive au moment solennel déjà évoqué par son prédécesseur italien:

> ...le mari est suget à deslier ou avaller les braguesses que toutes femmes portent là, elles faisent [*sic*] difficulté ou mines de ne vouloir qu'il luy touche. Je croy comme aus anciens Payens que le mari estoit contraint deslier la ceinture de Vénus avant que toucher à rien. Estant faitte la

---

[72] *RT*, I, p. 7; *HO*, p. 93. En réalité, le jeune homme ne pouvait se faire une idée du physique de sa fiancée que grâce au témoignage de sa mère (cf. R. Mantran, *op. cit.*, pp. 197-198).

[73] *RT*, I, p. 14; *HO*, p. 102.

cause du mariage, et aiant promis ou donné un second douaire, la dame
se leve, et devant que jamais il y retourne la seconde fois, elle se lave,
selon l'institut de la loy, nette comme devant; et tant de fois, tant est
lavée[74].

La lecteur a évidemment toutes les chances d'être cruellement déçu:
le «dépouillement» plus rapide, la référence (même vénusienne) à
l'Antiquité gréco-latine, l'ellipse masquant la défloration et plus
encore la mécanique alternance d'ablution et de copulation se conjuguent ici pour neutraliser presque totalement la puissance érotique
autrefois perceptible dans *La Genealogie du grant Turc*. Conformément à l'optique religieuse qui est invariablement la sienne, Postel ne
nous a conduits auprès des mariés turcs que pour mieux nous faire
connaître leurs lois et coutumes en matière d'hygiène sexuelle[75].
Pour le reste, il est passé de l'autopsie déléguée à l'autocensure. Il n'a
emprunté le regard du Turc que pour fermer les yeux.

Qu'on ne s'y trompe pourtant pas: la pruderie de Postel ne s'explique véritablement que dans la mesure où la stratégie du regard
délégué permettait précisément de donner à voir. Loin de toujours
s'empêtrer dans les dessous «gordiens» d'une épouse revêche, l'œil
du Turc permet parfois d'accéder au plus grand bonheur visuel et
aux plus beaux effets de l'hypotypose. Afin de décrire l'inaccessible
panorama dont profitent les habitués de la partie privée du Grand
Sérail, Pierre Gilles n'hésite pas à adopter le point de vue même de
Soliman:

> Is sive in hortis ambulet, sive domi jaceat, a fronte *prospicit* Bosporum:
> ejusque utraque littora virentia sylvis suburbanorum prædiorum, a
> dextera campum Chalcedonensem suis hortis consitum, Propontidem,
> insulas frequentes, nemorosos montes Asiæ, et longe retro *respicit*
> Olympum Asiæ, perenni nive tectum, et prope nobilem Urbis partem,
> ædem Sophiæ, et Hippodromum. A sinistra intuetur sex Urbis colles, et
> Thraciæ campos longe lateque patentes *circumspicit* undique; et quo-
> quo versus navigantes hos a Ponto, vel ab Hellesponto: alios, eosque
> diversos, ab omnibus Propontidis oris venientes, alios sinum Ceras sur-
> sum deorsum navigantes. *Prospicit* omni temporis momento infinitam
> multitudinem scapharum ultro citroque trajicientum. *Despicit* sub ocu-
> los subjecta tria collis latera, vestita omni genere florum, arborum, her-
> barum[76].

---

[74] *RT*, I, p. 27; *HO*, pp. 119-120.
[75] Juste avant ces lignes, Postel cite d'ailleurs un long extrait des «livres des
ceremonies populaires, ou conduitte de conscience» qui dictent selon lui la
conduite sexuelle des «Arabes ou Barbares».
[76] *TC*, pp. 52-53. «Celui-ci, soit qu'il se promène dans les jardins, soit qu'il
languisse dans sa demeure, a une vue directe sur le Bosphore, ses deux rives

Gilles ne se contente pas de suggérer la beauté du spectacle[77]: il s'applique aussi et surtout à dire les propriétés quasi argusiennes du regard qu'il emprunte. Le Sultan n'a certes pas cent yeux, mais il semble capable d'adapter sa vue à toutes les distances et à tous les angles, si bien qu'il contraint l'auteur à décliner les multiples dérivations préfixales de *spicere* (*pro, re, circum, de*). Or cet œil qui se déploie inlassablement en avant, en arrière, autour ou de haut en bas fait preuve de la même mobilité, de la même virtuosité que celui du voyageur face à l'opacité orientale. Lorsqu'il parvient indirectement à contempler l'horizon depuis la partie secrète du Sérail, Gilles ne fait pas qu'exalter le regard du souverain: il exprime plus généralement la souveraineté du regard.

PALINOPSIES

Capable de toutes les inflexions, de tous les compromis, l'autopsie peut encore répondre à l'obstacle oriental en fonctionnant selon une double logique de renversement. En matière d'autorité visuelle, en effet, le principe de non-contradiction s'avère en bonne partie inopérant, de telle sorte qu'un «j'ai vu» et un «je n'ai pas vu» peuvent parfois se confondre dans une même stratégie de persuasion fondée sur le rejet d'un savoir par ouï-dire. En d'autres termes, le contraire de l'autopsie serait ici moins sa négation que l'affirmation explicite d'une connaissance par l'oreille.

Lorsque Du Fresne-Canaye regrette de ne pas avoir les compétences nécessaires pour peindre les femmes voilées *telles qu'il les a vues* «marchant par la rue»[78], il ne se contente pas de justifier

---

verdoyantes grâce aux bois des propriétés suburbaines. Sur sa droite, il distingue la plaine de Chalcédoine fleurie de ses propres jardins, la Propontide, un grand nombre d'îles, les monts boisés de l'Asie et loin derrière l'Olympe asiatique, couvert d'une neige éternelle. A proximité, la partie la plus prestigieuse de la Ville, l'église Sainte-Sophie et l'Hippodrome. Sur la gauche, il aperçoit six collines de la Ville et embrasse du regard les plaines de Thrace qui occupent une vaste étendue. De chaque côté, il voit ceux qui naviguent en provenance du Pont-Euxin ou de l'Hellespont, d'autres, dans le sens opposé, qui viennent de toutes les rives de la Propontide, d'autres encore qui remontent ou descendent la Corne d'Or. A tout moment, il contemple un nombre infini de barques qui la traversent dans les deux sens. Sous ses yeux, il aperçoit les trois côtés de la colline, couverts de toutes sortes de fleurs, d'arbres et d'herbes».

[77] «Le coup d'œil sur le Bosphore, dans l'axe duquel vous êtes placé, et la Corne d'Or, est admirable» (*Guide bleu*, p. 87).

[78] *Voyage*, p. 77.

l'absence d'iconographie dans son *Voyage du Levant*: il consolide aussi les privilèges qui sont les siens pour avoir constaté sur place et *de visu* l'invisibilité de la femme orientale. Quant à l'autre stratégie, celle qui consiste à représenter la femme voilée afin de la mettre pour ainsi dire sous les yeux du lecteur, elle témoigne encore davantage du fait qu'un regard était là, face à l'obstacle, pour appréhender celui-ci à défaut de pouvoir le franchir ou le contourner.

Les illustrations de Belon ou de Nicolay qui exercent la fascination la plus intense et dont se dégage le plus grand effet de réel sont précisément celles où la femme se dérobe presque totalement au regard, où l'invisibilité se donne en spectacle[79]. En dessinant les plis du *férédgé* ou le tombé du *yachmak*, le voyageur met le lecteur en situation d'opacité, il lui propose une expérience tout à fait *à l'image* de celle qu'il a lui-même vécue en terre levantine. Par le seul fait qu'il accepte de se prêter au jeu, le lecteur casanier témoigne de la confiance accordée à l'auteur, dont l'incapacité à contempler la femme musulmane se trouve désormais auréolée de tout le prestige associé au principe d'autopsie. En somme, le simple fait d'affirmer ou de montrer que l'on n'a pas vu, *mais de ses propres yeux*, suffit ici à déjouer le piège de l'opacité orientale. S'être heurté au voile, c'est déjà avoir aperçu quelque chose, c'est toujours avoir mis en application (même de manière partiellement infructueuse) les principes de la connaissance par le regard. Ou comment l'aveugle s'érige en témoin oculaire...

Mais il existe une façon encore plus surprenante de renverser l'autopsie: elle consiste à inverser le sens de la relation visuelle de telle sorte que le sujet voyant se transforme en objet du regard. Le retournement est alors total, qui décentre le foyer scopique à la manière d'une petite révolution copernicienne. Frappé de cécité, l'œil du voyageur est relégué au second plan et c'est désormais le regard oriental qui occupe le centre symbolique de la relation, sans que celle-ci n'en perde pour autant toute crédibilité. En somme, il faut à présent faire confiance au voyageur-écrivain non parce qu'il a vu, mais parce qu'il a *été vu*.

---

[79] Cf. Belon, «Portraict d'une Turque d'Asie», *Observations*, éd. de 1554, f. 184 v° et Nicolay, *NPV*, p. 116. Cf. planches VIII et IX. Dans la première édition des *Navigations* (Lyon, 1567-1568), la poitrine de la «Femme turque allant par la ville» s'apercevait très nettement sous les plis de son long vêtement. Ce n'est que dans les bois utilisés pour les éditions anversoises de 1576 et 1586 que la percée s'avère véritablement impossible. A noter que les planches très semblables de Belon et de Nicolay ont peut-être leur source lointaine dans l'une des célèbres gravures illustrant l'*Opusculum* (1486) de Breydenbach (f. x r°).

Ce genre de *palinopsie* intervient assez fréquemment dans l'évocation de la femme musulmane. Si *La Genealogie du grant Turc* pouvait encore affirmer que les hommes couvrent le visage de leurs épouses «à ce qu'elles ne puissent veoir»[80], la plupart des auteurs du milieu du seizième siècle insistent au contraire sur l'activité scopique de la femme voilée. Dans ses *Observations*, Belon affirme par exemple que les Turques portent «un voile devant le visage, au travers duquel peuvent bien veoir»[81]. La relation qui s'instaure entre le voyageur et la femme voilée se caractérise dès lors par sa non-réciprocité, ce que Bassano met tout à fait en évidence lorsqu'il écrit que les Turques «possono vedere altri, e non possono esser vedute da gl'altri»[82].

Le motif de la femme-voyeuse est encore plus présent chez Postel, qui se révèle d'une manière générale extrêmement sensible à la constante asymétrie du visuel dans la société islamique. A propos des «habits des Muhamedistes», il précise que les femmes portent

> une piece de fine sarge noire ou d'estamine, faite de soie noire de cheval, qui leur couvre le visage, yeus et tout par où elles peuvent *voir sans estre vües*[83].

Même phénomène au cours du festin de noces déjà évoqué, où les Turques retranchées dans le harem ne perdent pas une miette du spectacle se déroulant dans la salle principale:

> Tandis que les compagnons mangent, il y a en la salle des hommes de diverses sortes de passetemps, duquel les dames, sans qu'on les voïe, peuvent avoir leur part, car en tous beaus logis y a quasi tout entour des galleries hautes qui regardent sur leurs chambres, là où les dames peuvent estre assises, et *voir par des treillis sans estre veües*[84].

Comment ne pas croire à la présence de ces dames dont le regard s'est si lourdement fait sentir? On savait jusqu'ici l'Occidental à l'affût du moindre entrebâillement ou «treillis» afin d'en voir davantage, voilà que la femme turque lui ravit la position du voyeur et le contraint à jouer un rôle nettement plus passif. Symboliquement, c'est maintenant elle qui le possède et non l'inverse. Son regard pénétrant peut à tout moment se poser sur l'Européen, l'in-

---

[80]   *Op. cit.*, f. F v°.

[81]   *OS*, f. 182 r°.

[82]   *Op. cit.*, f. 304 r°.

[83]   *RT*, I, 13; *HO*, pp. 101-102.

[84]   *RT*, I, 17; *HO*, pp. 106-107.

commodant mais exerçant aussi sur lui une fascination des plus intenses. Cet œil qui toujours le scrute, le voyageur-écrivain va s'appliquer à en donner à voir les contours dans toute leur noirceur. Postel prend bien soin de préciser que les Turques ont les sourcils couleur nuit, et que celle

> qui ne les a noirs, les taint de noir, et joint lesdits sourcils l'un avec l'autre[85].

Avec la minutie qui le caractérise, Belon décrit même le processus quasi alchimique grâce auquel les Turques élaborent leur teinture, sans doute une sorte de khôl. En frottant une «lame d'erain bruslée» avec une paille de fer, elles obtiennent une poudre sur laquelle elles placent «une bonne galle d'Istria». Reste à chauffer la galle au moyen d'un fer chaud de façon à ce qu'elle fonde et se mêle totalement à la poudre d'airain:

> Alors la mixtion qui en vient sera en maniere d'encre mediocrement espoisse, de laquelle les femmes en prennent avec un petit bois faict en façon de pinceau, et s'en frottent les sourcils elles mesmes, en se regardant dedens un miroir, et la laissent seicher. Et continuants cinq ou six fois en ceste sorte, se rendent les sourcils plus noirs que n'est le poil d'une taulpe[86].

Ironie ou tentative désespérée de neutralisation symbolique, le méticuleux affûtage de ce regard perçant est finalement associé à un animal aux yeux minuscules[87]. Qu'on ne s'y trompe pourtant pas: il en faudrait beaucoup plus pour aveugler la femme musulmane, pour faire oublier cet œil noir dont l'Européen ressent toujours l'invisible présence.

Et cependant ce léger malaise n'est encore rien à côté de l'angoisse quasi paranoïaque suscitée par l'œil menaçant du Grand Seigneur. Avant même la «naissance du despote»[88], le Sultan tel que le dépeignent certains voyageurs présente déjà toutes les caractéristiques de ce fameux «être de regard» qui ne cessera de hanter le discours orientaliste à l'âge classique[89].

---

[85] *Op. cit.*, I, p. 13; *HO*, p. 101. Cf. également Du Fresne-Canaye, *Voyage*, p. 78.

[86] *OS*, f. 198 v°.

[87] Mais qui voient dans le noir: la comparaison pourrait aussi être indirectement motivée par la vie souterraine, cachée, du petit mammifère.

[88] J'emprunte cette formule à Lucette Valensi (*Venise et la Sublime Porte. La naissance du despote*).

[89] Cf. A. Grosrichard, *op. cit.*, pp. 72-77. On sait qu'Aristote soulignait déjà le rôle de l'œil et des «oreilles» (les espions) dans le régime tyrannique (*Politique*, V, 11).

La surveillance du padichah s'exerce d'abord sur son propre entourage, composé de jeunes esclaves chrétiens recrutés au moyen du *devshirmè*. Au cours de la longue formation qui fera d'eux l'élite de l'armée et de l'administration ottomanes, les adolescents sont très attentivement observés par le Sultan:

> Le Prince, à cause qu'il[s] sont en un mesme enclos avec luy, prent passetemps à les voir faire leur exercice, et par quelques galleries les peut *voir sans estre veu*, ou bien s'il y en a quelqu'un qui par grace ou fysiognomie luy plaist, il le fait venir et devise avec luy...⁹⁰

Pareil à la femme recluse dans son harem, Soliman met à profit la claire-voie des «galleries» afin d'appréhender l'objet probable de son désir. Mais alors que la Turque ne concrétise que rarement cette possession scopique, le Sultan a bien entendu le pouvoir de faire immédiatement venir à lui l'éphèbe au physique agréable.

On aurait pourtant tort de réduire l'activité visuelle du Grand Turc à ce petit faible tout ponctuel et d'ailleurs suggéré de manière très vague par Postel. Le plus souvent, le regard du Sultan opère sur un plan strictement politique; il fonctionne alors comme l'instrument et l'emblème d'une omnipotence qui ne saurait souffrir le moindre écart de conduite, le moindre secret ou mensonge. L'âge n'est pas encore venu, où les souverains ottomans laisseront les vizirs gouverner librement à leur place. Pour le moment, le *Divan-i Humayoun* (Conseil impérial) se déroule toujours sous le contrôle potentiel du Grand Seigneur:

> Autrement le jour du Divam il peut estre à escouter à la dangereuse fenestre [...] pour escouter et *voir (sans pouvoir estre apperceu)* les matieres qui se traittent, desquelles en referant le mentir est mortel⁹¹.

Jamais visible, le Sultan est pour ainsi dire toujours là. Sa présence virtuelle plane sur le Divan comme une ombre dangereuse, morti-

---

⁹⁰ *RT*, III, p. 10; *HO*, p. 267.

⁹¹ *Op. cit.*, III, pp. 11-12; *HO*, p. 268. En évoquant le rapport que le «Bassa» rend au Sultan à propos des affaires judiciaires, Postel écrivait déjà: «là où le mentir est mortel, car souvent le Prince est à escouter à une fenestre qui respond sur l'auditoire, qui est faitte d'un logis en autre, de telle sorte qu'il peut ouïr et voïr tout ce qui se dit et fait audit auditoire, sans estre veu ne apperceu; et encor' que jamais n'y feust, on pense tousjours qu'il y soit» (*RT*, I, p. 123; *HO*, p. 248). Postel souhaite même la mise en place d'un tel dispositif de contrôle en France: «O que je n'ose dire ce que je pense! que pleust à Dieu qu'un ange familier peust faire la pareille opportunité au Roy Treschrestien, d'oyr et voir tous les juges souverains, et allongeurs de proces» (*RT*, III, 12; *HO*, p. 268). Sur le Sultan espionnant le Divan, cf. B. Lewis, *op. cit.*, p. 97 (extrait de la relation du Vénitien Ottaviano Bon).

fère, à l'image de ces «yeulx gros et noirs» que mentionnent les descriptions du pourtant «doulx et humain» Soliman[92].
Ce contrôle visuel ne se limite évidemment pas à l'enceinte du Grand Sérail. Parce qu'il se veut tout-puissant, le Sultan est contraint de tout savoir, y compris ce qui se passe dans les différents quartiers de Constantinople. On pourrait penser qu'il lui suffit d'envoyer ses sbires espionner les habitants de la capitale: ce serait ignorer la version ottomane du principe d'autopsie. Comme le voyageur, le padichah ne peut faire confiance à personne. Il doit impérativement voir le peuple de ses propres yeux, l'entendre de ses propres oreilles[93], le tout dans le plus grand secret:

> Il sort quelque fois au soir desguisé, et s'en va par la ville, aus compagnies et escoute qu'on dit de luy, de paix, de guerre, des fruits, de l'estat des villes, et en fait son profit, et souvent attrappe lourdaus par leur confession[94].

Voilà donc que l'œil du Sultan investit l'espace de Constantinople, que le voyageur peut à tout moment, à chaque coin de rue, être observé par le pouvoir en personne. Un pouvoir à la fois discret, indiscret et discrétionnaire. On atteint ici le sommet de la *palinopsie*, le point critique et difficilement soutenable où l'Occidental se trouve toujours potentiellement mis à nu, continuellement exposé à ce que Foucault appelle le «regard hiérarchique»[95].
Deux options s'offrent au voyageur désireux d'atténuer cette pression scopique. La plus efficace consiste évidemment à reconnaître le Sultan alors même qu'il tente de passer inaperçu. Elle permet de rétablir pleinement l'équilibre du regard, de répondre œil pour œil. Cette stratégie est remarquablement illustrée par Jean de Véga, auteur du *Journal de la croisière du baron de Saint-Blancard*, lorsqu'il évoque l'arrivée de la première escadre française à Constantinople, en mars 1538 (n.s.). Depuis l'une des galères mouillant dans les eaux de la Corne d'Or, le chroniqueur observe les jardins et les

---

[92]   A. Geuffroy, *op. cit.*, f. 2 r°, qui suit ici Ramberti, *op. cit.*, f. 30 r-v°.
[93]   En tant qu'instrument d'une connaissance directe, l'oreille fonctionne dans ce cas sur le même plan que l'œil et non pas selon la logique du ouï-dire.
[94]   Postel, *RT*, III, p. 12; *HO*, p. 269.
[95]   Cf. M. Foucault, *Surveiller et punir*, p. 201. A quelques détails près, les analyses que l'auteur consacre au panoptisme s'appliquent à merveille au monde ottoman tel que le perçoivent les voyageurs de la Renaissance. Comme Bentham, Soliman fait en sorte que «la surveillance soit permanente dans ses effets, même si elle est discontinue dans son action» (p. 234). Comme lui, il s'applique à «dissocier le couple voir-être vu» (p. 235), etc.

fortifications du Sérail, après quoi il se laisse envahir par un léger frisson paranoïaque:

> Semblablement du costé de la grand mer, tant que tient ledict Sarral au dict coing, a une porte par où le grand Seigneur monte sur sa fuste quand veut aller s'esbattre, et souventeffoys va desguisé luy deuxiesme avec ung seul esclave hormis les rameurs. Quant va desguisé, porte une robbe de drap et son turbant et d'ung costé du front sort ung ruban noir qui vient passer sus l'ung des yeulx, de l'aultre costé et soubz l'oreille est remis dans ledict turbant; il est venu par deux foys aynsy desguisé autour de noz gallères; quelques capitaines en advertirent le baron, qui commanda que l'on ne le saluast[96].

La minutieuse description du déguisement présente le double avantage de donner à voir l'espionnage et d'en neutraliser du même coup les effets. Le Sultan a beau dissimuler son œil noir derrière un ruban noir, il ne parvient pas à véritablement surprendre des Français toujours sur le qui-vive. D'une certaine façon, il est même victime de son propre piège, lui qui imagine se promener *incognito* mais que chacun reconnaît au premier coup d'œil, lui qui croit voir sans être aperçu mais est vu de tous sans même le savoir. En ordonnant de ne pas saluer le Grand Seigneur, Saint-Blancard remporte en tout état de cause une belle victoire symbolique sur son imposant allié: si celui-ci se réjouit de l'indifférence française, c'est donc qu'il est parfaitement dupe et se croit toujours invisible; si au contraire il se formalise d'un tel manque d'égards, il ne peut guère manifester sa colère sans qu'on lui reproche de s'être dissimulé derrière un ruban noir.

Lorsqu'il n'est pas en mesure d'identifier le Sultan, le voyageur peut parfois se contenter de le localiser, ce qui n'est pas tout à fait la même chose. Sans prétendre avoir aperçu Soliman en plein travail de guet, Gilles nous indique l'endroit précis à partir duquel les gens de passage risquent d'être observés par l'œil du pouvoir. Près de la mer, sur le promontoire même qui sépare les deux parties du Bosphore[97], s'élève une magnifique «galerie», sans doute une sorte de kiosque:

> ...Porticus Regia fulget marmoribus et columnis, habens aspectum pulcherrimum amœnissimumque; cui omni æstatis tempore afflant molles auræ; in qua undique virgeis cancellis minutis, et velut reticulatis clausa

---

[96] Jean de Véga, *Journal de la croisière du baron de Saint-Blancard*, in E. Charrière, *op. cit.*, I, p. 375. Sur la mission de Saint-Blancard, à laquelle participe aussi La Borderie, voir P. Grillon, «La croisière du baron de Saint-Blancard, 1537-1538».

[97] Il s'agit vraisemblablement de la Pointe du Sérail, au nord du Palais. L'une des deux «parties» du Bosphore est en fait la Corne d'Or (cf. *De Bosporo*, p. 18).

Regem sedentem nemo introspicere potest. Itaque ille a nemine visus,
alter Gyges, videt omnes circumnavigantes adeo prope, ut qua quisque
facie sit, internoscere queat...[98]

Certes, le Sultan se dérobe toujours au regard, mais l'on sait au
moins dans quel *locus amœnus* il se cache pour mieux espionner.
L'entourer d'une série de claies, n'est-ce pas d'ailleurs symboliquement l'enfermer, le prendre dans les rets de sa propre curiosité ?
Victime de sa *libido videndi*, le Grand Seigneur semble s'assigner
lui-même à résidence, contraint qu'il est d'observer son peuple
depuis le kiosque parfaitement aménagé pour cela. Son œil noir ne
menace désormais que les équipages qui prennent le risque de s'approcher du rivage. Tel un cyclope à l'affût de sa proie, Soliman n'a
plus qu'à espérer que le prochain capitaine à doubler la Pointe du
Sérail aura la curiosité d'Ulysse et non la prudence d'Enée.

C'est pourtant une autre figure mythologique qui vient ici à l'esprit du voyageur-écrivain et qui mérite en dernière analyse d'être
examinée avec le plus grand soin : celle de Gygès, dont le texte nous
dit qu'il partage avec le Sultan la capacité de voir sans être vu de personne. L'allusion ne fait dans un premier temps guère problème. Au
deuxième livre de la *République*, Glaucon, l'un des interlocuteurs
de Socrate, raconte la fable exemplaire de ce berger lydien qui, après
avoir trouvé l'anneau magique permettant de devenir invisible, se
rend aussitôt à la cour, assassine le roi et s'empare de la monarchie
de manière totalement illégitime[99]. Par delà toute réflexion sur les
motifs réels de qui respecte la justice, la leçon du *mythos* est pour
nous assez claire : l'asymétrie scopique confère un tel pouvoir à
celui qui la contrôle qu'il succombe forcément à la tentation d'en
faire usage à des fins sanglantes et tyranniques. L'invisibilité n'est
jamais que le prélude à l'injustice et à l'imposture. A la lumière du
dialogue de Platon, la comparaison avec Gygès vient renforcer
l'image d'un Sultan aussi secret qu'impitoyable, tel un dangereux
maître des regards dont la puissance ne connaîtrait pas de limites.

Mais les lecteurs humanistes ne sauraient en rester là, car ils
savent bien qu'il existe soit une version différente de ce mythe, soit

---

[98] *TC*, pp. 53-54. «Le kiosque du souverain brille de l'éclat de ses marbres et
colonnes, son aspect est des plus beaux, des plus charmants. L'été, il y souffle
en tout temps une douce brise. Personne ne peut voir le Sultan lorsqu'il se tient
à l'intérieur de ce lieu protégé de tous côtés par de petits treillis en osier et
comme réticulaires. C'est pourquoi lui, vu de personne, tel un autre Gygès,
voit tous ceux qui naviguent à proximité, de sorte qu'il peut discerner la figure
de chacun».

[99] Cf. Platon, *République*, II, 359 d.

carrément un autre Gygès. Dans l'un des développements qu'il consacre aux ancêtres de Crésus, Hérodote évoque le destin tragique et pourtant assez mérité de Candaule, roi de Lydie totalement fasciné par sa superbe épouse, mais incapable d'en apprécier secrètement les charmes. Candaule éprouve le besoin de partager son plaisir et finit par convaincre son confident Gygès d'observer sa femme nue à travers une porte entrouverte. Après s'être dévêtue, la reine aperçoit l'indiscret juste au moment où il s'esquive. Elle fait mine de ne pas le voir, mais le convoque le lendemain en lui donnant à choisir entre le régicide et la mort. La nuit venue, Gygès tue Candaule et prend ainsi possession «de sa femme et de son trône»[100].

Sous cet angle, la figure de Gygès acquiert une dimension doublement humaine. D'abord, le confident est irréprochable sur le plan moral puisque la mauvaise idée d'observer la reine nue ne venait pas de lui et qu'il s'y est même opposé dans les limites de ses faibles moyens. Ensuite et surtout, le voyeur est ici un personnage historique et non mythique. En tant que tel, il ne peut pas être en possession d'une force magique qui le hisserait au-dessus de ses semblables. Gygès voit mais il peut aussi être vu, si bien que sa tentative d'espionnage se termine par un coup d'œil furtif de la reine, qui suffit à rétablir *in extremis* l'équilibre scopique.

Comparer le Sultan à la figure ambivalente de Gygès, c'est donc à la fois l'élever à la hauteur d'un être surnaturel et l'abaisser au niveau de tout un chacun, exprimer sa terrifiante invisibilité et suggérer qu'il se laisse parfois observer à son insu, dire la *palinopsie* et signifier son retournement. Nulle référence classique ne pouvait décidément mieux exprimer, dans les subtilités de sa polysémie, le complexe jeu de regards mis en place par le discours sur le Turc à la Renaissance, du pouvoir de l'œil invisible à la nécessité de l'expérience visuelle en passant par les plaisirs et les dangers du voyeurisme. A bien des égards, les voyageurs confrontés à l'opacité turque ont alors éprouvé les mêmes angoisses que les sujets vulnérables du Gygès de Platon. Cela ne les a pourtant pas empêchés, nous le savons, de tout mettre en œuvre pour voir coûte que coûte, ne serait-ce que du coin de l'œil. Tout se passe donc comme s'ils avaient voulu croire à la visibilité du voyeur, au Gygès humain d'Hérodote, et ce d'autant plus – ultime renversement – qu'il leur renvoyait peut-être leur propre image sur le mode du fantasme.

---

[100] Cf. Hérodote, *Histoires*, I, 8-12. Sur Gygès et le principe d'autopsie, cf. F. Hartog, *op. cit.*, p. 273. Il existe deux autres versions moins connues de cette histoire, la première narrée par Nicolas de Damas (fr. 49), la seconde par Plutarque (*Questions grecques*, 45).

CHAPITRE V

ANALOGIES

Par delà les difficultés scopiques qu'elle réserve au voyageur, les défis qu'elle lance au regard et les pièges qu'elle lui tend, la société ottomane pose nécessairement au discours orientaliste des problèmes de *mimesis* et plus particulièrement de «traduction» de l'altérité en concepts intelligibles pour les lecteurs occidentaux. A la question de la visibilité s'ajoute ainsi celle, tout aussi fondamentale, de la lisibilité et de ses exigences. Certes, le Turc n'est déjà plus un parfait inconnu au milieu du seizième siècle: toute nouvelle évocation de ses us et coutumes peut désormais s'appuyer sur une tradition textuelle relativement importante et par conséquent sur nombre de représentations déjà bien ancrées dans l'esprit des Européens[1]. Mais si le voyageur-écrivain n'éprouve guère de peine à *donner à voir* le Turc dans les divers aspects de sa civilisation matérielle, il lui est parfois beaucoup plus difficile de le *donner à comprendre*. A bien des égards, les obstacles que rencontre alors l'écriture du Levant ne concernent pas vraiment la transmission d'un certain nombre d'images mentales, la représentation de divers fragments du monde ottoman, mais plutôt l'intelligence précise de ces derniers, de leur fonction ou de leur origine. L'obscurité menace donc moins le discours sur le Turc à la surface de ses descriptions que dans la profondeur de son sens ultime; elle le guette moins dans son contenu «ethnographique» que dans sa signification «anthropologique».

Rien d'étonnant, dès lors, à ce que celle-ci s'élabore fréquemment grâce à des comparaisons ou des analogies[2] permettant de neutraliser partiellement l'altérité orientale au moyen d'une série de repères occidentaux. Car si le voyageur-écrivain ne recourt guère

---

[1] A propos des nombreux textes sur la société turque publiés dans la première moitié du siècle, cf. *supra*, p. 126.

[2] Au sens strict, l'analogie doit être définie comme une ressemblance de rapports et suppose donc la présence d'au moins quatre termes (*a* est à *b* ce que *c* est à *d*). Voir par exemple M. Foucault, *Les Mots et les choses*, p. 36. Cf. aussi la définition du parallèle chez F. Hartog, *op. cit.*, p. 241.

aux stratégies analogiques lorsqu'il s'emploie à *décrire* le Turc, il ne saurait facilement s'en passer aussitôt qu'il s'applique à réellement le *dire*. Les relations de similitude, on le verra, se situent alors au cœur même du discours orientaliste, dont elles permettent de déceler la logique et la cohérence secrètes. Dans les modalités de son recours au même, l'écriture de l'Autre laisse entrevoir tout à la fois l'idéologie qui la sous-tend et les sentiments qui l'animent. En dépit de sa subordination syntaxique et du peu d'espace textuel qui lui est habituellement consacré, le comparant n'est ici que très rarement relégué au second plan: par sa présence jamais nécessaire, mais profondément motivée, il apparaît souvent comme un indice des plus révélateurs, comme le lieu où le non-dit du savoir sur le Turc fait soudain surface et se cristallise.

Ces émergences du même sont d'autant plus précieuses qu'elles ne revêtent pas dans le discours orientaliste le caractère régulier et presque systématique qui est alors le leur dans les textes sur le Nouveau Monde. Il n'est que de compulser *Les Singularitez de la France Antarctique* de Thevet ou même l'*Histoire d'un voyage faict en la terre du Bresil* de Léry pour s'apercevoir que ces textes sont rythmés par un incessant va-et-vient entre le «par-delà» américain et le «par-deçà» européen, comme s'il fallait à tout prix maîtriser l'altérité radicale d'un monde neuf en déployant une sorte de gigantesque miroir analogique. Rien de tel dans l'écriture du Levant, où le besoin de combler un fossé, d'éviter une fracture, ne se fait guère sentir avec autant de force. Malgré toutes ses différences, le monde turc est géographiquement et culturellement trop proche pour induire chez le voyageur une recherche constante et un usage rigide des similitudes. L'analogie est ici présente, certes, mais de façon plus éparse et sans doute plus complexe, si bien qu'elle oblige à se défaire des idées reçues qui la concernent, des schémas simplistes auxquels le discours critique a parfois tendance à vouloir la réduire.

DIFFÉRENTES SIMILITUDES

Le fonctionnement des stratégies comparatives mises en place par les voyageurs au Levant demeure en partie obscur tant qu'on ne distingue pas différentes formes d'analogie, différentes modalités du rapport au même, lesquelles se caractérisent par la nature des éléments en présence et par le type de liens que ceux-ci entretiennent.

Contrairement à ce que l'on pourrait croire, la relation analogique telle qu'elle se donne à lire dans ces textes viatiques ne se limite pas au modèle optimal selon lequel un élément *a*, exotique et inconnu du lecteur casanier, se trouve comparé à un élément *b* tout à fait familier[3]. En réalité, ce cas de figure n'est pas le plus fréquent, même si les auteurs y ont volontiers recours lorsqu'ils tentent de souligner les déficiences de la société occidentale. Très impressionné par l'ordre qui règne dans l'Empire ottoman, Chesneau nous apprend par exemple que les villes turques ne sont gardées la nuit que par un seul vigile, tout juste muni d'un bâton, et que cet homme est pourtant «plus craint et redouté que n'est le cappitaine du guet de Paris avec tous ses archers bien armez»[4]. Parce qu'il s'agit autant de louer la discipline ottomane que de stigmatiser le désordre occidental, la confrontation de la réalité turque et de son pâle équivalent parisien apparaît ici comme la formule la plus directe et la plus efficace.

Mais aussitôt que le «par-deçà» n'est plus la cible du discours viatique, une autre forme de comparaison tend à s'imposer avec force, celle qui consiste à relier la réalité ottomane à un élément lui-même extérieur à l'horizon quotidien du lecteur français. C'est ainsi que Belon, pour dire au mieux l'altérité turque, fait systématiquement appel à ses connaissances en matière d'histoire et de civilisation romaines. Après nous avoir expliqué que les janissaires en déplacement ne sont jamais accompagnés de valets, mais portent eux-mêmes «leurs vivres et leurs armes», il n'hésite pas à ajouter, en attentif lecteur de Salluste, une remarque érudite permettant de «rapprocher» le Turc tout en le maintenant prudemment à distance:

> Les Romains faisoient ainsi anciennement, car on lit en *La Guerre de Jugurtha* que Metellus par un edict contraignit l'homme de guerre de porter ses vivres et ses armes quant et soy, et deffendit qu'ils n'eussent aucun varlet[5].

Certes, l'historien romain est alors suffisamment pratiqué des esprits cultivés pour que la comparaison tende à neutraliser quelque peu la différence orientale. Il n'en reste pas moins que la Rome

---

[3] Peu importe ici que *a* et *b* soient des objets (comparaison) ou des rapports entre objets (analogie). Si les analyses que je propose dans les pages qui suivent portent essentiellement sur des comparaisons, c'est uniquement parce que celles-ci sont beaucoup plus fréquentes que les véritables analogies à quatre termes.

[4] *Voyage*, f. 280 v°; p. 48.

[5] *OS*, f. 190 r°. Cf. Salluste, *La Guerre de Jugurtha*, XLV. Pour d'autres comparaisons avec la Rome antique, voir par exemple *OS*, ff. 186 r° (légionnaires), 188 v° (manière de conserver la glace), 190 v° (alimentation), 197 v° (bains), etc. Sur l'usage du «modèle romain» chez Belon, cf. F. Lestringant, «Guillaume Postel et l'"obsession turque"», pp. 271-274.

antique n'est pas la France du seizième siècle et que le paquetage des soldats de Metellus ne relève sans doute pas des données historiques les plus présentes à l'esprit du lecteur des *Observations*. Le seul fait que l'auteur juge nécessaire de citer sa source antique montre au demeurant que la réalité du comparant romain ne va pas tout à fait de soi. Belon ne peut se contenter de poser une similitude entre janissaires (*a*) et légionnaires (*b*): il doit encore justifier ce qu'il dit de ceux-ci au moyen d'un dispositif d'autorité dont la présence peut d'ailleurs étonner chez un voyageur généralement considéré comme un inconditionnel du principe d'autopsie.

Un autre exemple prouve s'il en est besoin à quel point les termes de comparaison choisis par Belon sont parfois étrangers à la sphère culturelle de son lectorat. On sait que les voyageurs de la Renaissance, pour décrire la façon dont les Levantins ont coutume de s'asseoir, rapprochent souvent leur manière de croiser les jambes de celle des couturiers occidentaux. La remarque revêt un caractère topique; on la trouve aussi bien chez Thenaud que chez Georgie-witz, Thevet, Postel ou Villamont[6]. Les choses sont cependant beaucoup plus complexes dans les *Observations*, où il nous est tout d'abord précisé que

> les Turcs sont assis à plat de terre et deschaussez en beuvant et en mangeant, comme aussi faisoyent les Romains le temps passé en leurs triclins[7].

Plus encore que les *impedimenta* du légionnaire, le *triclinium* risque de poser un grave problème de lisibilité, d'autant que Belon semble employer le terme non pas au sens spécifique de «lit de table» (cf. grec *triclinon*), mais au sens plus large de «salle à manger» (*triclinos*). A n'en pas douter, la relation analogique demande ici à être explicitée sans quoi elle menace d'embrouiller le discours alors même qu'elle était supposée l'éclaircir. Belon s'en rend parfaitement compte, qui prolonge son parallèle de la manière suivante:

> Je veul dire que les triclins des Romains estoit ce que nous nommons maintenant sales ou lieux à manger, *comme* sont les cabarets, et qu'il y

---

[6]   Cf. Thenaud, *op. cit.*, p. 45; Georgiewitz, *op. cit.*, p. 66; Thevet, *CL*, p. 144; Postel, *RT*, I, p. 16; *HO*, p. 105; Villamont, *op. cit.*, f. 279 r°. Dans l'italien de Du Fresne-Canaye, il suffira de dire que les Turcs s'assoient «alla turchesca» pour être parfaitement compris (*op. cit.*, p. 243). L'expression «s'asseoir en tailleur», dans laquelle la comparaison se lexicalise, n'entre apparemment dans l'usage qu'à la fin du dix-neuvième siècle, bien qu'elle renvoie en fait aux anciennes habitudes des couturiers.

[7]   *OS*, f. 192 v°.

avoit des appentits ou tables elevées, *comme* nous voyons es boutiques
des cousturiers sur quoy ilz cousent, et failloit [*sic*] monter là dessus et
oster les souliers, car ilz n'avoient pas les pieds dessoubs la table *comme*
est la coustume de maintenant, mais *tout ainsi comme* les Turcs, ils s'ap-
puyoient aux oreilliers qu'ilz avoient dessoubs leurs couldes[8].

Le coefficient d'altérité du *triclinium* est tel qu'il rend à son tour
nécessaire le déploiement d'un nouveau réseau analogique, lequel le
situe triplement par rapport à la réalité quotidienne des Européens
du seizième siècle (cabarets, boutiques des couturiers, manière de
s'asseoir à table). Parce qu'elle garantit à elle seule l'intelligibilité de
la description, la présence de ces trois comparants familiers fait pleinement apparaître le déficit informatif de la référence au monde
antique. Celle-ci se révèle d'ailleurs si peu claire qu'elle finit par
remplir une fonction exactement inverse à celle qui devrait logiquement être la sienne: le Romain en vient à faire office de comparé et
c'est paradoxalement le Turc qui est convoqué *in extremis* pour le
réintégrer au sein du cercle de la connaissance[9]. Bien loin de reproduire un simple modèle binaire, la relation analogique tend ici à se
ramifier, à gagner en complexité ce qu'elle perd en limpidité. Au
risque de schématiser un peu, il est possible de la réduire à la formule suivante:

a est comparé à *b*, qui est comparé à *c, d, e* et *a*

où *a* appartient à la civilisation turque,
b à la civilisation romaine,
c, d, e à la civilisation européenne du seizième siècle.

Aussi extrême qu'elle puisse paraître, cette prolifération analogique
ne fait encore qu'illustrer de façon très partielle l'écart qui parfois se
creuse entre les termes de comparaison employés et l'univers de
référence des lecteurs occidentaux.

Dans la plupart des cas, le comparant «estrange» n'est pas même
rattaché dans un second temps à une réalité familière au moyen
d'une nouvelle similitude, si bien que l'altérité orientale ne s'en
trouve que très faiblement réduite. Lorsque Nicolay s'attache à
nous expliquer comment les femmes turques sont recluses dans le
harem, il se contente d'indiquer que les Anciens

---

[8]   *Ibid.*
[9]   Belon est en outre contraint de déployer des trésors d'érudition pour donner
      crédit et autorité à sa description du *triclinium*. Ce sont tour à tour Martial,
      Varron, Suétone et Pline l'Ancien qui sont cités ou paraphrasés à la suite des
      comparaisons proposées (ff. 192 v°-193 r°).

ainsi tenoyent closes leurs femmes et filles es derrieres de leurs maisons, qu'ilz appelloyent *gynaices*[10].

A supposer même que le lecteur des *Navigations* sache parfaitement ce qu'est un gynécée, on est en droit de se demander dans quelle mesure la référence à l'Antiquité vient dans ces lignes traduire l'indicible altérité turque en termes ou concepts intelligibles. En réalité, l'évocation du harem à laquelle se livre Nicolay se suffit parfaitement à elle-même et la comparaison classique ne joue ici aucun rôle déterminant pour la compréhension *littérale* du texte viatique. Cela ne signifie évidemment pas qu'elle s'avère totalement superflue, qu'elle ne participe que d'un simple vernis d'érudition, mais bien plutôt qu'elle fonctionne sur un tout autre plan: celui d'une herméneutique anthropologique ancrée dans une *epistêmê* où prédomine encore le jeu des correspondances[11]. Dans une telle perspective, il est tout à fait secondaire que les équivalents trouvés aux réalités turques appartiennent ou non au cadre de référence du lecteur occidental: l'important est avant tout qu'un réseau se constitue, que des régularités et des symétries se dessinent de telle sorte que la prodigieuse diversité des coutumes humaines échappe au chaos qui la menace un peu plus à chaque découverte. Le sens et l'harmonie ici recherchés sont certes essentiellement fonction de relations analogiques, mais celles-ci, parce qu'elles visent précisément à tisser une sorte de toile, ne sauraient en aucune manière se limiter au fil ténu reliant le monde turc et l'Europe occidentale.

Contrairement à ce qui serait la règle en matière de stratégie purement descriptive, la relative étrangeté des comparants sollicités par les textes ne pose pas de véritable problème sur le plan de l'interprétation anthropologique. A la limite, elle tendrait même à consolider le savoir occidental sur le monde ottoman, puisque la densité, l'ampleur et finalement le crédit «scientifique» du réseau analogique grâce auquel est neutralisée l'altérité turque dépendent précisément de la diversité et de la *différence* des équivalents proposés. Selon cette logique, comprendre le Turc consiste avant tout à rompre sa solitude en l'entourant d'une troupe de «semblables» aussi nombreuse et variée que possible, d'un cortège où figurent en

---

10 *NPV*, p. 110.

11 Et des genèses: chez les auteurs qui nous occupent, la similitude (ethnographique, linguistique ou autre) est très facilement perçue comme le signe d'une filiation, d'une origine commune ou d'une influence. Dans cette logique, Nicolay émet par exemple l'hypothèse que les Turcs enferment leurs femmes «pour observance retenue des anciens» (*ibid.*).

bonne place le Scythe, le Tartare, le Romain, le Perse, le Juif, le Grec et l'Arménien. Les analogies ainsi établies ne visent donc pas à décrire le Turc comme un *alter ego*, mais plutôt à le rapprocher d'autres types d'altérités au coefficient d'étrangeté extrêmement variable. La comparaison ne rabat pas l'exotique sur le familier : elle le connecte – pour mieux lui donner sens – avec des séries d'éléments se déployant sur toute la longueur de l'axe menant du connu à l'inconnu. Ignorer cette évidence, c'est sacrifier la richesse et la complexité des textes viatiques à un modèle simpliste apparaissant bien souvent comme une pure vue de l'esprit.

*   *   *

A la distinction proposée entre fonctions descriptive et herméneutique de l'analogie doit à présent s'en ajouter une seconde, laquelle concerne également, mais sous un autre angle, le genre de rapport susceptible de s'établir entre les deux termes d'une comparaison. On aura sans doute noté que le rapprochement effectué par Belon entre le paquetage des janissaires et celui des soldats de Metellus se caractérise avant tout par sa dimension érudite, technique, qui semble lui conférer un haut degré d'objectivité. Peu importe que le voyageur tente ou non de suggérer une analogie plus globale entre *pax romana* et *pax turcica* : son discours participe ici avant tout de l'élaboration d'un savoir, il se déploie essentiellement sur un mode *épistémique*.

La situation est bien différente dans le cas où Nicolay, après avoir décrit la façon dont ces mêmes janissaires arborent une longue moustache et se rasent partiellement le crâne, ajoute non sans animosité :

> ...par telle defiguration [ils] se rendent horriblement hideux, et espouventables, et non moins rebarbatifs que jadis le cruel Caligula, comme de luy tesmoignent les Histoires[12].

Comparer les soldats turcs à l'Empereur sanguinaire, ce n'est déjà plus vraiment s'adresser aux facultés rationnelles du lecteur, mais bien plutôt s'efforcer de raviver ses angoisses, de réveiller ses phobies. Au service d'un sévère jugement de valeur, la relation analogique semble basculer dans l'émotionnel et le subjectif. Elle opère désormais en grande partie sur un plan *axiologique*.

Il va de soi que l'opposition entre connaissance et évaluation ne se vérifie pas toujours de manière tranchée dans la réalité des textes, où

---

[12]   *NPV*, p. 133.

les plans épistémique et axiologique fonctionnent plutôt comme deux pôles entre lesquels peuvent se déployer les analogies. Le parallèle fréquent entre certaines coutumes ottomanes et romaines (bains, banquets, organisation militaire, etc.) ne participe pas uniquement d'un savoir anthropologique, d'une conception analogique des civilisations: il revêt aussi un aspect valorisant et même laudatif pour le Turc, qu'il tend indéniablement à dégrossir et à humaniser en lui accordant une place de choix dans l'histoire universelle, que celle-ci soit ou non conçue sur le mode de la *translatio imperii*[13]. Ce bref exemple suffit à le faire comprendre: il faut se garder d'opposer de manière trop rigide des plans qui, dans la pratique de l'époque, se rencontrent et se croisent selon des modalités différentes à chaque fois.

La coexistence de l'épistémique et de l'axiologique au sein d'une même analogie ne signifie toutefois pas que l'un et l'autre fonctionnent selon des principes identiques. En réalité, tout porte à croire qu'ils sollicitent des structures mentales différentes, qu'ils reposent sur des mécanismes radicalement distincts, lesquels semblent renvoyer à ce qu'il faut considérer comme les deux versants opposés, mais complémentaires, de l'*epistêmê* du seizième siècle.

D'un côté, la mise en évidence de similitudes «objectives» entre civilisations distinctes participe d'une conception du monde fondée sur un idéal d'ordre et de symétrie. Selon ce type de pensée, l'ensemble de la création apparaît comme un gigantesque jeu de reflets où chaque élément trouve nécessairement son pendant. Cette harmonie formelle à l'image de la perfection divine ne saurait évidemment se concevoir sans une certaine stabilité: pour que le cosmos ne se transforme pas en chaos, il importe que les êtres et les choses occupent des places bien déterminées et conservent toujours leur spécificité. Sur le plan anthropologique, cette *imago mundi* se traduit par des relations analogiques qui se déploient à foison sans jamais menacer l'identité des termes en présence. Comparer *a* et *b*, c'est dans cet esprit indiquer des ressemblances observables, des dispositions similaires qui n'induisent en aucune façon l'interpénétration des deux éléments. Sous un angle purement épistémique, le Turc est *comme* le Romain mais demeure entièrement turc.

Il en va bien différemment lorsque la relation analogique se trouve subordonnée à une appréciation clairement positive ou

---

[13]   A l'inverse, on sait que le modèle scythique ramène le Turc à une sorte d'état de nature parfois proche de la barbarie, selon un processus très net de dévalorisation axiologique. Sur le caractère tout à fait complémentaire des modèles turc et romain «pour embrasser la totalité du fait ottoman», voir les remarques de F. Lestringant, art. cit., p. 270.

négative. Tout se passe alors comme si le terme de comparaison *b* était sollicité afin de modifier les propriétés de *a* selon un processus bien connu de contamination. Dans une perspective axiologique, le Turc *est* comme le Romain et aussitôt se romanise. Voilà donc que l'altérité s'altère, que l'objet à connaître se trouve atteint dans sa différence, modifié dans son identité même. Or cette extrême malléabilité n'est sans doute pas sans lien avec la sensibilité transformiste de la Renaissance et plus particulièrement avec le jeu des influences et des sympathies qui forme l'armature même de la pensée magique. Bien entendu, un auteur qui se plaît à romaniser le Turc ne cherche jamais à agir sur le réel, à obtenir une véritable métamorphose, mais cela ne l'empêche absolument pas d'exprimer, sur le mode de l'émotionnel et de l'imaginaire, une vision du monde où dominent les effets à distance, les forces secrètes, la perméabilité et le télescopage des êtres[14].

Parce qu'elle opère à la fois sur les plans épistémique et axiologique, l'analogie se situe en quelque sorte à la croisée des deux principaux versants, statique et transformiste, de l'*epistêmê* renaissante[15]. Une fois encore, elle n'apparaît pas comme un procédé figé, à usage unique, mais bien davantage comme un instrument anthropologique plurifonctionnel, susceptible d'utilisations diverses et divergentes.

A la lumière de la double distinction théorique ici mise en évidence (descriptif/herméneutique, épistémique/axiologique), il faut en définitive reconnaître que l'analogie s'avère un processus beaucoup plus complexe qu'on aurait eu tendance à le penser de prime abord. L'élaboration d'un modèle complet des relations analogiques au sein du discours viatique devrait d'ailleurs prendre en compte de nombreux autres critères, comme la distinction entre comparaison et analogie au sens strict du terme, entre relations de supériorité, d'égalité et d'infériorité, entre comparaisons positive et négative (*a* n'est *pas* comme *b*), entre relations analogiques globales

---

[14] Cela ne l'empêche pas non plus, dans certains cas rares, de constater ou de souhaiter dans la réalité objective l'existence de tels phénomènes, comme on le verra plus bas à propos de l'utilisation des analogies chez Nicolay et plus encore dans la perspective praxéologique de Postel.

[15] A noter que Michel Foucault, dans son analyse de l'*epistêmê* du seizième siècle, n'a pas réellement tenu compte de l'existence de ces deux tendances pourtant bien distinctes: le célèbre modèle des quatre similitudes place sur un même et unique plan des relations renvoyant au parfait agencement du monde (*convenientia*, *æmulatio*, analogie) et des relations relevant au contraire de l'influence magique (sympathie, antipathie). Cf. *op. cit.*, pp. 32-40.

et fragmentaires[16], etc. Dans le cadre de cette étude, il importait toutefois moins d'affiner un schéma théorique que de dégager les catégories les plus pertinentes pour l'analyse du discours orientaliste de la Renaissance. Nous avons vu que les analogies déployées par celui-ci fonctionnent de manière privilégiée sur le plan de l'herméneutique anthropologique; l'examen rapproché des œuvres de Nicolay et de Postel devrait à présent nous permettre d'observer avec soin les nombreuses interférences que ces dispositifs analogiques favorisent entre le plan de la connaissance et celui du jugement de valeur ou même de la *praxis*.

DISTANCIATIONS

De tous les compagnons d'Aramon, Nicolay est sans conteste celui qui a le plus largement recours aux stratégies comparatives dans son discours sur la société ottomane. Or il se trouve que l'auteur des *Navigations* est précisément le voyageur qui a le moins longtemps séjourné en terre levantine et, ceci expliquant peut-être cela, de bien loin celui qui se montre le plus systématiquement hostile envers les Turcs et leur mode de vie[17]. Le géographe doit bien entendu prendre acte des multiples acquis de la civilisation ottomane, qu'il s'agisse de l'organisation politico-militaire ou du raffinement des mœurs domestiques, mais tout se passe à chaque fois comme si le réseau analogique déployé afin de saisir ces divers traits de société avait pour fonction ultime d'en souligner l'origine barbare ou d'en anticiper la ruine prochaine.

---

[16]   Le cas le plus connu de fragmentation analogique dans la littérature de voyage de la Renaissance est évidemment la description de l'âne-vache (tapir) donnée par Léry (cf. *op. cit.*, pp. 257-258). On trouve toutefois un bel exemple de ce phénomène dans le *Voyage* de Chesneau, où l'hippopotame est décrit en ces termes: «En ung autre endroict se voit une cert[ain]e beste que les ungs appellent un porc marin, les autres bœuf marin. Mais je ne voy point qui ressemble ne à l'ung ne à l'autre. Elle est de la haulteur d'un grand pourceau, la teste comme un bœuf sans cornes, toutesfois les oreilles petites comme un jeune poullain, qui estoient taillees; la gueulle deux fois plus grande que d'un beuf, le corps long et gros, la gueule comme celle d'ung pourceau, les jambes courtes, la peau rude sans poil et ressemble presque à ung pourceau qui a le poil bruslé. Au demeurant, c'est la plus vilayne, layde et puante beste que je vis jamais» (f. 276 r°; p. 35). Voir aussi la description de l'hippopotame comme cheval-bœuf chez Hérodote (II, 71) et dans l'*Histoire des animaux* d'Aristote (II, 7).

[17]   Un an seulement s'écoule entre le moment où Nicolay quitte Marseille (juillet 1551) et celui où il débarque sur la côte napolitaine (juillet 1552). A noter qu'il a entre-temps assisté à la fameuse prise de Tripoli (août 1551), ce qui a évidemment eu toutes les chances d'accentuer sa turcophobie.

L'évocation du hammam longuement développée au livre second des *Navigations*[18] n'échappe en aucune façon à la règle. Certes, l'auteur déclare dans un premier temps que les «tresbeaux bains» agrémentant la vie des musulmans ont été édifiés «à l'imitation des anciens Grecs et Romains». Dans sa description apparaissent même les termes à peine francisés de «capsaire» et de «tepidaire», avant que ne soient tout naturellement rappelées

> la grandeur et magnificence (dont les ruines s'en voyent encore à Rome) des superbes thermes agrippiennes, neroniennes, domitiennes, antoniennes et plusieurs autres...[19]

Mais le très valorisant comparant romain n'est plus de mise dès lors que le texte se focalise sur la manière dont les femmes font usage des bains, respectant de la sorte une «coustume et ancienne observation» plus spécifiquement levantine, puisqu'elle semble exclusivement procéder «de l'antique mode d'Asie, et de Grece»[20]. Le déplacement géographique que suppose la substitution des Asiatiques aux Romains peut paraître anodin: il est tout simplement essentiel dans la mesure où il ouvre aussitôt les portes du hammam aux éternels fantasmes de volupté et de sensualité orientales. Si les Turques se rendent aux bains, c'est moins par désir de se purifier que par désir tout court. Nudité et moiteur aidant, les frottements purement hygiéniques se doublent volontiers de caresses et d'étreintes:

> Voire quelque fois deviennent autant ardemment amoureuses les unes des autres, comme si c'estoyent hommes. Tellement qu'ayans apperceu quelque fille ou femme d'excellente beauté, ne cesseront tant qu'elles auront trouvé les moyens de se baigner avec elle, pour la manier, et taster partout à leur plaisir, tant sont pleines de luxurieuse lasciveté feminine. Comme jadis estoyent les Tribades, du nombre desquelles estoit Sapho Lesbienne...[21]

Ces étuves qui pouvaient dans un premier temps apparaître comme la marque d'une hygiène extrêmement sophistiquée ne servent en réalité que de prétexte au déchaînement des pulsions érotiques les plus condamnables selon la morale de l'époque. Les Levantines ont beau afficher une propreté corporelle sans équivalent en Occident, leur honneur est quant à lui toujours suspect compte tenu des débauches favorisées par le hammam. Dans la tribologie fantasmatique de

---

18 *NPV*, ch. 21-22, pp. 106-112.
19 *NPV*, p. 109.
20 *Ibid.*
21 *NPV*, p. 110.

Nicolay, la femme turque est prisonnière d'un véritable cercle vicieux, puisqu'un même frottement vient à la fois laver son corps et souiller son âme, laquelle ne peut à son tour être purifiée, selon la prétendue logique charnelle de l'islam[22], qu'au moyen de nouvelles ablutions et de nouvelles frictions. Bref, la femme musulmane se révèle si peu recommandable que seul le comparant hellénique le plus oriental (Lesbos) et le moins apollinien est à ce stade en mesure de lui faire écho.

Ce processus de *réorientation* analogique ne s'arrête pourtant pas là. Il culmine en fin de chapitre, lorsque Nicolay dispose avec une habileté consommée la référence suivante:

> Herodote en son quatriesme livre dit semblablement que les bains ont de toute ancienneté esté en grand usage envers les femmes des Scythes. Lesquelles, apres s'estre bien mouillees au bain, pulverisoyent cyprez, cedre, et bois d'arbres encensiers avec une pierre rude, dont en destrempoyent unguent espez, duquel elles se frottoyent tout le corps, et le visage, qui estoit cause de les faire sentir bon. Et le lendemain, après ce fard osté, se monstroyent nettes, et reluysantes, et par consequent plus aggreables[23].

La comparaison entre femmes turques et scythes s'avère pour nous d'autant plus riche de sens qu'un examen attentif du texte d'Hérodote la fait apparaître pour le moins forcée. Loin de prêter aux Scythes (quel que soit leur sexe) la coutume de véritablement se «mouiller au bain», l'historien grec nous explique comment ils font un usage selon lui tout hygiénique des vapeurs de chanvre:

> Les Scythes prennent la graine de cette plante, se glissent sous leur abri de feutre et la jettent sur les pierres brûlantes; elle fume aussitôt et dégage tant de vapeur que nos étuves de Grèce ne sauraient mieux faire. Ce bain de vapeur fait pousser aux Scythes des hurlements de joie. C'est le seul bain qu'ils connaissent, car ils ne se lavent jamais le corps entier avec de l'eau[24].

---

[22] Le *topos* omniprésent du musulman confondant les purifications corporelle et spirituelle appartient déjà à ce que N. Daniel appelle le «canon médiéval» sur l'islam (*op. cit.*, pp. 279-281). On le retrouve partout au seizième siècle, et Nicolay y a recours précisément dans son évocation des bains: «leur loy [...] commande à tous Musulmans de n'entrer en leurs Mosquees, sans estre premierement bien lavez et purifiez, prenant ces brutaux Barbares ce lavement du corps exterieurement, et non de celuy qui s'entend de l'interieur de l'ame» (p. 108). On voit que la topique anti-islamique rejoint ici celle développée par les évangéliques et les réformés à l'encontre des pratiques catholiques.

[23] *NPV*, p. 172.

[24] Hérodote, IV, 75, p. 312. Ce que l'auteur interprète ici comme un simple décrassage a évidemment toutes les chances d'être un rituel extatique comme en connaissent les sociétés chamaniques (et post-industrielles).

D'une certaine façon, Hérodote affirme le contraire de ce que
Nicolay s'efforce de lui faire dire. Ce qui pourrait ici légitimement
motiver le parallèle entre Turcs et Scythes, c'est en réalité moins les
coutumes hydrophobes de ceux-ci que le point de repère familier
utilisé par le Père de l'Histoire. Le Scythe ne ressemble vraiment au
Turc que par le truchement du Grec qui le civilise. Mais l'auteur des
Navigations, à ce stade plus préoccupé de contamination que d'exactitude, se garde bien de mentionner la présence d'un intermédiaire
aussi policé: dans la stratégie qui est la sienne, la référence au modèle
scythique vient avant tout parachever un véritable glissement du
comparant – et donc du comparé – dans les ténèbres orientales de
l'histoire. Du Romain au Scythe, la régression est totale qui conduit
le Turc et son double de la civilisation la plus sophistiquée à l'état le
plus sauvage, selon un mouvement d'éloignement à la fois géographique et chronologique. Le déplacement a beau s'effectuer en douceur, il n'en est que plus efficace et n'en favorise que mieux un
retournement axiologique auréolé de tout le prestige d'Hérodote.

Une même utilisation du savoir historique à des fins déprécia-
tives peut s'observer dans les pages des *Navigations* consacrées aux
janissaires. Outre le fait qu'il attribue à ces derniers le profil monstrueux de Caligula, Nicolay les rapproche de façon tout à fait ingénieuse de la fameuse garde prétorienne. Or ce qui motive ici la
comparaison est beaucoup moins l'organisation ou la fonction des
deux corps d'élite que les dangereuses menaces qu'ils font peser sur
l'autorité impériale. Les janissaires sont si puissants, nous explique
le géographe, qu'ils ne sauraient faire acte d'allégeance envers un
nouveau Sultan sans que celui-ci, en guise de compensation, les
autorise à piller les biens de ses sujets juifs et chrétiens. Un si vil
marchandage prouve s'il en est besoin que l'Empire ottoman, à son
tour tiraillé entre les pouvoirs politique et militaire, sombrera bientôt dans la décadence:

> Coustume certes tresbarbare, cruelle et plus que tyrannique, laquelle, à
> bien considerer et ratiociner du passé le present et l'avenir, est le vray
> presage exemplaire de la prochaine ruine de ce grand Empire oriental,
> qui par les mesmes forces dont il est soustenu sera quelque jour mis au
> bas. Car tout ainsi que l'Empire romain (sans comparaison plus grand,
> et mieux ordonné que celuy des Turcs) fut esbranlé et en fin mis en
> ruine, depuis que, les Cesars et les Antonins defaillis, les legions preto-
> rianes (qui aujourd'huy se peuvent aucunement representer par les
> janissaires) commencerent à vouloir seigneurier leur maistre, soubs
> couleur d'un tel don militaire, ainsi adviendra il par ce mesme moyen, à
> celuy des Turcs[25].

---

[25] *NPV*, pp. 134-135.

L'Empire romain ne fonctionne comme paradigme de l'Empire ottoman que dans les modalités de son déclin et de sa chute. Il ne l'éclaire que dans ses phases les plus sombres, non pas à l'époque prestigieuse d'Auguste et de Tibère, mais bien sous les règnes généralement décadents «du viellard Julian, de Pertinax, de Maximin, de Galba, d'Othon, de Vitellius, Caracala, Heliogabale, et plusieurs autres»[26].

On aurait tort d'admirer rétrospectivement la «perspicacité» du voyageur français, apparemment capable de déceler dans le pouvoir ottoman au sommet de son apogée les symptômes précoces de ses maux futurs. En réalité, il est clair que les prévisions de Nicolay reposent moins sur une étude attentive de la société turque que sur une projection analogique favorisée par une conception translative de l'histoire universelle comme par un désir profond de voir s'écrouler au plus tôt la terrifiante puissance du padichah. Si les janissaires défilent un bref instant en compagnie de la prestigieuse garde prétorienne, c'est d'abord et surtout parce que ce rapprochement est de très mauvais augure pour l'Empire ottoman[27].

Telle que l'auteur des *Navigations* en fait généralement usage dans son discours sur le Turc, la relation analogique constitue en

---

[26] *NPV*, p. 135. De tous ces Empereurs cités sans grand souci chronologique, Othon est le seul à ne pas avoir été assassiné, puisqu'il prit la précaution de se donner lui-même la mort après la cuisante défaite de son armée à Bédriac (69), devant les troupes de Vitellius... De manière indirecte, Nicolay rêve ici la mort violente du Sultan ottoman.

[27] Il faut ici remarquer que Nicolay n'assimile pas seulement les janissaires à Caligula et à la garde prétorienne, mais aussi à la phalange macédonienne: «L'ordre [des janissaires] n'est autre chose qu'une imitation de la Phalange macedonique, avec laquelle le grand Alexandre estendit sa domination, et monarchie, quasi sur toutes les regions de la terre. Et semble que les Turcs occupateurs de son Empire, soyent aussi imitateurs en la discipline militaire des antiques Roys de Macedoine, encores que la difference en leurs armes, soit assez evidente...» (p. 132). Ce recours à un comparant aussitôt disqualifié parce que trop différent laisse tout d'abord un peu sceptique, d'autant que seule une valeur vaguement positive semble ici lui être associée. Ce n'est que bien plus tard que le texte des *Navigations*, au chapitre sur les «Armes des Macedoniens» (IV, 34), corrige cette appréciation: «et avecq telle ordre militaire [les Macédoniens] executerent plusieurs haults et memorables faictz d'armes. Mais aprez la desconfiture des Persans, par le merveilleux accroissement de leur puissance, tomberent en si grande fiereté et arrogance [...] qu'au lieu de tres-honneste gouvernement, qu'ilz avoyent en leur Republicque, ilz se meirent à une vie tres-ordre, corrompuë, et pleine de toute villennie, et abominable dissolution» (p. 296). De l'ordre à l'ordure en passant par la guerre contre la Perse, le trajet historique des Macédoniens est précisément celui que Nicolay souhaite à l'Empire ottoman.

définitive un redoutable et subtil instrument de dévalorisation. Mais on constate sans doute davantage: lorsque Nicolay sollicite un comparant, il fait presque toujours en sorte que celui-ci n'appartienne pas à l'Europe occidentale du seizième siècle. Parce que la menace ottomane est alors suffisamment tangible pour l'Occident chrétien, parce que le *devshirmè* et la guerre de course prouvent à qui en douterait encore que nul n'est jamais à l'abri d'une conversion forcée, il semble que l'Occidental n'ait ici aucun intérêt à se voir rapproché, même textuellement, du Turc qui le terrorise. Le dispositif comparatif déployé par Nicolay tend bien plutôt à constituer entre le «par-delà» et le «par-deçà» une manière de glacis permettant de tenir symboliquement le dangereux «allié» à distance et d'exorciser la peur qu'il inspire. Associé au Romain décadent, au Macédonien sur le déclin et au Scythe barbare, le Turc se trouve relégué dans un ailleurs et un autrefois, comme neutralisé par les rets habilement tendus des symétries et des ressemblances.

ZOOMORPHISMES

Il est cependant une exception majeure à cette distanciation temporelle et spatiale: fréquemment, le discours de Nicolay sur les Turcs fait appel à des comparants animaliers bien connus de ses lecteurs. Mais le dispositif analogique alors mis en place n'en continue pas moins de prévenir toute contamination gênante: à l'éloignement géographique ou historique se substitue simplement une mise à distance dans l'échelle des êtres, stratégie d'autant plus efficace qu'elle semble désormais porter sur l'essence même de l'Autre. Comparer le Turc à un animal familier, ce n'est le rapprocher que pour mieux le tenir à l'écart en le rejetant dans l'infra-humain.

Le plus souvent, ce processus d'animalisation fonctionne bien entendu sur un plan ouvertement axiologique, ce qui tout à la fois facilite la contamination et en limite la portée. Immédiatement après avoir narré la reddition de Tripoli devant la flotte de Sinan Pacha, événement dont Aramon et lui-même ont été les témoins involontaires en août 1551, Nicolay laisse ainsi pleinement éclater sa colère en soulignant l'avidité des officiers turcs à l'occasion du départ de la flotte française. Il est vrai que le pacha a offert une robe de drap d'or à l'ambassadeur, mais celui-ci s'est vu en retour contraint de

> faire bon present à celuy qui la luy apporta et à plusieurs autres officiers du Bascha, qui accouroyent les uns apres les autres de tous costez, comme levriers, pour avoir la lippee et participer au butin. Car c'est la

plus barbare, avare et cruelle nation qui soit au monde, et en laquelle y a moins de verité et fidelité[28].

Le contexte amer de la prise de Tripoli au détriment des chevaliers de Malte, les accusations de barbarie, d'avidité, de cruauté, de fausseté et de traîtrise: tout indique dans ce cas que le comparant «lévrier» fonctionne à peu de chose près comme une injure, comme une variante légèrement édulcorée de la formule «ces chiens de Turcs».

On sait au demeurant que l'assimilation du Turc à un chien, peut-être favorisée par l'existence du terme «turquet» (ou «chien turc»), relève de la topique la plus éprouvée au seizième siècle. En témoigne le fameux chapitre de *Pantagruel* où Panurge «racompte la maniere comment il eschappa de la main des Turcqs»[29], récit qui doit son étrange force comique à la littéralisation progressive de cette malveillante et fréquente métaphore. Mis en broche «tout lardé comme un connil», Panurge s'apprête à servir de pitance à des Turcs cannibales (et donc un peu canins) qu'il qualifie on ne peut plus légitimement de «traistres chiens». Après s'être libéré en provoquant un gigantesque incendie, il lui faut encore se débarrasser d'un «villain petit Turq» qui lui croque furtivement ses lardons. Mais le fâcheux n'est écarté que pour laisser aussitôt la place à «plus de six, voire plus de treze cens et unze chiens gros et menutz» échappés des flammes et eux aussi alléchés par l'odeur du lard brûlé. Dans la logique de la fiction, cette meute prend simplement le relais des Turcs aux dents longues. Sur le plan de l'imaginaire turcophobe, il est clair qu'elle achève le processus d'animalisation à l'œuvre dès le début du chapitre. D'abord bestialisés par leurs seules pratiques alimentaires, les Turcs font désormais retour sous une forme totalement canine[30], tels d'inquiétants cynanthropes dont la chaleur ambiante aurait facilité la métamorphose. Puisque ces chiens affamés sont *aussi* des Turcs, on ne s'étonnera guère que leur comportement préfigure en tous points celui qui motivera la comparaison de Nicolay au départ de Tripoli:

---

[28] *NPV*, p. 52.

[29] *Pantagruel*, ch. XIV (*Œuvres complètes*, pp. 262-267). Sur cet épisode, voir T. Hampton, «'Turkish Dogs': Rabelais, Erasmus, and the Rhetoric of Alterity».

[30] Gageons que les chiens en question sont de la race des turquets, comme le suggère indirectement le fait que Panurge se trouve alors au sommet d'un «petit tucquet» (un tertre).

> Mais soudain je me advise de mes lardons, et les gettoys au mylieu
> d'entre eulx: lors chiens d'aller, et de se entrebatre l'un l'autre à belles
> dentz, à qui auroit le lardon[31].

Lorsque l'auteur des *Navigations* compare les officiers ottomans à
une meute de lévriers, les lutteurs turcs à des dogues affrontant ours
et taureaux sauvages[32], lorsqu'il décrit les opiomanes «faisants crys
et hurlement espouventable tel que celuy des chiens»[33], il ne fait en
somme que se rallier à un concert d'invectives inlassablement ressassées en manifestant tout au plus une animosité particulière, un
certain zèle à s'emporter à l'encontre de «ces bestiaux Mahome-
tistes»[34] dont le lecteur finirait presque par oublier qu'ils demeurent
les alliés de la France.

Le discours zoomorphique de Nicolay ne fonctionne toutefois
pas uniquement sur le plan du jugement de valeur. A l'image de ce
qui s'observe dans les affabulations de Panurge, l'animalisation du
Turc a chez lui tendance à se concrétiser peu à peu, à se vérifier de
manière assez troublante dans la réalité observable. Un tel glissement est d'autant plus pervers que les *Navigations*, contrairement
au roman rabelaisien, prétendent évidemment à une certaine vérité
«géographique», de sorte qu'un déplacement s'y opère inéluctable-
ment de l'axiologique vers l'épistémique, de la simple offense vers la
connaissance.

Ce phénomène prend une ampleur particulière dans les pages que
le voyageur, à la suite de *La Genealogie du grant Turc*, de Postel et
surtout de Menavino, consacre aux «ordres de faulse religion Maho-
metique», à savoir aux derviches réels ou imaginaires auxquels il
donne les noms parfois fantaisistes de «Geomailers, Calenders, Dervis, et Torlaquis»[35]. Sans doute mal à l'aise devant ces religieux dont

---

[31] *Ibid.*, p. 267.
[32] *NPV*, p. 156. Le chapitre sur la «palestre» turque s'accompagne d'une planche
      où les traits des lutteurs sont nettement animalisés (p. 159; cf. planche X).
[33] *NPV*, p. 165. Cf. aussi p. 158.
[34] *NPV*, p. 201.
[35] *NPV*, p. 178. Cf. *Genealogie* (1519), f. G5 r°-v°; Menavino, *op. cit.*, pp. 72-84;
      Postel, *RT*, I, pp. 107-108; *HO*, pp. 227-228. Les confréries de derviches ont
      joué un rôle considérable dans l'Empire ottoman. Proches du peuple et privi-
      légiant des rituels nourris d'influences diverses (chiites, chrétiennes, voire hin-
      douistes et bouddhistes), elles constituaient un important contrepoids à
      l'orthodoxie abstraite et guindée des oulémas. Il semble que les «Geomailers»
      de Nicolay correspondent à la confrérie des *camiler*, dont les adeptes s'adon-
      naient volontiers aux plaisirs du vin et de la musique. Les «Calenders» (*Kalen-
      ders*) menaient une vie itinérante et rejetaient avec ostentation les contraintes

le mode de vie témoigne d'une incontestable piété, Nicolay prend l'étrange parti de dénoncer leur apparence trompeuse tout en y décelant les signes patents d'une bestialité bien réelle. Les derviches sont tout d'abord de faux moines. Les uns se délectent à parcourir le monde «soubs couverture de leur peregrinante religion», s'affublant d'un vêtement «à peu pres à la mode d'une tunique de diacre» et de «souliers à l'apostolique»[36]; les autres «se disent vierges», portent une petite robe «à la façon d'une haire» et des chapeaux de feutre «comme ceux des prestres grecs»[37]. Qu'il soit question de vie itinérante, de mendicité, de chasteté, d'extase mystique ou simplement d'aspect physique, les développements de Nicolay ramènent invariablement le lecteur aux remarques sur lesquelles s'ouvre la série de chapitres consacrés à ces confréries:

> Si la croyance et la foy des religieux, hermites, et pellerins turcs, et mores mahometistes estoit aussi bonne, sainte, et veritable, comme elle est en faulse apparence, coulouree de tresevidente hypocrisie et damnable superstition, ilz se pourroyent beaucoup mieux asseurer de leur salut, qu'ilz ne font[38].

Tout n'est pourtant pas apparence, chez ces faux dévots, puisque leur accoutrement et leur comportement prouvent de façon manifeste qu'ils sont de vraies bêtes. Sur ce point, les signes extérieurs ne prêtent guère à équivoque: si les derviches se plaisent à se couvrir de poil de cheval, à revêtir une dépouille d'ours ou des peaux de moutons et de chèvres[39], si certains d'entre eux vont jusqu'à tapisser le sol de leurs demeures avec des «peaux velues de divers animaux sauvages, comme de bœufs, chievres, cerfs, loups et ours», attachant même les cornes de ces bêtes «au long des murs»[40], c'est bien évidemment que leur vraie nature les rapproche plus «de bestes brutes que d'hommes raisonnables»[41]. Particulièrement significative est à cet égard la tenue des «Geomailers», qui portent sur les épaules

---

légales ou coutumières, se rasant par exemple barbe, cheveux et sourcils. Le terme générique de «Dervis» ne renvoie à aucune confrérie particulière; quant à celui de «Torlaqui», il évoque surtout les apprentis derviches chez les Bektashis (cf. *Dans l'Empire de Soliman*, notes des pp. 292-293; B. Lewis, *op. cit.*, pp. 164-170; R. Mantran, *op. cit.*, pp. 114-116).

[36] *NPV*, pp. 178-179.

[37] *NPV*, p. 182.

[38] *NPV*, p. 178.

[39] *NPV*, pp. 182, 185 et 189.

[40] *NPV*, p. 193.

[41] *NPV*, p. 178.

une peau de lyon, ou de leopard, toute entiere en son poil naturel.
Laquelle ilz attachent devant la poictrine avec les deux jambes pre-
mieres[42].

A cette peau de félin s'ajoute une chevelure imposante, parfois
rehaussée de poil, si bien que les religieux en question finissent par
faire figure de véritables hommes-fauves. Au cas où le texte ne
suffirait pas à suggérer pareille métamorphose, une gravure vient
encore accentuer le phénomène: endossant une dépouille de lion en
guise de seconde peau, un «Geomailer religieux turc» exhibe non
seulement une magnifique crinière mais carrément une longue
queue prolongeant son corps d'homme avec un étrange naturel.
Seul le petit ouvrage que le derviche tient dans sa main droite vient
peut-être contrebalancer le processus d'animalisation; on peut toutefois penser qu'il se contente d'en signaler l'origine livresque, de
souligner le paradoxe d'une bestialité procédant moins d'une ignorance crasse que de mauvaises lectures[43].

Les derviches ne peuvent pas être considérés comme de simples
Sauvages à l'écoute de leurs instincts naturels. Ce qui à la fois les
caractérise et les condamne définitivement aux yeux de Nicolay, ce
sont avant tout leurs mœurs dénaturées, comme le prouve parfaitement la vie sexuelle des «Torlaquis», lesquels

> dorment sur la terre non moins nuds de vergongne que d'habillemens,
> en usance de leur abominable et damnable luxure sodomitique les uns
> avec les autres plus bestiallement et desnaturellement que ne feroyent
> les bestes brutes et sauvages[44].

Double sauvagerie, en somme, que celle de ces Turcs qui ne revien-
nent à la Nature que pour aussitôt s'en détourner, qui ne retrouvent
l'impudeur des bêtes que pour se livrer à des pratiques assez peu
connues d'elles. Mais contrairement à ce que l'on pourrait croire, la
bestialité à laquelle Nicolay rattache un comportement sexuel
atypique ne doit pas être uniquement entendue en un sens figuré. A
force de privilégier les unions contre nature, les derviches en
viennent purement et simplement à s'accoupler avec les animaux:

---

[42] *NPV*, p. 179.
[43] *NPV*, p. 181. Cf. planche XI. Le petit ouvrage en question est «un livre escrit
en langage persien, remply de chansons et sonnets amoureux, composez selon
l'usance de leur rime» (p. 179). Dans le cas des «Torlaquis», c'est plus logiquement le rejet de toute action civilisée qui justifie la comparaison avec l'animal:
«La forme et maniere de vivre de ces Torlaquis est plus brutale, et bestiale que
celle des mesmes bestes brutes. Car ilz ne sçavent, ny ne veullent sçavoir lire,
n'escrire, ne faire aucun acte civil ou utile» (p. 189).
[44] *NPV*, p. 191.

> Car ilz sont merveilleusement addonnez au detestable peché de sodo-
> mie, se meslans contre tout droit et honneur de nature non seulement
> les uns aux autres d'un mesme sexe, mais villainement et desnatu-
> rellement avec les bestes brutes[45].

De l'homosexualité à la zoophilie, le pas est franchi qui mène d'une
animalité encore métaphorique à une véritable vie commune avec
les bêtes[46]. A ce stade, le rapprochement du Turc et de l'animal ne se
donne plus à lire comme une injure ou une condamnation morale:
il apparaît inscrit à même le monde, indépendamment de toute subjectivité et de toute rhétorique diffamatoire.

On se convaincra définitivement de ce processus d'objectivation
en examinant ce que l'auteur des *Navigations*, cette fois-ci en
dehors de toute polémique religieuse, affirme au sujet des anciens
«Peicz» (*peykler*), les «laquais» des Empereurs ottomans. Sans
doute afin d'améliorer leur résistance, ces coureurs déchaussés

> se faisoyent ferrer soubs la plante des pieds, comme les chevaux, estant
> la callosité de leur peau si dure qu'elle pouvoit aisément comporter les
> clous et les fers qui estoyent legiers[47].

La chose est évidemment difficile à croire et Nicolay avoue n'y
avoir guère ajouté foi dans un premier temps. Mais le témoignage de
l'un de ces «Peicz» à propos de ses compagnons ferrés (malheureu-
sement absents, il est vrai) de même que l'examen de l'impressionnante corne protégeant le pied d'un courrier rencontré à Andrinople
suffisent à convaincre le voyageur: non seulement cette coutume a
bel et bien existé, mais elle est encore pratiquée à l'époque de Soliman le Magnifique. Et si les «laquais» modernes ont renoncé à porter mors et clochettes «pour encores mieux imiter les chevaux»[48], ils
n'en continuent pas moins de parcourir autant de chemin «que le

---

[45] *NPV*, pp. 185-186.

[46] Zoophilie mise à part, il est clair que la vie parmi les bêtes peut être assimilée
par le lecteur chrétien à une louable pratique érémitique. Voilà pourquoi, dans
le chapitre qu'il consacre aux «autres religieux turcs, demenans vie solitaire
entre les bestes», Nicolay s'applique à démontrer que les derviches en question
sont loin d'abandonner le monde pour se conformer au modèle des Pères du
désert: «Aussi ne vivent ilz pas avec les bestes sauvages, mais les bestes sauvages vivent et s'apprivoisent avec eux, sinon que par adventure ces bestiaux et
barbares Turcs leurs compagnons fussent ces mesmes bestes sauvages entre lesquelles ilz se disent vivre» (pp. 193-194). Si le Turc est bestial, c'est ici parce
qu'il dénature les bêtes (et le modèle érémitique) plutôt qu'il ne les imite.

[47] *NPV*, p. 152.

[48] *Ibid.* En se fondant sur le témoignage de Marco Polo, Nicolay affirme que les
Turcs ont emprunté aux Tartares l'usage de ces clochettes: «tenants, comme je

meilleur cheval de Turcquie pourroit faire», couvrant en à peine
quarante-huit heures l'aller-retour Andrinople-Constantinople (environ 430 km au total) alors qu'«un bien bon cheval allant son train
ordinaire» y mettrait quatre jours[49].

Ce que dit cette impressionnante performance, c'est bien
entendu le caractère objectif et surtout mesurable d'une animalité
jusqu'ici essentiellement considérée sur un plan qualitatif. De même
qu'il conduit parfois le Turc d'une bestialité métaphorique à une
zoophilie bien réelle, le texte des *Navigations* glisse dans ces pages
d'une perspective zoomorphique à une approche presque «zoomé-
trique». La nature animale du Turc ne saurait désormais être contestée: elle relève du quantifiable et peut être observée indépendamment
de toute appartenance religieuse ou ethnique, de toute manière de
voir... Si Nicolay compare les «laquais» du Sultan à des chevaux,
c'est uniquement parce que seuls les étalons les plus véloces pourraient suivre la cadence imposée par ces «Peicz». Le parallèle ne se
donne nullement à lire comme un jugement de valeur. Il paraît aller
de soi, fonctionner uniquement sur un plan épistémique. On finirait presque par oublier que le voyageur pouvait tout aussi bien,
grâce à une simple comparaison de supériorité, mettre en regard la
performance des «Peicz» et celle d'un coureur ordinaire, ce qui
aurait eu pour effet de transformer le Turc en surhomme plutôt
qu'en animal.

NEUTRALITÉ ET NEUTRALISATION: LE CAS POSTEL

Bien qu'ils en viennent à constituer un dispositif remarquablement cohérent, les glissements axiologiques repérés chez Nicolay
semblent moins procéder d'une stratégie consciemment élaborée
que d'une sorte de répulsion instinctive, de réflexe conditionné par
la turcophobie imprégnant généralement l'Occident chrétien à la
Renaissance. Le texte des *Navigations* ne se démarque de l'opinion
commune que dans la mesure où il en accentue la charge négative,

---

croy, telle maniere de faire des Tartares, ainsi qu'a escrit Marc Paule Venitien,
qui dit que les postes à pied ou messagiers du grand Cham Cublay Empereur
des Tartares, portoyent ainsi en courant une ceinture garnie de plusieurs son-
nettes» (p. 153; cf. Marco Polo, *Le Devisement du Monde*, ch. XCIX). Le fait
que Nicolay doive ici s'en remettre à l'autorité contestée du *Milione* prouve à
quel point ses remarques sur les «Peicz» chevalins souffrent d'un grave déficit
de crédibilité.

[49] *NPV*, p. 153.

exprimant mainte angoisse sur le mode de l'hyperbole et donnant systématiquement corps aux croyances les plus irrationnelles. Tout autre est évidemment la démarche privilégiée par Guillaume Postel, lequel se propose de corriger le jugement de ses contemporains afin de favoriser la mise en application d'un ambitieux projet d'unification religieuse et politique. A contre-courant de la *doxa* et de ses lieux communs, le discours orientaliste se met ici au service d'une pensée et d'une intention profondément singulières.

Tels qu'ils sont exposés dans le *De Orbis terræ concordia* (1544), les plans de Postel visent pour l'essentiel à unifier juifs, chrétiens et musulmans autour d'un certain nombre de dogmes fondamentaux et sous l'égide du Roi de France[50]. La volonté de réduire la multiplicité des religions révélées à une sorte de «commun dénominateur» au demeurant très proche de la doctrine chrétienne n'est certes pas totalement nouvelle – on la trouve déjà chez Raymond Lulle et Nicolas de Cuse –, mais sa réactualisation en un siècle marqué par les divisions religieuses et la consolidation des identités nationales accentue indéniablement le caractère utopique et anhistorique de l'entreprise. Postel est toutefois bien de son temps dans la mesure où, en dépit d'une rare ouverture d'esprit et d'une disposition réelle à la concession, il n'apparaît nullement comme un apôtre de la liberté de culte: inspirée par un idéal missionnaire toujours susceptible de se transformer en esprit de croisade, sa concorde universelle se situe dans ses fondements mêmes aux antipodes de la tolérance.

On pourrait penser qu'un tel prosélytisme disqualifie d'entrée de jeu l'impressionnant matériau ethnographique consigné dans les trois livres de la *Republique des Turcs* (1560) puis des *Histoires orientales* (1575). C'est en réalité le contraire qui est vrai: à l'instar des missionnaires jésuites dont il se sent parfois très proche, Postel reste persuadé que la conversion de l'Autre passe d'abord par la compréhension profonde de ses coutumes et de ses croyances. Il pousse peut-être à son extrême limite ce paradoxe du missionnaire qui veut que la neutralisation et l'effacement de la différence soient souvent précédés d'une enquête minutieuse et passionnée, l'écriture ethnographique se chargeant dès lors d'une dimension ambiguë, à la fois cognitive et stratégique, documentaire et testamentaire.

---

[50] Cette tutelle temporelle sera plus tard proposée à l'Empereur Ferdinand. Il ne m'appartient évidemment pas de pénétrer ici les arcanes du système postélien. Pour plus de détails, voir les synthèses déjà citées de W. J. Bouwsma et M. L. Kuntz.

Sans perdre de vue cette ambivalence constante, il faut admettre que les textes de Postel se distinguent au sein de la production orientaliste de l'époque non seulement par la richesse de leur information mais encore par le souci d'impartialité dont ils témoignent à plus d'un titre. Dès les premières lignes de la *Republique des Turcs*, l'auteur tient à se démarquer de ses prédécesseurs, lesquels ont décrit la société ottomane en traitant uniquement

> de choses odieuses, et de vices, sans aucune memoire de vertu, ce qui en nul peuple universellement, tant barbare soit il, ne peut estre[51].

Dans son évocation de «l'ennemy», le «docte escrivain» doit au contraire s'efforcer d'aborder «generalement les vices et vertus», de façon à ce que le lecteur puisse imiter ces dernières mais aussi et plus fondamentalement

> affin que les adversaires cognoissent nostre equité d'escrire, et que nous ne prenons les choses comme juges affectés, mais à la verité, sans rien dissimuler. Et ainsi, aïant de nous l'asseurance par le moyen d'integrité [...], nous jugent estre dignes d'avoir le pareil d'eus en referant de nous et noz meurs [...] la mesme verité qu'ils connoistront envers nous avoir lieu[52].

Pour que s'engage avec les musulmans, en particulier avec les Turcs, un débat ouvert et constructif, il importe que les deux parties soient disposées à reconnaître en toute honnêteté les qualités de l'adversaire. Dans la mesure où les chrétiens ont évidemment tout à gagner d'une telle confrontation, il leur appartient de faire le premier pas et de prouver ainsi leur bonne foi dans tous les sens du terme. La grande *disputatio* théologique grâce à laquelle la concorde universelle deviendra peut-être réalité ne saurait avoir lieu sans la création préalable d'un climat de confiance dont Postel se veut l'initiateur en faisant preuve d'une équité sans faille envers les Turcs[53].

Cet exemple d'«objectivité» ne saurait bien entendu faire directement école dans l'Empire ottoman. Pour que puisse un jour s'infléchir le regard de l'Autre, il est primordial que l'effort de

---

[51] *RT*, I, p. 1; *HO*, p. 85.

[52] *RT*, I, pp. 1-2; *HO*, p. 86.

[53] Bien que peu suspect de sympathie envers l'islam, Luther préconise lui aussi le recours stratégique à une forme d'équité dans son *Epistel von der Türken Religion* (1530): «Car si quelqu'un ne fait que des reproches à son ennemi et s'attaque uniquement à ses défauts évidents, en passant sous silence le reste, celui-là se rend suspect et porte plutôt préjudice à sa propre cause» (cité par V. Segesvary, *L'Islam et la Réforme*, p. 178).

neutralité accompli par Postel soit dans un premier temps relayé par
le lecteur occidental. Au seuil de la *Republique des Turcs,* celui-ci se
voit dès lors érigé en véritable juge, la topique de l'exorde la plus
éprouvée se trouvant réactivée avec bonheur au service de la
concorde à venir:

> Mais devant que rien commancer, je veus prier et supplier à tout lecteur
> qui lira ce present livre, qu'il y vienne nud de toutes affections, faignant
> comme un homme neutre de ne congnoistre personne des deus parties,
> en proposant à luy mesme ce cas: à sçavoir s'il seroit equitable de croire
> à quelque estranger [...] raportant avoir esté mal traitté d'aucuns de
> quelque contrée, qu'universelement tous fussent tels en tel païs. Il me
> semble qu'il seroit fort inique juge, qui ainsi condamneroit le tout pour
> partie[54].

S'il entend se montrer digne du statut que lui confère le texte,
l'«equitable lecteur» devra se défaire de ses préjugés et renoncer aux
généralisations abusives. Il faudra également, pour éviter toute
appréciation hâtive, qu'il «lise jusques à la fin, avant qu'assoir aucun
jugement». La fiction du prétoire universel détermine par analogie
un pacte et un protocole de lecture: de même qu'un juge intègre ne
saurait rendre son verdict avant d'avoir entendu l'ensemble des
témoins, le lecteur de la *Republique des Turcs* a le devoir de suspendre son jugement jusqu'à ce qu'il parvienne aux dernières pages
du traité[55].

Dans l'intervalle, le voyageur-témoin s'applique à brosser du
Turc un portrait aussi peu biaisé que possible. Avec une rare insistance, il passe en revue ses différentes qualités, épinglant bien sûr au
passage les déficiences certaines de la société occidentale. Qu'il
s'agisse du rejet de la danse masculine, d'hygiène corporelle, de
recueillement dans les lieux de culte ou encore d'hospitalité et de
charité envers son prochain, les chrétiens auraient tout avantage à
prendre exemple sur les pratiques en vigueur chez l'adversaire. Sans
doute dans la perspective d'un débat sur la concorde, Postel se plaît

---

[54] *RT,* p. 3; *HO,* pp. 87-88.

[55] Dans l'édition de 1560, qui s'ouvre généralement sur le texte spécifiquement
intitulé *De la Republique des Turcs,* ce contrat de lecture semble même pouvoir
s'appliquer à l'ensemble des trois traités. Le dispositif perd beaucoup en
importance dans l'édition remaniée de 1575 (*HO*), où *De la Republique des
Turcs* est relégué en seconde position. A noter également que la métaphore juri-
dique fait brièvement retour à peu près au milieu de ce même traité, comme
pour faire en sorte que le lecteur n'oublie pas ses engagements initiaux: «Dont
qui veut juger à la verité d'un affaire, il faut despouiller toute affection, comme
un bon juge, et aussi avoir le moien que fortune adverse ne puisse oster ou
changer la couleur et goust aus choses» (*RT,* I, p. 68; *HO,* pp. 174-175).

particulièrement à relever le bon fonctionnement de la justice ottomane, dont le caractère plutôt expéditif constitue à ses yeux une
qualité incontestable :

> là n'y a nuls advocats pour desguiser matieres, et rendre procès immor-
> tels semblables comme pardeça[56].

Pareille brièveté présente en outre l'avantage de réduire la capacité
de nuisance des témoins mal intentionnés :

> pource que là on me fera, si mon homme est meschant, tort ou raison en
> premiere instance : ici, on me fera despendre la reste de mon bien apres
> l'autre, et faire ce que dit le proverbe, jetter la coignée apres le manche[57].

Mieux vaut en somme être rapidement débouté que d'obtenir gain
de cause au terme d'une procédure ruineuse. Si l'on ajoute à cela
l'origine divine du droit en vigueur, la sagesse du grand Mufti, l'exi-
geante sélection dans le recrutement des juges et bien entendu l'absence d'immunité ecclésiastique[58], les modalités de fonctionnement
de la justice ottomane font non seulement honneur aux Turcs et
honte aux chrétiens : elles semblent aussi garantir l'impartialité et la
promptitude de la décision adverse au cours de la grande *disputatio*
à venir. Voilà en somme le musulman pris au piège de sa propre
équité : c'est paradoxalement sa supériorité en la matière qui l'amè-
nera à se convertir...

Pareil exemple montre que l'impartialité n'a rien ici d'une valeur
en soi. A chaque fois que Postel relève un trait positif chez les sujets
de Soliman, c'est dans une perspective bien précise : il s'agit soit de
corriger les mœurs des Occidentaux, soit de souligner la prédispo-
sition des Turcs à rapidement accepter la religion chrétienne[59]. Loin
de se poser en toute innocence sur les différentes caractéristiques de

---

[56] *RT*, I, p. 36, cf. aussi p. 123 ; *HO*, pp. 132 et 247. Cette brève critique des avocats menteurs et des procès interminables n'est pas sans rappeler la virulente
satire de la justice à laquelle se livre Marot dans son *Enfer* (cf. par exemple
vv. 110-116 et 128-130).

[57] *RT*, I, p. 69 ; *HO*, p. 176. Sur le caractère irrévocable de la sentence, cf. aussi
RT, I, p. 123 et *HO*, p. 248.

[58] Pour ces développements sur la justice, cf. *RT*, I, pp 116-127 ; *HO*, pp. 239-253.
Du point de vue de la stratégie argumentative, il n'est bien sûr pas indifférent
que Postel termine son traité *De la Republique des Turcs* précisément sur cet
éloge du système judiciaire ottoman.

[59] Les deux objectifs sont d'ailleurs complémentaires, puisque les chrétiens doivent nécessairement s'amender s'ils espèrent faire impression sur les Turcs et
les convertir.

la société ottomane, le regard du voyageur revêt clairement une dimension intéressée; il porte toujours un peu au delà de la réalité qu'il appréhende, comme à l'affût d'une retombée, d'une utilité concrète susceptible de favoriser l'avènement de la concorde. En ce sens, l'«objectivité» de Postel est d'abord et surtout la poursuite d'un objectif.

Cette orientation constante du regard sur l'Autre invite évidemment à s'interroger sur la valeur épistémique du discours ethnographique auquel elle donne naissance. A priori, la revalorisation stratégique à laquelle se livre Postel a toutes les chances de brouiller le processus cognitif au même titre que les sévères jugements de valeur émis par Nicolay. Dans la réalité des textes, on constate toutefois que la Republique des Turcs, contrairement aux Navigations, procède moins par brusques distorsions que par légers infléchissements de l'information. La différence peut paraître minime: elle est énorme dans la mesure où elle permet l'émergence d'une rigueur descriptive rarement égalée dans les écrits orientalistes de l'époque. Sous la plume de Nicolay, les préjugés turcophobes venaient toujours déjà troubler le travail d'observation (ou de compilation) en y introduisant des remarques malveillantes, voire des données totalement chimériques. L'approche postélienne n'autorise guère pareille défiguration: plutôt que d'inféoder d'entrée de jeu la connaissance de l'Autre à des considérations de nature axiologique, elle laisse en grande partie se dérouler l'enquête avant d'en souligner les résultats les plus encourageants dans la perspective d'une action concrète. Postel ne nie pas les défauts et erreurs des Turcs, sans quoi son prosélytisme n'aurait tout simplement aucune raison d'être. Mais s'il a conscience de ce qu'il appelle volontiers leur «barbarie» et leurs «folies»[60], il préfère mettre l'accent sur leurs traits les plus prometteurs, sans lesquels son projet n'aurait aucune chance d'aboutir. Orienté vers une praxis, le discours du voyageur ne peut évidemment refléter la réalité ottomane sans arrière-pensées, mais il ne peut pas non plus faire l'économie d'une phase cognitive aussi peu contaminée que possible par des appréciations positives ou négatives. Exactement comme il le demande à son lecteur, Postel s'applique donc dans un premier temps à suspendre son jugement et, si l'on tient compte de la turcophobie régnant à l'époque, on doit reconnaître que cette tentative d'epochê provisoire est à bien des égards une réussite.

---

[60]   Cf. par exemple RT, I, pp. 59 et 76; HO, pp. 162 et 185.

ANALOGIE ET CONCORDE

Tout en gardant à l'esprit cette absence relative d'interférences axiologiques, il importe à présent d'examiner la manière dont la *Republique des Turcs* ne cesse d'infléchir la description de la société ottomane en la chargeant d'une signification extrêmement cohérente sur un plan praxéologique. Une fois de plus, ce sont les stratégies comparatives, véritables indicateurs d'orientation idéologique, qui permettent de prendre toute la mesure du phénomène, d'autant qu'elles semblent ici rejoindre les fondements mêmes du discours orientaliste. Si les relations analogiques jouaient un rôle considérable dans le dispositif de distanciation et de rejet mis en place par Nicolay, on peut imaginer la place centrale qu'elles sont désormais amenées à occuper dans la perspective d'une concorde universelle.

Dans l'œuvre de Postel, la similitude ne relève jamais de la simple symétrie de surface ou de la rencontre fortuite, encore moins de la projection de mécanismes cognitifs. L'homme ne construit pas des ressemblances: il découvre celles dont regorge la *varietas mundi* et qui sont autant de marques d'une parenté profonde, d'une convergence possible, autant de vestiges d'une unité première susceptible d'être un jour pleinement restituée. Une tel type de pensée illustre moins le versant transformiste de l'*epistêmê* renaissante dans sa visée que dans ses mécanismes: les effets sympathiques et métamorphiques y revêtent une importance considérable, mais ils demeurent en tout état de cause des moyens au service d'un retour à la stabilité originelle[61].

A la lumière de ces considérations épistémologiques, bon nombre d'analogies qui sembleraient tout à fait neutres et même anodines chez certains auteurs se chargent d'une signification bien particulière sous la plume de Postel. Témoin le parallèle que le voyageur établit entre les Turques et les Italiennes:

> ...en Italie et en Turquie, quant à garder et regarder les femmes et jeunes filles, ont une mesme coustume, qui ne me semble trop mauvaise. C'est que communement elles ne parlent librement, ou conversent avec autre homme que leur pere, frere, ou proche parent, devant qu'à leur mari, ou

---

[61] Bien que dans une perspective un peu différente, V. Segesvary a parfaitement exprimé cette caractéristique de la pensée postélienne: «dans ce système tous les éléments de la création sont ordonnés dans une relation dynamique entre eux et par rapport à l'ultime réalité» (*op. cit.*, p. 243).

cil qui les demande. Et en leur jeunesse vont peu ou point à l'Eglise
qu'on puisse voir, sinon aus hautes festes, et ce la face voilée...[62]

La version italienne de l'invisibilité féminine n'a guère ici pour
fonction d'éclairer une pratique orientale que le lecteur aurait peine
à se représenter. Elle ne constitue pas non plus une sorte de contre-
poids occidental venant uniquement consolider l'harmonieux agencement des us et coutumes à la surface du globe. Ce que dit pareille
similitude, c'est avant tout la possibilité d'une entente future, la
compatibilité de civilisations assez proches sur le plan des mœurs et
bientôt en matière de religion, comme semble d'ores et déjà le laisser entendre l'utilisation du terme «Eglise» pour désigner indiffé-
remment les sanctuaires chrétiens et musulmans.

Ce glissement du laïque vers le sacré, au demeurant motivé par le
seul fait que les femmes voilées ne se rendent *presque pas* dans les
lieux de culte, est tout à fait révélateur d'une tendance accusée, chez
Postel, à faire coïncider relation analogique et thématique religieuse. Dans certains cas, ce peut être le comparant sollicité qui
vient sacraliser une réalité levantine de manière assez inattendue,
comme lorsque la claustration des grands harems est rapprochée de
celle des monastères[63]. Décryptée sur fond de future concorde universelle, une telle comparaison se donne à lire comme la promesse
d'une transition douce. Elle laisse entrevoir la possibilité de réaffec-
ter certaines structures laïques de la société turque à des usages en
parfait accord avec la vraie foi. Décapitez le pouvoir ottoman, et les
beautés chrétiennes recluses dans le Vieux Sérail se feront immédiatement nonnes...[64]

Plus fréquemment, la *Republique des Turcs* met directement en
relation des éléments appartenant l'un et l'autre à la sphère religieuse. En vertu de l'invariable stratégie du «commun dénominateur», il s'agit alors de souligner en quoi peuvent se rencontrer le
christianisme et l'islam. Ces nombreux recoupements interconfes-
sionnels se situent à deux niveaux, que l'auteur différencie clairement contrairement à la plupart de ses contemporains.

---

[62] *RT*, I, pp. 7-8; *HO*, pp. 93-94.

[63] Cf. *supra*, p. 162.

[64] Postel a pleinement conscience du fait que les concubines du Sultan sont pour
la plupart des esclaves enlevées en terre chrétienne (souvent des Circassiennes).
Après avoir évoqué la vie des «dames du Prince», il ajoute en effet: «Tout le mal
que je voi entre tant de biens est qu'elles sont quasi toutes chrestiennes, et
contraintes de se faire Turques» (*RT*, I, p. 34; *HO*, p. 129). La concorde aurait
l'avantage d'effacer cette seule ombre au tableau.

Les rapprochements peuvent tout d'abord concerner des points de doctrine: on sait que Postel est un virtuose de ce genre d'exercice, lui qui a par deux fois dressé la liste des dogmes ou axiomes partagés par l'ensemble des religions connues[65]. En remarquable connaisseur de l'islam[66], il se livre dans la *Republique des Turcs* à un minutieux examen de la «loy et creance» des musulmans afin de bien mesurer «en quoy il[s] conviennent avec nous, et en quoy ils different»[67]. On peut imaginer l'heureuse surprise de certains lecteurs occidentaux découvrant par exemple la version coranique de l'Annonciation telle que la paraphrase assez fidèlement Postel:

> Puis incontinent apres [Mahomet] met l'annonciation Nostre-Dame, disant que les Anges s'en vindrent à elle disant:
>
> – Ô Marie la plus nette, clere, et pure qui soit entre toutes les femmes, persevere avec Dieu, et l'adore à toute heure; Dieu a baillé ces secrets icy aus Anges pour te dire: «Ô Marie le grand'joie de la parolle de Dieu JESUS CHRIST est envoié en toy, de par le treshaut Dieu, il parlera aus hommes, tant jeunes que vieus dans le berseau, et sera le conducteur des gens».
>
> Et Marie respond:
>
> – Comment concevray-je, qui suis vierge, et n'ay esté touchée d'homme?
>
> – Marie, dist l'Ange, il n'est à Dieu rien impossible: croi qu'il fait ce qu'il luy plaist, et que le fils qu'il te donnera sera un fils rempli de vertu, qui sçaura la loy, l'evangile et toute perfection pour instruire les enfans d'Israel. Et prenant de la boüe et formant les oyseaux, il soufflera en eus, et seront vivans. Il illuminera les aveugles, guerira les ladres et roigneus. Il ressuscitera les morts avec le commandemant de Dieu[68].

Mis à part le façonnement des oiseaux, geste démiurgique au demeurant susceptible d'accréditer la thèse de la divinité de Jésus[69], on peut considérer que les traditions islamique et chrétienne s'accordent ici de manière très prometteuse autour de l'Annonce faite à Marie. L'auteur n'y est d'ailleurs pas pour rien, qui ampute sans

---

[65] Dans le *De Orbis terræ concordia* (1544) et dans la *Panthenôsia* [1547] (cf. V. Segesvary, *op. cit.*, p. 244).

[66] Sans doute le meilleur dans l'Occident de l'époque (cf. V. Segesvary, *op. cit.*, p. 67).

[67] *RT*, I, p. 98; *HO*, p. 215. L'information de Postel est avant tout tirée du Coran et des *Hadîths* (cf. *RT*, I, p. 76; *HO*, pp. 185-186).

[68] *RT*, I, p. 99; *HO*, pp. 216-217. Cf. sourate III, 37/42-43/49.

[69] Le motif figure d'ailleurs dans certains apocryphes chrétiens (cf. *Histoire de l'enfance de Jésus*, 2: 2 et *Vie de Jésus en arabe*, 34: 3). Je remercie Max Engammare pour cette précision.

scrupules le texte original[70] et n'hésite pas à ajouter «Christ» là où il n'était écrit que «Jésus».

Reste que Postel connaît trop bien le Coran pour espérer en faire régulièrement coïncider la lettre avec l'Ancien et le Nouveau Testament. Si l'islam et le christianisme peuvent parfaitement se rejoindre autour de quelques principes fondamentaux (attributs divins, immortalité de l'âme, existence d'un paradis et d'un enfer, etc.), il est inévitable que dans le détail des textes les divergences soient beaucoup plus nombreuses que les similitudes. Les musulmans ont beau reconnaître le Messie et par conséquent posséder «beaucoup plus de verités de JESUS CHRIST que ne font les Juifs», il demeure que leur «foy et loy bastarde»[71] se fonde sur un livre bricolé par un frénétique[72] doublé d'un menteur:

> Voila la somme tant de la belle loy du Prophete, comme des histoires tant de la Bible ou Vieil testament, comme du Nouveau, que voiés comme il a tout gasté, et meslé de mensonges, affin que sa main fust partout congneuë[73].

Sur le plan du contenu doctrinal, des croyances qui constituent la spécificité même de la foi musulmane, il semble en définitive que la tentative de rapprochement se solde par un échec. L'entre-deux n'est guère toléré en matière de dogme, où la Vérité est Une et où le semblable porte toujours en soi la trace du mélange et de l'impur. Même pour l'artisan de la concorde universelle, l'analogie apparaît à ce stade comme la marque d'une intolérable différence.

Ces incompatibilités doctrinales sont heureusement compensées, dans le domaine des pratiques religieuses, par des similitudes qui n'ont absolument rien d'accessoire ou de superficiel dans l'esprit de Postel. Divisée dans sa foi, l'humanité semble soudain se réconcilier autour de certains rites, de quelques gestes pieux à valeur universelle, de grandes fêtes religieuses venant rythmer la vie du croyant au même titre que le cycle cosmique des saisons et des jours.

Tout comme le chrétien, le musulman doit par exemple se soumettre à un rite capital d'entrée en religion:

---

[70]   Le contenu assez obscur du verset 39/44 (dispute des calames) est totalement écarté par Postel.

[71]   *RT*, II, pp. 55-56; *HO*, p. 77.

[72]   Cf. *RT*, I, p. 91; *HO*, p. 205.

[73]   *RT*, I, p. 102; *HO*, p. 220.

> L'entrée de cette loy de Muhamed, ou de l'Alcoran, ou Alphucran, est
> la circoncision, *comme à nous est le baptesme*, et est cela general à tous
> Mores, Turcs, Perses, Tartares, Indes et universellement à tous ceus qui
> croient en l'Alcoran, qui du monde triparti occupent plus des deus
> pars[74].

Les musulmans n'ont pas seulement leur baptême: ils font aussi
Carême avant de célébrer Pâques! On sait à quel point les auteurs
médiévaux, du *converso* Pierre Alphonse au mystérieux Pierre Pascual en passant par Jacques de Vitry et Raymond Lulle lui-même,
ont pu discréditer le jeûne du ramadan, qu'ils considéraient comme
aisé et même hypocrite dans la mesure où les festivités et les
débauches nocturnes venaient y effacer l'abstinence affichée pendant la journée[75]. Si Postel prolonge tout à fait cette polémique
ancestrale dans les longs développements qu'il consacre aux
«folies» dont Mahomet a truffé son «Alcoran»[76], il semble au
contraire s'en démarquer de façon très nette au moment où,
quelque cinquante pages plus tôt dans l'édition de 1560, il évoque le
zèle avec lequel les Turcs observent généralement le jeûne:

> Car leur Quaresme qu'ils font à l'imitation des Chrestiens de la primi-
> tive Eglise et qui leur dure trente jours, ou un mois lunaire (car ils
> comptent leurs ans par mois lunaires, et non par solaires, comme nous),
> ils ne mangent jusques au soir bien tard voïant les estoilles ou la nuit, et
> ne mangent communement comme on nous dit, toute la nuit, combien
> qu'il est permis en l'Alcoran de manger jusque au point du jour, sinon
> les meschants et reputés tels[77].

Ce que la tradition occidentale attribuait à l'ensemble des fidèles
musulmans n'est que le fait de quelques brebis galeuses, au demeurant très souvent des «Mores vieus». Pour ce qui est du peuple turc,
il a l'immense mérite d'appliquer la loi coranique avec davantage de
sobriété qu'elle ne l'y obligerait:

---

[74] *RT*, I, p. 39; *HO*, p. 135.

[75] Voir N. Daniel, *op. cit.*, pp. 293-295.

[76] «Mais le plus beau de toutes les inventions est que contre Dieu, raison, nature
et coustume, il a ordonné de faire du jour la nuit, mais qu'on jusne [*sic*] et qu'on
ne cesse de boire et manger toute la nuit, jusque à la pointe du jour. Mais c'est
bien raison que ce Quaresme institué d'une si bonne occasion comme de menterie, soit de pareille farine faitte en menterie et hypocrisie, car il a commandé
ce Quaresme, pource qu'il dit luy avoir esté portée par Gabriel sa loy de Dieu,
le quinziesme jour du mois de *rhamadhan*...» (*RT*, I, p. 104; *HO*, pp. 222-223).
Cf. sourate II, 181/185.

[77] *RT*, I, p. 55; *HO*, p. 157.

Mais le commun peuple me semble merveilleusement estroit observateur d'icelle, et la faisant plus estroitte qu'elle n'est escritte, dont la
grace n'en est pas à la loy, mais au peuple, que s'il en avoit une
meilleure, l'observeroit fort bien[78].

En dissociant doctrine et piété, Postel parvient à contourner l'un
des principaux obstacles auxquels se heurte généralement sa
démarche: plutôt que de constater d'insurmontables divergences
dans la lettre même des textes sacrés, il préfère lire les prémices de la
concorde dans les manifestations matérielles d'une foi populaire
sans grand rapport avec celle des théologiens. Elan de religiosité
débordant le strict cadre coranique, la ferveur du Turc est alors
considérée comme le signe de la «grace» et l'expression d'une
attente. Le paradoxe universel ne saurait durer, qui veut que le chrétien soit souvent impie dans la Vérité et le musulman pieux dans
l'Erreur.

Postel est tellement désireux de faire coïncider les pratiques religieuses qu'il néglige complètement, dans ces lignes, le sens véritable
du ramadan: s'il suit partiellement le Coran en évoquant une certaine parenté entre le jeûne musulman et celui des chrétiens[79], il se
garde bien d'indiquer ici que le premier est intimement lié à la révé-
lation coranique. Quant à la fête de clôture du jeûne, celle que les
Turcs appellent *shekèr bayrami* (fête des sucreries) et les Arabes *îd
aç-çaghîr* (petite fête), il ne peut dans un premier temps l'assimiler à
Pâques qu'en privilégiant sa place dans le calendrier au détriment de
toute signification théologique. Comme pour atténuer ce déséquilibre, il semble ensuite substituer au *shekèr bayrami* le *kourban
bayrami* (en arabe *îd al-kabîr*), à savoir la grande fête du sacrifice
durant laquelle on fait «tuer force moutons». Voilà dès lors la petite
fête qualifiée de «Pasques grandes»[80] et la séquence Carême-Pâques
du calendrier catholique partiellement transposée au monde musulman. La confusion n'est peut-être pas volontaire, mais elle s'inscrit
à merveille dans une stratégie visant à rapprocher les coutumes religieuses plutôt que les contenus doctrinaux.

On constate enfin que la *Republique des Turcs* donne souvent
l'impression de fortement christianiser les lieux de culte musulmans. Par delà l'équivalence sémantique des termes «Eglise» et

---

[78] *RT, ibid.*; *HO*, pp. 157-158.
[79] Cf. sourate II, 179/183: «...le Jeûne vous a été prescrit comme il a été prescrit à
ceux qui furent avant vous».
[80] *RT*, I, p. 64; *HO*, p. 170.

«Mesgeda»[81], le texte dégage des ressemblances architecturales dont on peut penser qu'elles ne vont pas forcément de soi:

> Les belles Eglises ou Mesgedes, et plus communes aus lieus bien habités en Turquie, sont de forme ronde, haute, sans pilliers au milliou, comme sont les quarrures des maires eglises en France, estant conduites en rond par la quadrure, comme est Nostre Dame de Paris, S. Croix d'Orleans, et autres, là où la quarrure ou croisée fust faitte en rond et sans pilliers[82].

Faire correspondre la vaste salle de prière des mosquées impériales à la croisée du transept des cathédrales gothiques, c'est sans doute suggérer beaucoup plus que d'improbables similitudes techniques ou esthétiques. Dans le dispositif cohérent mis en place par Postel, une telle analogie semble avant tout inscrire la Croix au cœur même de l'espace cultuel musulman, comme pour magiquement favoriser la substitution du christianisme à l'islam. L'auteur ne se contente pas d'anticiper la conversion des musulmans: il paraît d'ores et déjà entrevoir la reconversion de leurs édifices religieux. A l'intérieur de ces mosquées semblables aux cathédrales françaises, on trouve ainsi «un lieu de pierre levé en haut, *comme pourroit estre un petit lettrin*, là où monte le Prestre dit Iman ou docteur»[83]. Quant à l'appel des fidèles, il est fait par un jeune homme «qui leur sert de cloche» et qui se place au sommet

> d'une tour ronde, plus haute que laditte Mesgede, qui est jointe à laditte esglise, laquelle leur sert comme à nous les clochers[84].

De tels rapprochements ne sont certes pas spécifiques à Postel, mais ils acquièrent sous sa plume une dimension nouvelle dépassant

---

[81]	D'une manière générale, les voyageurs de l'époque commencent par expliquer la signification du terme «mosquée» en lui donnant le sens d'«église» ou «temple», puis l'utilisent en cessant de le traduire, ce qui offre bien sûr l'avantage d'éviter toute contamination. Chez Postel, le terme est parfois utilisé seul, parfois dans des formules comme «Mesgeda ou eglise», «esglises ou musquette», «Eglises ou Mesgedes», etc. La coexistence des deux usages tout au long du même texte tend à prouver que l'adjonction d'«église» n'a pas ici pour seule fonction de traduire le terme arabe utilisé par les Turcs.

[82]	*RT*, I, p. 44; *HO*, p. 143. Cf aussi *RT*, I, pp. 59-60 et *HO*, p. 163, où il est question de «chapele» à propos d'une «Mesgeda ou eglise à leur mode».

[83]	*RT*, I, p. 47; *HO*, p. 146. On peut juger de la transposition postélienne à la lumière de ce que rappelle André Miquel: «L'imâm, qui se place devant l'assemblée des fidèles, n'est que le guide de la prière collective, et non prêtre à quelque degré que ce soit» (*L'Islam et sa civilisation*, p. 51).

[84]	*RT*, *ibid.*; *HO*, p. 147.

largement leur seule fonction cognitive. Au delà de leur signification singulière, ils prennent place au sein d'un vaste réseau analogique qui leur confère un surplus de sens et les oriente inévitablement
vers l'amorce d'une *praxis*. Du lutrin au campanile, tout (ou presque) est déjà en place pour accueillir le nouveau culte, et le lecteur
chrétien ne peut s'empêcher de penser qu'il suffirait de disposer le
bon livre sous les yeux du «prêtre» ou d'entonner des cantiques au
sommet des minarets pour que le fossé théologique s'en trouve aussitôt comblé.

* * *

Susceptible de se déployer simultanément à divers niveaux de la
relation à l'Autre (connaissance, jugement de valeur, prémices
d'une action), tour à tour au service d'une idéologie d'exclusion ou
au contraire d'assimilation, l'analogie apparaît désormais – peut-
être même davantage que l'autopsie dont elle prend le relais –
comme un instrument anthropologique aux mécanismes complexes
et aux potentialités extrêmement variées. Quelle que soit la fonction
spécifique qu'elle occupe au sein du discours viatique, elle tend le
plus souvent à s'y révéler un précieux générateur de sens en dépit
même du peu d'espace textuel qui lui est habituellement alloué. A
cet égard, l'écriture du Levant illustre sans doute mieux encore que
ne pourraient le faire les textes sur l'Amérique la prodigieuse
richesse sémantique qui peut parfois se loger entre les deux termes
d'une simple comparaison, dans ce *comme* qui paraît univoque mais
ouvre en réalité un champ interprétatif que chaque lecteur investit
largement à sa manière.

Il serait bien sûr vain de prétendre assigner un sens fixe à toute
relation de similitude, mais il le serait tout autant, face à cette
impossibilité manifeste, de renoncer purement et simplement à
exploiter un tel réservoir de sens. En matière d'analogie, la plus
grave des erreurs consisterait à s'en tenir à la lettre, à la surface des
mots sous prétexte qu'ils se limitent à «refléter» tant bien que mal
les objets lointains, alors qu'au contraire ils les construisent pour
une bonne part. Par delà sa fonction purement descriptive, l'émergence du même dans le discours sur l'Autre introduit dans toute
«vision du monde» des convergences ou des fractures, des symétries ou des déséquilibres, des chevauchements ou des télescopages,
lesquels opèrent à terme une véritable redistribution du réel.

A la Renaissance, les stratégies comparatives ne s'avèrent jamais
circonscrites à l'espace du langage: en vertu du lien particulier unis-
sant alors les mots et les choses, elles acquièrent souvent un poids,

une épaisseur, une forme d'«objectivité» qu'il nous est sans doute difficile de vraiment mesurer de nos jours. C'est évidemment le cas de Postel qui offre la meilleure illustration d'un tel phénomène: en deçà de toute spéculation kabbalistique ou même de toute relation entre l'unité linguistique d'avant Babel et la future concorde universelle[85], il est clair que les analogies n'ont chez lui rien d'arbitraire ou de strictement rhétorique. Les comparaisons postéliennes se donnent toujours à lire comme profondément ancrées dans le réel, au contact de l'essence même des choses. En cela, elles semblent en quelque sorte cristalliser les qualités attribuées au langage en général, qu'il se manifeste sous une forme familière ou – il est temps de s'y intéresser – dans l'inquiétante étrangeté de la parole «turquesque».

---

[85] Chez Postel, l'origine hébraïque de toutes les langues humaines semble garantir la possibilité d'une entente universelle au sens religieux du terme. La concorde viendrait ainsi effacer Babel, déplaçant l'unité perdue du linguistique vers le théologique mais aussi, évidemment, du judaïsme vers le christianisme. Le fait que les Turcs descendent des tribus perdues ne peut d'ailleurs que consolider un tel schéma (sur les spéculations complexes de Postel concernant l'origine des Turcs, cf. F. Secret, «Postel et l'origine des Turcs», in *Guillaume Postel, 1581-1981*, pp. 301-306).

CHAPITRE VI

PAROLES DE TURC

Parmi les réalités exotiques rencontrées au contact de la société ottomane, il en est certaines qui échappent par nature au principe d'autopsie et qui n'en exercent que mieux une fascination constante sur les voyageurs occidentaux : il s'agit évidemment des paroles prononcées par les Turcs, que ce soit dans leur langue usuelle ou dans celle du Coran. Si elle se soustrait à l'emprise de l'œil, la connaissance de ces mots «estranges» ne s'en trouve pourtant pas totalement reléguée dans le domaine du ouï-dire au sens strictement méthodologique du terme. Lorsque le voyageur tend l'oreille, lorsqu'il s'applique à distinguer et à retranscrire les sonorités orientales, il fait dans un premier temps l'économie de toute médiation suspecte entre ses facultés sensorielles et l'univers de l'Autre. Sa perception auditive – que l'on peut croire beaucoup moins émoussée que celle de l'homme d'aujourd'hui[1] – fonctionne selon les mêmes modalités que l'expérience visuelle et paraît la rejoindre dans la hiérarchie des gages de crédibilité.

Reste que ce nivellement ne saurait durer : dès lors qu'il importe de donner un sens précis aux paroles du Turc, il est le plus souvent nécessaire de recourir aux services d'un *turdjuman*, d'un «truchement» ou «dragoman» dont la compétence s'immisce entre l'oreille et le monde. Tout comme l'interprétation anthropologique reposait sur le déploiement d'un réseau d'analogies, l'établissement d'une communication et l'élaboration d'un savoir linguistique se fondent désormais sur une série de correspondances entre les mots lointains et ceux de «par-deçà». Mais alors que le voyageur, lorsqu'il s'efforçait de «traduire» des réalités visibles, demeurait en grande partie

---

[1] En dépit du développement considérable de l'imprimerie, la civilisation occidentale conserve encore au seizième siècle de nombreux traits propres aux cultures orales. Même instruits, les hommes de la Renaissance ne sont pas bombardés de graphies et d'images comme nous le sommes de nos jours. Il est probable que leur acuité et leur sensibilité auditives ne s'en portent que mieux (cf. R. Mandrou, *Introduction à la France Moderne*, pp. 70-73).

libre de solliciter les comparants de son choix, le voici maintenant tributaire des équivalences posées par autrui, des traductions monnayées par des interprètes dont il se méfie d'autant plus qu'il s'agit souvent de juifs, «hommes pleins de toute malice, fraude, tromperie, et cauteleuse deception»[2].

On aurait pourtant tort de penser que ce truchement au profil trouble occupe une place de choix dans l'écriture du Levant à la Renaissance. Plutôt que de le donner à voir ne serait-ce que dans sa prétendue fourberie[3], les textes préfèrent généralement occulter sa présence, étouffer sa voix propre. L'indispensable discours de l'interprète, sans doute parce qu'il s'interpose entre le voyageur et l'Orient au même titre que les modèles textuels, fait ici l'objet d'une constante *dissimulatio*. En plein mythe de la transparence, la parole du drogman est déjà intertexte et donc interdite.

Libéré de cet encombrant médiateur, le voyageur-écrivain récupère sa fonction centrale dans la relation qu'il entretient avec le lecteur. C'est désormais lui seul qui détient les clés du sens, qui donne à comprendre la langue de l'Autre au moyen de stratégies complexes dont il importera d'analyser les divers mécanismes. Mais plus fondamentalement, en deçà même des collectes de mots, des traductions ou des lexiques, l'Occidental élabore à partir des comportements observés et des voix perçues un ensemble de représentations dont la récurrence et la cohérence finissent par forger un véritable imaginaire de la parole turque. C'est d'abord ce très dense réseau symbolique qu'il convient de restituer dans la mesure où il sert d'assise aux savoirs linguistiques: pour le voyageur de la Renaissance, la parole orientale est toujours antérieure à la langue qu'elle met en œuvre.

L'EMPIRE DU SILENCE

Les compagnons d'Aramon ne cessent, nous l'avons constaté, de souligner les différents obstacles que la société ottomane oppose à leur regard. Loin de fonctionner en vase clos, cette résistance

---

[2] Nicolay, *NPV*, p. 246. Sur cette méfiance à l'égard du truchement, voir M.-C. Gomez-Géraud, «La figure de l'interprète dans quelques récits de voyage français à la Renaissance». A noter toutefois que Postel ne manifeste pas les mêmes préjugés à l'encontre des interprètes juifs: «Qui veut faire aucun traitté, on a bon marché, et grande diligence de leur paine» (*RT*, I, p. 75; *HO*, p. 184).

[3] On sait que le drogman parasite et grotesque deviendra au dix-neuvième siècle un véritable type littéraire dans les récits de voyages au Levant (cf. S. Moussa, *La Relation orientale*, ch. I).

constante aux pouvoirs de l'œil trouve son équivalent exact dans le domaine acoustique, où l'ombre devient murmure et où la nuit se fait silence. De même qu'il se dérobait systématiquement à la vue, le monde turc se révèle à présent merveilleusement avare de réalités sonores.

Cette nouvelle caractéristique se vérifie tantôt dans les pratiques religieuses, ce que remarque évidemment Postel[4], tantôt dans l'interdit entourant les femmes, comme prend bien soin de le noter Belon, dont on connaît au demeurant le vif intérêt pour les différents rituels auxquels se livrent les musulmanes:

> Pour ce qu'il y a grande difficulté de veoir les filles et femmes du pays de Turquie, d'autant est il plus difficile de parler à elles. Parquoy, quand quelque Turc veult faire entendre à une dame le desir qu'il a d'estre son serviteur, il fait tant qu'il se trouve en quelque lieu où il la veoie de loing [...]. Parquoy le Turc, ayant apperceu celle dont il est serviteur, il haulse sa teste, et met la main à la gorge, se pinsant la peau du gosier, en l'estendant un peu, luy denonçant par tel signe qu'il est son esclave enchesné, et luy est serviteur de extreme servitude, car en ce pays là on ne se peult s'advouer [sic] de plus grande extremité que de se faire esclave enchesné de quelqu'un. Et si la dame se tient coy, ou qu'elle baise la main, il en prend bonne esperance[5].

En matière d'honnêteté féminine, l'interdit verbal est plus strict encore que son pendant visuel, et pourtant il ne semble guère résister à la transgression de celui-ci. Dès lors que la femme se donne à voir, ne serait-ce qu'en apparaissant furtivement au sommet d'une maison «couverte en terrasse», le recours au langage des signes permet de dire l'amour par les gestes mêmes qui suggèrent la contrainte et l'impossibilité de libérer la voix. Mais si le prétendant a effectivement vu la femme courtisée et si son message galant a bel et bien passé, il n'en reste pas moins qu'aucun son ne s'est fait entendre: à ce stade, la loi du silence demeure en toute rigueur inviolée[6].

---

[4] «Et qui verroit la modestie, silence et reverence qu'ils ont en leurs Mesgeda ou d'oraison, devroit avoir grand'honte de voir que les eglises de deçà servent de causer, pourmener, et marchander, et faire spelonque de larrons» (RT, I, p. 54; HO, p. 156). Pour la *spelunca latronum*, cf. Jérémie, 7: 11 et Matthieu, 21: 13.

[5] OS, f. 183 v°. Villamont reprendra ces remarques dans ses *Voyages* et en profitera pour souligner ensuite l'étrangeté du phénomène: «C'est la maniere qu'ils observent en faisant l'amour, car le parler leur est estroictement deffendu, qui est une coustume fort contraire à celle de nostre France, où par necessité il est besoin de parler et faire mille gambades à la veuë de sa bien-aimee» (f. 273 v°).

[6] Il est tentant de voir dans cette gestuelle l'amorce du langage complexe que l'on attribuera bientôt aux muets du Sérail et qui fascinera nombre d'auteurs à l'âge classique (cf. A. Grosrichard, *op. cit.*, pp. 174-175).

En dépit des remarques de Postel et de Belon, il faut reconnaître que les voyageurs ne mentionnent que bien rarement le mutisme religieux ou amoureux. Dans la société turque telle qu'ils la donnent à lire, le silence n'a guère pour origine la piété ou la décence: il relève avant tout d'un respect de nature politique. L'espace où l'on se tait, c'est donc moins la mosquée ou le harem que le palais du Sultan et tout particulièrement la seconde cour, celle par laquelle on accède aux bâtiments officiels comme la salle du Divan et dans laquelle se règlent les affaires publiques. Le spectacle de cet *adunaton* que constitue pour l'Occidental une foule disciplinée se traduit chez Thevet par un véritable calcul proportionnel dont le résultat vient en quelque sorte chiffrer la merveille, quantifier le prodige:

> En la seconde court sont trois Bachas gouverneurs de l'Empire, qui donnent audience, et jugent les procès et diferents de ceus qui plaident, et ce trois fois la semeine. Là verriez une grande multitude de peuple, les uns assis, les autres debout, en si grand silence que dix mile ne feroient pas plus de bruit que six de nous[7].

Tout en s'inspirant probablement de ces quelques lignes, Nicolay préfère écarter l'improbable rapport 10'000/6 pour mettre l'accent sur le caractère absolu de cet ordre auquel sont tenus les sujets du Grand Seigneur et qui régit leur comportement en deçà même des mots:

> ...tous ceux qui vont faire la court au Sarail [...] vont à pied dans une autre court assez grande, où les Baschas trois fois la semaine donnent audience publique à tous venans, de quelque nation ou religion qu'ils soyent, tant sur les choses politicques que sur les procès et autres differens. Et combien que le nombre du peuple qui y vient de toutes parts soit grand, si y a il grand silence, que vous diriez qu'à peine les assistans osent cracher ou toussir[8].

---

[7]   CL, p. 63. Ces remarques sont directement empruntées à Bertrand de La Borderie, qui écrivait à la suite des vers déjà cités (cf. *supra*, p. 159): «En celle court de peuple toute pleine, / Les uns assis demeurent en silence: / Autres debout sans aucune insolence. / Coustume à eux autant ou plus louable, / Que moins elle est à la nostre semblable. / Car là verrez dix mille genissaires, / Qui du Seigneur sont gardes ordinaire [*sic*], / Assis en terre en croisant leurs genoux, / Ne faire tant de bruit que six de nous» (*op. cit.*, vv. 1712-1720).

[8]   NPV, pp. 96-97. Postel précise quant à lui que les *Capigis* (portiers) «gardent s'il se fait le moindre tumulte du monde là dedans, qui en est l'autheur, et le punissent de prison ou de baston» (*RT*, III, p. 7; *HO*, p. 263). Quant à Du Fresne-Canaye, il insistera de belle manière sur l'étonnant spectacle que constitue l'immobilité des gardes de cette seconde cour: «[Nous regardions] avec grand plaisir et plus grande admiration ce nombre effrayant de janissaires et d'autres soldats se tenant tous le long du mur de cette cour, les mains jointes

Le paradoxe de cette seconde cour n'est pas seulement qu'une foule s'y tienne tranquille, mais aussi et surtout que les querelles s'y règlent sans la moindre surenchère verbale, que les audiences y soient à la fois silencieuses et parfaitement audibles. Par delà toute admiration envers une justice efficace à l'abri des avocats et de leurs interminables plaidoiries[9], le cœur de l'Empire ottoman semble captiver l'Occidental parce qu'il étouffe la parole au moment même où elle pourrait pleinement déployer ses charmes et ses pouvoirs. Dans cette manière de forum que constitue la seconde cour du Sérail, aucun orateur ne se fait entendre, aucune éloquence ne vient agrémenter les débats judiciaires. Pas même un raclement de gorge ou un toussotement, sans doute parce que cela apparaîtrait déjà comme l'amorce d'une prise de parole. Le corollaire de ce silence public ne peut être que l'absence ou pour le moins l'inutilité de tout art de bien dire, ce que Postel constate avec une satisfaction évidente:

> De rhetorique, qu'ils nomment *mantic*, ils dient n'en estre besoin que bien peu, pource que nature simplement et en peu de parolles dit et monstre ce qu'elle entend[10].

Ce peu de place accordé à la rhétorique est d'autant plus remarquable que la langue turque, toujours selon Postel, se prête mieux que toute autre aux tournures grandiloquentes, à la «faconde en commun parler»[11]. Voilà en somme un potentiel d'éloquence totalement inexploité, un jardin regorgeant de fleurs que personne ne s'aventure à cueillir.

Dans cet immense écart entre langue et parole, dans la retenue et l'autocensure qu'il suppose à chaque instant, on doit lire comme en creux toute l'efficacité du système répressif ottoman, toute la puissance du Sultan dont il procède et auquel il ramène nécessairement. Si le peuple turc se tait là même où il serait normal qu'il trouve à

---

devant eux à la manière des moines, dans un tel silence qu'il nous semblait voir non des hommes, mais des statues [...]. Leurs habits, pourtant si différents des nôtres, ne nous paraissaient pas si étranges que ce silence, qui me fit croire à ce qu'autrefois j'avais lu dans l'histoire de Rhodes: quand le sultan Soliman entra dans la ville avec toute son armée, après un très cruel siège de six mois ininterrompus, on n'entendit pas une seule parole, si bien qu'on aurait cru voir autant de frères de l'Observance» (*op. cit.*, pp. 64-65). Les comparaisons monastiques ne prennent évidemment tout leur sens qu'à la lumière du protestantisme de l'auteur.

[9] Cf. *supra*, p. 213.

[10] Postel, *RT*, I, p. 36; *HO*, p. 132.

[11] *Ibid.*

s'exprimer, c'est évidemment parce qu'il respecte le pouvoir, mais c'est aussi qu'il se sait toujours écouté par les représentants de l'ordre ou par le padichah lui-même, en l'occurrence ce mystérieux Soliman que l'on dit «melancolique, peu parlant, et peu riant, mais fort colere»[12]. Le silence que les voyageurs observent (au double sens du terme) dans l'Empire ottoman est toujours la manifestation étouffante de ce monarque taciturne, de ce maître des mots dont il émane comme d'un soleil noir.

Il suffit d'ailleurs que le Grand Seigneur sorte de son palais pour que tout bruit cesse dans les rues bondées d'Istanbul, ainsi que le constate Thevet dans sa première *Cosmographie*:

> ...il va à sadite Mosquee avec un si bel ordre, et silence tel que, hors le trac des chevaux, vous diriez qu'il n'y ha ame par les rues, jaçoit qu'il y ait une multitude quasi infinie de diverses nacions, qui le regardent passer[13].

Le comportement respectueux de ces «diverses nacions» au passage du Sultan doit nous rendre attentifs à une autre dimension du mutisme ottoman: loin de signifier uniquement la soumission du peuple à l'autorité impériale, de se limiter à une simple question de politique intérieure, le silence entourant le Grand Turc se charge également d'une signification militaire, presque géostratégique, laquelle intéresse au plus haut degré les Occidentaux, que leur statut soit celui d'ennemis déclarés ou d'alliés timorés.

Dès lors que l'on quitte la cour du Sérail, le mutisme est d'abord le propre de la troupe, de ces janissaires et spahis dont la redoutable efficacité est à l'origine des victoires de Soliman. De passage dans la petite ville de Silivry, Belon a pleinement l'occasion de mesurer «la tresgrande silence et modestie» de l'armée ottomane lors de ses déplacements:

> En ce temps que je passay par Selivrée, il y avoit une compaignie de Turcs qui estoient environ quatre mille, logéz tant par les Carbacharats [caravansérails] et autres lieux de la ville, comme aussi dehors soubs les arbres. Tous estoient gent de cheval, qui alloient au camp du grand Turc contre le roy de Perse, et estoient touts d'une bende. Mais se partirent long temps avant jour d'une silence si grande que nous autres, qui en cas pareil avions proposé de nous lever avant le jour, n'en ouismes jamais rien, combien qu'ils fussent joignant nous[14].

---

[12] Cf. A. Geuffroy, *Estat de la court du grant Turc*, f. 2 r°. Sur le Sultan à l'écoute, cf. *supra*, pp. 184-185.

[13] *CL*, pp. 61-62.

[14] *OS*, f. 68 r°. Belon revient sur cette discipline à propos de la garnison turque de Rhodes: «Ayant pris garde aux soldats turcs qui font le guet aux portes de

L'image des voyageurs français dormant à poings fermés au milieu d'un régiment de cavalerie en train de se mettre en marche a indubitablement un côté plaisant. Sur un plan stratégique, elle n'en revêt pas moins un aspect beaucoup plus inquiétant puisqu'elle dit avant tout la formidable discrétion d'une troupe capable d'effectuer les plus grandes manœuvres sans cliquetis d'armes ni claquements de sabots, de s'approcher subrepticement de l'ennemi afin de le surprendre et de l'anéantir en plein sommeil.

L'impeccable fonctionnement de cette gigantesque machine militaire s'observe tout particulièrement lorsque le Grand Seigneur part lui-même en guerre contre les chrétiens ou les chiites. Chesneau, qui a eu l'occasion de suivre l'armée ottomane durant la campagne persane de 1548-1549, se montre non seulement impressionné par la masse de ces «trois à quatre centz mil hommes combatans», mais plus encore par le fait qu'ils marchent «avec une tel ordre et sillence que, considerant la multitude, est quasi incroyable»[15]. Reste que l'armée turque étonne peut-être moins par ses déplacements inaudibles que par la tenue qui demeure la sienne en plein bivouac, c'est-à-dire au moment même où l'on pourrait s'attendre à ce que la discipline se relâche quelque peu. Qu'il soit minutieusement décrit par Chesneau ou par Postel, le camp du Sultan apparaît toujours, malgré ses dimensions extraordinaires, comme une structure parfaitement agencée, comme un espace pleinement maîtrisé dans lequel la moindre petite tente occupe une place déterminée par rapport au point central où se dresse dans toute sa splendeur le pavillon impérial. Au sein de cet ordre géométrique règne évidemment l'ordre tout court. Le repos du guerrier n'est ici nullement propice à la beuverie ou à la débauche, et pareille retenue intrigue d'autant plus Postel que les Turcs ne peuvent connaître les leçons dispensées en la matière par les historiens romains:

Rhodes, j'ay eu occasion d'escrire la grande continence et obeissance de gens de guerre du Turc, car combien qu'il y eust vingt ou trente hommes aux portes de la ville, qui les gardent soigneusement, toutefois c'estoit avec si grande silence et modestie qu'on n'y oyoit non plus de bruict que s'il n'y eust en [sic] personne» (f. 91 r°).

[15] Chesneau, *Voyage*, f. 292 r°-v°; p. 108. Cette discipline n'est pas l'apanage de l'armée de terre, comme en témoignent les remarques de Du Fresne-Canaye à propos de la flotte ottomane: «On n'entendait aucun bruit de tambours, de trompettes, ni de cris insolents comme on en entend non seulement dans les armées chrétiennes, mais même dans les conventicules des plus révérends Pères: ce qui arrive non pour ce que les Turcs manquent de bravoure, mais pour le respect qu'ils portent à leurs capitaines et supérieurs» (*op. cit.*, p. 141). D'une manière générale, les Occidentaux sont toutefois moins impressionnés par cette marine de guerre que par l'armée terrestre (cf. M. J. Heath, *op. cit.*, pp. 72-73).

> Et vrayement, combien qu'ils ne sachent par l'histoire ancienne (laquelle ils ne reçoivent, lisent ni approuvent) que les delices en un camp sont la victoire pour l'ennemy, tesmoings les Gaulois soubs Brennus, et les Carthaginois soubs Hannibal, les Lydiens soubs Crœsus et les Romains, par force insurperables [sic], vaincus par les asiatiques delices [...]. Toutesfois si sont ils tellement entiers observateurs de la discipline militaire que durant qu'on est en camp, délices n'y sont permises...[16]

En réalité, tout se passe un peu comme si la présence du Sultan venait pallier l'ignorance des exemples antiques. On voit mal, en effet, comment le camp pourrait servir de cadre à des «asiatiques delices» généralisées lorsque tout est fait pour que son espace rappelle celui du Sérail. Au centre de cette véritable ville élevée «en une heure», le «pavillon du Prince» participe d'un dispositif qui ne nous est pas totalement inconnu :

> ...puis audit pavillon en est mis et encouplé un autre, en mode d'une belle allée, au bout duquel est le Divan ou auditoire tenu par les Baschiats, et Cadilesquers, à la mode qu'ay escritte en la Justice au premier livre: et ce [sic] fait cela à celle fin qu'on pense que tousjours le Prince y soit escoutant, qui aussi tousjours y peut estre...[17]

Dans la mesure où l'on y recrée la seconde cour du Sérail, le camp du Grand Seigneur est le lieu d'un double silence, à la fois militaire et politique. La distinction peut paraître futile, et pourtant elle seule permet de saisir la signification profonde d'un étonnant développement que l'auteur de La Genealogie du grant Turc consacre au campement impérial avant même le prestigieux règne de Soliman :

> Et quant l'Empereur est au camp, ilz ont entre eulx la meilleure pollice et obeyssance du monde, et si par adventure [...] le feu se mectoit en quelque pavillon, ou s'il y a quelque larron ou quelque ung du camp, il peult aller de pavillon en pavillon tuant les gens, et ceulx qui sont assailliz dudit larron se pe[u]vent deffendre sans crier, car s'ilz crioient, ilz seroient en tresgrant danger de leurs personnes. Et cecy de paour de faire quelque alarme au camp...[18]

---

[16] RT, III, p. 44; HO, p. 312.

[17] Postel, RT, III, p. 45; HO, p. 313.

[18] [Théodore Spandugino], La Genealogie du grant Turc, 1519, f. E 3 r°-v°. Christophe Richer écrit tout à fait dans le même esprit que les Turcs «sont tant curieux de silence, que jamais ne s'arment qu'ilz ne soyent au camp. Et souvent laissent evader de nuict les prisonniers, de peur que, oultre la coustume, il n'y ait quelque tumulte à les poursuyvre et ramener». Et cela bien qu'ils «n'estiment butin plus grand que de prisonniers» (Des Coustumes et manieres de vivre des Turcs, f. 12 r°-v°). On trouve des remarques similaires chez Georgiewitz (op. cit., p. 53).

Le mutisme absolu imposé par la présence du Sultan entre ici en conflit flagrant avec la logique guerrière la plus élémentaire, dans laquelle la discrétion n'a de valeur qu'offensive. Au lieu de représenter un atout tactique, le silence de nature politique ouvre dans la défense ottomane une brèche inespérée que l'auteur de *La Genealogie* met aussitôt à profit en imaginant un peu à la façon de Panurge la destruction de l'ennemi par le feu ou le fer: à l'en croire, il suffirait en somme d'un seul homme pour semer la mort «de pavillon en pavillon» – jusqu'à celui du padichah? – sans que les soldats turcs, terrorisés à l'idée même d'élever la voix, n'osent donner l'alarme de peur de causer «quelque alarme»... Tout comme il se révèle parfois prisonnier de sa propre pulsion scopique[19], le Sultan est ici potentiellement victime de la loi du silence qu'il a lui-même instaurée. Ennemi de toute parole autre que la sienne, il fait taire jusqu'aux voix qui pourraient le mettre en garde et court ainsi, chaque nuit, le risque paradoxal de mourir poignardé ou carbonisé en plein sommeil parce qu'il ne tolère pas qu'on trouble son repos. Dans cette *Genealogie du grant Turc* que l'on ne cesse de rééditer tout au long du siècle, l'Empire du silence n'est déjà plus tout à fait une mécanique sans faille: en son cœur même s'observe comme une tension, comme un léger grincement qui dit sans doute la fragilité de tout le dispositif[20].

LE BRUIT ET LE CHARME

Il serait faux de croire que l'univers feutré longuement décrit par les voyageurs occidentaux étouffe définitivement toute manifestation sonore. Un peu comme le voile finit par mettre en évidence la femme qu'il dissimule, le mur du silence confère un relief particulier au son qui le brise. Dans cet Empire où il faut se taire, tout ce qui parvient à l'oreille se charge d'une dimension hors du commun, d'une force proprement inouïe susceptible de se déployer selon au moins deux modalités distinctes.

Si le son qui retentit n'est pas une parole articulée (ou n'est pas perçu comme telle), son poids étrange le fait souvent pencher du côté du bruit plutôt que de l'harmonie. La remarquable faculté d'adaptation de Postel trouve par exemple sa limite à chaque fois

---

[19] Cf. *supra*, pp. 186-187.

[20] Il semble que l'âge classique ignore cette tension pour retenir uniquement la profonde solidarité de la discipline militaire et du régime despotique (voir A. Grosrichard, *op. cit.*, pp. 107-111).

(ou presque) que des musiciens turcs se mettent à exercer leurs talents. Le cortège qui accompagne la fiancée musulmane lorsqu'elle se rend chez son futur époux résonne ainsi de

> force tabourins, cimballes ou bassinets et haubois, flutes et luts dous à leur mode, mais assés pour rompre la teste et les oreilles aus plus gros bouviers de France[21].

Le calvaire de l'Occidental se poursuit et tend même à s'accentuer au cours du banquet nuptial, où il est habituel qu'un fâcheux orchestre s'en donne à cœur joie:

> Le premier et plus commun esbat sont gros tabourins sans corde, et petis d'erain en forme de deus petis bouclers, des haust-bois qui sonnent là au mesme son qu'ils sonnent en guerre, et tant estrangement qu'aus nations de deçà faut estouper les aureilles, ou s'en aller, autrement le son n'est que bien bon pour le camp[22].

Il semble que cette musique turque casse les oreilles avant tout parce qu'elle est de nature martiale, parce qu'elle vient tout droit de ce camp dont elle doit parfois troubler le calme et où le voyageur aimerait beaucoup qu'elle se cantonne. Comme toute armée qui se respecte, celle du Grand Seigneur ne s'exprime que sur le mode du mutisme ou du tintamarre, et tout porte ici à croire que cette absence de mesure contamine la société ottomane dans son ensemble.

Autre façon extrême (et elle aussi en partie militaire) de briser le silence: la voix qui s'élève est tellement chargée de sens que son impact sur le monde se fait immédiatement sentir[23]. On ne s'étonnera pas que cette force illocutoire se manifeste moins, à l'égard du voyageur, dans des bénédictions que dans des ordres et des

---

[21] *RT*, I, p. 11; *HO*, p. 99. De la musique festive jouée par les Turcs, Jean Palerne dira de même qu'elle produit «une harmonie assés mélodieuse pour faire danser les asnes» (*op. cit.*, p. 280).

[22] *RT*, I, pp. 17-18; *HO*, p. 107. Postel décrira par la suite les instruments de musique utilisés dans l'armée ottomane (cf. *RT*, III, pp. 42-43; *HO*, pp. 309-311). A noter aussi que les oreilles du voyageur sont beaucoup moins irritées par le son de la harpe, «plus commun pour sa douceur». Il est vrai que l'instrument est alors manié par des musiciennes professionnelles dont les charmes ne sont pas que sonores (cf. *supra*, p. 170). Pour un jugement positif sur la musique des tambourins, cf. Villamont, *op. cit.*, f. 276 v°.

[23] Le paradigme de ce type d'énoncé est évidemment la parole du Sultan, dont le style autoritaire choquera bientôt Du Fresne-Canaye: «...jamais pour chose qu'il [le Sultan] demande ne dit: 'Je vous prie', mais: 'Vous ferez bien', et autres tournures pleines d'un faste tyrannique presque intolérable» (*op. cit.*, p. 75). Soliman n'a toutefois guère droit à la parole dans les textes des compagnons d'Aramon.

menaces. La parole turque est le plus souvent brève et autoritaire: l'Occidental a tout intérêt à en saisir très vite la signification et à adapter son comportement en conséquence.

Le sentiment d'insécurité que Nicolay semble avoir éprouvé en terre d'islam est sur ce point particulièrement révélateur. De ses déambulations dans la foule algéroise, le géographe ne retient sur le plan sonore que les avertissements des marchands et portefaix:

> Et allans par les rues, à cause de la multitude du peuple qui y est merveilleuse, vont criant à haute voix: «Baluc, baluc», qui est à dire «gare, gare»[24].

Au cœur de l'Empire ottoman, les «Peicz» ou «laquais» du Sultan font très exactement écho à ces mises en garde:

> ...soudain se departent, criants à haute voix «*Sauli, Sauli*», qui vault autant en françois que «gare, gare»[25].

Aussi étonnant que cela puisse paraître, ces avertissements redoublés représentent exactement, dans le livre imposant de Nicolay, la moitié des énoncés prononcés au style direct par l'Oriental et de surcroît les seuls dont le voyageur apparaisse comme un destinataire potentiel. Lorsque la parole performative du musulman ne bénit pas le Sultan ou ne se charge pas d'un pouvoir rituel[26], elle retentit comme une menace, comme une sèche exhortation à s'effacer et à se tenir coi.

Entre tapage et illocution, entre défaut et surplus de sens, les sons émis dans l'Empire ottoman ne cessent d'osciller sans jamais parvenir à l'équilibre ou à la mesure[27]. S'il en fallait ici une ultime

---

[24] *NPV*, p. 16.

[25] *NPV*, p. 150. Selon les éditeurs modernes des *Navigations*, on reconnaît ici le turc *savouloun*, qui signifie «dégagez!» (cf. *Dans l'Empire de Soliman*, p. 291, n. 53).

[26] La bénédiction en question n'est autre que le second cri des «Peicz», que Nicolay retranscrit *Alau deicherim* et qu'il traduit par «Dieu maintienne long temps le Seigneur en telle puissance et prosperité» (p. 150). Quant à la formule religieuse, elle est attribuée aux pèlerins de la Mecque et n'est donnée qu'en traduction: «*Tout cecy soit en l'honneur de Dieu misericordieux: Dieu me pardonne mes pechez*» (p. 200). On constate au demeurant qu'il s'agit davantage d'un vœu que d'une prière.

[27] Bruit et puissance performative peuvent toutefois se combiner en cumulant leurs effets, comme lorsque le peuple d'Istanbul salue le Pacha de la Mer «de clameurs si effrayantes, qu'elles auraient suffi à faire tomber morts les oiseaux qui auraient volé par cet air frappé de tant de cris» (Du Fresne-Canaye, *op. cit.*, p. 136).

preuve, on la trouverait sans doute dans les jugements tranchés et contradictoires que les voyageurs émettent à propos des promesses orientales. D'un côté, Nicolay affirme sans ambiguïté que les Turcs, dont il dit avoir constaté la traîtrise lors du siège de Tripoli, ne tiennent pas leurs engagements envers les chrétiens et que de telles promesses sont même pour eux vides de toute signification[28]; de l'autre, Postel déclare que les Turcs, au contraire des Mores perfides et «puniques», ne respectent rien autant que «la foy promise à quiconque soit»[29], comme si la parole donnée était pour eux indissociable de l'acte qu'elle anticipe, comme si dire était doublement faire.

✻ ✻ ✻

La polarité qui régit la parole orientale se fait particulièrement sentir dans le sulfureux domaine religieux, où la substitution de l'arabe au turc ne fait au demeurant qu'accentuer les préjugés et les craintes des Occidentaux. Dans la société du murmure que décrivent les voyageurs, les rites de l'islam dessinent un espace souvent inquiétant où la voix se libère avec une force quasi surhumaine. Au merveilleux mutisme imposé par Soliman répondent en somme les cris fanatiques instaurés par Mahomet.

Ce qui retient ici au premier chef l'attention du chrétien, c'est évidemment l'*adhân*, l'appel à la prière dont les modulations résonnent cinq fois par jour en pays islamique. Non sans humour, Belon s'applique à réduire d'au moins trois façons complémentaires l'altérité propre au chant du muezzin:

> Il n'y ha point d'orloges en Turquie, mais en ce default les prestres montent au faiste des clochers dessus les tourelles fort haultes [...]. Quand les prestres sont sur la sommité, ilz crient d'une voix esclatante comme un oblieux qui ha perdu son corbillon: qui me faisoit souvenir des pastourelles qui chantent es landes du Maine entour Nouel, car les Turcs chantent en faulcet[30].

---

[28]   *NPV*, pp. 43 et surtout 46.

[29]   *RT*, I, p. 69; *HO*, p. 176. Christophe Richer soulignait déjà la bonne foi des Turcs, mais surtout entre coreligionnaires: «Car les Turcs sont de telle foy, que ce qu'ilz promettent, ilz le tiennent, et se fient tant les ungs aux aultres, que en leurs contracts ilz n'usent point d'obligations, ne de seaulx, ne de seings manuels, ains croyent à la seule parolle de celuy qui fait la promesse, ou à la seule ouye de son nom, ou bien à sa maniere d'escrire» (*op. cit.*, f. 13 r°-v°). Quant à Antoine Geuffroy, il affirmait que Soliman garde «sa foy et parolle quoy qu'il promette» (*op. cit.*, f. 2 r°).

[30]   *OS*, f. 194 v°.

Prise dans les mailles de l'analogie, la voix du «prestre» turc semble tout à la fois se mécaniser comme le tintement d'un carillon[31], relever d'une excitation de sacristie toute farcesque et redoubler les accents familiers des bergères mancelles célébrant la Nativité. En quelques lignes à peine, la parole du muezzin se trouve symboliquement dépossédée de sa dimension humaine, de son prestige, de sa spécificité islamique et même de sa virilité[32]. A ce stade, il faut reconnaître que l'*adhân* est loin d'inspirer au voyageur la crainte qu'aurait pu susciter un cri d'origine «satanique»[33].

Mais Belon a beau s'efforcer de désamorcer d'entrée de jeu les pouvoirs de l'appel à la prière, il ne s'en montre pas moins fortement impressionné dans un second temps:

> Leur voix se peult clairement ouyr d'un grand quart de lieue, et quelques fois de demie, et seroit impossible, à un homme qui n'auroit au paravant ouy tel cry, croire que la voix d'un homme puisse estre entendue de si loing. Ilz sont quelques fois deux ou trois à chanter. Les prestres mettent leurs doigts es oreilles, et se prennent à crier si hault qu'ils sont entenduz de toute la ville, et disent telles parolles en langage arabe, «La Illah Illellach Mehemmet Irred sul Allah». Ils font tel cry cinq fois le jour, une heure avant jour, à jour ouvert, à midy, à trois heures, et à nuict close[34].

Les chants qu'on aurait presque attribués à des pastourelles acquièrent désormais une portée digne de Stentor. Ils se chargent d'une puissance vraiment prodigieuse, laquelle oblige le muezzin à se boucher les oreilles et le voyageur-écrivain à réaffirmer la distinction méthodologique entre expérience directe et simple ouï-dire. La

---

[31] La comparaison du minaret et du muezzin avec la cloche et le clocher est alors un *topos* de la description des pays musulmans. Voir par exemple Luigi Bassano, *op. cit.*, f. 305 r°, de même que Postel (*RT*, I, p. 47; *HO*, p. 147), chez qui le poncif se charge toutefois d'un sens particulier (cf. *supra*, p. 221).

[32] La féminité du muezzin apparaît un peu comme la transposition vocale (et perceptible) de celle de l'eunuque.

[33] Belon s'avère même charmé par le caractère mélodieux de l'*adhân* tel que le chantent cette fois-ci les Mores: «Quand nous descendions du batteau aux rivages du Nil pour entrer es villages, nous entendions les Mores chanter en leurs mosquées, c'est à dire eglises, qui se respondent les uns aux autres de voix alternatives, à la maniere des prebstres latins, faisant quasi mesmes accens, et mesmes pausées, comme font ceulx qui chantent les pseaumes en latin: qui est chose qu'on ne faict point entre les Turcs, qui ont dur langage et rude à la comparaison de l'arabe, qui est moult aisé à toutes choses qu'on veult mettre en rythme. Aussi l'Alcoran est escript en versets de rythme» (*OS*, f. 105 r°). Cette valorisation de l'arabe au détriment du turc et cette extrême sensibilité aux chants de l'islam sont tout à fait exceptionnelles dans la littérature de l'époque.

[34] *OS*, f. 194 v°.

voix que Belon a d'abord tenté de neutraliser conserve indiscutablement une part d'étrangeté qui se manifeste à la fois dans son incroyable volume sonore et dans ces mots arabes que le texte ne traduit pas[35]. L'analogie ne ramène pas tout dans ses filets: quelque chose lui résiste, demeure insaisissable, et ce reste est avant tout un bruit.

Dans le chapitre de la *Cosmographie de Levant* qu'il consacre à la ville du Caire (ch. XXXIX), Thevet s'intéresse lui aussi de très près aux cris poussés par ceux qu'il appelle, à la suite de Georgiewitz, les «Talismans»[36]. Pour appeler les fidèles à la prière, ces religieux

> montent à la cime d'une haute tour, qu'ils ont en lieu de clocher, où se pourmenans par un deambulatoire, estoupans leurs oreilles de leurs doits, crient à voix desployee et de toute leur force choses non vulgaires, et qui ne doivent (à leur dire) aucunement estre prononcees des Cretiens[37].

Sans rien perdre de ses décibels, le cri du muezzin récupère ici tout son sens, mais celui-ci relève tellement du sacré qu'il ne saurait être souillé par la bouche d'un chrétien. Aussitôt que le bruit devient discours, il acquiert un prestige et un pouvoir mystérieux que l'on ne partage pas. Reste que Thevet, immédiatement après avoir souligné l'interdit, prend un malin plaisir à le transgresser et, du coup, à prouver qu'il ne recule devant aucun risque afin d'informer au mieux son lecteur:

> Toutefois je vous diray ce qu'un Turq, à moy familier, m'en ha donné par escrit. Premierement ils crient de toute leur puissance voire de sorte que les chiens s'en prennent à hurler. *Allah heber, Allah heber*, qui vaut autant à dire, que, Dieu est grand, Dieu est grand. Derechef ils disent. *Lailach illalach*, Dieu est un Dieu grand. *Mehemmet Resulallach, Mehemmet Resulallach*, Mehemet est son envoyé et son profete. *ya len cela*, venez à l'oraison adorer Dieu[38].

---

[35] Et dans lesquels on reconnaît une transcription approximative de la *chahâda* ou profession de foi, dont le sens est bien connu: «Il n'y a de Dieu qu'Allah et Mahomet est l'envoyé d'Allah». Selon Postel, le muezzin crie essentiellement «*'ia halassala, ia halassala, ia halassala*', 'hau à l'oraison, hau à l'oraison, hau à l'oraison'. Et quelquefois commance ainsi, *'allah chebir allach chebir'*, 'Dieu est grand, Dieu est grand', et autres propos divers» (*RT*, I, pp. 47-48; *HO*, p. 147).

[36] Georgiewitz parlait de *Talismanlar* (*op. cit.*, p. 21). Sa brève évocation du chant du muezzin (p. 10) a sans doute servi de matrice à celle, plus élaborée, de Thevet.

[37] *CL*, pp. 143-144.

[38] *CL*, p. 144. Pour les besoins de l'analyse, je conserve ici telle quelle la ponctuation du texte original.

Par le truchement d'un improbable Turc «familier», l'*adhân* a gagné du sens et donc perdu en grande partie son altérité linguistique. Mais alors même que sa signification se précise grâce à une transcription et à une traduction, il se trouve investi de pouvoirs nouveaux, particulièrement troubles, liés cette fois-ci à son impact plutôt qu'à sa portée. A en croire Thevet, l'appel à la prière a d'abord pour résultat de provoquer le hurlement des chiens. Lorsqu'on connaît le processus d'animalisation auquel est soumis le Turc (au sens large et confessionnel du terme) dans les textes de l'époque[39], on comprend que cette réaction canine est moins un signe d'agressivité que de solidarité. Les chiens n'aboient pas contre le muezzin: ils hurlent pour faire écho à son long cri, pour relayer comme elle le mérite la voix de l'islam.

On est même amené à constater bien davantage dès lors qu'on examine de manière rapprochée le texte de la *Cosmographie*. Sur un plan strictement littéral – et même compte tenu de la ponctuation nécessairement rudimentaire –, il apparaît en effet que les «*Alah heber*» peuvent être attribués aux chiens au moins autant qu'aux «Talismans». Bien entendu, cette légère ambiguïté procède avant tout d'une syntaxe encore flottante, de pratiques textuelles faisant largement appel à la participation du lecteur dans l'élaboration du sens grammatical. Il n'en reste pas moins que le texte thevétien, dans la surprise de son premier effet, place l'*adhân* dans la gueule des chiens, si bien que la litanie des «*Alah heber*» en prend des allures d'aboiements saccadés. On peut penser que cette impression, même corrigée par une seconde lecture, continue sourdement à exercer son emprise, d'autant que le sens ultime du texte ne fait que transposer pareille contamination à un niveau métaphorique[40].

Au delà de tout zoomorphisme, les cris des «Talismans» tels que les retranscrit Thevet témoignent de deux caractéristiques constantes de la parole musulmane. Malgré le silence ou le laconisme généralement de mise dans l'Empire ottoman, il apparaît d'abord que la voix de l'islam tend toujours à se faire entendre au moins deux fois, qu'elle s'élève généralement pour *résonner* dans tous les

---

[39] Cf. *supra*, pp. 203-209. Les muezzins cairotes décrits par Thevet sont sans doute des Arabes, mais la présence du Turc «familier» rappelle le rattachement de l'Egypte à l'Empire ottoman.

[40] L'édition de 1556 est ornée d'une gravure donnant à voir les abords d'une mosquée peu avant la prière. Au sommet du minaret, deux «Talismans» se bouchent les oreilles et ont peut-être déjà commencé à pousser leurs cris. Dans la cour, un chien repose, encore paisiblement lové, mais – texte oblige – on sent qu'il va bientôt bondir et se mettre à hurler (*CL*, p. 143). Cf. planche XII.

sens du terme. A en croire Postel, il ne fait aucun doute que ce principe de répétitivité est inscrit au cœur de la foi musulmane et qu'on doit en attribuer l'origine à Mahomet en personne. Plutôt que de procéder de manière concise, par «syllogisme, raison ou vérité», l'*auteur* du Coran privilégie une rhétorique cumulative, itérative, laquelle donne lieu à des

> sentences comme celles ici, Croiés au Prophete de Dieu qu'il a envoié, et à qui il a baillé la loy: et Dieu est Dieu, et n'est qu'un Dieu, et Muhamed est son Prophete: et Dieu le misericors, le bon, predestine ce qu'il veut, et damne ce qu'il veut, et fait ce qu'il veut, et vous serés des injustes ou injurieux, et des caffres ou heretiques, et il prepare les Paradis d'Adam, avec les eaus courantes dessous à ceus qui ont creu en son Prophette, et les caffres ou heretiques qui ne croient pas, seront damnés: et autres telles folies qu'il repete mille fois: et n'y a chapitre qui n'en soit plein neuf, dix, vingt fois, sans mettre entre d'eus [*sic*] autre chose, que sa battologie ou repetition[41].

L'écriture confuse de Postel ne rencontre ici celle de Mahomet que pour mieux en dénoncer les incessants rabâchages et se décharger sur elle de sa tendance marquée à l'adjonction et à la redondance. En stigmatisant de façon si caricaturale la «battologie» coranique, le texte de la *Republique des Turcs* donne un peu l'impression de conjurer en l'appelant par son nom le démon stylistique qui toujours le hante. Mais la manœuvre relève peut-être moins d'un rejet violent que d'une habile neutralisation: dire et redire que Mahomet se répète, ouvrir son propre texte à cette parole ressassée, c'est condamner l'itération en se laissant quand même aller à son vertige, se réclamer d'un idéal de sobriété rhétorique sans renoncer aux plaisirs de l'ébriété verbale.

Outre qu'il tend à réduire toute voix de l'islam à ses répercussions sonores, le psittacisme dont le voyageur se fait à la fois l'écho et le censeur témoigne incontestablement d'une dimension suspecte, proche de la folie ou même de l'emprise démoniaque. Alors qu'il vient de souligner le caractère répétitif des prières récitées par l'imam à la mosquée, Postel se plaît à évoquer certains rituels extatiques où la perte du sens ne se limite pas au domaine verbal:

> Au propos de battologie ou vicieuse repetition, je veus reciter icy leurs coustumes de quelques prieres, plus frequentes entre les Mores qu'autre part. Iceus Mores souvent vers le soir, pres de quelque Mesgeda, sortent dix, vingt, trente, cent, tant du plus que du moins, et tous ensemble

---

[41] *RT*, I, p. 88; *HO*, pp. 201-202. J'ai ici volontairement conservé la ponctuation du texte original. Cf. aussi *RT*, I, pp. 86 et 95; *HO*, pp. 198 et 211. Sur la «battologie de l'oraison» dans les mosquées, voir *RT*, I, p. 52; *HO*, p. 153.

commancent en branlant la teste, et tout le corps, l'un vers l'autre disans
«alla, alla, alla, alla, alla», tant de fois et long temps repetant qu'ils
cheent à bas comme estourdis, et disent qu'alors leur esprit va avec
Dieu porter *lassala*, ou l'oraison. En la Surie et Natolie ou Turquie en y
a [*sic*] qui se mettent si fort à tourner disant *«alla, alla»*, etc. que jamais
piroette n'en fist imitation, en fin que tous estourdis demeurent comme
mors, et en extase, et alors dient que leur esprit va avec Dieu[42].

L'inquiétante prolifération des prieurs à la tombée de la nuit, les
convulsions et la palilalie qui s'emparent d'eux jusqu'à leur faire
perdre conscience, tout semble ici suggérer, malgré les dires des premiers concernés, une sorte d'aliénation confinant à la possession et
prolongeant parfaitement les crises d'épilepsie attribuées au Prophète par le «canon médiéval» consacré à l'islam[43]. Le simple fait
que le texte commence par présenter ces transes comme une spécia-
lité arabe suffirait d'ailleurs à en souligner la valeur négative: on sait
que le «More» est toujours chez Postel un repoussoir, une sorte de
bouc émissaire chargé de toutes les tares dont il faut libérer le
Turc[44]. Si les derviches tourneurs se joignent à l'étourdissement col-
lectif, ce ne peut être par conséquent que dans un second temps et
en écourtant leurs litanies de quelques *«alla»*. Mais quel que soit le
partage qui s'opère ici entre Mores et Turcs, une chose demeure certaine: en terre musulmane, la parole sacrée est prisonnière d'une
logique de redondance sonore qui, bien loin de consolider le message coranique, tend immanquablement à en menacer le sens, à en
dénoncer l'impureté et la duplicité.

Des hurlements canins suscités par le chant du muezzin aux syn-
copes provoquées par les invocations nocturnes, le corpus aramontin laisse entrevoir une autre caractéristique fondamentale de la voix
musulmane: son pouvoir quasi thaumaturgique. Cette forme
paroxystique de la dimension illocutoire déjà mise en évidence se
cristallise essentiellement dans la profession de foi (*chahâda*) par
laquelle sont manifestées l'appartenance et surtout la conversion au

---

[42] *RT*, I, p. 52; *HO*, pp. 153-154.

[43] On connaît la popularité du «conte» selon lequel Mahomet aurait inventé ses
rencontres avec l'Ange Gabriel afin de justifier ses crises d'épilepsie. Dans la
préface à sa traduction latine du Coran, Marc de Tolède, même s'il véhicule
avec précaution la thèse de l'épilepsie et/ou de la possession (il décrit Mahomet
«quasi morbum caducum patiens» et *«quasi* a demonio arreptus»), met expli-
tement cette agitation en relation avec le style confus du texte coranique (cf.
N. Daniel, *op. cit.*, pp. 49-50). Cette tradition est évidemment connue de Postel, qui prend bien soin de rappeler que Mahomet est mort du «haut mal» (*RT*,
I, p. 81; *HO*, p. 192).

[44] Cf. F. Lestringant, «Guillaume Postel et l'"obsession turque"», pp. 281-282.

culte d'Allah. Pour le voyageur occidental soucieux de préserver à tout prix sa différence au contact de l'altérité religieuse, la *chahâda* apparaît d'abord comme une terrible menace de damnation ou de martyre. Voilà, nous dit Belon, la «plus singuliere» des prières musulmanes, celle que les Turcs

> disent à chasque bout de chemin comme s'ensuit: «Le illehe ille allach Mahomet razolollah». De maniere que si un homme chrestien avoit imprudemment prononcé ces mots, il luy conviendroit mourir ou se faire Turc[45].

En prononçant devant témoins une seule et unique formule, le voyageur risque de se voir aussitôt «enturqué»[46], métamorphosé dans ce qui constitue à ses yeux le fondement de son identité. On comprend mieux, désormais, le mystérieux interdit dont la *Cosmographie de Levant* s'attache à entourer le cri du muezzin: plutôt que de traduire un tabou inhérent à la société musulmane, les remarques de Thevet expriment une préoccupation toute chrétienne. Si les paroles de l'*adhân* entonné par les Talismans «ne doivent (à leur dire) aucunement estre prononcees des Crestiens»[47], c'est évidemment parce qu'elles peuvent intégrer la *chahâda* et donc placer l'Occidental devant l'alternative que l'on sait, celle-là même qui sanctionne la profanation d'une mosquée ou la séduction d'une musulmane[48].

Mais alors que le sanctuaire et la femme n'étaient effectivement accessibles que par une transgression de la loi islamique, la profession de foi ne fait à proprement parler l'objet d'aucune prohibition. Bien au contraire, les musulmans ne cessent d'inviter les chrétiens à la prononcer et Thevet le reconnaît d'ailleurs immédiatement après avoir donné une traduction de ces paroles prétendument interdites:

> Lesquelles si un Cretien par imprudence, ou autrement, avoit proferees en leur païs, et il fust oui, il seroit contreint de se faire Turq, ou bien de mourir sans aucune merci. Tellement que quand j'alois par la vile du Caire, plusieurs Turqs me disoient ces paroles à haute vois, à celle fin que je disse apres eus: mais j'estois de cela assez averti[49].

---

45 *OS*, f. 176 v°. Belon offre apparemment sans s'en rendre compte deux versions différentes de la *chahâda* (cf. *supra*, p. 237), laquelle peut se retranscrire de la manière suivante: «La ilâha illa-l-Allah Mohammed ressul Allah». On trouve chez Antoine Geuffroy des remarques semblables à celles de Belon (cf. *Estat de la court du grant Turc*, f. e r°).

46 L'expression est empruntée à l'italien de Du Fresne-Canaye, lequel écrit très joliment «inturcar» (*op. cit.*, p. 226).

47 *CL*, p. 144.

48 Cf. *supra*, p. 158.

49 *CL*, p. 144.

Le texte de Postel souligne également l'existence de cette «astuce des Turcs à convertir les autres à leur religion»[50] et en étend même le principe perfide au delà du domaine strictement verbal. Sans avoir nullement prononcé la *chahâda*, le chrétien peut se voir poussé à l'abjuration pour avoir simplement imité le geste du doigt accompagnant généralement l'entrée dans la religion musulmane. Les Turcs ne se contentent pas de faire lever l'index «aus petits enfans masles et femelles comme aus esclaves, qu'ils ont desir de convertir»[51]; ils tentent également de piéger par tous les moyens les différents Infidèles de passage:

> ...tant à hommes qu'à femmes d'aultre religion, ne taschent autre que par quelque mode les prendre, ou par ignorance ou finesse, ou promesse, ou propre volonté, leur faisant lever le doigt, puis en prennent attestation et vous prouvent que vous avés promis de vous convertir, y aiés pensé ou non. Et de fait vous contraignent les hommes à circoncision, les femmes à l'observation des ceremonies et à compagnie de Turc[52].

Le parcours du voyageur en terre levantine apparaît donc semé d'embûches et de tentations sémiotiques. Qu'il succombe au plaisir sonore de répéter à haute voix les mots étranges prononcés par les musulmans ou qu'il s'amuse à répondre de façon mimétique à un anodin geste du doigt, l'Occidental court à chaque fois le risque d'émettre sans même le savoir des signes forts et irréversibles qui, un peu à la façon d'une formule ou d'une «passe» magique, le transforment aussitôt dans son essence même. Au sein de cet univers du silence que constitue l'Empire ottoman, les moindres mots et les moindres gestes peuvent donc, particulièrement en matière religieuse, se révéler investis d'un formidable poids sémantique dont la maîtrise échappe forcément au chrétien de passage. S'il entend revenir indemne de son périple chez les Turcs, le voyageur a en définitive tout intérêt à éviter autant que faire se peut le contact avec

---

[50] *RT*, I, p. 39; *HO*, p. 136 (en manchette).

[51] *Ibid*. Cette pratique est souvent évoquée dans les témoignages de renégats analysés par Bartolomé et Lucile Bennassar (*op. cit.*, p. 309).

[52] *RT*, I, pp. 39-40; *HO*, pp. 136-137. Immédiatement après ces remarques, Postel mentionne un autre motif de conversion forcée: «Et font la pareille violence s'ils peuvent prouver ou controuver que quelqu'un ait parlé ou de la loy, ou du prophette, car ils disent qu'il a blasphemé, et qu'il faut estre musulman, c'est à dire fidelle en la loy de Muhamet [...] devant que Dieu voulust pardonner un tel peché» (cf. aussi *RT*, I, p. 74; *HO*, p. 183). Voilà qui promet de rendre bien difficile l'évangélisation par le dialogue...

l'autochtone[53], à dominer sa langue et à contrôler son corps. Une fois de retour dans la chrétienté, il peut toujours prendre sa revanche sur les frustrations accumulées au Levant en transcrivant la profession de foi et en la donnant publiquement à lire. Au delà de tout aspect didactique, la *chahâda*, même neutralisée dans ses pouvoirs, se pare alors des charmes de l'interdit: en bredouillant ces syllabes orientales, le lecteur casanier a toutes les chances de ressentir un léger frémissement, le genre de frisson que provoque la conscience d'accomplir en toute sécurité un acte souvent réprimé par les pires sanctions.

PAROLES GELÉES

Sans nullement profaner les formules sacrées de l'islam, le voyageur peut rétrospectivement contourner la loi du silence en exhibant devant ses compatriotes les mots exotiques dont il a fait moisson. Certes, les textes consacrés au Levant ne sont pas les seuls à regorger de termes «estranges» et le désir de contrebalancer le mutisme ottoman ne saurait en aucune façon rendre totalement compte de la curiosité lexicale manifestée par des voyageurs comme Belon, Postel ou Nicolay. Mais si la collecte de mots nouveaux est un phénomène traversant l'ensemble de la littérature géographique à la Renaissance, elle n'en acquiert pas moins, dans le cas précis des textes levantins, un relief particulier sans doute rehaussé par les nombreux interdits verbaux respectés dans l'Empire ottoman. Arrachés au règne du silence, les vocables turcs[54] apparaissent plus encore que leurs pendants canadiens ou brésiliens comme des joyaux rares ornant de leur éclat la langue autrement peu colorée des textes viatiques.

Dans le vaste lexique retranscrit par les voyageurs-écrivains se dégagent clairement deux sphères sémantiques privilégiées: d'un côté les titres des «fonctionnaires» du Sérail et de l'administration impériale, de l'autre les grades en vigueur dans l'armée du Sultan.

---

[53] Postel prévient ainsi le futur voyageur de ne pas entrer dans les mosquées, dire du mal de l'islam ou s'enquérir des affaires politiques orientales (cf. *RT*, I, p. 74; *HO*, p. 182). Le passage porte en manchette une mention pour le moins parlante: «Qu'il faut fuir en Turquie». On verra toutefois que Postel sait aussi prôner le contact...

[54] En tant que langue de l'islam, de ses chants et de ses «vicieuses repetitions», l'arabe participe beaucoup moins, nous l'avons vu, de l'univers silencieux évoqué par les voyageurs.

Cette double préférence s'explique évidemment par la volonté de connaître dans les moindres détails les mécanismes de la machine ottomane, mais il faut remarquer – troublante coïncidence – qu'elle correspond aussi aux deux domaines (politique et militaire) où le silence est le plus strictement exigé par les Turcs. Après avoir docilement tenu sa langue en arpentant la seconde cour du palais ou le campement du Grand Seigneur, l'Occidental donne un peu l'impression de libérer sa *libido dicendi* en se laissant aller à la jubilation sonore et graphique de manier à loisir des termes comme *kapidji* (portier), *itch oghlan* (page au service du Sultan), *baltadji* (janissaire porte-hache), *tchavoush* (huissier du palais) ou *bostandji* (jardinier). Des divers corps de garde aux brigades d'artilleurs, des fauconniers aux dresseurs de pavillons et autres joueurs de tambour, il n'est pas un seul office qui semble alors échapper à l'obsession nominatrice du voyageur-écrivain[55]. Même lorsque ce dernier renonce à l'exhaustivité descriptive en matière d'intendance, il ne peut s'empêcher de livrer en vrac le résultat de ses investigations lexicales :

> Nombrer icy *Baltegilar, Asgilar, Chaluagilar, Vegilscharlar, Sacharlar*, qui est autant à dire comme serviteurs domestiques, cuisiniers, espiciers, ou paticiers, despensiers, porteurs d'eau, ce seroit chose trop longue...[56]

La prétérition trahit moins le désir d'informer à tout prix que le plaisir de jouer avec des sonorités nouvelles, qui plus est en les enchaînant de façon à susciter chez le lecteur un léger vertige. Si Postel s'était avant tout soucié d'efficacité didactique, il aurait certainement fait suivre chaque terme turc de sa traduction française. En optant pour une séquence ininterrompue de vocables inconnus, c'est-à-dire pour une suspension momentanée du sens, il privilégie nettement l'effet d'exotisme sur les exigences de lisibilité les plus élémentaires. A tout le moins dans cet exemple privilégié, les mots turcs sont d'abord convoqués pour leur singulière matière sonore, pour résonner plutôt que signifier. Empruntés à l'univers feutré du Sérail, ils sont soudain affranchis des contraintes qui pesaient sur eux et peuvent enfin retentir de toute leur étrangeté.

Loin de revêtir une simple valeur anecdotique, l'immense décalage entre le silence ottoman et la fonction phonique conférée au

---

[55] Voir par exemple *La tierce partie des orientales histoires*, dernier volet du triptyque postélien, de même que le troisième livre des *Navigations* de Nicolay. Parmi les textes antérieurs au corpus aramontin, l'*Estat de la court du grant Turc* d'Antoine Geuffroy est l'un de ceux qui représentent le mieux cet intérêt pour la hiérarchie complexe des «fonctionnaires» ottomans, civils et militaires.

[56] Postel, *RT*, III, p. 7; *HO*, p. 262.

lexique turc par le voyageur-écrivain ne fait au fond que mieux révéler l'une des caractéristiques majeures des mots exotiques habituellement insérés dans les textes géographiques de la Renaissance: quelles que soient leur origine ou leur signification précises, ces termes en provenance des régions les plus éloignées acquièrent par leur différence même une dimension tout à fait comparable à celle des singularités rapportées à l'intention des collectionneurs. Au même titre qu'une massue tupinamba ou une patte d'éléphant, ils ont le pouvoir de fonctionner à la fois comme preuve du lointain et comme source de plaisir esthétique, de faire office de pièce à conviction et de susciter chez les curieux une véritable émotion.

Cet effet de *singularité verbale* ne s'obtient toutefois pas sans une certaine forme de violence: il est même solidaire d'une double fracture qui favorise le processus d'objectivation du vocable exotique et demande à être examinée dans le détail.

Le mot de l'Autre[57] est d'abord perçu comme un objet étrange en raison des modalités de sa présence au sein du texte géographique. Malgré la grande réceptivité du français du seizième siècle aux influences les plus diverses et malgré le goût prononcé des auteurs de l'époque pour les emprunts à différentes langues (latin, grec, italien, etc.[58]), il faut reconnaître que le mot nouveau retranscrit par le voyageur ne fait alors que très rarement l'objet d'une véritable intégration linguistique[59]: au contact de graphies et de sonorités bien connues du lecteur francophone, il semble le plus souvent multiplier son coefficient d'altérité pour se donner à saisir comme une entité profondément hétérogène. Dans le flux du texte viatique, il introduit comme une cassure; il dessine une zone d'étrangeté souvent soulignée par l'usage d'italiques et plus fréquemment encore par celui d'une majuscule à l'initiale. Détaché de l'énoncé qui l'introduit, le mot lointain, même accompagné d'une

---

[57] Les analyses développées dans les lignes qui suivent peuvent s'appliquer aussi bien aux mots turcs qu'aux bribes d'autres langues exotiques rapportées par les voyageurs du seizième siècle.

[58] Sur cette question, cf. F. Brunot, *Histoire de la langue française*, t. II, pp. 198-241.

[59] Seuls quelques termes comme «janissaire», «bacha» ou «sérail», déjà apparus au quinzième siècle, semblent alors partiellement assimilés par les lecteurs français. Ils ne représentent toutefois qu'une infime portion du lexique turc réuni par les voyageurs de la Renaissance. En ce qui concerne les procédés de francisation autres que purement phonétiques, on ne constate guère que l'ajout fréquent d'un «s» pour marquer le pluriel des substantifs et la formation du diminutif «Janisserots» pour désigner les apprentis janissaires (cf. Nicolay, *NPV*, pp. 119 et 129).

traduction, capte surtout l'attention du lecteur en vertu de ses par-
ticularités formelles: il s'offre moins à lire qu'à regarder, à comprendre qu'à écouter.

Ce curieux objet linguistique est coupé non seulement du texte
qui l'exhibe, mais aussi et surtout de la langue dont il procède. Dans
la grande majorité des cas, les voyageurs-écrivains s'appliquent à
égrener les vocables étrangers comme pour mieux les soustraire à la
syntaxe mal connue qui, à l'origine, régit leur association. Lorsque
cette pratique n'est pas respectée, les syntagmes retranscrits participent en général d'une formule figée dont les composantes sont suffisamment soudées pour être perçues comme une seule et même
réalité de «par-delà»[60]. Au même titre que la quête d'objets rares et
d'animaux monstrueux, la collecte de mots lointains vise avant tout
à extraire de l'univers de l'Autre des éléments autonomes et aisément maniables. Ce n'est qu'une fois isolées de tout contexte que
ces unités lexicales se révèlent pleinement objectivées, qu'elles
acquièrent un véritable statut de singularité et, paradoxalement, la
capacité à suggérer de manière synecdochique la totalité à laquelle
on les a arrachées.

A la fois dégagée de son signifié et des règles grammaticales qui
codifiaient son utilisation, la réalité visuelle et sonore que constitue
le mot exotique paraît s'adresser en priorité à la sensibilité esthétique du lecteur. Mais cette perte relative du sens linguistique
semble aussitôt compensée, à un tout autre niveau, par l'émergence
d'une signification nouvelle de portée presque théologique. Dès
lors qu'il est admiré pour sa singularité formelle, le terme étranger
n'est plus du tout perçu comme la marque maudite de la confusion
babélique: grâce aux charmes nouveaux de son signifiant, il cesse
d'incarner une regrettable division pour donner à voir et à entendre
une merveilleuse diversité linguistique participant pleinement de la

---

[60]   Voir par exemple les transcriptions de l'*adhân* et de la *chahâda* analysées *supra*,
pp. 237-238 et 242. Ou encore la première sourate («La Liminaire») telle que
Postel la retranscrit et la traduit: «*Elhemdu lillahi rabil halamine elrahmani
elrachimi melichi iaumi eldini. eiache nahbudu, veiache nestehinu. Ihdina
elzzirata el mustekima, zziráta eladina eucamta halahim gairi il magdubi
halahim velal záline. Amin.* Qui veut dire en françois: Louange soit à Dieu,
seigneur des siecles, le misericordieus, et pitoiable, et Roy du jour du jugement.
O bons humains servons luy, et nous serons aydés. Donne nous seigneur Dieu
le point ou certitude, la vraie certitude de ceus lesquels tu approuves par ton
bon plaisir, sans aucune ire contr'eus, et qui ne seront remués de ta grace.
Amen» (*RT*, I, pp. 50-51; *HO*, p. 151). A noter que ces différentes formules
religieuses sont évidemment arabes et que les phrases turques sont rarissimes
dans le corpus aramontin.

varietas mundi. Cette revalorisation de la différence est moins le signe d'une laïcisation que d'un renversement au sein même d'une conception du monde profondément religieuse. La sensibilité aiguë et l'étonnante capacité d'émerveillement de l'homme du seizième siècle lui permettent de contempler avec un optimisme nouveau ce que la tradition théologique considérait uniquement comme le résultat d'un terrible châtiment: dans l'infinie diversité des mots étranges, il entrevoit désormais le reflet positif de l'omnipotence divine et même une sorte d'invitation à la curiosité, à l'exercice des facultés cognitives. L'exemple de Postel en témoigne mieux que tout autre: de son *Linguarum duodecim characteribus differentium alphabetum* (1538) au lexique trilingue de ses *Histoires orientales*[61], l'apôtre de la concorde universelle se montre tout à la fois fasciné par la diversité linguistique et entièrement confiant dans la possibilité d'en compenser les effets néfastes au moyen du voyage et de l'étude.

* * *

Si le mot «estrange», en tant que singularité linguistique, participe manifestement d'une tendance à dédramatiser la catastrophe de Babel, il ne saurait nullement en réduire à lui seul les conséquences négatives. Apprécié pour sa forme plutôt que pour sa valeur sémantique, isolé du système et du contexte où il faisait pleinement sens, le terme exotique ne se révèle guère susceptible d'une utilisation concrète. Il laisse entrevoir la possibilité d'un échange avec l'Autre mais son rôle s'arrête là, en deçà de toute indication précise favorisant l'établissement d'une véritable communication. Un peu comme les paroles gelées observées par Pantagruel et ses compagnons[62], il manifeste un tel degré de réification et d'autonomie qu'il se révèle impossible à réinsérer dans la dynamique de l'échange verbal.

La plupart des auteurs traitant des régions levantines semblent se satisfaire d'une telle représentation figée des langues turque et arabe, comme si le silence ottoman continuait à exercer son emprise au cœur même du discours occidental, à y tuer dans l'œuf toute tentative réelle de prise de parole. Parmi les rarissimes «dialogues» en langue turque alors mis en scène dans les textes viatiques, il faut bien sûr mentionner celui de Georgiewitz, dans lequel un marchand chrétien s'acharne à ne pas accepter la suspecte invitation d'un

---

[61] Sur cet important lexique, cf. *infra*, pp. 253-257.

[62] Cf. *Quart Livre*, ch. LV et LVI.

dignitaire autochtone[63], mais ce sont pourtant les deux brèves «conversations» insérées par Postel dans sa *Republique des Turcs* qui méritent d'être analysées de près dans la mesure où elles se situent aux antipodes de la xénophobie affichée par le «pèlerin hongrois»[64].

La première de ces deux scènes intervient dans le cours d'un long développement consacré à la charité des musulmans et à son fondement religieux, la *«tzadaka»* (aumône), qui constitue comme l'on sait l'un des cinq piliers de l'islam. Lorsque Postel affirme que les Turcs, en vertu de ce précepte, sont les meilleurs hôtes du monde, il sait bien qu'il risque de se heurter à l'incrédulité du lecteur occidental. Il s'applique dès lors à devancer de tels doutes en avouant avoir lui-même été sceptique jusqu'à ce qu'un Ragusain nommé Séraphin de Gozza, «l'aiant experimenté environ Servia et Bosna assés de fois», le convainque par son témoignage et l'encourage surtout à constater par lui-même l'hospitalité turque dans d'autres régions de l'Empire ottoman[65]. Auréolée d'un tel pouvoir de persuasion, l'histoire de Séraphin de Gozza et de ses compagnons est alors rapportée en ces termes:

> Il disoit avoir esté ainsi receu passant païs assés mal habité, et aussi qu'en Turquie n'y a nulles hostelleries ou tavernes, comme ja ay dit. Il voit une maison seulle, belle pour le païs, là où y avoit un homme assis à la porte, qui se leve et vient à eus les salüer, disant *«sapha gheldinis»*, «vous soiés les tresbien venus». Il y avoit trois serviteurs françois, et un

---

[63] Georgiewitz, *op. cit.*, pp. 69-73. Sur cette conversation qui est bien évidemment tout le contraire d'un échange, mais qui s'achève dans certaines versions sur une surprenante phrase turque prononcée en aparté par le chrétien, voir les belles pages de W. Williams, *op. cit.*, pp. 253-260. On apportera toutefois deux petites précisions à commentaire: 1) c'est le chrétien qui est un marchand et non le Turc; 2) certaines éditions attribuent au Turc et non au chrétien l'énigmatique dernière phrase du dialogue (cf. par exemple *op. cit.*, p. 73).

[64] Georgiewitz est issu d'une famille croate installée en Hongrie. Fait prisonnier par les Turcs lors de la célèbre bataille de Mohács (1526), il est réduit en esclavage, vendu à sept reprises et ne parvient à s'échapper qu'après une dizaine d'années de captivité (treize ans selon ses propres dires). Il trouve alors refuge à Jérusalem auprès des franciscains du mont Sion, chez lesquels il demeure pendant toute l'année 1537. C'est ce long séjour qui lui vaut le titre quelque peu trompeur de «Pelerin de Hierusalem» (Cf. W. Heffening, *Die Türkischen Transkriptionstexte des Bartholomæus Georgievits*, pp. 13-15; C. D. Rouillard, *op. cit.*, pp. 189-190; C. Göllner, *op. cit.*, I, pp. 388-389). On peut comprendre que les épreuves traversées par Georgiewitz ne l'aient pas rendu particulièrement bien disposé envers les Turcs. Postel déplore quant à lui le caractère forcément biaisé de ce type de témoignage (*RT*, I, pp. 67-68; *HO*, p. 174).

[65] Cf. *RT*, I, p. 58; *HO*, p. 161.

turc pour conduite. Puis leur dit: «*Alla seversis, gellumus, sis benum evea, ben berechet alla sisa veraim, scindi agssam, bir daheh eve bunda deil, sisum iola iachenda daheh eve varmez, bunda guzel ot, guzel taonc, gellumnissis mismillahi*». Qui est à dire mot à mot: «Dieu vous aime, venés vous en en ma maison, je vous donneray la benediction de Dieu, c'est à dire des biens que Dieu m'a donné. Il est incontinent tard; il n'y a point ici d'autre maison, et aupres de vostre chemin il n'y a point d'autre maison. Ici nous avons bon feu, et bonnes poules, venés au nom de Dieu». Ce sont les parolles en effet que le dit Raguzois qui sçavoit un peu de turc me referoit[66].

Certes, le lecteur particulièrement méfiant peut encore se demander si la courtoise invitation du Turc n'est pas un piège comparable à celui désamorcé par le «dialogue» de Georgiewitz, si les voyageurs chrétiens ne sont pas attirés dans cette maison isolée pour y être purement et simplement réduits en esclavage. Même traduits dans un second temps, les mots turcs accumulés par le texte conservent peut-être une part d'étrangeté et de mystère qui interdit de leur faire entièrement confiance. Il ne faut toutefois pas oublier que Postel a déjà souligné le statut exemplaire de ce petit récit et que le «suspense» porte ici avant tout sur le degré d'hospitalité dont va faire preuve l'amphitryon turc.

C'est précisément sur ce point que le texte réserve une surprise au lecteur, comme le montre la suite de l'histoire:

Leur tréttement fut tel: ils furent mis sur de beaus tapis, seans à terre, à la mode du païs, puis fut fait un bon feu pour les secher, fut apporté un gasteau et de l'eau sucrée avec quelque [*sic*] confitures faittes de vin cuit, et beurent et mangerent, en attendant le soupper, qui fut de deus sortes de ris, avec du mouton bouilli et rosti, des poulets ou chappons rostis et bouillis, tant qu'en toute la Turquie, hors le vin, ne furent mieus pour leur argent qu'ils estoient là pour rien. Puis furent faits coucher sur un *stramas*, à la mode du païs, chascun par soy. Le lendemain au matin qu'il vouloit païer, on luy dist «*benun ianuam var, alla seversis*»: «Soit pour mon ame, Dieu vous le rende, ou vous aime». Ainsi depuis estre bien traitté on luy dist «gra[n]dmerci»...[67]

Les voyageurs ne profitent pas seulement d'un festin et d'un hébergement gratuits: ils s'attachent en outre la reconnaissance de leur hôte! A bien des égards, le récit du Ragusain transforme une région jugée dangereuse en pays de cocagne où l'étranger de passage n'a qu'à se laisser nourrir, servir et remercier. L'expérience de cette douce passivité s'avère d'autant plus positive que le témoin ne rap-

---

[66] *RT, ibid.; HO*, pp. 161-162.
[67] *RT*, I, pp. 58-59; *HO*, p. 162.

porte pas avoir prononcé une seule parole dans cette langue turque
dont il possède pourtant quelques notions. Comme les biens maté-
riels, les mots étranges n'ont «circulé» que dans un sens, de sorte
que Séraphin de Gozza a fait la double économie de quelques pièces
et de tout effort d'adaptation linguistique. Bien qu'accueilli «à la
mode du païs», il a su rester fidèle à son identité chrétienne, ce que
soulignent à la fois le regret de n'avoir pas bu de vin et le refus
patent de laisser transparaître dans le récit la trace d'un véritable
échange. Si l'exemple du Ragusain tend bien à dénoncer les préjugés
turcophobes, il n'invite donc pas pour autant à entretenir avec le
Turc une relation fondée sur un principe de réciprocité.

Le second «dialogue» rapporté dans la *Republique des Turcs*
marque à cet égard un léger progrès dans le comportement avoué de
l'Occidental. En se fondant cette fois-ci sur sa propre expérience
levantine, l'auteur s'emploie à prouver l'honnêteté et l'«innocence»
des Turcs de souche, qu'il a eu tout loisir de fréquenter durant son
séjour anatolien:

> Moy estant au dit païs de Natolie, et estant par tempeste contraint à
> tenir logis long temps, iceus Turcs s'en venoient dedans mon logis, tout
> aussi privement comme dedans le leur, sans dire autre chose que leur
> *«salem alec»*, ou «Dieu vous gard [*sic*]», et s'en venoient mettre au feu,
> ou assoir, de laquelle familiarité fort estonné, leur disois ainsi: «*Me
> sizumedat sugle varmec dahe evea, bouguzel ioctur»*, c'est à dire:
> «Quelle coustume est la vostre, d'entrer ainsi aus maisons extranges?
> Cela n'est pas beau». Il[s] me respondoient tous: «*Corcma cardasch,
> bisum edat suyle varbiz bizdam corcmessis»*, c'est à dire: «Mon ami, ou
> frere, n'ayes peur, nostre coustume est telle: nous ne craignons point les
> uns les autres»[68].

A ce stade, le voyageur se trouve à peu de choses près dans la situation inverse de celle évoquée par Séraphin de Gozza. Ce sont cette
fois-ci les Turcs qui sont hébergés et qui, du moins dans un premier
temps, se montrent extrêmement avares de paroles au point que
l'Occidental se voit contraint de les interpeller dans leur propre
langue. Alors que le récit du Ragusain élevait le chrétien au statut
d'invité de marque dédaignant tout échange verbal, le témoignage
de Postel le rappelle brusquement au *devoir* d'accueil et à la nécessité d'entrer en communication avec l'Autre.

On pourrait penser que ces deux scènes en apparence anti-
thétiques tendent à se compléter pour créer une relation globalement équitable, pour suggérer que la générosité ne saurait toujours

---

[68]   *RT*, I, pp. 70-71; *HO*, p. 178.

fonctionner à sens unique. Telle n'est pourtant pas tout à fait la leçon ultime dispensée par le second *exemplum*: la suite du texte nous apprend ainsi que l'effort linguistique fourni par l'Occidental se révèle payant et lui permet finalement de retourner la situation à son avantage. Désormais au fait des règles d'hospitalité en vigueur chez les Turcs, le voyageur entreprend de les mettre à l'épreuve et d'en tirer parti autant qu'il est possible:

> Et pour faire l'experience, j'envoiois mes gens à deus, à trois, à quatre lieus par les villages pour avoir des vivres, comme chappons, poullets, œufs, mouton, ou autre chose (car en Turquie n'y a faute de chose qui soit requise à la vie humaine, non plus qu'ici, hors le vin qui est un peu cher), mais par tout trouvoient le pareil, ne leur estre prohibé, ou trouvé estrange l'entrer par tout, car là toutes maisons communement sont ouvertes, et se serrent la nuit seulement, j'enten [*sic*] aus villages[69].

On croyait instauré une forme d'équilibre: il n'en est rien. Profitant de se trouver dans un endroit reculé, loin des nombreux interdits régissant la vie quotidienne dans la capitale ottomane, l'Occidental abuse de la générosité turque sous prétexte de multiplier une manière d'«expérience anthropologique». Une fois de plus, il parvient à se faire offrir diverses victuailles et trouve encore à se plaindre de ne pas avoir pu se procurer du vin dans des conditions identiques...

En dernière analyse, les deux petites scènes d'hospitalité relatées dans la *Republique des Turcs* participent d'un dispositif cohérent visant tout d'abord à libérer l'Occidental de ses angoisses turco-phobes, puis à l'encourager à entrer en contact avec l'Autre en maî-trisant ses codes de façon à tirer le meilleur parti de toute forme d'«échange». Une fois la démonstration achevée, il ne reste plus à l'auteur qu'à livrer un certain nombre d'informations pratiques concernant les coutumes vestimentaires à respecter[70], le multilin-guisme de l'Empire ottoman, les avanies à éviter, etc. Plus que tout autre, Postel s'efforce de prédisposer le futur voyageur à une agréable et avantageuse rencontre avec le Turc. Mais le lecteur de 1560 éprouve certainement beaucoup de difficulté à faire coïncider les singularités verbales exhibées tout au long du texte et les rares

---

[69] *RT*, I, p. 71; *HO*, pp. 178-179.

[70] Après avoir souligné la méfiance qu'inspire en Turquie l'habit occidental, et surtout les braguettes, Postel donne le conseil suivant: «Or donc qui veut converser seurement avec eus, il faut premier prendre un habit long, de quelque couleur, à la mode du païs, puis un bonnet d'asap [= de pionnier] ou avanturier, qui est un haut bonnet de drap, dont les oreilles sont fendues de costé, et pen-dent jusques sur les espaules, duquel indifferemment tant les Turcs que les Chrestiens peuvent user...» (*RT*, I, p. 72; *HO*, p. 180).

conseils dispensés en matière de comportement: si le triptyque de la *Republique des Turcs* lui indique par exemple que les écuyers du Sultan sont appelés *Ssesnigirlar* et que les paysans d'Anatolie n'hésitent pas à offrir des chapons à qui les demande, il ne lui fournit jamais les notions linguistiques nécessaires à la formation d'énoncés même élémentaires. Cette lacune ne sera partiellement comblée que dans les *Histoires orientales* (1575), le seul texte du corpus aramontin où la langue de l'Autre se trouve abordée de manière systématique et dans une perspective dépassant de loin la simple curiosité.

L'«INSTRUCTION» DE POSTEL

Outre une longue épître adressée au duc d'Alençon, le paratexte des *Histoires orientales* comporte une impressionnante «Instruction des motz de la langue turquesque»[71] à laquelle l'auteur semble avoir apporté un soin tout particulier même si le matériau linguistique présenté n'est souvent guère le résultat de ses propres investigations. La partie de cette «Instruction» qui a toutes les chances d'attirer l'œil du lecteur de façon privilégiée est en effet directement empruntée à l'une des nombreuses versions du diptyque de Georgiewitz, probablement le *De afflictione [...] captivorum* publié à Worms en 1545[72]. Sans bien sûr reconnaître sa dette, Postel déploie sur un peu plus de dix pages[73] – et selon l'ordre même suivi par son modèle – quelque deux cent soixante mots turcs accompagnés de leurs traductions française et latine, le tout formant un ensemble de trois colonnes au sein duquel on évolue avec un rare confort visuel compte tenu du très petit format de l'ouvrage[74].

Ce copieux lexique est d'autant plus aisé à manier qu'il s'organise en onze sections dotées de titres et renvoyant chacune à une sphère sémantique déterminée: «choses cœlestes»; temps; «choses terrestres»; «offices et personnes»; bêtes; arbres et fruits; vêtements;

---

[71] L'épître et l'«Instruction» occupent respectivement les pp. III-XXIII et XXIV-XLIII (non numérotées).

[72] Cf. V. Drimba, «L''Instruction des mots de la langue turquesque' de Guillaume Postel (1575)», p. 86. Cet article très spécialisé étudie essentiellement la valeur linguistique du travail effectué par Postel, au détriment de sa signification et de son orientation générales. Sur la langue turque dans les différentes éditions de Georgiewitz, voir l'étude déjà citée de W. Heffening, dans laquelle on trouve la transcription de tout le matériau linguistique recueilli par l'ancien captif (pp. 20-32).

[73] Très exactement pp. XXXII-XLII.

[74] Il s'agit d'un in-16 de 95 x 52 mm.

chaussures; «mesnage et ustensilles»; lieux; nombres. A l'exception sans doute des deux dernières, les catégories ainsi constituées se succèdent selon un ordre «hiérarchique» qui conduit du haut vers le bas, de l'abstrait au concret, du général au particulier. Le même principe régit autant qu'il est possible la succession des mots à l'intérieur de chaque section, de telle sorte qu'apparaissent des séquences du type Dieu-ange-saint-prophète, an-mois-semaine-jour, main-doigt-ongle, etc.

Pareil agencement du matériau lexical n'a rien d'exceptionnel dans les listes de termes exotiques dressées par les voyageurs de la Renaissance et l'on a même proposé la belle formule de «vocabulaire-miroir» pour désigner le produit d'une telle mise en ordre[75]. L'expression ne doit cependant pas induire en erreur: le voyageur qui procède à ce genre de découpage, loin de donner à voir le monde tel qu'il a pu l'appréhender au hasard de ses découvertes, tente surtout d'en dominer le chaos apparent au moyen de stratégies classifiantes et encyclopédiques. Au même titre que les lieux communs précédemment analysés[76], le «vocabulaire-miroir» reflète d'abord l'ambition et la confiance cognitives de qui entend maîtriser le flux des réalités même les plus étranges. Certes, une structure comme celle du Saint-Sépulcre présente contrairement au lexique ordonné l'avantage d'exister à même le monde, indépendamment de toute écriture viatique, et donc de ne jamais apparaître comme le résultat d'une simple projection. Il suffit pourtant de comparer l'«Instruction» avec les lexiques des navigateurs pour comprendre que le vocabulaire exotique peut également produire un certain effet de réel: alors que les listes de mots sauvages fonctionnent généralement dans le sens du thème[77], Georgiewitz et Postel

---

[75] Voir M.-L. Demonet, «Les mots sauvages: étude des listes utiles à ceux qui veulent naviguer», p. 500. Du point de vue de la fonctionnalité de ces listes, l'auteur établit une typologie à trois termes: 1) le «promptuaire», «armoire à mots» dans laquelle ceux-ci s'accumulent de façon totalement arbitraire ou selon l'ordre alphabétique 2) le vocabulaire-miroir 3) l'infra-vocabulaire, où ne sont répertoriées que quelques bribes lexicales, les mots de «l'échange brut» et des tout premiers contacts.

[76] Cf. *supra*, ch. III.

[77] M.-L. Demonet, art. cit., p. 498. Dans la même logique, Le Huen présente de la manière suivante sa liste de mots orientaux: «Aucuns noms communs du langaige des turcs translatez en françoys, desquelz tousjours la premiere ligne est françoys» (*op. cit.*, éd. de 1522, f. 89 v°). Le même ordre sera adopté dans l'impressionnant dictionnaire multilingue (français, italien, grec vulgaire, turc, «moresque», «esclavon») que Jean Palerne publie à la suite de ses *Pérégrinations* (pp. 317-329)

inversent le schéma en disposant les mots turcs avant leur traduction. Ce renversement n'est pas sans conséquences: tout en
constituant peut-être une trace supplémentaire de la situation
d'infériorité vécue par l'Européen en terre levantine[78], il semble
conférer à la séquence des mots étrangers le caractère d'une donnée
brute, antérieure à toute intervention occidentale, comme si le
voyageur-écrivain ne l'avait pas construite mais simplement retrans-
crite sans altération.

Le lexique établi par Georgiewitz et reproduit par Postel paraît
en somme témoigner d'un triple optimisme cognitif: comme tout
dispositif où se répondent en colonnes les mots étrangers et ceux de
«par-deçà», il affirme tout d'abord la possibilité même de comprendre l'Autre, d'entrer en communication avec lui[79]; par la classification qu'il met en œuvre, il semble en second lieu signifier que la
profusion du réel peut faire l'objet d'une connaissance ordonnée et
systématique; l'apparition première de cette structure rigoureuse au
sein des mots turcs suggère enfin que les Orientaux partagent d'ores
et déjà une telle conception du monde, laquelle ne leur est donc pas
imposée par le discours occidental.

Lorsqu'on connaît l'animosité souvent manifestée par Georgiewitz à l'égard des Turcs, on a inévitablement tendance à remettre en
question la pertinence d'une telle lecture: il ne faut cependant pas
oublier que l'ancien esclave reconverti dans l'écriture géographique
a tout intérêt à mettre en avant ses compétences linguistiques et sa
connaissance encyclopédique de la civilisation ottomane, quitte à
neutraliser ensuite les effets de cette leçon de turcologie grâce à son
«dialogue» illustrant comment ne pas entrer en contact avec l'Oriental. Tiraillé entre d'ambitieuses prétentions épistémiques et un refus
de toute ouverture axiologique ou praxéologique, Georgiewitz en
vient finalement à bloquer les perspectives qu'il a lui-même ouvertes,
à tromper les attentes qu'il ne cesse de susciter.

Cette ambivalence n'a plus cours dans l'«Instruction» de Postel,
où certains éléments invitent au contraire à tirer parti des mots
retranscrits et traduits. L'auteur des *Histoires orientales* ne se
contente pas d'emprunter passivement à son modèle: grâce à divers
ajouts, retranchements ou modifications, il opère une réécriture
tendant à libérer des potentialités linguistiques jusqu'alors répri-
mées; il amorce une sorte de déblocage dont l'enjeu n'est autre que

---

[78] Tout se passe à ce stade comme si le voyageur dans l'Empire ottoman devait se
      contenter de comprendre ce qu'on lui dit sans jamais s'aventurer à prendre la
      parole.

[79] Cf. M.-L. Demonet, art. cit., p. 498.

la concorde universelle. Ingénieusement recyclé et abondamment complété, le matériau puisé chez Georgiewitz se charge d'une dimension nouvelle affranchie de sa signification originelle. D'un texte l'autre, le souvenir d'une expérience traumatisante cède la place à l'espoir d'une fructueuse rencontre et ce qui relevait de la curiosité[80] ou de la connaissance pure semble désormais susceptible d'une utilisation concrète.

Quelques rares signes de ce déplacement apparaissent au sein même de la liste de mots telle qu'elle se trouve reprise dans les *Histoires orientales*. Bien que Postel suive alors fidèlement l'organisation générale du lexique de Georgiewitz, il n'hésite pas à en modifier certains détails, principalement en ce qui concerne la graphie des termes turcs et les traductions latines[81]. Il est dans la plupart des cas difficile de donner à ces variantes un sens autre que ponctuel ou renvoyant à une appropriation symbolique, mais cette règle souffre deux exceptions majeures qui semblent participer d'une stratégie cohérente.

On remarque tout d'abord que Postel, immédiatement après avoir donné les traductions «*Agats*»/arbre et «*Alma agats*»/pommier, ajoute une intéressante indication à la liste de son prédécesseur:

> Semblablement les autres noms des fruicts, si tu prepose [*sic*] le nom des fruicts devant ce nom Agats, qui signifie arbre, lors ils signifieront les arbres des fruits et si tu ne les prepose pas, il denotera le fruict[82].

Suivent alors les équivalences «*Armut*»/poire, «*Koz*»/noix, «*Ingsir*»/figue et «*Zeit*»/olive, toutes déjà présentes chez Geogiewitz, mais qui invitent désormais à l'application de la règle exposée. En suivant à la lettre les instructions de Postel, on obtient sans grand effort la série «*Armut agats*»/poirier, «*Koz agats*»/noyer, «*Ingsir agats*»/figuier et «*Zeit agats*»/olivier. Cette petite séquence à élaborer par soi-même peut paraître anodine, mais elle témoigne d'une approche sensiblement différente de la langue exotique: plutôt que de déployer une série d'objets linguistiques pétrifiés parce que soustraits à tout principe grammatical, Postel parvient dans ces lignes à montrer que les mots turcs peuvent également se combiner selon

---

[80] A la suite de son fameux «dialogue», Georgiewitz précise n'avoir pas reproduit ces répliques en raison de leur éventuelle utilité mais bien pour le plaisir du lecteur («Hæc pauca Turcicæ linguæ vocabula tibi non necessitatis, sed delectationis gratia, generose lector, adiunxi», *op. cit.*, p. 73).

[81] La comparaison systématique des deux lexiques se trouve chez V. Drimba, art. cit., pp. 80-87.

[82] *HO*, p. XXXVII.

leur logique propre de manière à constituer des syntagmes. En sollicitant sur un mode presque ludique la participation active du lecteur, il fait même en sorte que celui-ci vérifie de lui-même ces potentialités et soit finalement amené en douceur à s'*impliquer* dans la langue de l'Autre. En somme, il suffit ici d'une brève incise pour que le lexique de Georgiewitz se trouve discrètement infléchi dans le sens d'un entraînement à la prise de parole[83].

En prolongement, on constate que l'auteur des *Histoires orientales* corrige à dix reprises la traduction de son prédécesseur en rétablissant un infinitif à la place d'un substantif: alors que Georgiewitz rendait par exemple le verbe «*erlamak*» (*irlamak*) par *cantus*, Postel le traduit judicieusement par «chanter» ou «canere»[84]. Or dans une liste exclusivement composée de substantifs et d'adjectifs[85], l'apparition d'une séquence comme manger-boire-jouer-pleurer-rire-ouvrager-chanter-sonner-crier ne vient pas seulement rompre une certaine monotonie grammaticale: elle insuffle une dynamique liée à la fonction même du verbe (expression de l'action) et bien entendu accentuée par la valeur sémantique des exemples choisis. Au sein d'un cabinet de singularités linguistiques figées dans leur réification, les verbes de la convivialité, de l'émotion, du travail ou du loisir introduisent la marque des mouvements de l'âme et de leur expression, autant dire de la vie. Tout comme la formation des syntagmes désignant les arbres fruitiers, mais sur un autre plan, l'irruption de ces infinitifs est une discrète invite à «dégeler» les vocables turcs pour les mettre au service de véritables énoncés.

✳ ✳ ✳

Si les quelques variantes examinées constituaient les seuls ajouts significatifs apportés par Postel au matériau de Georgiewitz, on

---

[83] On notera toutefois que Georgiewitz expliquait déjà comment la combinaison de «*Zeit*»/olive et de «*Jag*»/graisse permet de désigner l'huile d'olive. Règle et exemple repris dans les *HO*, p. XL. On voit que Postel se contente souvent de pleinement réaliser certaines virtualités déjà inscrites dans le texte de son devancier.

[84] *HO*, p. XL. Pour le détail des autres exemples, cf. V. Drimba, art. cit., pp. 82-83. Dans le cas de «Namaz Kelmak» (*namaz kilmak*), Postel remplace bien «oratio» par «orare», mais conserve le substantif «oraison» dans la colonne française.

[85] La balance penche nettement en faveur des substantifs: sur deux cent cinquante-sept entrées, on ne compte que soixante adjectifs, parmi lesquels trente-huit numériques regroupés en fin de liste. A noter par ailleurs que neuf des onze titres de section commencent par la formule «Le nom de...» ou «Les noms de...».

pourrait légitimement remettre en question l'hypothèse d'une réorientation du texte de ce dernier. Mais l'auteur des *Histoires orientales* ne se contente pas de ces modifications internes au lexique: il fait précéder celui-ci d'environ neuf pages tout à fait exceptionnelles dans lesquelles sont exposés quelques rudiments de grammaire turque, en particulier des éléments de morphologie[86]. D'entrée de jeu, le lecteur studieux peut ainsi aborder la déclinaison des pronoms personnels et du substantif ou se familiariser avec les pronoms «*Neh*» (*ne*) et «*Chmi*» (*kim*), très utiles pour «interroguer»[87]. Il peut ensuite apprendre à former les participes présents et passés des verbes «*Giurmac*» (*görmek*), «*Ischidmac*» (*işitmek*) et «*Anglamac*» (*anlamak*), lesquels sont chers au voyageur curieux puisqu'ils signifient respectivement «veoir», «ouyr» et «entendre» (*intelligere*). S'il est vraiment motivé, il peut enfin s'attaquer à la conjugaison de «*Ghelmac*» (*gelmek* = venir) au présent, au passé et au futur, avant de s'exercer à correctement insérer dans le verbe la négation *me*[88]. Le spécialiste de la langue turque a aujourd'hui beau jeu de reprocher à cet exposé grammatical son caractère «en général schématique et souvent confus»[89]: lorsqu'on connaît la prose habituelle du prophète de la *concordia mundi*, on comprend en réalité que ces quelques pages sont le fruit d'un effort pédagogique considérable, ce dont témoignent au demeurant l'utilisation de nombreux exemples concrets et le recours aux formes latines lorsque le français se révèle inadéquat[90].

Cette grammaire turque ne se limite pas à introduire le lexique emprunté à Georgiewitz en laissant entrevoir la possibilité d'en dynamiser les vocables. Elle semble constituer la base même de

---

[86] *HO*, pp. XXIV-XXXII. Le seul Occidental ayant précédé Postel dans l'élaboration d'une «grammaire turque» est Filippo Argenti, dont la *Regola del parlare turcho* (1533) n'a cependant pas été publiée à l'époque (cf. S. Yérasimos, «Le turc en Occident», p. 196).

[87] *Ne* et *kim* sont en effet des pronoms interrogatifs s'appliquant respectivement aux choses et aux personnes.

[88] Pour une analyse détaillée des éléments morphologiques présentés par Postel, cf. V. Drimba, art. cit., pp. 92-95.

[89] *Ibid.*, p. 79.

[90] Ce dernier trait ne saurait surprendre dans la mesure où les catégories latines sont alors utilisées pour décrire toutes les langues vernaculaires. Si Postel souligne que sa «Grammatique ou Introduction Turkesque se feust plus facilement faicte en latin», il précise cependant qu'elle devait être rédigée en «gallicane langue, laquelle pauvrement nous disons françoise», puisque la concorde universelle doit se réaliser sous l'égide du «treschristien Empire de l'Eglise gallicane en Turkie» (p. XXVI).

l'«Instruction» et le lecteur qui en maîtrise le contenu ne se voit proposer un stock lexical que pour tester et maximiser ses compétences. La transition de la grammaire au vocabulaire s'opère ainsi en ces termes :

> Or affin que par quelques noms *et verbes* l'hom aye occasion de sçavoir dire quelque chose avecques eus, je mettray icy quelques noms *et verbes* les plus communs là où en declinant ou conjugant l'hom se pourra exercer[91].

La signification précédemment accordée au rétablissement des infinitifs se trouve désormais à la fois confirmée et dépassée. Le fait que Postel ait modifié la liste de son devancier ne témoigne plus seulement d'une volonté de débloquer le lexique de manière ponctuelle; il prouve aussi et surtout que celui-ci se trouve maintenant subordonné aux instructions grammaticales, qu'il n'a de sens que dans la mesure où il permet au futur voyageur de les mettre à l'épreuve. Le vocabulaire n'a plus pour fonction principale d'émerveiller le lecteur, mais bien de lui faciliter le séjour chez les Turcs en lui offrant la possibilité «de dire quelque chose avec eus». De façon tout à fait extraordinaire dans l'écriture du Levant à la Renaissance, la curiosité linguistique est ici nettement reléguée au second plan, transcendée au nom d'intérêts supérieurs que Postel va bien sûr s'appliquer à mettre en évidence.

Si la finalité «missionnaire» du futur dialogue avec le Turc n'est guère précisée dans les pages somme toute assez techniques de la grammaire et du lexique, elle se trouve en effet clairement explicitée au moyen de l'«oraison dominicale en langue turquesque» qui constitue la troisième et dernière composante de l'«Instruction»[92]. Cette version exotique du *pater* accompagnée d'une «traduction» latine interlinéaire est elle aussi empruntée à Georgiewitz – pour lequel l'instauration pacifique de la concorde universelle n'est certes pas une préoccupation majeure –, mais il faut souligner que Postel s'abstient purement et simplement de reproduire l'*ave* et le *credo* également traduits par son devancier[93]. Du petit bréviaire à la

---

[91] *HO*, p. XXXII.

[92] *HO*, p. XLIII. Dès l'épître au duc d'Alençon, Postel affirme que l'«Instruction» doit permettre de convaincre les Turcs «par parole et par Raison Naturelle et sensuelle et indubitable premier que par armes, ou que par autre voie [...] les contraindre en leur ostant le liberal arbitre». Ce qui signifie plus précisément que les Turcs «par doulceur et amours soi[e]nt contrains» (p. XXI).

[93] Selon Drimba, Postel aurait reproduit le *pater* turc publié par Georgiewitz à Lyon, en 1553, dans le *De Turcarum moribus epitome* (art. cit., p. 86). L'*ave* et

disposition des turcologues de l'époque, l'auteur des *Histoires orientales* ne retient que la prière au contenu le plus étroitement monothéiste et le moins spécifiquement chrétien, la seule que les musulmans pourraient éventuellement tolérer d'un point de vue théologique. Le *Babamoz* en question n'apparaît pourtant pas seulement comme l'*instrument* d'un futur rapprochement: le fait que le texte turc précède la «traduction» latine semble bien plutôt anticiper ce résultat en suggérant que la prière de la réconciliation se trouve d'ores et déjà dans la bouche de l'Autre.

Au seuil même des *Histoires orientales*, le Turc abandonne en définitive son mutisme légendaire pour s'adresser à Dieu comme le font les fidèles occidentaux. On s'aperçoit alors que sa voix n'a rien perdu de son pouvoir performatif, mais que celui-ci se trouve ingénieusement retourné au profit de la religion chrétienne, de cette concorde universelle que Postel, une fois de plus aux antipodes de la vraie tolérance, semble considérer comme la seule et unique raison de «prendre langue» avec les Orientaux. Les derniers mots de l'improbable Turc résonnent avec force. Ils promettent d'accompagner le lecteur tout au long de son parcours:

hem yedma byzegeheneme, de
Et ne nos inducas in tentationem, sed
churtule bizy iaramazdan, Amen.
libera nos a malo, Amen.

FIN DE L'INSTRUCTION
DE LA LANGUE
Turquesque[94].

---

le *credo* ne figurent ni dans cette édition, ni dans celle de Worms (à laquelle est emprunté le lexique des *HO*), mais on les trouve cependant dans d'autres éditions qu'un spécialiste comme Postel se devait de connaître (je pense en particulier au *Hæc nova, fert Affrica* paru à Vienne en 1548). A noter que les *HO* ne reprennent pas non plus la fameuse prophétie (*prognoma*) concernant la chute de l'Empire ottoman et présente dans de nombreuses éditions de Georgiewitz.

[94] *HO*, p. XLIII.

ÉPILOGUE

Dans sa fascinante inscription du voyage levantin au seizième siècle, le corpus aramontin s'est révélé constamment travaillé par des tensions, soumis à des oscillations et à des fluctuations insoupçonnées. L'examen des relations intertextuelles nous a permis d'éclairer un premier aspect de ce vaste phénomène: se déployant au carrefour de multiples polarités – sacralité catholique et spiritualité réformée; voyage de dévotion et de curiosité; respect des autorités et affirmation d'une expérience individuelle; expression du «jamais vu» et remploi du «déjà dit» –, l'écriture du Levant intègre ses différents modèles tantôt dans des synthèses maîtrisées, tantôt dans des compromis superficiels, instables, nécessairement précaires.

L'étude des stratégies anthropologiques, tout en dégageant la cohérence symbolique d'une *imago Turci* encore inachevée, nous a laissé entrevoir d'autres hésitations, d'autres rééquilibrages. Dans le déploiement de ses tours oculaires et de ses réseaux analogiques, dans son appréhension, aussi, de l'altérité linguistique, le voyageur-écrivain se montre toujours partagé entre la fascination et l'angoisse, le désir d'en savoir plus et la crainte d'y laisser sa peau ou sa foi. Le tiraillement est ici constant entre l'enthousiasme cognitif et la volonté de préserver les frontières ontologiques. S'il n'aboutit pas à une rupture, c'est sans doute parce que l'ambiguïté des jugements de valeur sur le Turc permet d'assurer une manière d'interface: idéalisé, l'Autre mérite qu'on s'intéresse à lui, qu'on imite ses succès et qu'on écoute sa parole; diabolisé, il doit être fui, et malheur à qui ose seulement lui parler ou croiser son regard. Cette ambivalence axiologique imprègne à des degrés divers tout le discours orientaliste de l'époque, mais elle se manifeste avec une intensité particulière dans le contexte de l'alliance franco-ottomane. Donner à voir dans un même portrait un peuple ami et un détestable ennemi en religion, tel est en somme le défi qui mobilise les compagnons d'Aramon et leur impose bien souvent une approche anthropologique à géométrie variable.

Jusque dans ses traits les plus spécifiques, le corpus aramontin illustre ainsi de façon privilégiée la complexité et l'indécidabilité qui caractérisent non seulement l'écriture du Levant, mais plus généralement toute représentation du *lointain* à la Renaissance. La plupart du temps, le voyageur de l'époque refuse de choisir entre la bibliothèque et le monde, entre le savoir partagé et les leçons d'une expérience singulière, entre l'enchantement et la réprobation. Plus précisément, il semble que des options radicalement divergentes à nos yeux lui paraissent en grande partie conciliables. Là où nous ressentons la nécessité d'un choix, il entrevoit une virtualité supplémentaire. Ce que nous conceptualisons comme une alternative, il l'intègre dans une dynamique d'alternance. Libéré de la pensée scolastique sans encore être astreint aux rigueurs du *cogito* cartésien, l'homme du seizième siècle peut dire la *varietas* selon des perspectives variables, exprimer en polyphonie la richesse d'un monde polymorphe. Par là même, il fait coïncider pleinement les mots et les choses; il instaure une relation plus étroite que jamais entre l'objet et les modalités du discours géographique.

Cette absence de contrainte sélective s'observe également sur le plan de la *matière*, des réalités prises en considération par le texte viatique. Qu'il arpente les pistes levantines ou s'enfonce dans la jungle brésilienne, le voyageur-écrivain est alors animé d'une trop forte pulsion scopique pour s'imposer des œillères. Plutôt que de borner son enquête à des domaines spécifiques, il préfère souvent la laisser s'orienter dans des directions multiples, au hasard des rencontres et des coups de cœur. Belon illustre à merveille cette tendance, qui entrecroise avec bonheur des observations ressortissant à des savoirs aujourd'hui cloisonnés: la préparation du laudanum crétois, les ruines de Nicomédie, la civette égyptienne et la manière de langer les enfants chez les Turcs ont ceci en commun qu'elles captivent tour à tour le voyageur curieux sans qu'il éprouve le besoin de poser des préférences, d'établir des hiérarchies.

Par définition, la quête de *singularités* échappe toujours à l'esprit de système; elle oppose aux exigences de la *ratio* les plaisirs jamais programmés de l'*admiratio*. Sur le plan textuel, cette ouverture à des sollicitations aléatoires se traduit par un complexe enchevêtrement de données irréductible à nos schémas de pensée. Les réseaux analogiques et les structures topiques ont beau dessiner des régularités certaines au sein du texte géographique, il n'en reste pas moins que c'est la dimension chaotique et cornucopienne qui finit par dominer. De ses périples lointains, le voyageur rapporte un magma d'informations en tous genres, un matériau qui demeure en grande partie à l'état brut et s'offre à des traitements, à des parcours de lecture différents selon les intérêts de chacun. Ces opérations de filtrage ne visent d'ailleurs pas toujours à neutraliser le foisonnement initial: les compilations cosmographiques, par exemple, le perpétuent ou même l'amplifient puisqu'elles constituent des recueils de singularités au second degré. Quant à Montaigne, on sait qu'il puise dans les relations de voyage de quoi élaborer de nouvelles bigarrures, de quoi susciter un vertige sceptique selon une méthode elle aussi cumulative.

Mais si la collecte de curiosités lointaines peut bien donner matière à des réflexions d'ordre moral ou philosophique, elle ne se présente pas *d'entrée de jeu* comme une quête de vérités générales. C'est en cela que le voyageur de la Renaissance doit être distingué de ses successeurs du Grand Siècle. Malgré sa richesse informative, la prose maîtrisée de Tavernier ou de Chardin s'obstinera toujours à ramener le monde oriental dans les rets de la raison et d'un esprit déjà philosophique. Le frémissement de l'admiration aura désormais quitté le voyageur pour se propager à sa clientèle exotique, à son tour captivée par un étalage de «raretés» et de «pièces curieuses»[1]. L'Occidental y aura gagné fortune, pouvoir et prestige, mais il aura perdu une bonne partie de sa fraîcheur, de sa disponibilité d'esprit, de sa capacité d'émerveillement.

---

[1]   J. B. Tavernier, *op. cit.*, II, pp. 7-8. On sait que Tavernier et Chardin étaient tous deux d'habiles négociants de joyaux.

APPENDICE

ITINÉRAIRES

1. ARAMON ET SA SUITE

LIEUX, DATES, ÉVÉNEMENTS: AUTEURS PRÉSENTS:

A. DE PARIS À CONSTANTINOPLE
(PREMIÈRE AMBASSADE)

Départ de Paris le 5 janvier 1547, n.s.;   Chesneau et Belon.
Lyon (jusqu'au 19 janvier); Genève;
Lucerne; Coire; Brescia; Vérone; Vicence; Padoue;
Venise (embarquement le 24 février);
Pula; Zadar (28 février); Šibenik;
Raguse (départ le 13 mars, à travers les Balkans);   Chesneau; Belon se
Trebinjè; Fotcha; Novipazar; Niš;   sépare de la troupe
Plovdiv (Philippopoli);   (cf. itinéraire 2).
Andrinople (arrivée le 6 avril).
Audience accordée par Soliman le 12 avril.
Départ avec le Sultan après le 4 mai; Silivry;
Constantinople (arrivée le 14 mai 1547).   Chesneau.
Arrivée en juillet de l'ambassadeur François   Belon rejoint la suite
de Fumel, rival d'Aramon.   d'Aramon; il part fin
Aramon et sa suite   août pour un tour du
séjournent une année   Levant avec Fumel
dans la capitale.   (cf. itinéraire 2).
                                                  Arrivée de Gassot
                                                  le 23 janvier 1548
                                                  (parti de Venise,
                                                  le 17 déc. 1547;
                                                  Raguse; Balkans).

B. CAMPAGNE DE PERSE
ET TOUR DU LEVANT

Départ de Constantinople le 2 mai 1548   Chesneau; Gassot.
(sur les traces de l'armée du Sultan, en route
pour la Perse depuis le 29 avril);
Scutari (Üsküdar; départ le 6 mai, à travers l'Anatolie);

Nicomédie (Izmit; arrivée le 9 mai); Bolu
(départ le 22 mai); Tosya (Theodosia);
Niksar (Néo-Césarée); Erzincan (Arménie);
Erzurum (25 juin), où l'ambassade rejoint
l'armée ottomane; traversée de l'Araxe et entrée
en pays ennemi; lac de Van; Khoi;
**Tabriz (du 28 au 31 juillet; la ville a été
abandonnée par le Sophi)**;
lac d'Ourmia; Van (du 14 au 28 août; prise de la
forteresse vers le 25 grâce aux conseils d'Aramon);
Bitlis; Diyarbekir (Qara Amid; 15 sept.-14 oct.); Malatya;
retour à Diyarbekir; second départ
le 9 nov. en direction de la Syrie; Urfa;
Alep (23 novembre 1548).   Chesneau et Gassot.
Séjour de plus de sept mois dans la ville,   Gassot achève son
où l'armée ottomane prend ses quartiers d'hiver   *Discours* le 5 décembre.
jusqu'au 8 juin 1549 avant de repartir   Rencontre de Gilles,
en campagne contre le Sophi.   engagé comme vétéran
                                                        dans l'armée ottomane.
                                                        Dissection de l'éléphant
                                                        d'Aramon.
                                                        Deux lettres de Gilles.

Départ d'Aramon et sa suite le 30 juin 1549 vers le sud;
Hama; Homs; Baalbek; Damas (8 juillet);
lac de Tibériade; Nazareth; Naplouse;
Jérusalem (18 juillet 1549);
visite du Saint-Sépulcre (24 juillet);
Bethléem et Hébron (26 juillet).
Départ de Jérusalem le 28 juillet;
Ramla; Gaza;
Le Caire (10 août);
Matarieh; Pyramides (18 août).
Départ du Caire le 2 septembre;
Alexandrie (du 6 au 16 sept.).   **Lettre de Gilles.**

Second séjour au Caire (21 sept.-26 oct.);
Aramon tente en vain de se procurer du salpêtre
pour l'armée française;
retour vers la Palestine;
Jérusalem (9 novembre 1549).   Chesneau, Gassot, Gilles.
Séjour de cinq ou six jours dans   **Rencontre de Postel,**
la ville sainte.   **arrivé en août avec les**
                                                        pèlerins en provenance
                                                        de Venise.

Damas (sept jours, jusqu'au 28 novembre);
Beyrouth; Tripoli (six jours, jusqu'au 10 décembre);
Tartous; Lattaquié; Antioche;
Iskenderun (23 déc. 1549); Adana; Eregli;
Konya (trois jours, jusqu'au 8 janvier 1550);
Akchehir; Eskichehir; Bilecik;
Iznik (Nicée); Gebze;
Constantinople (28 janvier 1550).   Chesneau, Gassot,
                                                        Gilles, Postel et **Thevet,**

Séjour d'une année dans la capitale.   arrivé le 30 nov. 1549
                                                            (cf. itinéraire 3).
                                                            Excursions de Thevet,
                                                            Gilles et Chesneau en
                                                            1550 (Chalcédoine,
                                                            Bosphore, Mer Noire).

Aramon quitte Constantinople le 17 janvier 1551
pour regagner la France et s'entretenir avec Henri II;
traversée des Balkans; Raguse; Venise; Lyon;
Arrivée à la Cour (Blois, fin mars 1551);
rapport présenté au roi le 7 avril.

C. DE MARSEILLE À CONSTANTINOPLE
PAR VOIE DE MER (SECONDE AMBASSADE)

Départ pour Constantinople (fin mai 1551);   Nicolay.
Lyon; Avignon;
Marseille (embarquement le 4 juillet);
Baléares;
Alger (jusqu'au 20 juillet);
Dellys; Bône (25 juillet); Pantelleria (28-30 juillet);
Malte (du 1ᵉʳ au 2 août); Aramon s'entretient avec
le grand maître Juan d'Omedes, qui le prie de dissuader
l'amiral Sinan Pacha de prolonger le siège de Tripoli.
Tripoli (du 5-21 août). L'ambassadeur assiste,
impuissant, à la prise de la place par les Turcs.
Malte (du 22 au 26 août); début de la polémique avec
le grand maître ainsi que les chevaliers espagnols et italiens.
Au large de Céphalonie et Zante (31 août);
Cythère (8 jours); à travers les Cyclades;
Chio (10-13 sept.);
Lesbos; Dardanelles (château
de Kala-i Sultaniyye); Gallipoli;
Constantinople (20 septembre 1551).   Nicolay, Chesneau;
                                                            Thevet s'apprête à
                                                            accomplir son tour du
                                                            Levant (cf. itinéraire 3).

Andrinople (hiver 1551-mai 1552)   Nicolay.
où séjourne le Sultan et où l'ambassadeur
tente de promouvoir une expédition   Chesneau est envoyé en
franco-ottomane en Méditerranée.   France début mai 1552
Rapport au roi le 20 janvier 1552.   (Balkans; Venise; Suisse;
                                                            arrivée auprès du roi
                                                            début juin,
                                                            au siège de Damvilliers).

Constantinople (mai-juin 1552):
départ de la flotte de Sinan Pacha et des   Nicolay.
galères de l'ambassadeur: l'objectif est de ravager la
côte italienne après avoir rejoint la flotte française.
Sac de Reggio (4 juillet);

Naples (15 juillet, absence de la flotte française);
à la hauteur de Terracine (rapport d'Aramon
le 22 juillet);
îles de Ponza (Pontines; début août);
Retour à travers l'Archipel;
Chio (les galères du baron de
La Garde rejoignent enfin la flotte ottomane).

Chargé d'acheminer le
rapport, Nicolay est
débarqué à Terracine
et prend la route de
Rome.

Constantinople (automne 1552-14 sept. 1553).

Dernier séjour d'Aramon dans la capitale.

A Scutari (Üsküdar), l'ambassadeur
prend congé du Sultan et recommande Chesneau
au grand vizir Rüstem Pacha.

Départ définitif d'Aramon le 14 sept. 1553,
à travers les Balkans (Novipazar; Raguse; Venise).

Chesneau de retour à
Constantinople en été 1553
(a quitté la France
en mai; Venise; Corfou;
Modon; Péloponnèse;
Eubée; Dardanelles).

Chesneau représente
les intérêts français
jusqu'à l'arrivée du
nouvel ambassadeur,
Michel de Codignac, en
mars 1554. En conflit
avec celui-ci, il quitte
Constantinople le 9 janvier
1555 (Venise; Ferrare;
entre au service de
Renée de France
le premier mai 1555).

Mort de Gabriel d'Aramon en Provence,
probablement début 1555.

2. PIERRE BELON

De Paris à Raguse avec la première ambassade d'Aramon (cf. itinéraire 1, A).
En mars 1547, Belon poursuit par voie de mer en compagnie de Bénigne de Villars, apothicaire de Dijon.
Corfou (?); Zante (?); Cythère (?);
Crète (mont Ida); Chio (?); Lesbos (?);
Constantinople (fin avril 1547).
Départ fin mai pour la mer Egée et la Thrace.
Gallipoli; Imbros; Lemnos (2 juin); Scyros; Thasos;
mont Athos; Salonique; mines de Siderocapsa (Macédoine);
Serrai; Tricala; ruines de Philippes; Cavalla;
Komotini; Silivry.
Retour à Constantinople début août 1547.
Rencontre du baron de Fumel, arrivé en juillet.
Excursion à Izmit (Nicomédie).
Départ en août pour un tour du Levant avec Fumel et l'érudit Juste Tenelle.
Gallipoli; château de Kala-i Sultaniyye (28 août 1547);
Lesbos; Chio; Samos; Rhodes;
Alexandrie (avant mi-sept. 1547);
Rosette; Caire; Matarieh; Pyramides; Suez;

Sinaï; Tor; Suez;
retour au Caire (jusqu'au 29 oct. 1547);
Gaza; Ramla;
Jérusalem (8 novembre 1547);
Jéricho; Bethléem; Hébron; départ vers le nord;
Nazareth; Tibériade; Damas; Baalbek;
Homs; Alep; Antioche;
Adana; mont Taurus;
Konya (Noël 1547); Akchehir;
Afyon Karahisar («Carachara»); Belon se sépare
de la troupe de Fumel pour passer l'hiver dans cette ville d'Anatolie.
Kütahya; Brousse;
Retour à Constantinople après le 2 mai 1548.
Séjour de plusieurs mois à Constantinople?
Excursion aux ruines de Troie.
Embarquement pour l'Occident en 1549.
Itinéraire de retour inconnu (probablement par la Crète, visitée à plusieurs
reprises).

3. ANDRÉ THEVET

Plaisance (juin 1549, auprès du cardinal de Lorraine);
Mantoue; Ferrare;
Venise (embarquement le 23 juin);
Parenzo; côte dalmate (29 juin);
Crète (arrivée le 18 juillet dans la ville de Candie [Héraklion]).
Séjour de plus de trois mois sur l'île;
Embarquement sur un navire génois à La Canée, le 31 oct.;
Milo (du 8 au 11 nov.);
Chio; tempête en mer (?) le 21 nov.;
Lesbos (22 nov.); côte d'Asie Mineure;
Dardanelles (23 nov.);
Constantinople (30 novembre 1549).
Séjour de près de deux ans dans la capitale.
Excursions avec Gilles et Chesneau en 1550 (Chalcédoine, Bosphore, Mer Noire);
Départ pour un tour du Levant en automne 1551.
Rhodes (2 novembre 1551);
Alexandrie (séjour d'environ quatre mois);
Rosette; Caire;
Excursion aux Pyramides;
Matarieh (départ le 23 mars 1552 pour le mont Sinaï);
Sinaï; Gaza;
Jérusalem et environs (arrivée sans doute avant le 17 avril, jour de Pâques).
Visite des lieux saints; Bethléem; Jéricho.
Départ de Jérusalem le 2 mai 1552;
Naplouse (Sichem); Samarie; Damas; Alep;
Antioche; Tripoli; Chypre; Rhodes; Crète;
au large de la Sicile; Malte; côte africaine;
Sardaigne, Corse;
Marseille (1552).

BIBLIOGRAPHIE

CORPUS ARAMONTIN:

Selon l'ordre chronologique des publications:

Jacques GASSOT, *Le Discours du voyage de Venise à Constantinople, contenant la querele du grand Seigneur contre le Sophi: avec elegante description de plusieurs lieux, villes, et Citez de la Grece, et choses admirables en icelle. Par maistre Jaques Gassot, dedié et envoyé à maistre Jaques Tiboust, escuier, Seigneur de Quantilly, Notaire et Secretaire du Roy, et son Esleu en Berry*, Paris, Antoine Le Clerc, 1550, 4°, 34 f. [BnF: G. 18003].
 Rééditions à Paris en 1606 et à Bourges en 1674.

Pierre BELON, *Les Observations de plusieurs singularitez et choses memorables, trouvées en Grece, Asie, Judée, Arabie, et autres pays estranges, redigées en trois livres, Par Pierre Belon du Mans. A monseigneur le Cardinal de Tournon*, Paris, Gilles Corrozet et Guillaume Cavellat, 1553, 4°, XII + 212 f. [BnF: S. 5472].
 Sauf indication contraire, c'est à cette édition que je renvoie. L'ouvrage est orné de trente-cinq figures sur bois dues à Arnold Nicolaï, parmi lesquelles une vue de l'Hellespont (f. 80 r°) et un «Portraict de la ville d'Alexandrie en Egypte» (f. 94 v°). Il existe une quinzaine de rééditions de ce texte au seizième siècle, dont une traduction latine éditée par Christophe Plantin (Anvers, 1589). On compte sept rééditions en langue française:
1) Paris, Gilles Corrozet et Guillaume Cavellat, 1554, 4°, XII + 212 f. [BnF: S. 5472]. Au titre original est ajoutée la mention «Reveuz de nouveau et augmentez de figures». Cette édition contient en effet huit figures sur bois supplémentaires, elles aussi effectuées par Arnold Nicolaï.
2) Paris, Gilles Corrozet et Guillaume Cavellat, 1555, 4°, XII + 212 f. [BnF: S. 5473]. Mêmes figures que la précédente. Contient en outre le «portraict du mont Sinai sur lequel nostre Seigneur bailla sa loy à Moise» (figure dépliante insérée entre les ff. 128 et 129).
3) Anvers, 1555. 4) Paris, 1557. 5) Anvers, 1558. 6) Paris, 1585. 7) Paris, 1588. Sur ces rééditions et les autres, cf. l'avant-propos de Serge Sauneron à son édition partielle des *Observations* (*Voyage en Egypte de Pierre Belon du Mans (1547)*, IFAO, 1970, pp. XXVI-XXXII).
- *Petri Bellonii Cenomani De admirabili operum antiquorum et rerum suspiciendarum præstantia Liber primus. De medicato funere, seu cadavere condito, et lugubri defunctorum ejulatione. Liber secundus. De medicamentis nonnullis, servandi cadaveris vim obtinentibus. Liber tertius. Ad Rever. et Illustriss. D. Fran. Card. Turnonium*, Paris, Guillaume Cavellat (édition partagée avec Gilles Corrozet et Benoît Prevost), 1553, 4°, 8 + 58 f. [BnF: S. 5513].

André THEVET, *Cosmographie de Levant. Par F. André Thevet, d'Angoulesme*, Lyon, Jean de Tournes et Guillaume Gazeau, 1554, 4°, 214 p. + 8 f. [BnF: G. 1410]. L'ouvrage est orné de vingt-cinq gravures sur bois attribuées à Bernard Salomon et d'un portrait de l'auteur en cordelier. Il a fait l'objet de deux rééditions au seizième siècle:

1) Lyon, Jean de Tournes et Guillaume Gazeau, 1556, 4°, 218 p. + 7 f. [BnF: Rés. G. 1037]. Au titre original est ajoutée la mention «Revue et augmentee de plusieurs figures» (neuf bois gravés de Bernard Salomon). C'est à l'édition critique de ce texte par Frank Lestringant (Genève, Droz, 1985) que je renvoie systématiquement.

2) Anvers, Jean Richard, 1556, 8°, 159 f. (ne reproduit pas les gravures des éditions précédentes).

Il existe également une traduction allemande du début du dix-septième siècle (Giessen, Caspar Chemlin, 1617).

Pierre BELON, *Portraits d'oyseaux, animaux, serpens, herbes, arbres, hommes et femmes, d'Arabie et d'Egypte, observez par P. Belon du Mans. Le tout enrichy de Quatrains, pour plus facile cognoissance des Oyseaux, et autres Portraits. Plus y est adjousté la Carte du mont Attos, et du mont Sinay, pour l'intelligence de leur religion*, Paris, Guillaume Cavellat, 1557, 4°, 10 + 122 + 1 f. [BnF: S. 5475].
Nombreuses gravures. La carte du mont Athos manque dans tous les exemplaires que j'ai pu consulter.

Guillaume POSTEL, *De la Republique des Turcs: et là ou l'occasion s'offrera, des meurs et loy de tous Muhamedistes, Par Guillaume Postel Cosmopolite*, Poitiers, Enguilbert de Marnef, 1560, 4°, 4 f. + 128 p.
Ce traité est le premier volet du triptyque communément intitulé *La Republique des Turcs* et composé également des textes suivants:
- *Histoire et consideration de l'origine, loy, et coustume des Tartares, Persiens, Arabes, Turcs, et tous autres Ismaelites ou Muhamediques, dits par nous Mahometains, ou Sarrazins*, Poitiers, Enguilbert de Marnef, 1560, 4°, 58 p.
- *La tierce partie des orientales histoires, ou est exposee la condition, Puissance, et revenu de l'Empire Turquesque: avec toutes les provinces et païs generalement depuis 950 ans en ça par tous Ismaelites conquis. Pour donner, avec telle connoissance, vouloir et moyen de tels pais et richesses conquerir aus Princes et peuples Treschrestiens, et ainés au Droict du Monde, Par Guillaume Postel Cosmopolite*, Poitiers, Enguilbert de Marnef, 1560, 4°, 4 f. + 90 p.
La disposition des traités peut varier selon les exemplaires du triptyque. Celui auquel je renvoie [Genève, BPU: Gh 395, apparemment identique à BnF: Rés. D² 1564 et J. 3382], les donne dans l'ordre que je viens d'adopter, ce qui n'est pas le cas, par exemple, de BnF: J. 3382 bis, où l'*Histoire et consideration* précède *De la Republique*, comme ce sera plus tard le cas dans les *Histoires orientales* (cf. *infra*). Il existe une édition non datée de la *Republique des Turcs* [BnF: Rés. D² 21563] également publiée chez Enguilbert de Marnef et comportant une «table des principales matières». On conserve en outre deux versions manuscrites partielles de la *RT*:
1) *De la République des Turcs la partie exposant le domestique traictement du prince, la maniere de lever et nourir ceulx dont en guerre se sert, avec son origine, estatz, revenu et domeyne, en brief* [BnF: Ms. fr. 6073, ff. 1-57]. Il s'agit de la première version de ce qui deviendra *La tierce partie des orientales histoires*. Ce texte dédié à François Ier a sans doute été rédigé au retour du premier voyage levantin, vers 1539-1540. Il devait constituer la seconde partie d'un diptyque s'ouvrant probablement sur une première version du futur *De la Republique des Turcs*.
2) *Trium de rebus turcicis librorum Gulielmi Postelli primus ex gallica lingua in qua primo scripserat latine versus et plus quam triente adauctus ab ipso autore* [British Library, Mss Sloane 1413, ff. 53-81]. Il s'agit d'un manuscrit autographe rédigé après la publication de la *Republique des Turcs* et contenant la

traduction latine du premier traité avec la correction de certaines erreurs dues
à l'incurie des typographes...
- *Description et charte de la Terre Saincte, qui est la proprieté de Jesus Christ,
  pour y veoir sa peregrination, et pour inciter ses Treschrestiens ministres à la
  recouvrer pour y replanter son Empire. Paincte et descripte par Guillaume
  Postel depuis l'havoir et par livres et par experience veuë. A Treschrestienne
  princesse Catherine de Medicis de sang Etrusque, Royne de Gaule,* [s.l.n.d.], in-
  16, 108 p. [BnF: Rés. D^2 5266].
  Claude Postel donne pour cette édition la date possible de 1561 (cf. *Les Ecrits
  de Guillaume Postel,* pp. 107-110) tout en précisant que le texte doit remonter
  au début des années 1550 (il aurait existé une édition de 1553). L'ouvrage est
  orné de six cartes et de deux tableaux chronologiques (Passion et Paul).

Pierre GILLES, *Petri Gyllii de Bosporo Thracio libri III,* Lyon, Guillaume Rouillé,
1561, 4°, 4 f. + 264 p. [BnF: J. 3263 et bis].
- *Petri Gyllii de topographia Constantinopoleos, et de illius antiquitatibus libri
  quatuor. Ad Reverendiss. et Illustriss. D. Georgium Cardinalem Armaïgnacum,*
  Lyon, Guillaume Rouillé, 1561-1562, 4°, 4 f. + 246 p. + 1 f. [BnF: J. 3263 et bis].
  Ces deux ouvrages posthumes ont été préparés par Antoine Gilles, neveu de
  l'auteur, et Jean Toullier. Ils forment une sorte de diptyque et les exemplaires de
  la BnF sont d'ailleurs reliés ensemble. Les deux traités ont été très soigneusement réédités à Leyde au début du dix-septième siècle:
  1) *Petri Gyllii de Bosporo Thracio libri III,* Leyde, «apud Elzevirios», 1632, in-24,
     380 p. [BnF: G. 11290; Genève, BPU: Fa 774, vol. 37].
  2) *P. Gyllii de Constantinopoleos topographia lib. IV, (Edidit A. Gyllius),* Leyde,
     «ex officina Elzeviriana», 1632, in-24, 428 p. [BnF: G. 11291; Genève, BPU: Fa
     774, vol. 41].
  Je renvoie à cette édition du *De Topographia,* laquelle joint au texte de 1561 le
  traité anonyme abondamment mis à profit par Gilles: *Urbis Constantinopoli-
  tanæ; qualis tempore Arcadii et Honorii fuit, Descriptio, incerto autore: Ex
  Libro Notitiæ Utriusque Imperii, a Guido Pancirolo edito; cum ejusdem in ean-
  dem Annotat.* (pp. 359-428).
  Le *De Bosporo* a été réédité au siècle dernier par C. Müller: *Geographi Græci
  Minores,* v. 2, Paris, Didot, 1861, pp. 1-101. C'est à cette édition que je renvoie.
  Le traité y est précédé d'une lettre que Gilles a envoyée d'Alep «ad amicum» en
  avril 1549 (pp. XII-XIV).
  En 1729, John Ball a publié à Londres une libre traduction anglaise du *De
  Topographia,* laquelle a fait l'objet d'une réédition moderne: *The Antiquities of
  Constantinople,* New York, Italica Press, 1988. De courts extraits du diptyque
  ont été traduits en français au début du dix-neuvième siècle: Pierre Gilles, *Description du Bosphore et de la ville de Constantinople,* trad. du Comte d'Haute-
  rive, in *Collections des Chroniques françaises,* éd. J. A. Buchon, Paris, Verdière,
  1828, t. III, pp. 301-321.
- *Elephanti nova descriptio, ad reverendissimum Georgium Cardinalem Armaignacum, Authore Petro Gillio Albiense,* publiée à la suite de la seconde édition
  d'Elien par Gilles: *Æliani de historia animalium libri XVII. Quos ex integro ac
  veteri exemplari Græco, Petrus Gillius vertit. Una cum elephantorum descriptione. Item Demetrii de Cura accipitrum, et de Cura et medicina canum, eodem
  Petro Gillio interprete. Ad Reverendissimum, et illustr. D. Georgium Cardinalem Armaignacum,* Lyon, Guillaume Rouillé, 1565, 8°, pp. 497-525 [BnF: Rés.
  901].
  Il s'agit de deux lettres non datées que Gilles a envoyées d'Alep (probablement
  début 1549) et d'Alexandrie (entre le 6 et le 16 septembre de la même année) à

son protecteur le cardinal d'Armagnac. Elles ont fait l'objet d'une réédition au début du dix-septième siècle: *Descriptio nova elephanti authore Petro Gillio Albiense*, Hamburg, «In Bibliopolio Heringiano», «Typis hæredum Philippi de Ohr», 1614, 8°, 40 p. [BnF: Sz. 511]. C'est à cette édition que je renvoie.

Nicolas de NICOLAY, *Les Quatre Premiers Livres des Navigations et Peregrinations Orientales, de N. de Nicolay Dauphinoys, seigneur d'Arfeuille, varlet de chambre, et Geographe ordinaire du Roy. Avec les figures au naturel tant d'hommes que de femmes selon la diversité des nations, et de leur port, maintien, et habitz*, Lyon, Guillaume Rouillé, 1568 [achevé d'imprimer du 1ᵉʳ septembre 1567], in-fol., 8 f. + 182 p. + 1 f. [BnF: Rés. J. 600].

L'ouvrage est orné de 60 figures gravées sur cuivre par Lyon Davent à partir des dessins de l'auteur. Il existe deux rééditions de ce texte en langue française au seizième siècle:

1) *Les Navigations, peregrinations et voyages, faicts en la Turquie, par Nicolas de Nicolay Daulphinoys Seigneur d'Arfeuille, valet de chambre et Geographe ordinaire du Roy de France, contenans plusieurs singularitez que l'Autheur y a veu et observé. Le tout distingué en quatre Livres. Avec soixante figures au naturel tant d'hommes, que de femmes selon la diversité des nations, leur port, maintien, habits, loyx, religion, et façon de vivre, tant en temps de paix comme de guerre. Avec plusieurs belles et memorables histoires, advenuës en nostre temps*, Anvers, Guillaume Silvius, 1576, 4°, 12 f. + 308 p. + 13 f. [BnF: J. 6011]. Certains exemplaires portent la date de 1577, mais il s'agit de la même impression. Pour cette réédition comme pour la suivante, les figures originales ont été gravées sur bois. Je renvoie toujours à cette édition, dont le texte a d'ailleurs servi de base aux éditeurs modernes de Nicolay (*Dans l'Empire de Soliman le Magnifique*, éd. de Marie-Christine Gomez-Géraud et Stéphane Yérasimos, CNRS, 1989).

2) *Discours et histoire veritable des navigations, peregrinations et voyages, faicts en la Turquie par Nicolas de Nicolay Daulphinoys, Seigneur d'Arfeuille, Valet de chambre et Geographe ordinaire du Roy de France, contenants plusieurs singularitez que l'Auteur y a veu et observez. Avec plusieurs belles et memorables Histoires, advenues en nostre temps. Plus, les figures au naturel, tant d'hommes que de Femmes selon la diversité des nations, leur Port, maintien, habits, loyx, Religion, et facon de vivre, tant en temps de paix comme de guerre. Le tout distingué en quatre Livres. Reveüe et augmentee, de quelques Figures oultre la premiere impression*, Anvers, Arnould Coninx, 1586, 4°, 8 f. + 210 p. + 7 f. [BnF: J. 6012].

A noter enfin que les *Navigations* ont fait l'objet de plusieurs éditions en langue étrangère au seizième siècle. En italien: Anvers, 1576 et 1577; Venise, 1580. En hollandais: Anvers, 1576. En allemand: Nuremberg, 1572; Anvers, 1576 et 1577. En anglais: Londres, 1585.

Guillaume POSTEL, *Des Histoires orientales et principalement des Turkes ou Turchikes et Schitiques ou Tartaresques et aultres qui en sont descendues, Œuvre pour la tierce fois augmenté. Et Divisé en trois parties, avec l'Indice des choses les plus memorables y contenues. Par Guillaume Postel Cosmopolite, deux fois de là retourné et veritablement informé*, Paris, Jérôme de Marnef et Guillaume Cavellat, 1575, in-16, 24 f. + 374 p. + 45 f. [BnF: Rés. D² 5258; Genève, BPU: Fa 219].

Cet ouvrage est une réédition remaniée et augmentée du triptyque de la *Republique des Turcs*, dont les trois traités deviennent désormais trois «parties» réunies sous une même pagination et disposées dans l'ordre suivant: 1) *Histoire et consideration*; 2) *De la Republique*; 3) *La tierce partie*. L'ensemble est précédé de deux nouvelles pièces liminaires: une épître au duc d'Alençon (ff. 2 r°-12 r°) et une «Instruction des motz de la langue turquesque les plus communs» (ff. 12 v°-22 r°).

André THEVET, *La Cosmographie Universelle d'André Thevet Cosmographe du Roy. Illustrée de diverses figures des choses plus remarquables veuës par l'Auteur, et incogneuës de noz Anciens et Modernes*, Paris, Pierre L'Huillier (édition partagée avec Guillaume Chaudière), 1575, in-fol., 4 t. en 2 vol., 1025 f. [BnF: G. 452-453]. L'ouvrage est orné de 4 cartes et 228 bois gravés. Les pages consacrées à l'Egypte ont été éditées par F. Lestringant dans la série de l'IFAO (cf. entrée suivante).

Jean CHESNEAU, *1546. Voyage de Paris en Constantinople, celuy de Perse avec le camp du grand turc, de Judee, Syrie, Egipte et de la Grece avec la description des choses plus notables et remarquables desdictz lieux, faict par noble homme Jehan Chaisnneau et par luy mis et redigé par escrit*, [BnF: Ms. fr. 23045, ff. 269 r°-309 v°].
Ce texte a été rédigé entre 1566 et 1574 (règne de Sélim II) et n'a jamais été publié au seizième siècle. Il en existe au moins six autres versions manuscrites conservées en France: BnF: Ms. fr. 3899, 16167 et 20152, Dupuy 40 et 238 et Arsenal, Ms. 4767. Ce dernier manuscrit a servi de base à l'édition établie au siècle dernier par Charles Schefer: *Le Voyage de Monsieur d'Aramon, ambassadeur pour le Roy en Levant, escrit par noble homme Jean Chesneau, l'un des secretaires dudict seigneur ambassadeur*, Paris, E. Leroux, 1887. [Genève, Slatkine Reprints, 1970]. M. Andrzej Stanczyk me signale en outre l'existence d'un autre manuscrit de la fin du seizième siècle à la Herzog-August Bibliothek de Wolfenbüttel (Cod. Guelf. 1.7.3 Aug. 2, ff. 238-304) ainsi que d'une copie berlinoise effectuée au dix-huitième siècle et aujourd'hui conservée à la Bibliothèque Jagellonne de Cracovie. A noter que la partie égyptienne du *Voyage* a été publiée par F. Lestringant: (cf. *Voyage en Egypte: 1549-1552. Jean Chesneau, André Thevet*, Le Caire, IFAO, 1984).

AUTRES SOURCES:

ARISTOTE, *Les Météorologiques*, trad. J. Tricot, Paris, Vrin, 1976.

Saint AUGUSTIN, *Les Confessions*, éd. J. Trabucco, Paris, Garnier-Flammarion, 1964.

Luigi BASSANO, *I Costumi et i Modi Particolari de la vita de Turchi*, in Francesco SANSOVINO, *Dell'Historia...* (cf. *infra*), ff. 293 r°-332 r°.

François de BELLEFOREST, *La Cosmographie Universelle de tout le monde. Auteur en partie Munster*, Paris, Michel Sonnius et Nicolas Chesneau, 1575, in-fol., 2 vol.

Pierre BELON, *L'Histoire naturelle des estranges poissons marins, avec la vraie peincture et description du Daulphin, et de plusieurs autres de son espece, Observee par Pierre Belon du Mans*, Paris, Regnaud Chaudière, 1551, 4°, 58 f.

- *L'Histoire de la nature des oyseaux*, fac-similé de l'édition de 1555, éd. Ph. Glardon, Genève, Droz, 1997.

- *La Cronique de Pierre Belon du Mans, medecin, au Roy Charles neufviesme de ce nom*, manuscrit du dix-septième siècle recopié par F. Duchesne, [Arsenal: Ms. 4651, ff. 88 r°-140 r°].

[Johannes BŒMUS], *Recueil de diverses histoires touchant les situations de toutes regions et pays contenuz es trois parties du monde, avec les particulieres mœurs, loix, et ceremonies de toutes nations et peuples y habitans. Nouvellement traduict de Latin en Francoys*, Anvers, 1540, 8°, 275 f.

Guillaume de BOLDENSELE, *Traité de l'état de la Terre sainte*, éd. C. Deluz, in *Croisades et pèlerinages*, pp. 996-1028.

Jorge Luis BORGES, *El Aleph*, Buenos Aires, Emecé, 1957.

BRANTÔME, *Œuvres complètes de Pierre de Bourdeilles, seigneur de Brantôme*, éd. L. Lalanne, Paris, Société de l'Histoire de France, t. VI, 1873.

Bernhard von BREYDENBACH, *Sanctarum peregrinationum in montem Syon ad venerandum Christi sepulcrum in Jerusalem atque in montem Synai ad divam virginem et martirem Katherinam opusculum [...]*, Mayence, Erhard Reuwich, 1486, in-fol, 143 f.

Jean CALVIN, *Three French Treatises*, éd. F. M. Higman, University of London, The Athlone Press, 1970.

Nompar de CAUMONT, *Le Voyage d'outre-mer à Jérusalem*, éd. B. Dansette, in *Croisades et pèlerinages*, pp. 1057-1123.

Jean CHARDIN, *Voyage de Paris à Ispahan*, éd. S. Yérasimos, Paris, La Décou verte/Maspero, 2 vol.

CICÉRON, *Discours, XI*, éd. A. Boulanger, Paris, Les Belles Lettres, 1967.

– *De l'Invention*, éd. G. Achard, Paris, Les Belles Lettres, 1994.

Le Coran, trad. de R. Blachère, Paris, Maisonneuve et Larose, 1980.

Hernán CORTÉS, *Cartas de relación de la conquista de México*, Madrid, Espasa-Calpe, 1982.

Croisades et pèlerinages. Récits, chroniques et voyages en Terre sainte (XIIᵉ-XVIᵉ siècle), sous la dir. de D. Régnier-Bohler, Paris, Robert Laffont, 1997.

Bernal DÍAZ DEL CASTILLO, *Historia verdadera de la conquista de la Nueva España*, éd. M. León-Portilla, Madrid, Historia 16, 1984, 2 vol.

Joachim DU BELLAY, *Œuvres poétiques*, éd. D. Aris et F. Joukovsky, Paris, Bordas, «Classiques Garnier», 1993, t. II.

Philippe DU FRESNE-CANAYE, *Le Voyage du Levant de Philippe Du Fresne-Canaye (1573)*, éd. M. H. Hauser, Genève, Slatkine Reprints, 1980 (réimpr. de Paris, E. Leroux, 1897).

Ecrits apocryphes chrétiens, I, éd. F. Bovon et P. Geoltrain, Paris, Gallimard, Bibliothèque de la Pléiade, 1997.

Didier ERASME, *Desiderii Erasmi Roterodami Opera omnia*, Hildesheim, G. Olms, 1961-1962, fac-similé de l'éd. de Leyde, Jean Le Clerc, 1703-1706, 10 vol. in-fol.

– *Enchiridion Militis Christiani*, éd. A. J. Festugière, Paris, Vrin, 1971.

– *Œuvres choisies*, trad. J. Chomarat, Paris, Le Livre de Poche, 1991.

Felix FABER, *Fratris Felicis Fabri Evagatorium in Terræ Sanctæ, Arabiæ et Egypti Peregrinationum*, éd. C. D. Hassler, Stuttgart, Litt. Verein, 1843-1844, 3 vol.

Bartholomé GEORGIEWITZ, *De Turcarum moribus epitome, Batholomæo Georgieviz Peregrino autore*, Lyon, Jean de Tournes, 1558, in-16, 192 p. Cf. [SPANDUGINO].

Antoine GEUFFROY, *Estat de la court du grant Turc, l'ordre de sa gendarmerie, et de ses finances: avec ung brief discours de leurs conquestes depuis le premier de ceste race*, Paris, Chrestien Wechel, 1542, 4°, 40 f.

– *Briefve description de la court du Grant Turc. Et ung sommaire du regne des Othmans. Avec ung abregé de leurs folles superstitions ensemble l'origine de cinq empires yssuz de la secte de Mehemet*, Paris, Chrestien Wechel, 1543, 4°, 80 f.

GRÉGOIRE DE NYSSE, *Lettres*, éd. P. Maraval, Paris, Ed. du Cerf, 1990.

GUILLAUME DE TYR, *Chronique*, éd. M. Zerner, in *Croisades et pèlerinages*, pp. 499-724.

HAYCON (Prince Hayton), *S'Ensuyvent les Fleurs des histoires de la terre d'orient compillees par frere Haycon seigneur du Cort: et cousin germain du roy d'armenie par le commandement du pape [...]*, Paris, Denys Janot, 1517, 4°, 68 f.

HÉRODOTE, THUCYDIDE, *Œuvres complètes*, éd. A. Barguet et D. Roussel, Paris, Gallimard, Bibliothèque de la Pléiade, 1964.

Saint JÉRÔME, *Lettres*, t. III, éd. J. Labourt, Paris, Les Belles Lettres, 1953.

Paul JOVE, *Commentario delle cose de Turchi, di Paulo Jovio, vescovo di Nocera, a Carlo Quinto Imperatore Augusto*, Rome, «apud Antonium Bladum Asulanum», 1532, 4°, 46 f.

Bertrand de LA BORDERIE, *Le Discours du voyage de Constantinoble, envoyé dudict lieu à une Damoyselle de France par le Seigneur de Borderie*, in *Opuscules d'Amour par Heroet, La Borderie et autres divins poëtes*, Lyon, Jean de Tournes, 1547, 8°, pp. 269-346 (fac-similé précédé d'une introduction par M.-A. Screech, S. R. Publishers Ltd/Johnson Reprint Corporation/Mouton, 1970).

William Martin LEAKE, *Travels in Northern Greece*, London, J. Rodwell, 1835, t. III.

Nicole LE HUEN, *Le Grant Voyage de Jherusalem divisé en deux parties. En la premiere est traicté des peregrinations de la saincte cité de Jherusalem: Du mont saincte Katherine de Synay: et aultres lieux saincts, avec les a, b, c, des lettres grecques, caldees, hebraicques, et arabicques, avec aulcuns langaiges des turcz, translatees en francoys. En la seconde partie est traicté des croisees et entreprinses, faictes par les Roys et princes crestiens, pour la recouvrance de la terre saincte [...]*, Paris, François Regnault, 1517, 4°, 192 f. (première édition: Lyon, 1488).

– *Le Grant Voyage de hierusalem divisé en deux parties. En la premiere est traicté des peregrinations de la saincte cité de Hierusalem, du mont saincte Katherine de Sinay et autres lieux sainctz, avec les a, b, c, des lettres grecques, caldees, hebraicques et arabicques, avec aucuns langaiges des turcz translatez en francois. En la seconde partie est traicté des croisees et entreprinses faictes par les roys et princes chrestiens pour la recouvrance de la terre saincte [...]*, Paris, François Regnault, 1522, 4°, 4 + 209 f.

Jean de LÉRY, *Histoire d'un voyage faict en la terre du Bresil (1578)*, éd. F. Lestringant, Paris, Le Livre de Poche, 1994.

Martin LUTHER, *Œuvres*, t. I, II, VI et VII, Genève, Labor et Fides, 1957-1966.

Jean de MANDEVILLE, *Voyage autour de la terre*, éd. C. Deluz, Paris, Les Belles Lettres, 1993.

Clément MAROT, *Œuvres poétiques complètes*, t. II, éd. G. Defaux, Paris, Bordas, «Classiques Garnier», 1993.

Jérôme MAURAND, *L'Itinéraire de Jérôme Maurand d'Antibes à Constantinople (1544)*, éd. L. Dorez, Paris, Ernest Leroux, 1901.

Giovan Antonio MENAVINO, *Trattato de costumi et vita de Turchi, Composto per Giovan Antonio Menavino Genovese da Vultri. Al Christianissimo Re di Francia*, Firenze, 1548, 8°, 254 p.

Blaise de MONLUC, *Commentaires, 1521-1576*, éd. P. Courteault, Gallimard, Bibliothèque de la Pléiade, 1964.

Michel de MONTAIGNE, *Les Essais*, éd. P. Villey, Paris, Quadrige/P.U.F., 1988, 3 vol.

Notitia Dignitatum. Accedunt Notitia Urbis Constantinopolitanæ et Latercula Provinciarum, éd. O. Seeck, Frankfurt am Main, Minerva, 1962 (réimpr. de 1876).

Jean PALERNE, *D'Alexandrie à Istanbul. Pérégrinations dans l'Empire Ottoman (1581-1583)*, éd. Y. Bernard, Paris, L'Harmattan, 1991.

François PÉTRARQUE, *L'Ascension du Mont Ventoux*, trad. de D. Montebello, Séquences, 1990.

– *«La lettera del Ventoso», Familiarum rerum libri IV, I*, éd. M. Formica et M. Jakob, Tarara' Editori, Verbania, 1996.

PLATON, *La République*, trad. R. Baccou, Paris, Garnier-Flammarion, 1966.

PLINE L'ANCIEN, *Histoire naturelle*, t. VII, éd. R. Schilling, Paris, Les Belles Lettres, 1977.

PLUTARQUE, *Œuvres morales*, t. V, 1 (éd. F. Frazier et C. Froidefond) et t. VII, 1 (éd. J. Dumortier et J. Defradas), Paris, Les Belles Lettres, 1990 et 1975.

– *Vies*, t. IX, éd. R. Flacelière et E. Chambry, Paris, Les Belles Lettres, 1975.

Marco POLO, *Le Devisement du monde. Le livre des merveilles*, éd. A.-C. Moule, P. Pelliot, L. Hambis et S. Yérasimos, Paris, La Découverte/Maspero, 1989, 2 vol.

POMPONIUS MELA, *Chorographie*, éd. A. Silberman, Paris, Les Belles Lettres, 1988.

Denis POSSOT, *Le Voyage de la Terre Sainte composé par maître Denis Possot et achevé par messire Charles Philippe, seigneur de Champarmoy et de Grand-champ, 1532*, éd. Ch. Schefer, Genève, Slatkine Reprints, 1971 (réimpr. de Paris, E. Leroux, 1890).

Guillaume POSTEL, *Linguarum duodecim characteribus differentium alphabetum, introductio, ac legendi modus longe facilimus. Linguarum nomina sequens proxime pagella offeret, Guilielmi Postelli Barentonii diligentia*, Paris, Denys Lescuyer, 1538, 4°, 38 f.

– *Guilielmi Postelli Barent. Doleriensis de Originibus seu de Hebraicæ linguæ et gentis antiquitate, deque variarum linguarum affinitate, Liber. In quo ab Hebræorum Chaldæorumve gente traductas in toto orbe colonias vocabuli Hebraici argumento, humanitatisque authorum testimonio videbis: literas, leges, disciplinasque omnes inde ortas cognosces: communitatemque notiorum idiomatum aliquam cum Hebraismo esse*, Paris, Denys Lescuyer, 1538, 4°, 30 f.

– *Grammatica Arabica*, Paris, [*circa* 1540], Pierre Gromors, 4°, 22 f.

– *Syriæ descriptio Guilielmo Postello Barentonio authore*, Paris, Jérôme de Gourmont, 1540, 8°, 24 f.

– *De Orbis terræ concordia Libri Quatuor*, s.l.n.d. [Bâle, Jean Oporin, 1544], in-fol., 448 p.

– [Guillaume POSTEL], *Descriptio Alcahiræ urbis quæ Mizir, et Mazar dicitur*, Venise, Matteo Pagano, 1549, 8°, 12 f.

François RABELAIS, *Œuvres complètes*, éd. M. Huchon, Paris, Gallimard, Bibliothèque de la Pléiade, 1994.

[Benedetto RAMBERTI], *Libri tre delle cose de Turchi. Nel primo si descrive il viaggio da Venetia a Costantinopoli, con gli nomi de luoghi antichi & moderni: Nel secondo la Porta, cioe la corte de Soltan Soleymano, Signor de Turchi: Nel terzo il modo del reggere il stato & imperio suo*, Venise, «In casa de figliuoli di Aldo», 1539, 8°, 38 f.

Antoine REGNAUT, *Discours du voyage d'outre mer au Sainct Sepulcre de Jerusalem, et autres lieux de la terre Saincte*, Lyon, 1573, 4°, VIII + 278 p.

Chistophe RICHER, *Des Coustumes et manieres de vivre des Turcs, faict premierement en Latin par Christophle Richer vallet de chambre du Roy treschrestien, Francois premier de ce nom, et secretaire de son chancellier: et depuis par iceluy Richer traduict en langue Francoise: et dedie audict Roy treschrestien*, Paris, Robert Estienne, 1542, 8°, 20 f.

Louis de ROCHECHOUART, *Journal de voyage à Jérusalem*, éd. B. Dansette, in *Croisades et pèlerinages*, pp. 1124-1167.

SALLUSTE, *Conjuration de Catilina. Guerre de Jugurtha. Histoires*, trad. F. Richard, Paris, Garnier-Flammarion, 1968.

Francesco SANSOVINO, *Dell'Historia universale dell'origine et imperio de Turchi raccolta da M. Francesco Sansovino. Libri tre. Ne quali si contengono le leggi, gli offici, i costumi di quella natione così in tempo di pace come di guerra. Oltre a ciò tutte le guerre fatte da loro per terra et per mare in diverse parti del Mondo. Con le vite particolari de i Principi Otomanni cominciando dal primo che fondò il Regno fino al presente Sultan Solimano*, Venise, Francesco Rampazetto, 1564, 4°, 4 + 457 f.

C. Julii SOLINI (SOLIN), *Collectanea Rerum Memorabilium* [=*Polyhistor*], éd. Th. Mommsen, Berlin, Weidmanm, 1958 (reimpr. de 1895).

[Théodore SPANDUGINO,] *La Genealogie du grant Turc a present regnant*, Paris, François Regnault, 1519, 8°, 63 f.

– [et Bartholomé GEORGIEWITZ], *La Genealogie du Grand Turc, et la dignité des offices, et ordre de sa Court, Avec l'origine des Princes, et la maniere de vivre, et Cerimonie des Turcz*, Lyon, Benoist Rigaud, 1570, in-16, 126 f.

STRABON, *Géographie*, t. I, II, IV, éd. G. Aujac, F. Lassere et R. Baladié, Paris, Les Belles Lettres, 1966-1983.

– *Strabonis Geographica, Græce cum versione reficta*, éd. C. Müller et F. Dübner, Paris, Didot, 1853.

Jean-Baptiste TAVERNIER, *Les Six Voyages de Turquie et de Perse*, éd. S. Yérasimos, Paris, La Découverte/Maspero, 1981, 2 vol.

Jean THENAUD, *Le Voyage d'Outremer (Egypte, Mont Sinay, Palestine), suivi de la relation de l'ambassade de Domenico Trevisan auprès du soudan d'Egypte, 1512*, éd. Ch. Schefer, Genève, Slatkine Reprints, 1971 (réimpr. de Paris, E. Leroux, 1884).

Jean THÉVENOT, *Voyage du Levant*, éd. S. Yérasimos, Paris, La Découverte/Maspero, 1980.

André THEVET, *Le Brésil d'André Thevet. Les Singularités de la France Antarctique (1557)*, éd. F. Lestringant, Paris, Chandeigne, 1997.

- *Les Français en Amérique pendant la deuxième moitié du XVIᵉ siècle*, vol. 1: *Le Brésil et les Brésiliens par André Thevet*, [extraits de la *Cosmographie Universelle*, de l'*Histoire [...] de deux voyages* et du *Grand Insulaire*], éd. S. Lussagnet, Paris, P.U.F., 1953.

- *Les Vrais Pourtraits et Vies des Hommes Illustres Grecz, Latins, et Payens recueilliz de leurs Tableaux, Livres, Medalles antiques, et Modernes. Par André Thevet Angoumoysin, Premier Cosmographe du Roy*, Paris, Veuve de J. Kervert et Guillaume Chaudière, 1584, 2 t. en 1 vol in-fol., 698 f. chiffr.

- *Le Grand Insulaire et Pilotage d'André Thevet Angoumoisin, Cosmographe du Roy. Dans lequel sont contenus plusieurs plants d'isles habitées, et deshabitées, et description d'icelles*, [1586-1587], 2 vol. in-fol manuscrits de 413 et 230 f. [BnF: Ms. fr. 15452 et 15453].

- *Histoire d'André Thevet Angoumoisin, Cosmographe du Roy, de deux voyages par luy faits aux Indes Australes, et Occidentales. Contenant la façon de vivre des peuples Barbares, et observation des principaux points que doivent tenir en leur route les Pilotes, et mariniers, pour eviter le naufrage, et autres dangers de ce grand Ocean, Avec une response aux libelles d'injures, publiées contre le chevalier de Villegagnon*, [1587-1588], in-fol. manuscrit de 167 f. [BnF: Ms. fr. 15454].

THIETMAR, *Le Pèlerinage de Maître Thietmar*, éd. C. Deluz, in *Croisades et pèlerinages*, pp. 928-958.

TITE-LIVE, *Histoire romaine*, t. XXX (Livre XL), éd. C. Gouillart, Paris, Les Belles Lettres, 1986.

Jacques de VILLAMONT, *Voyages en Egypte des années 1585, 1590 et 1591. Le Vénitien anonyme. Le Seigneur de Villamont. Le Hollandais Jan Sommer*, Le Caire, IFAO, 1971, pp. 156-259.

VIRGILE, *Enéide*, t. II, éd. J. Perrot, Paris, Les Belles Lettres, 1978.

VITRUVE, *Les Dix Livres d'architecture*, trad. Claude Perrault (1673), Balland, 1979.

[Anonyme (1480)], *Le Voyage de la saincte cyté de Hierusalem avec la description des lieux, portz, villes, citez et aultres passaiges, fait l'an mil quatre cens quatre vingtz. Estant le siege du grant Turc à Rhodes et regnant en France Loys unziesme de ce nom*, éd. Ch. Schefer d'après le texte de 1530 (première édition: [1508]), Paris, E. Leroux, 1882.

LITTÉRATURE SECONDAIRE:

Analogie et connaissance, Séminaires Interdisciplinaires du Collège de France, sous la direction de A. Lichnerowicz, F. Perroux et G. Gadoffre, Paris, Maloine, 1980.

Arts et légendes d'espaces. Figures du voyage et rhétoriques du monde. Communications réunies et présentées par C. Jacob et F. Lestringant, Paris, Presses de l'Ecole Normale Supérieure, 1981.

Geoffroy ATKINSON, *La Littérature géographique française de la Renaissance. Répertoire bibliographique*, Paris, Picard, 1927.

- *Les Nouveaux Horizons de la Renaissance française*, Paris, Droz, 1935.

Erich AUERBACH, *Mimésis. La représentation de la réalité dans la littérature occidentale*, Paris, Gallimard, 1968 (première édition allemande: 1946).

Jacques BAILBÉ, «Postel conteur dans *La Republique des Turcs*», in *Postello, Venezia e il suo mondo*, éd. M. L. Kuntz, Firenze, Olschki, 1988, pp. 45-63.

Josée BALAGNA COUSTOU, *Arabe et humanisme dans la France des derniers Valois*, Paris, Maisonneuve et Larose, 1989.

Robert BARROUX, «Nicolaï d'Arfeuille, agent secret, géographe et dessinateur (1517-1583)», *Revue d'histoire diplomatique*, 1937, pp. 88-109.

Yvonne BELLENGER, «Le saint voyage de le Saige à Jérusalem (1519)», in *Mélanges sur la littérature de la Renaissance à la mémoire de V.-L. Saulnier*, Genève, Droz, 1984, pp. 39-51.

Bartolomé et Lucile BENNASSAR, *Les Chrétiens d'Allah. L'histoire extraordinaire des renégats, XVIe-XVIIe siècles*, Paris, Perrin, 1989.

Yvelise BERNARD, *L'Orient du XVIe siècle à travers les récits des voyageurs français: regards portés sur la société musulmane*, Paris, L'Harmattan, 1988.

Dominique BERTRAND, «Les stratégies de Belon pour une représentation exotique», *Nouvelle Revue du Seizième Siècle*, 11 (1993), pp. 5-17.

V.-L. BOURRILLY, «L'ambassade de La Forest et de Marillac à Constantinople (1535-1538)», *Revue historique*, LXXVI (1901), pp. 297-328.

– «Bertrand de La Borderie et le *Discours du voyage de Constantinople* (1537-1538)», *Revue des études rabelaisiennes*, IX (1911), pp. 183-220.

– «Antonio Rincon et la politique orientale de François Ier», *Revue historique*, CXIII (1913), pp. 64-83 et 268-308.

William J. BOUWSMA, *Concordia Mundi: The Career and Thought of Guillaume Postel (1510-1581)*, Cambridge, Mass., Harvard University Press, 1957.

Josephie BREFELD, *A Guidebook for the Jerusalem Pilgrimage in the Late Middle Ages. A Case for Computer-Aided Textual Criticism*, Hilversum, Verloren, 1994.

Numa BROC, *La Géographie de la Renaissance (1420-1620)*, Paris, C.T.H.S., 1986 (deuxième édition).

Ferdinand BRUNOT, *Histoire de la langue française des origines à 1900*, t. II: *Le Seizième siècle*, Paris, Armand Colin, 1947 (troisième édition).

Alain BUISINE, *L'Orient voilé*, Paris, Zulma, 1993.

Terence CAVE, *The Cornucopian Text. Problems of Writing in the French Renaissance*, Oxford, Clarendon Press, 1979.

Jean CÉARD, «Pierre Belon, zoologiste», *Actes du colloque Renaissance-Classicisme du Maine (Le Mans, 1971)*, Paris, Nizet, 1975, pp. 129-140.

– *La Nature et les prodiges. L'insolite au XVIe siècle*, Genève, Droz, 1996 (deuxième édition).

Michel de CERTEAU, *L'Ecriture de l'histoire*, Paris, Gallimard, 1975.

Ernest CHARRIÈRE, *Négociations de la France dans le Levant*, Paris, Imprimerie Nationale, 1848-1860, vol. I et II.

Chrétiens et musulmans à la Renaissance. Actes du 37e colloque international du Centre d'Etudes Supérieures de la Renaissance (1994), éd. B. Bennassar et R. Sauzet, Paris, Champion, 1998.

James CLIFFORD, compte rendu d'*Orientalism* d'Edward Saïd, in *History and Theory. Studies in the Philosophy of History*, XIX (1980), pp. 204-223.

André CLOT, *Soliman le Magnifique*, Paris, Fayard, 1983.

Angela CODAZZI, «Una Descrizione del Cairo di Guglielmo Postel», *Studi in Onore di Cesare Manaresi*, Varese, A. Poggi, 1952, pp. 169-206.

Ernst Robert CURTIUS, *La Littérature européenne et le Moyen Age latin*, trad. J. Bréjoux, Paris, P.U.F., 1956.

Norman DANIEL, *Islam et Occident*, trad. de A. Spiess, Institut Dominicain des Etudes Orientales du Caire, Paris, Ed. du Cerf, 1993 (première édition anglaise: 1960).

Béatrice DANSETTE, «Les pèlerinages occidentaux en Terre Sainte: une pratique de la 'Dévotion moderne' à la fin du Moyen Age? Relation inédite d'un pèlerinage effectué en 1486», *Archivum Franciscanum Historicum*, An. 72 (1979), pp. 106-133.

Gérard DEFAUX, *Le Curieux, le glorieux et la sagesse du monde dans la première moitié du XVIᵉ siècle: l'exemple de Panurge (Ulysse, Démosthène, Empédocle)*, Lexington, Ky, French Forum, 1982.

Paul DELAUNAY, *L'Aventureuse Existence de Pierre Belon du Mans*, Paris, Champion, 1926.

Jean DELUMEAU, *La Peur en Occident (XIVᵉ-XVIIIᵉ siècles): une cité assiégée*, Paris, Fayard, 1978.

Christiane DELUZ, «Indifférence au temps dans les récits de pèlerinage (du XIIᵉ au XIVᵉ [en réalité XVᵉ] siècle?», *Annales de Bretagne et des Pays de l'Ouest*, t. 83 (1976), n° 2, pp. 303-313.

Marie-Luce DEMONET, «Les mots sauvages: étude des listes utiles à ceux qui veulent naviguer», in *Voyager à la Renaissance*, pp. 497-508.

– *Les Voix du signe. Nature et origine du langage à la Renaissance (1480-1580)*, Paris, Champion, 1992.

Vladimir DRIMBA, «L'*Instruction des mots de la langue turquesque*', de Guillaume Postel (1575)», in *Turk Dili Arastir-malari Ylligi Belleten*, 1966, Ankara 1967, pp. 77-101 (version turque: pp. 103-126).

Claude-Gilbert DUBOIS, *Mythe et langage au XVIᵉ siècle*, Bordeaux, Ducros, 1970.

Alain DUCELLIER, *Le Drame de Byzance. Idéal et échec d'une société chrétienne*, Paris, Hachette, 1976.

Alphonse DUPRONT, *Du Sacré. Croisades et pèlerinages. Images et langages*, Paris, Gallimard, 1987.

Jean EBERSOLT, *Constantinople byzantine et les voyageurs du Levant*, Paris, Ernest Leroux, 1918.

Annie FAUGÈRE, «L'Autre et l'Ailleurs dans quelques récits de voyage allemands», in *Les Récits de voyage*, pp. 25-37.

Nicolas FORNEROD, *Caraïbes et Cannibales: figures du Sauvage brésilien chez Claude d'Abbeville et Yves d'Evreux (1612-1615)*, mémoire de licence sous la direction de François Hartog, Université de Genève, Faculté des lettres, 1995.

Michel FOUCAULT, *Les Mots et les choses. Une archéologie des sciences humaines*, Paris, Gallimard, 1966.

– *L'Archéologie du savoir*, Paris, Gallimard, 1969.

– *Surveiller et punir. Naissance de la prison*, Paris, Gallimard, 1975.

G.S.P. FREEMAN-GRENVILLE, *The Basilica of the Holy Sepulchre of Jesus Christ in Jerusalem*, Jerusalem, Carta, 1994.

Max Julius FRIEDLÄNDER, *Die altniederländische Malerei*, t. XII: *Pieter Cœck, Jan Van Scorel*, Leiden, A. W. sijthoff's uitgeversmij, 1935.

Carl GÖLLNER, *Turcica*, vol. 1 et 2: *Die europäischen Türkendrücke des XVI. Jahrhunderts*, Bucarest et Berlin, 1961 et 1968; vol. 3: *Die Türkenfrage in der öffentlichen Meinung Europas im 16. Jahrhundert*, Bucarest et Baden-Baden, 1978.

Marie-Christine GOMEZ-GÉRAUD, «La figure de l'interprète dans quelques récits de voyage français à la Renaissance», in *Voyager à la Renaissance*, pp. 319-335.

– «Prise de vues pour un album d'images: L'Orient de Philippe Canaye, Seigneur du Fresne, 1573», in *D'un Orient l'autre*, vol. I, pp. 329-341.

– «L'Empire turc au XVIᵉ siècle ou l'Empire des apparences: regards des voyageurs français et flamands», in *Miroirs de l'altérité*, pp. 73-82.

– *Le Crépuscule du Grand Voyage. Les récits des pèlerins à Jérusalem (1458-1612)*, Paris, Champion, 1999.

– *Ecrire le voyage au XVIᵉ siècle en France*, Paris, P.U.F., 2000.

Francis GOYET, *Le Sublime du «lieu commun». L'invention rhétorique dans l'Antiquité et à la Renaissance*, Paris, Champion, 1996.

Aryeh GRABOÏS, *Le Pèlerin occidental en Terre sainte au Moyen Age*, Bruxelles, De Bœck Université, 1998.

Thomas M. GREENE, *The Light in Troy. Imitation and Discovery in Renaissance Poetry*, New Haven, Yale U. P., 1982.

Pierre GRILLON, «La croisière du baron de Saint-Blancard, 1537-1538», *Revue d'histoire moderne et contemporaine*, XV (oct.-déc. 1968), pp. 624-661.

Alain GROSRICHARD, *Structure du Sérail. La fiction du despotisme asiatique dans l'Occident classique*, Paris, Seuil, 1994 (première édition: 1979).

Guillaume Postel (1581-1981), Actes du Colloque International d'Avranches (5-9 septembre 1981), Paris, Guy Trédaniel, Ed. de la Maisnie, 1985.

Léon-E. HALKIN, «Erasme pèlerin», *Scrinium Erasmianum*, éd. J. Coppens, Leiden, E. J. Brill, 1969, vol II, pp. 239-252.

– «Le thème du pèlerinage dans les *Colloques* d'Erasme», in *Actes du Congrès Erasme, Rotterdam 27-29 oct. 1969*, Amsterdam, North-Holland, 1971, pp. 88-98.

Fernand HALLYN, «Le paysage anthropomorphe», in *Le Sens des formes. Etudes sur la Renaissance*, Genève, Droz, 1994, pp. 154-166.

Timothy HAMPTON, «'Turkish Dogs': Rabelais, Erasmus, and the Rhetoric of Alterity», *Representationᶜ* 41 (winter 1993), pp. 58-82.

Ernest-Théodore HAMY, «Le père de la zoologie française Pierre Gilles d'Albi», *Revue des Pyrénées*, XII (1900), pp. 561-588.

François HARTOG, *Le Miroir d'Hérodote. Essai sur la représentation de l'autre. Nouvelle édition revue et augmentée*, Paris, Gallimard, 1991(première édition: 1980).

– *Mémoire d'Ulysse. Récits sur la frontière en Grèce ancienne*, Paris, Gallimard, 1996.

Carl HAVELANGE, *De l'Œil et du monde. Une histoire du regard au seuil de la modernité*, Paris, Fayard, 1998.

Michael J. HEATH, «Renaissance scholars and the origins of the Turks», *Bibliothèque d'Humanisme et Renaissance*, XLI (1979), pp. 453-471.

– *Crusading commonplaces: La Noue, Lucinge and Rhetoric against the Turks*, Genève, Droz, 1986.

W. HEFFENING, *Die Türkischen Transkriptionstexte des Bartolomæus Georgievits aus den Jahren 1544-1548. Ein Beitrag zur historischen Grammatik des Osmanisch-Türkischen*, Leipzig, Deutsche Morgenländische Gesellschaft, 1942 (Nendeln, Liechtenstein, Kraus Reprint Ltd, 1966).

Thierry HENTSCH, *L'Orient imaginaire. La vision politique occidentale de l'Est méditerranéen*, Paris, Minuit, 1988.

Roger HERVÉ, «L'œuvre cartographique de Nicolas de Nicolay (1517-1583) et d'Antoine de Laval (1544-1619)», *C.T.H.S., Section de Géographie*, LXVIII (1955), pp. 223-263.

Donald R. HOWARD, *Writers and Pilgrims. Medieval Pilgrimage Narratives and their Posterity*, Berkeley/Los Angeles/London, University of California Press, 1980.

L'Inscription des langues dans les relations de voyage (XVIᵉ-XVIIIᵉ siècles). Actes du Colloque de Décembre 1988 à Fontenay aux Roses, éd. M. Duchet, *Les Cahiers de Fontenay*, n° 65-66 (mars 1992).

Nicolas IORGA, *Les Voyageurs français dans l'Orient européen*, Paris, Boivin/Gamber, 1928.

Istanbul, Paris, Hachette, Guides Bleus, 1993.

Christian JACOB, «Le voyage de Pierre Gilles et la tradition des géographes grecs mineurs», in *Voyager à la Renaissance*, pp. 65-85.

– *L'Empire des cartes. Approche théorique de la cartographie à travers l'histoire*, Paris, Albin Michel, 1992.

Raymond JANIN, *Constantinople byzantine: développement urbain et répertoire topographique*, Paris, Institut français d'études byzantines, 1950.

– *La Géographie ecclésiastique de l'Empire byzantin. Première partie: Le siège de Constantinople et le patriarcat œcuménique*, t. III: *Les églises et les monastères*, Paris, Institut français d'études byzantines, 1969.

Michel JEANNERET, *Des Mets et des mots. Banquets et propos de table à la Renaissance*, Paris, José Corti, 1987.

– *Perpetuum mobile. Métamorphoses des corps et des œuvres de Vinci à Montaigne*, Paris, Macula, [1997].

Françoise JOUKOVSKY, «Voyageurs français dans la Venise du XVIᵉ siècle», *Revue de littérature comparée*, XLI (1967), pp. 481-507.

– «Un circuit touristique au XVIᵉ siècle: les pèlerinages à Jérusalem», in *Les Récits de voyage*, pp. 38-57.

Neil KENNY, *The Palace of Secrets. Béroalde de Verville and Renaissance Conceptions of Knowledge*, Oxford, Clarendon Press, 1991.

Dimitri KITSIKIS, *L'Empire ottoman*, Paris, P.U.F., 1985.

Julia KRISTEVA, *La Révolution du langage poétique: l'avant-garde à la fin du XIXᵉ siècle: Lautréamont et Mallarmé*, Paris, Seuil, 1974.

Marion Leathers KUNTZ, *Guillaume Postel. Prophet of the Restitution of All Things. His Life and Thought*, The Hague, Nijhoff, 1981.

- «Voyages to the East and their meaning in the thought of Guillaume Postel», in *Voyager à la Renaissance*, pp. 51-63.

Paul LEMERLE, *Histoire de Byzance*, Paris, P.U.F., 1943.

Frank LESTRINGANT, «Fortunes de la singularité à la Renaissance: le genre de l'"Isolario"», *Studi Francesi*, 28 (1984), pp. 415-436.

- «Guillaume Postel et l'"obsession turque"», in *Guillaume Postel, 1581-1981*, pp. 265-298.

- «Récit de quête/récit d'exil. Le retour de la terre promise (XVIe siècle)», *Revue des Sciences Humaines*, 214 (1989), pp. 25-41.

- *Le Huguenot et le Sauvage. L'Amérique et la controverse coloniale, en France, au temps des Guerres de Religion (1555-1589)*, Paris, Aux Amateurs de Livres, 1990.

- *André Thevet, Cosmographe des derniers Valois*, Genève, Droz, 1991.

- *L'Atelier du cosmographe ou l'image du monde à la Renaissance*, Paris, Albin Michel, 1991.

- «Altérités critiques: du bon usage du Turc à la Renaissance», in *D'un Orient l'autre*, vol. I, pp. 85-105.

- *Ecrire le monde à la Renaissance. Quinze études sur Rabelais, Postel, Bodin et la littérature géographique*, Caen, Paradigme, 1993.

Fernand LETESSIER, «Vie et survivance de Pierre Belon», in *Actes du colloque Renaissance-Classicisme du Maine (Le Mans, 1971)*, Paris, Nizet, 1975, pp. 107-128.

Bernard LEWIS, *Istanbul et la civilisation ottomane*, trad. Y. Thoraval, éd. Jean-Claude Lattès, Presses Pocket, 1990 (première édition: 1963).

Jean-François MAILLARD, «Les portraits de Guillaume Postel», in *Guillaume Postel*, pp. 11-15.

Robert MANDROU, *Introduction à la France Moderne (1500-1640). Essai de Psychologie historique*, Paris, Albin Michel, 1961.

Philip MANSEL, *Constantinople. La ville que désirait le monde, (1453-1924)*, trad. P. Chemla, Paris, Seuil, 1997.

Robert MANTRAN, *La Vie quotidienne à Istanbul au siècle de Soliman le Magnifique*, Paris, Hachette, 1990 (première édition: 1965).

Pierre MARAVAL, «Une controverse sur les pèlerinages autour d'un texte patristique», *Revue d'histoire et de philosophie religieuses*, 66, 2 (1986), pp. 131-146.

- «Saint Jérôme et le pèlerinage aux lieux saints de Palestine», in *Jérôme entre l'Occident et l'Orient. XVIe centenaire du départ de saint Jérôme de Rome et de son installation à Bethléem*, éd. Y.-M. Duval, Paris, Etudes Augustiniennes, 1988, pp. 345-353.

Nabil MATAR, *Islam in Britain (1558-1685)*, Cambridge University Press, 1998.

André MIQUEL, *L'Islam et sa civilisation (VIIe-XXe siècle)*, Paris, Armand Colin, 1990 (première édition: 1977).

Miroirs de l'altérité et voyages au Proche-Orient. Colloque international de l'Institut d'Histoire et de Civilisation Françaises de l'Université de Haïfa, 1987, éd. I. Zinguer, Genève, Slatkine, 1991.

Christine MONTALBETTI, *Le Voyage, le monde et la bibliothèque*, Paris, P.U.F., 1997.

Panos Paul MORPHOPOULOS, *L'Image de la Grèce chez les voyageurs français (du XVIe au début du XVIIIe s.)*, Baltimore, The Johns Hopkins University, 1947.

Ann MOSS, *Printed Commonplace-Books and the Structuring of Renaissance Thought*, Oxford, Clarendon Press, 1996.

Sarga MOUSSA, *La Relation orientale. Enquête sur la communication dans les récits de voyage en Orient (1811-1861)*, Paris, Klincksieck, 1995.

Multiple Jérusalem. Jérusalem terrestre. Jérusalem céleste, Dédale, 3 et 4 (printemps 1996).

D'un Orient l'autre – les métamorphoses successives des perceptions et connaissances –, vol. I: «Configurations», Ed. du C.N.R.S., Paris, 1991.

Jacques PAVIOT, «Autour de l'ambassade de d'Aramon: érudits et voyageurs au Levant, 1547-1553», in *Voyager à la Renaissance*, pp. 381-392.

– «D'un ennemi l'autre: des Mamelouks aux Ottomans. Voyages de renseignement au Levant, XIIIème-XVIIème siècles», in *D'un Orient l'autre*, vol. I, pp. 317-328.

Krzysztof POMIAN, *Collectionneurs, amateurs et curieux. Paris, Venise: XVIe-XVIIIe siècle*, Paris, Gallimard, 1987.

Claude POSTEL, *Les Ecrits de Guillaume Postel publiés en France et leurs éditeurs, 1538-1579*, Genève, Droz, 1992.

Hilda Frances Margaret PRESCOTT, *Le Voyage de Jérusalem au XVe siècle*, trad. T. La Brévine, Paris, Arthaud, 1959 (première édition: 1954).

William G. RANDLES, *De la Terre plate au globe terrestre. Une mutation épistémologique rapide (1480-1520)*, Paris, Armand Colin, 1980.

Béatrix RAVÀ, *Venise dans la littérature française depuis les origines jusqu'à la mort de Henri IV*, Paris, Champion, 1916.

Les Récits de voyage, Paris, Nizet, 1986.

Jean RICHARD, *Les Récits de voyages et de pèlerinages. Typologie des sources du Moyen Age occidental*, fasc. 38, A-I, 7, Turnhout (Belg.), Brepols, 1981.

Maxime RODINSON, *La Fascination de l'Islam, suivi de «Le seigneur bourguignon et l'esclave sarrasin»*, Presses Pocket, 1993 (première édition: 1980).

E. RODOCANACHI, *Une Protectrice de la Réforme en Italie et en France: Renée de France, duchesse de Ferrare*, Genève, Slatkine Reprints, 1970 (réimpr. de Paris, Ollendorf, 1896).

Clarence Dana ROUILLARD, *The Turk in French History, Thought, and Literature (1520-1660)*, Paris, Boivin, [1941].

Edward W. SAÏD, *L'Orientalisme. L'Orient créé par l'Occident*, trad. C. Malamoud, Paris, Seuil, 1980 (première édition: 1978).

Robert SCHWOEBEL, *The Shadow of the Crescent: the Renaissance Image of the Turk (1453-1517)*, New York, St Martin's Press, 1967.

François SECRET, «Jean Thénaud, voyageur et kabbaliste de la Renaissance», *Bibliothèque d'Humanisme et Renaissance*, XVI (1954), pp. 139-144.

– «G. Postel et Sébastien Münster», *BHR*, XXII (1960), pp. 377-380.

– «Le voyage en Orient de Pierre Duchastel lecteur de François Ier», *BHR*, XXIII (1961), pp. 121-123.

– «Postel et André Thevet», *BHR*, XXIII (1961), p. 374.

- «Guillaume Postel et les études arabes à la Renaissance», *Arabica*, IX (1962), pp. 21-32.
- «L'herméneutique de Guillaume Postel», *Archivio di Filosofia. Umanesimo e Ermeneutica*, Padova, 1963, pp. 91-118.
- *Bibliographie des manuscrits de Guillaume Postel*, Genève, Droz, 1970.
- *Les Kabbalistes chrétiens de la Renaissance. Nouvelle édition mise à jour et augmentée*, Milan/Neuilly sur Seine, Archè/Arma Artis, 1985 (première édition: 1964).

Victor SEGESVARY, *L'Islam et la Réforme: étude sur l'attitude des Réformateurs zurichois envers l'Islam (1510-1550)*, Lausanne, L'Age d'Homme, 1977.

Kenneth M. SETTON, «Lutheranism and the Turkish Peril», *Balkan Studies*, III (1962), pp. 133-168.

Soliman le Magnifique et son temps, Rencontres de l'Ecole du Louvre (7-10 mars 1990), éd. G. Veinstein, Paris, La Documentation française, 1992.

Richard William SOUTHERN, *Western Views of Islam in the Middle Ages*, Cambridge, Mass., Harvard University Press, 1962.

Jean STAROBINSKI, *L'Œil vivant. Corneille, Racine, Rousseau, Stendhal*, Paris, Gallimard, 1961.

Frédéric TINGUELY, «Jean de Léry et les vestiges de la pensée analogique», *Bibliothèque d'Humanisme et Renaissance*, LVII (1995), pp. 25-44.

- «Janus en Terre sainte: la figure du pèlerin curieux à la Renaissance», *Revue des Sciences Humaines*, 245 (1997), pp. 51-65.
- «Eros géographe: Bertrand de La Borderie et *Le Discours du Voyage de Constantinoble*», in *La Génération Marot. Poètes français et néo-latins (1515-1550). Actes du Colloque international de Baltimore, 5-7 décembre 1996*, éd. G. Defaux, Paris, Champion, 1997, pp. 471-486.
- «Réforme et réécriture dans le *Voyage* de Jean Chesneau», in *Miroirs de textes. Récits de voyage et intertextualité*, éd. S. Linon-Chipon, V. Magri-Mourgues et S. Moussa, Publications de la Faculté des Lettres, Arts et Sciences Humaines de Nice, Nouvelle série n° 49, Nice, 1998, pp. 33-45.
- «A la 'redécouverte' de l'éléphant: Pierre Gilles et son *autopsie* levantine (1549)», à paraître dans les *Actes du Colloque international «Histoire de la zoologie du XVIe et du XVIIe siècle» (Paris, Muséum National d'Histoire Naturelle, 7-9 nov. 1996)*, éd. J. Céard et J.-L. Fischer.
- «Une tradition réorientée: pèlerinage et gallicanisme chez Jean Thenaud», à paraître dans *Versants*, numéro spécial dirigé par J.-C. Mühlethaler, 2000.

Tzvetan TODOROV, *La Conquête de l'Amérique. La question de l'autre*, Paris, Seuil, 1982.

Guy TURBET-DELOF, *L'Afrique barbaresque dans la littérature française aux XVIe et XVIIe siècles*, Genève, Droz, 1973.

J. URSU, *La Politique orientale de François Ier (1517-1547)*, Paris, Champion, 1908.

Lucette VALENSI, *Venise et la Sublime Porte. La naissance du despote*, Paris, Hachette, 1987.

Georges VAN DEN ABBEELE, «Duplicity and singularity in André Thevet's *Cosmographie de Levant*», *L'Esprit Créateur*, 32 (1992), pp. 25-35.

Jos P. A. VAN DER VIN, *Travellers to Greece and Constantinople. Ancient Monuments and Old Traditions in Medieval Traveller's Tales*, Nederlands His-torisch-Archeologisch Instituut te Istanbul, 1980, 2 vol.

Gilles VEINSTEIN, «Les préparations de la campagne navale franco-turque de 1552 à travers les ordres du divan ottoman», *Revue de l'Occident musulman et de la Méditerranée*, 39 (1985), pp. 35-67.

Jean VERDON, *Voyager au Moyen Age*, Paris, Perrin, 1998.

Voyager à la Renaissance. Actes du colloque de Tours (30 juin-13 juillet 1983), éd. J. Céard et J.-C. Margolin, Paris, Maisonneuve et Larose, 1987.

Georges WEILL/François SECRET, *Vie et caractère de Guillaume Postel*, [thèse de 1892 traduite du latin et remise à jour par F. Secret], Milano, Archè/«Les Belles Lettres», 1987.

Wes WILLIAMS, *Pilgrimage and Narrative in the French Renaissance: 'The Undiscovered Country'*, Oxford, Clarendon Press, 1998.

Friedrich WOLFZETTEL, *Le Discours du voyageur. Pour une histoire littéraire du récit de voyage en France, du Moyen Age au XVIIIe siècle*, Paris, P.U.F., 1996.

Frances A. YATES, *L'Art de la mémoire*, trad. D. Arasse, Paris, Gallimard, 1975 (première édition anglaise: 1966).

Stéphane YÉRASIMOS, «De la collection de voyages à l'histoire universelle: la *Historia universale de'Turchi* de Francesco Sansovino», *Turcica*, XX (1988), pp. 19-41.

– *Les Voyageurs dans l'Empire ottoman (XIVe-XVIe siècles). Bibliographie, iti-néraires et inventaire des lieux habités*, Ankara, Imprimerie de la Société turque d'Histoire, 1991.

– «Les voyageurs du XVIe siècle en Egypte ottomane (1517-1600): Essai de typologie», in *D'un Orient l'autre*, vol. I, pp. 301-315.

– «Le turc en Occident. La connaissance de la langue turque en Europe: XVe-XVIIe siècles», in *L'Inscription des langues*, pp. 191-210.

Christian K. ZACHER, *Curiosity and Pilgrimage: The Literature of Discovery in Fourteenth-Century England*, The Johns Hopkins University Press, Baltimore and London, 1976.

Ilana ZINGUER, «Narration et témoignage dans les *Observations...* de Pierre Belon (1553)», *Nouvelle Revue du Seizième Siècle*, 5 (1987), pp. 25-40.

– «Du corps et de ses soins: voyageurs du XVIe siècle au Proche-Orient», in *Le Corps à la Renaissance, Actes du XXXe colloque de Tours, 1987*, éd. J. Céard, M.-M. Fontaine et J.-C. Margolin, Paris, Aux Amateurs de livres, 1990, pp. 279-291.

Paul ZUMTHOR, *La Mesure du monde. Représentation de l'espace au Moyen Age*, Paris, Seuil, 1993.

INDEX

Abraham: 61 (n. 70), 166.
Abyssinie: 119.
Abyssins: 119, 122.
Acanthos: 80 (n. 23).
Achéron: 109.
Acrothoon: 74 (n. 10).
Actéon: 167.
Adam: 166, 240.
Adana: 266, 269.
Adriatique: 90-91.
Afrique: 120, 124, 172 (n. 55), 260 (n. 93), 269.
Afyon Karahisar («Carachara»): 269.
Akchehir: 266, 269.
Albi: 28 (n. 1).
Albigeois: 131 (n. 31).
Alençon (François, duc d'): 253, 259 (n. 92).
Alep: 19 (n. 17), 28, 40-41, 137 (n. 41), 266, 269.
Alexandre le Grand: 13, 94 (n. 47-48)-96, 202 (n. 27).
Alexandrette: *voir Iskenderun.*
Alexandrie: 138 (n. 43), 266, 268-269.
Alger: 171, 176, 235, 267.
Allah: 151 (n. 13), 159 (n. 17), 237-239, 241-242, 250. *Voir aussi Dieu et Islam.*
Allemagne: 120.
Alpes: 90, 92.
Alphonse (Pierre): 219.
Amérique: 11-12, 16, 149, 154 (n. 3), 167 (n. 41), 222. *Voir aussi Nouveau Monde.*
Amphion: 108 (n. 75).
Anatolie: 20, 241, 251, 253, 265, 269.
Anchise: 109.
Andrinople: 208-209, 265, 267.
Anglais: 16, 31 (n. 1).
Angleterre: 120.
Angoulême: 69.
Anjou (François, duc d'): *voir Alençon.*
Antibes: 127 (n. 22).
Antioche: 60, 266, 269.

Antonins: 201.
Anvers: 126, 138.
Apocryphes (Evangiles): 217 (n. 69).
Apollonios de Tyane: 61-63.
Arabes: 179 (n. 75), 220, 239 (n. 39). *Voir aussi Maures.*
Aramon (Gabriel de Luels, seigneur d'): *17-21,* 28 (n. 1), 31-34, 36-39, 41-43, 45, 47-48, 50, 52-54, 71-72, 76, 125, 128, 130, 133, 136 (n. 38), 149, 154-155, 159 (n. 17), 164, 198, 203, 226, 234 (n. 23), 261, *265-268.*
Arawaks: 143 (n. 53).
Araxe: 266.
Archipel: *voir mer Egée.*
Arcimboldo (Giuseppe): 94 (n. 45).
Argenti (Filippo): 258 (n. 86).
Argonautes: 13.
Aristote: 61, 75 (n. 15), *85-88,* 96, 117, 183 (n. 89), 198 (n. 16).
Armagnac (Georges, cardinal d'): 20, 28.
Arménie: 20, 60, 266.
Arméniens: 119, 121-122, 168, 195.
Asiatiques: 199.
Asie: 11, 19, 51, 63 (n. 76), 85 (n. 31), 101, 120, 179, 180 (n. 76)-181 (n. 79), 199.
Asie Mineure: 13, 269.
Athènes: 99.
Athos (mont): *73-96,* 97 (n. 53), 101-102, 105 (n. 70), 268.
Atkinson (Geoffroy): 11-12.
At-Meïdan (place de l'): *voir Constantinople (Hippodrome).*
Auguste: 202.
Augustin (saint): 92.
Averne: 108.
Avignon: 267.

Baalbek: 266, 269.
Babel: 122, 223, 247-248.
Babylone: 48, 99.
Baléares: 267.

Balkan (Grand): 90.
Balkans: 265, 267-268.
Balourdet (Louis): 57 (n. 62).
Barbares: 73, 100-101, 104-105, 179 (n. 75), 200 (n. 22).
Barbarie: 171.
Barberousse (Khayr Al-Dîn): 175.
Bartholomé (capitaine): 52-53.
Bassano (Luigi): 162 (n. 30), 182, 237 (n. 31).
Bédriac: 202 (n. 26).
Belleforest (François de): 128.
Belon du Mans (Pierre): 17, 20, 32 (n. 4), 34 (n. 8), 67 (n. 82), 72 (n. 4), 77-96, 98, 105 (n. 70), 118 (n. 7)-121, 123-124, 128-129 (n. 27), 131 (n. 31), 134-135, 139 (n. 47), 150, 153 (n. 1), 156, 158 (n. 16), 164, 166-169, 172-173 (n. 61), 174 (n. 64-65), 181-183, 191-193, 195, 227-228, 230, 236-238, 242, 244, 262, 265, 268-269.
– *De admirabili*: 79 (n. 22), 89 (n. 35).
– *De Aquatilibus*: 77 (n. 18).
– *Cronique*: 77 (n. 18), 118-119 (n. 7), 120-121.
– *Histoire [...] des estranges poissons*: 131 (n. 31), 135.
– *Histoire [...] des oyseaux*: 77 (n. 18).
– *Observations*: 20 (n. 19), 72 (n. 4), 77 (n. 18), 78-96, 105 (n. 70), 119, 123-124, 129 (n. 27), 131 (n. 31), 134, 153 (n. 1), 156, 158 (n. 16), 164, 166-169, 173 (n. 61)-174 (n. 64), 181 (n. 79)-183, 191-193, 227, 230-231, 236-238, 242.
– *Portraits d'oyseaux*: 82-83, 94-95, 120 (n. 11).
Bennassar (Bartolomé): 151 (n. 13), 243 (n. 51).
Bennassar (Lucile): 151 (n. 13), 243 (n. 51).
Bentham (Jeremy): 185 (n. 95).
Berbères: 179 (n. 75).
Bernard (Yvelise): 150 (n. 9).
Bethléem: 71-73, 117, 266, 269.
Beyrouth: 266.
Bible: 18 (n. 14), 45 (n. 35), 47, 56-57 (n. 62), 62-63, 67, 71-72 (n. 2), 218, 227 (n. 4).
Bilecik: 266.
Bitlis: 266.
Blois: 267.
Bœmus (Johannes): 163.

Boldensele (Guillaume de): 43 (n. 32), 73 (n. 5).
Bolu: 266.
Bon (Ottaviano): 160 (n. 20), 184 (n. 91).
Bône: 267.
Borges (Jorge Luis): 121.
Bosnie: 249.
Bosphore: 28 (n. 1), 66, 97-98, 104, 111, 129 (n. 26), 174, 179-180 (n. 77), 186, 267, 269.
Boulogne (Bois de): 77 (n. 18).
Bourges: 19 (n. 17).
Bouwsma (William J.): 16 (n. 10), 210 (n. 50).
Brantôme (Pierre de Bourdeilles, seigneur de): 18-19, 52-53.
Brefeld (Josephie): 34 (n. 9).
Brennus: 232.
Brescia: 265.
Brésil: 11-12, 190.
Breydenbach (Bernard de): 37 (n. 15-16), 55-56, 58, 61 (n. 69), 119 (n. 8), 181 (n. 79).
Brousse: 174, 269.
Brunot (Ferdinand): 246 (n. 58).
Buda: 130.
Buisine (Alain): 151 (n. 12).
Buondelmonti (Cristoforo): 127 (n. 23).
Byzance: 98 (n. 56), 101 (n. 60), 103 (n. 65).
Byzantins: 101 (n. 60).

Caire (Le): 33-34 (n. 6), 122-124, 134, 139 (n. 47)-140, 166 (n. 39), 238, 242, 266, 268-269.
Caligula: 195, 201.
Calvin: 50-53, 69.
Calypso: 49 (n. 42).
Camers (Giovanni Ricuzzi Vellini, dit Joannis): 55.
Canaye (Philippe, seigneur du Fresne): voir *Du Fresne-Canaye*.
Candaule: 188.
Candie (île): voir *Crète*.
Candie (ville): 269.
Canée (La): 66, 269.
Cannibales: 81 (n. 26), 117 (n. 5).
Caracalla: 202.
Caraïbes: 81 (n. 26), 143.
Carême: 219-220.
Carmes: 43, 62.
Carthaginois: 232.

Cassandria: *voir Skiathos.*
Castela (Henry): 57 (n. 62).
Cateau-Cambrésis (traité du): 20.
Catherine de Médicis: 31 (n. 1).
Catholiques: 16, 35, 53, 68, 77 (n. 18).
Caucase (Petit): 85 (n. 31).
Cavalla: 268.
Céard (Jean): 85 (n. 32).
Cédrénus: 99 (n. 57).
Céphalonie: 267.
Certeau (Michel de): 167 (n. 41).
Césars: 201.
Chalcédoine: 99, 103 (n. 65), 179-180
    (n. 76), 267, 269.
Champs Elysées: 108.
Chappuys: 18 (n. 14).
Chardin (Jean): 85 (n. 31), 159 (n. 17),
    166 (n. 38), 171 (n. 52), 263.
Charles Quint: 17-18.
Charles IX: 31 (n. 1).
Charon: 108.
Charrière (Ernest): 17 (n. 13), 186
    (n. 96).
Chesneau (Charles, seigneur de Châ-
    teauneuf et de Colombières): 19
    (n. 18).
Chesneau (Jean): 17, 19 (n. 18)-21, 31-
    33, *36-54*, 72, 122, 124, 126, 132-135
    (n. 37-38), 137 (n. 41), 155 (n. 5),
    158, 160, 172 (n. 56), 191, 198
    (n. 16), 231, 265-269.
Chine: 15 (n. 8).
Chio: 65-66, 173-176, 267-269.
Chionè (nymphe): 173 (n. 61).
Chiotes: 174.
Chomarat (Jacques): 31 (n. 2), 49
    (n. 43).
Chrétiens: 15, 18 (n. 14), 44, 49, 51, 60-
    61, 73 (n. 5), 106, 121-122, 126, 151
    (n. 13), 158, 163, 165-166, 168-169
    (n. 47), 172-173 (n. 59), 211, 213,
    218-220, 236, 238, 242-243, 248-249
    (n. 63), 252 (n. 70).
Chrétiens de la ceinture: 122.
Chrétienté: 18 (n. 14-15), 46, 51, 119-
    120, 123, 172, 244.
Christ: *voir Jésus-Christ.*
Christianisme: 16, 63, 118, 216, 218, 221.
Chypre: 36, 65-66, 269.
Cicéron: 63 (n. 76), 116, 118 (n. 6).
Circassiennes: 216 (n. 64).
Clifford (James): 147-148 (n. 1-2).
Clot (André): 17 (n. 13)-18 (n. 15).

Cochart (Pierre de, seigneur du Cloz
    Libert): 33.
Codignac (Michel de): 20, 268.
Cœck d'Alost (Pierre): 138-139.
Coire: 265.
Cologne: 67 (n. 82).
Colomb (Christophe): 11.
Constantin Ier (le Grand): 65 (n. 79),
    99-100, 102 (n. 64-65)-103, 110, 129.
Constantin VII Porphyrogénète: 130,
    135-136.
Constantinople: 15, 17 (n. 12), 19-21,
    28 (n. 1), 36, 38-41, 52, 55, 58, 65-67,
    73, *97-112*, 117, 124, *125-140*, 155
    (n. 6), 159 (n. 18), 172-173 (n. 60),
    179-180 (n. 76), 185, 209, 265-269.
– Bezestan (Grand Bazar): 139, 172,
    175.
– Citerne impériale (*Yerebatan Sarayı*):
    107-109.
– colonne d'Arcadius: 128 (n. 25).
– colonne de Constantin le Grand (ou
    de porphyre): 128 (n. 25)-129.
– Hippodrome: 65 (n. 79), 102, 128
    (n. 25), *129-134*, 135-140, 179-180
    (n. 76).
– ménageries: 58, 124, *134-136*, 137,
    139 (n. 47)-140, 143, 198 (n. 16).
– mosquée de Bayézid II: 161 (n. 26).
– mosquée de Soliman (Süleymaniye):
    126.
– Palais de Constantin Porphyrogé-
    nète: 135-136, 143.
– Palais de Topkapi (Grand Sérail):
    65, 102, 110, 117, 127, 137-140, 150,
    159-161, 179-180, 185-187, 227 (n. 6)-
    228, 230, 232, 244-245.
– Placote (place de): 129.
– Saint-Jean-du-Diippion (église): 136
    (n. 39), 140.
– Sainte-Sophie (basilique-mosquée):
    102, 106, 112, 127, 136-137, 140,
    155-156, 159 (n. 17), 179-180 (n. 76).
– statue d'Apollon: 129.
– Vieux Sérail (palais des femmes):
    139, 161-162, 169 (n. 47), 175, 216.
Voir aussi Istanbul et Nouvelle Rome.
Constantinopolitains: 136 (n. 39).
Contre-Réforme: 69.
Coptes: 119, 122.
Coran: *voir Islam.*
Cordeliers: 33 (n. 5), 42, 46, 55, 68-69.
Voir aussi Franciscains.

Cordus (Valerius): 77 (n. 18).
Corfou: 28 (n. 1), 35, 268.
Corne d'Or: 126, 174, 179-180 (n. 76-77), 185-186 (n. 97).
Corse: 269.
Cortés (Hernán): 143 (n. 53).
Crépy-en-Laonnois (traité de): 18.
Crésus: 188, 232.
Crète (Candie): 35-36, 65-66, 268-269.
Cromwell (Thomas, comte d'Essex): 18 (n. 14).
Curtius (Ernst R.): 118 (n. 6).
Cuse (Nicolas de): 210.
Cyclades: 267.
Cythère: 267-268.

Damas: 33, 266, 269.
Damiette: 33 (n. 5).
Damvilliers: 267.
Daniel (Norman): 150 (n. 8), 200 (n. 22), 219 (n. 75), 241 (n. 43).
Daniel (prophète): 18 (n. 14).
Danube: 90.
Dardanelles: 267, 269.
David: 73 (n. 5), 166 (n. 39).
Déesses: 173.
Defaux (Gérard): 63 (n. 75).
Delaunay (Paul): 77 (n. 18).
Dellys: 267.
Delphes: 65 (n. 79), 129.
Deluz (Christiane): 75 (n. 14).
Démétrios de Skepsis: 80 (n. 23).
Demonet (Marie-Luce): 254 (n. 75 et 77)-255 (n. 79).
Denys de Byzance: 28 (n. 1), 97.
Díaz del Castillo (Bernal): 143 (n. 53).
Didius (Julianus): 202.
Dieu: 33 (n. 5)-34, 36, 42 (n. 28), 45 (n. 35), 47 (n. 39)-49, 52-53, 56-57 (n. 62), 60-61, 67-68, 73 (n. 5), 121, 150, 155, 184 (n. 91), 217, 219 (n. 76), 235 (n. 26), 238, 240-241, 243 (n. 52), 247 (n. 60), 250-251, 254, 260. Voir aussi Allah.
Dijon: 268.
Dinocrate (Dinocharès): Voir Stasicratès.
Divan (Conseil impérial): 184, 228, 232.
Diyarbekir: 266.
Dousa (Georges): 98 (n. 56).
Drimba (Vladimir): 253 (n. 72), 256 (n. 81), 257 (n. 84)-259 (n. 93).

Du Bellay (Joachim): 108.
Du Blioul (Jean): 67 (n. 82).
Ducellier (Alain): 101 (n. 60).
Du Fresne-Canaye (Philippe): 98 (n. 56), 128, 130 (n. 28), 137, 156 (n. 10), 159 (n. 17), 161 (n. 23)-162 (n. 30), 170, 176-177, 180-181, 183 (n. 85), 192 (n. 6), 228 (n. 8), 231 (n. 15), 234 (n. 23)-235 (n. 27), 242 (n. 46).
Dupront (Alphonse): 32.

Ebersolt (Jean): 98 (n. 56), 103 (n. 67), 127 (n. 23).
Egée (mer): 268.
Eglise catholique romaine: 45-46, 49, 120-121.
Eglise gallicane: 258 (n. 90).
Eglise orthodoxe grecque: 45-46.
Egypte: 13, 20, 48, 60, 62, 124 (n. 19), 131 (n. 31), 239 (n. 39).
Egyptiens: 123.
Eléonore de Habsbourg: 19 (n. 17).
Elien: 28 (n. 1).
Empereur (Habsbourg): 17 (n. 12)-18.
Empire byzantin: 101 (n. 60).
Empire ottoman (Empire turc): 11-12, 14, 17 (n. 11), 20-21, 31 (n. 1), 65, 125-126, 150, 154 (n. 3), 156, 159, 172-173, 176 (n. 69), 191, 201-202, 205-206 (n. 35), 211, 228-230, 233, 235, 239, 243-244, 249, 255 (n. 78), 260 (n. 93).
– justice: 159, 213, 228-229, 232.
– organisation politico-militaire: 126-127, 159, 184-185, 191-192, 195, 201-204, 228-234, 244-245.
Voir aussi Sultan et Turcs.
Empire romain: 102 (n. 65), 129, 201-202.
Enée: 109, 187.
Enfer(s): 108, 213 (n. 56), 218.
Engammare (Max): 217 (n. 69).
Erasme (Didier): 31 (n. 2), 48-51, 68 (n. 85), 74, 86 (n. 33), 204 (n. 29).
Eregli: 266.
Eridan: 108 (n. 74).
Eros: 173 (n. 60).
Erzincan: 266.
Erzurum: 266.
Eskichehir: 266.
Espagne: 11, 62, 120.
Espagnols: 16.

Ethiopiens: 119 (n. 7), 121.
Eubée: 268.
Europe: 12, 17-18, 101, 120, 147, 194, 203.
Européens: 13, 15, 150 (n. 10)-151, 153-154, 156, 159-160, 166, 172, 174, 177, 182-183, 189, 193, 255.
Evangéliques: 48, 50, 200 (n. 22).
Evangélisme: 68.
Ezéchiel: 44.

Faber (Félix): 32 (n. 4), 57, 63 (n. 77), 166 (n. 39).
Ferdinand Ier de Habsbourg: 210 (n. 50).
Ferrare: 20 (n. 18), 53, 268-269.
Festugière (André-Jean): 48 (n. 41).
Flandres: 120.
Flavius Josèphe: 72 (n. 2).
Florence: 126.
Fornerod (Nicolas): 81 (n. 26).
Fortune: 94 (n. 47), 96 (n. 50).
Fotcha: 265.
Foucault (Michel): 148 (n. 4)-149 (n. 6), 185, 189 (n. 2), 197 (n. 15).
Français: 16, 18, 20, 120, 173, 186.
France: 17 (n. 12)-19 (n. 16-17), 33, 52 (n. 53), 54 (n. 57), 120, 147, 184 (n. 91), 192, 205, 221, 225 (n. 1), 227 (n. 5), 234, 267-268.
France Antarctique: 12, 190.
Franciscains: 34 (n. 9), 44-45, 71, 249 (n. 64). *Voir aussi Cordeliers.*
François Ier: 18 (n. 14-15)-20 (n. 20), 21 (n. 21). *Voir aussi Roi de France.*
Fresne (Philippe Canaye, seigneur du): *voir Du Fresne-Canaye.*
Fumel (François, baron de): 20 (n. 19), 34 (n. 8), 265, 268-269.

Gabriel (ange): 219 (n. 76), 241 (n. 43).
Galba: 202.
Gallipoli: 267-268.
Gassot (Jacques): 17, 19-21, 31-33, 41 (n. 26), 52, 126-128, 130-131, 133, 135 (n. 37-38), 160 (n. 22), 172, 265-266.
Gaules: 62.
Gaulois: 232.
Gaza: 266, 269.
Gebze: 266.
Genève: 265.
Génois: 11.

Géorgiens: 119, 121-122.
Georgiewitz (Bartholomé): 126, 150, 163, 192, 232 (n. 18), 238, 248-250, 253-260 (n. 93).
Geuffroy (Antoine): 126, 136-137 (n. 40), 150, 160 (n. 20), 163-164, 185 (n. 92), 230 (n. 12), 236 (n. 29), 242 (n. 45), 245 (n. 55).
Gilles (Pierre): 17, 20-21, 28-29, 33, 76 (n. 16), *97-112,* 117 (n. 4), 124, 126, 128, 136 (n. 39), 155 (n. 5-6), 160-161 (n. 23), 179-180, 186, 266-267, 269.
– *De Bosporo:* 28 (n. 1), 97-98, 104, 186 (n. 97).
– *Elephanti nova descriptio:* 28-29, 124 (n. 19).
– *De Topographia:* 28 (n. 1), *98-112,* 128 (n. 25), 136 (n. 39), 155 (n. 5-6), 160-161 (n. 23), 179-180, 186-188.
Glardon (Philippe): 77 (n. 18).
Glareanus (Heinrich Loriti, dit): 59.
Glaucon: 187.
Godefroi de Bouillon: 69, 71.
Göllner (Carl): 249 (n. 64).
Gomez-Géraud (Marie-Christine): 31 (n. 1), 34 (n. 8), 48 (n. 39), 63 (n. 77), 67 (n. 82), 69 (n. 86), 176 (n. 69), 226 (n. 2).
González de Clavijo (Ruy): 127 (n. 23).
Goyet (Francis): 141 (n. 48).
Graal: 64.
Grâces: 175.
Grèce: 51, 60, 82 (n. 28), 102 (n. 62), 105 (n. 70), 199-200.
Grecs: 36 (n. 12), 44-45, 51, 73-74, 105, 109, 119, 121-122, 124, 168, 195, 199, 201.
Greene (Thomas M.): 104, 108 (n. 75).
Grégoire de Nysse: 47.
Gretser (Jacob): 34 (n. 8).
Grillon (Pierre): 186 (n. 96).
Grosrichard (Alain): 162 (n. 29), 183 (n. 89), 227 (n. 6), 233 (n. 20).
Guanahaní: 11.
Guillaume de Tyr: 35 (n. 11).
Guise: 61 (n. 71). *Voir aussi Lorraine.*
Gygès: 187-188.

Hæmus (mont): 90-92 (n. 42).
Halkin (Léon-E.): 49 (n. 43).
Hallyn (Fernand): 94 (n. 44 et 47).
Hama: 266.
Hambourg: 28 (n. 1).

Hampton (Timothy): 204 (n. 29).
Hamy (Ernest-Théodore): 28 (n. 1).
Hannibal: 92, 232.
Harem: *voir Constantinople (Vieux Sérail), Sultan et Turcs (femmes)*.
Hartog (François): 14 (n. 6), 29 (n. 5), 188 (n. 100)-189 (n. 2).
Hayton (Prince): 149 (n. 5).
Heath (Michael J.): 101 (n. 60), 231 (n. 15).
Hébreux: 58.
Hébron: 166, 266, 269.
Heffening (W.): 249 (n. 64), 253 (n. 72).
Hélène (sainte): 71, 122.
Héliogabale: 202.
Hellespont: 179-180 (n. 76).
Henri II: 19 (n. 17), 33, 267. *Voir aussi Roi de France*.
Héraklion: 269.
Hercule: 130-132.
Hérodote: 14 (n. 6), 73, 80-82, 84, 88, 188, 198 (n. 16), 200-201.
Hiérissos: 80, 82 (n. 28).
Hippodrome: *voir Constantinople*.
Hollandais: 16.
Homère: 61.
Homs: 266, 269.
Hongrie: 120, 131-132, 172, 249 (n. 64).
Hongrois: 130.
Horace: 61.
Huguenots: 16 (n. 9), 119 (n. 7)-120.

Ibrahim Pacha: 130.
Ida (mont): 268.
Imbros: 89, 268.
Indes occidentales: 120.
Indes orientales: 15 (n. 8), 120.
Indiens (d'Amérique): 15, 153, 167 (n. 41).
Isaac: 166.
Iskenderun: 266.
Islam: 150, 167, 171, 200, 211 (n. 53), 216-221, 236, 239-242, 244, 249.
– appel à la prière (*adhân*): 236-239.
– aumône (*çadaqa*): 249.
– Coran: 217-220, 225, 237 (n. 33), 240-241 (n. 43), 247 (n. 60).
– derviches: 205-208, 241.
– fêtes: 220.
– Hadîths: 217 (n. 67).
– iconoclasme: 155-156.
– mosquées: 110, 157-159, 163-164, 166-167, 216, 220-222.

– Mufti (grand): 137, 213.
– profession de foi (*chahâda*): 241-244.
– prophète: *voir Mahomet*.
– Ramadan: 219.
– Talismans (religieux musulmans): 238-239, 242.
Voir aussi Allah, Mahomet et Musulmans.
Ispahan: 85 (n. 31), 159 (n. 17), 166 (n. 38), 171 (n. 52).
Israël (peuple): 217.
Istanbul: 108 (n. 74), 110, 128-129 (n. 26), 130, 138 (n. 43)-139, 159, 230, 235 (n. 27). *Voir aussi Constantinople*.
Istria: 183.
Italie: 37-38, 62, 120, 215.
Italiennes: 215.
Ithaque: 49 (n. 42).
Izmit: *voir Nicomédie*.
Iznik: 266.

Jacob (Christian): 28 (n. 1), 36 (n. 12), 97.
Jacobites: 119, 121-122.
Jaffa: 35.
Janin (Raymond): 130 (n. 28), 136 (n. 39).
Janus: 32 (n. 4), 57 (n. 64).
Japon: 15 (n. 8).
Jean-Baptiste (saint): 155 (n. 7).
Jeanneret (Michel): 23 (n. 23), 94 (n. 44-45), 96 (n. 51), 108 (n. 75).
Jenkinson (Anthony): 137 (n. 41).
Jéricho: 72 (n. 4), 269.
Jérôme (saint): 61-63.
Jérusalem: 31-34, 36-37 (n. 15 et 18), *42-48*, 50-53 (n. 57), 54-63, 65-66, 68, 72, 117-119 (n. 8), 120, 126, 158, 166 (n. 39), 249 (n. 64), 266, 269.
– Anastasis: 48 (n. 39).
– Dôme du Rocher: 158.
– Golgotha (mont Calvaire): 16, 43, 47 (n. 39).
– Mont des Oliviers: 47 (n. 39), 158.
– Mont Sion: 42, 44, 71, 120, 249 (n. 64).
– Saint-Sépulcre: 11, 31-34 (n. 6), *42-46*, 48, 52, 54, 117, *118-122*, 141, 143, 254, 266.
– *Via Crucis*: 33.
Jésuites: 34 (n. 8), 210.

Jésus-Christ: 16, 33 (n. 5), 37, 43-45, 47-48, 51, 56, 63, 72-73 (n. 5), 118-119 (n. 7), 120, 122, 217-218.
Joukovsky (Françoise): 32 (n. 4), 37 (n. 16)-38 (n. 19).
Jove (Paul): 126.
Juda (tribu de): 72.
Judaïsme: 223 (n. 85).
Judée: 60.
Jugurtha: 191.
Juifs: 168, 195, 218, 226.

Kala-i Sultaniyye (château de): 267-268.
Kenny (Neil): 141, 142-143 (n. 50-52).
Khan (Grand): 11, 209 (n. 48).
Khoi: 266.
Kircher (Athanase): 94 (n. 45).
Kœck van Aalst: voir Cœck d'Alost.
Komotini: 268.
Konya: 266, 269.
Kristeva (Julia): 114 (n. 1).
Kubilai Khan: 209 (n. 48).
Kuntz (Marion L.): 16 (n. 10), 210 (n. 50).
Kütahya: 269.

La Borderie (Bertrand de): 55, 66, 127, 159, 173 (n. 60), 186 (n. 96), 228 (n. 7).
La Broquière (Bertrandon de): 127 (n. 23).
La Rochefoucauld (François III, comte de): 55.
Latins: 45, 74, 95 (n. 49), 119, 122.
Lattaquié: 266.
Lavra (monastère de): 92 (n. 42).
Leake (William M.): 82 (n. 28).
Lechevalier (Jean-Baptiste): 98 (n. 56).
Le Huen (Nicole): 32 (n. 4), 37 (n. 15 et 17), 43, 56-58, 62-63, 69, 157, 254 (n. 77).
Lemnos: 73-74, 86-87 (n. 33), 89, 268.
Lépante: 148.
Léry (Jean de): 11, 117 (n. 5), 153, 167 (n. 41), 190, 198 (n. 16).
Lesaige (Jacques): 37 (n. 16).
Lesbos: 65, 200, 267-269.
Lestringant (Frank): 12, 16 (n. 9), 31 (n. 1), 55-56, 58 (n. 65), 61 (n. 71), 67 (n. 83), 69 (n. 87), 76 (n. 16), 124 (n. 19), 132 (n. 33), 150 (n. 10), 153 (n. 1), 165 (n. 37), 172, 175 (n. 67), 191 (n. 5), 196 (n. 13), 241 (n. 44).

Léthé: 105, 109.
Levant: 12-13, 15 (n. 8), 20-22, 27, 31 (n. 1)-32, 36, 53, 55, 60, 67 (n. 82), 77 (n. 18), 111, 118, 124, 128, 130, 135, 138, 147, 167, 181, 189-190, 222, 226, 238, 242, 244, 259, 261, 265, 267-269. Voir aussi Orient et Proche-Orient.
Levantins: 192, 199.
Lewis (Bernard): 129 (n. 26), 137 (n. 41), 155 (n. 6), 160 (n. 20), 184 (n. 91), 206 (n. 35).
Lieux saints: 16, 31, 42, 67, 71, 269. Voir aussi Terre sainte.
Londres: 18 (n. 14).
Longævi: 74.
Lorraine: 42 (n. 27).
Lorraine (Jean, cardinal de): 20, 61, 269.
Lorraine (maison de): 69.
Louise de Savoie: 69.
Louvain: 148.
Lucerne: 265.
Lucrèce: 61.
Lulle (Raymond): 210, 219.
Lussagnet (Suzanne): 12 (n. 5).
Luther (Martin): 18 (n. 14), 49-50, 68-69, 211 (n. 53).
Lycurgue: 61.
Lydie: 188.
Lydiens: 232.
Lyon: 28 (n. 1), 31 (n. 1), 37 (n. 15), 127, 181 (n. 79), 259 (n. 93), 265, 267.

Macédoine: 93, 202 (n. 27), 268.
Macédoniens: 91, 202 (n. 27)-203.
Macrobioi (Macrobes): 74.
Mahomet: 164, 168, 217-219, 236-238, 240-241 (n. 43), 242-243 (n. 52). Voir aussi Islam.
Maillard (Jean-François): 31 (n. 2).
Maine: 236.
Malatya: 266.
Malte: 267, 269.
Malte (Chevaliers de): 204, 267.
Manceaux: 82 (n. 28), 237.
Mandeville (Jean de): 57 (n. 63), 73-77, 85, 88-89.
Mandrou (Robert): 225 (n. 1).
Mantoue: 269.
Mantran (Robert): 129 (n. 26), 159 (n. 17), 161 (n. 23), 164 (n. 36), 178 (n. 72), 206 (n. 35).

Marc de Tolède: 241 (n. 43).
Marie (Vierge): 155 (n. 7), 217.
Marmara (mer de): *voir Propontide*.
Maronites: 119, 122.
Marot (Clément): 53, 213 (n. 56).
Marseille: 198 (n. 17), 267, 269.
Martial: 193 (n. 9).
Matarieh: 266, 268-269.
Maurand (Jérôme): 127 (n. 22).
Maures (Mores): 15 (n. 7), 121, 135, 158 (n. 15), 170-171, 176, 219, 236-237 (n. 33), 240-241. *Voir aussi Arabes*.
Maximin Iᵉʳ (le Thrace): 202.
Mayence: 37 (n. 15).
Mecque (La): 235 (n. 26).
Méditerranée: 28 (n. 1), 267.
Mehmet II (le Conquérant): 100, 110, 130 (n. 28), 159 (n. 17), 161 (n. 26).
Mehmet III: 138 (n. 43).
Memphitiques: 62.
Menavino (Giovan Antonio): 126, 155 (n. 7), 169 (n. 47), 205.
Menedemus: 49.
Metellus (Numidicus): 191-192, 195.
Mexico-Tenochtitlan: 143 (n. 53).
Meyer (Hans): 94 (n. 45).
Milo: 269.
Milvius (pont): 102 (n. 64).
Miquel (André): 221 (n. 83).
Miquez (Jean): 39 (n. 21).
Modon: 268.
Mohács: 249 (n. 64).
Monluc (Blaise de): 18 (n. 14).
Montaigne (Michel de): 23 (n. 23), 117, 154 (n. 4), 263.
Montaldi (cardinal): 94 (n. 45).
Montargis: 53 (n. 54).
Monte Santo: *voir Athos*.
Moss (Ann): 115 (n. 2), 141 (n. 48).
Moussa (Sarga): 226 (n. 3).
Müller (Karl): 111 (n. 80).
Münster (Sébastien): 55.
Murad III: 138 (n. 43).
Murena (Lucius Licinius): 63 (n. 76).
Musulmans: 15 (n. 7)-16, 158, 182, 200 (n. 22), 205-206, 211, 213, 217-221, 227, 242-243 (n. 52), 249, 260. *Voir aussi Islam*.

Naples: 268.
Naplouse: 266, 269.
Nature: 95-96 (n. 50), 155, 207.
Nazareth: 72, 266, 269.

Néo-Césarée: *voir Niksar*.
Nestoriens: 119, 121.
Nicée: *voir Iznik*.
Nicolas de Damas: 188 (n. 100).
Nicolay (Nicolas de): 17, 20, 31, 87 (n. 33), 94-95, 102-103 (n. 65), 128 (n. 24)-129, 132-133, 153 (n. 1), 155, 161-163 (n. 33), 171-176, 181, 193-195, 197 (n. 14), *198-209*, 214-215, 226, 228, 235-236, 244, 245 (n. 55)-246 (n. 59), 267-268.
Nicomédie: 262, 266.
Niksar: 266.
Nil: 237 (n. 33).
Nîmes: 17 (n. 12).
Niš: 265.
Noël (Nativité): 236-237, 269.
Noire (mer): 267, 269. *Voir aussi Pont-Euxin*.
Notre-Dame de Paris (cathédrale): 221.
Nouveau Monde: 11-12, 15, 143 (n. 53), 153-154 (n. 3), 190. *Voir aussi Amérique*.
Nouvelle Rome: 99-101, 103, 110, 129, 139. *Voir aussi Constantinople*.
Novipazar: 265, 268.
Nymphes: 173-175.

Occident: 15-16, 38, 40, 42, 45-46, 86, 106, 147 (n. 2)-148, 150 (n. 8)-151 (n. 13), 156, 199, 203, 209, 217 (n. 66), 258 (n. 86), 269.
Occidentaux: 75, 78, 143, 147-148, 150-151, 155, 158-159 (n. 17), 160, 163-164, 168-169, 171, 176, 178, 182, 185, 203, 213, 226, 228-231 (n. 15), 234-236, 242-243, 245, 251-252, 258 (n. 86), 263.
Océan: 92 (n. 40).
Ogygius: 49.
Olympe (d'Asie): 179-180 (n. 76).
Olympe (de Grèce): 91.
Omar: 158.
Omedes (Juan de): 267.
Orient: 11-12, 15-17, 20-21, 27, 31 (n. 1), 36 (n. 12), 45-46, 51, 69, 73-76, 83, 86, 102 (n. 65), 105 (n. 70)-106, 111, 147 (n. 2)-150 (n. 9), 151, 154 (n. 3), 164, 167 (n. 41), 172, 175, 226. *Voir aussi Levant et Proche-Orient*.
Orientaux: 148, 235, 255, 260.
Orléans: 221.

Orphée: 109.
Othon (Empereur romain): 202.
Ottomans: 14, 18 (n. 15). *Voir aussi Empire ottoman.*
Ourmia (lac d'): 266.
Ouy-dire: 34 (n. 6), 87, 117.

Padoue: 265.
Païens: 61, 178.
Palerne (Jean): 138 (n. 43), 234 (n. 21), 254 (n. 77).
Palestine: 13, 20, 73, 266.
Palladium: 129.
Pantagruel: 204, 248.
Pantelleria: 267.
Panurge: 204-205, 233.
Pâques: 219-220, 269.
Paradis: 163-164, 218, 240.
Parenzo: 269.
Paris: 19 (n. 17-18), 69 (n. 88), 85 (n. 31), 126, 148, 159 (n. 17), 166 (n. 38), 171 (n. 52), 191, 221, 265, 268.
Parthes: 102 (n. 65).
Pascual (Pierre): 219.
Passion: 16, 43, 122.
Paul (saint): 62-63, 67.
Paulin de Nole: 62-63.
Pavie: 17.
Paviot (Jacques): 17 (n. 12).
Pellicier (Guillaume): 17 (n. 12).
Péloponnèse: 268.
Péra: 174-176.
Pérotes: 174-176.
Perse: 19-20, 39, 121, 195, 202 (n. 27), 230, 265.
Perses: 15 (n. 7), 80, 82 (n. 28), 165, 202 (n. 27), 219.
Pertinax: 202.
Pétrarque (François): 91-93.
Phénix: 101.
Philippe V de Macédoine: 90-92.
Philippes (ruines de): 268.
Philippopoli: *voir Plovdiv.*
Phrygie: 102 (n. 65).
Piali Pacha: 177.
Piccolomini (Æneas Sylvius): 101 (n. 60).
Pilate (Ponce): 45.
Plaisance: 269.
Platon: 62, 187-188.
Pline l'Ancien: 55-56, 59, 73, 79 (n. 22), 81 (n. 24), 85, 87-88, 94 (n. 47), 193 (n. 9).

Plovdiv: 265.
Plutarque: 94-96, 156 (n. 8), 188 (n. 100).
Poissy (Colloque de): 54 (n. 57).
Poitiers: 19 (n. 18).
Polin (capitaine, baron de la Garde): 17 (n. 12), 268.
Polo (Marco): 11, 208-209 (n. 48).
Pomponius Méla: 13, 74, 76, 81 (n. 24), 85, 88, 91.
Pont-Euxin: 90-91, 179-180 (n. 76). *Voir aussi mer Noire.*
Pontines (îles): *voir Ponza.*
Pontiques: 101.
Ponza (îles de): 268.
Poppée: 154 (n. 4).
Porte (Sublime): 183 (n. 88).
Portugais: 15 (n. 8)-16, 39 (n. 21).
Portugal: 120.
Possot (Denis): 32 (n. 4), 45 (n. 36).
Postel (Guillaume): 16-17, 20 (n. 20)-21 (n. 22), 31, 34, 58 (n. 65), 76 (n. 16), 126, 128 (n. 24), 130, 137, 148 (n. 3), 150-151, 155 (n. 5)-159 (n. 17), 162-166 (n. 38), 170-172 (n. 58), 178-179, 182, 184-185, 191 (n. 5)-192, 197 (n. 14)-198, 205, *209-222*, 223, 226 (n. 2)-229, 231-234, 236, 237 (n. 31)-238 (n. 35), 240-241, 243-245, 247 (n. 60)-248, *249-260*, 266.
– *Description [...] de la Terre Saincte:* 58 (n. 65), 72.
– *Grammatica Arabica:* 148 (n. 3).
– *Linguarum duodecim [...] alphabetum:* 148 (n. 3), 248.
– *De Orbis terræ concordia:* 210, 217 (n. 65).
– *De Originibus* (1538): 148 (n. 3).
– *Panthenôsia:* 217 (n. 65).
– *République des Turcs* et *Histoires orientales:* 137 (n. 40), 155 (n. 5), 157-158, 162-163 (n. 30), 164-165, 170, 178-179, 182, 184-185, 192 (n. 6), 205 (n. 35), *210-222*, 226 (n. 2)-227 (n. 4), 229, 232, 234, 236, 237 (n. 31)-238 (n. 35), 240-241, 243, 244 (n. 53)-245, 247 (n. 60)-248, *249-260*.
– *De Universitate [...] dispunctationes:* 16 (n. 10).
Prescott (Hilda F. M.): 166 (n. 39).
Prêtre Jean: 119.

Proche-Orient: 15 (n. 8), 28 (n. 1), 75. *Voir aussi Levant et Orient.*
Procope: 99 (n. 57).
Propontide: 179-180 (n. 76).
Protestants: 16. *Voir aussi Réformés.*
Provence: 17 (n. 12), 268.
Providence: 96 (n. 50).
Ptolémée (Claude): 59.
Pula: 265.
Pyramides: 266, 268-269.
Pyrénées: 92.
Pythagore: 61-63.

Qara Amid: *voir Diyarbekir.*
Quintilien: 118 (n. 6).

Rabel (Jean): 31.
Rabelais (François): 23 (n. 23), 74 (n. 11-12), 204 (n. 29), 248 (n. 62).
Ragusains: 249-251.
Raguse: 265, 267-268.
Ramberti (Benedetto): 127, 130-132 (n. 32), 133, 156 (n. 10), 163 (n. 31), 185 (n. 92).
Ramla: 266, 269.
Randles (William G.): 44 (n. 33).
Ravà (Béatrix): 37 (n. 16)-38 (n. 19).
Réforme: 48, 53 (n. 57), 68, 211 (n. 53).
Réformés: 11, 48, 50, 68, 118 (n. 7), 200 (n. 22). *Voir aussi Protestants.*
Reggio: 267.
Regnaut (Antoine): 32 (n. 4)-34 (n. 6), 35, 37 (n. 15), 42 (n. 28), 56-57 (n. 62), 71 (n. 1), 119 (n. 8).
Renée de France (duchesse de Ferrare): 20 (n. 18), 53, 268.
Rhodes: 155 (n. 7), 229 (n. 8)-231 (n. 14), 268-269.
Rhodiginus (Lodovico Ricchieri, dit Ludovicus Cœlius): 55.
Richer (Christophe): 126, 150, 163, 232 (n. 18), 236 (n. 29).
Robert de Clari: 127 (n. 23).
Rochechouart (Louis de): 119 (n. 8).
Rodocanachi (E.): 53 (n. 54).
Roi de France (Roi Très Chrétien): 17-18, 21 (n. 21), 31 (n. 1), 33-34, 53, 111, 184 (n. 91), 210, 267. *Voir aussi François Ier, Henri II et Charles IX.*
Romains: 102 (n. 65), 191-193, 195-197, 199, 201, 203, 232.
Rome: 28 (n. 1), 49-50, 62-63 (n. 77), 90-92, 99, 103, 126, 129, 191, 199, 268.

Ronsard (Pierre de): 23 (n. 23).
Rosette: 268-269.
Rouillard (Clarence D.): 126 (n. 20), 138 (n. 44-45), 150 (n. 9), 161 (n. 25), 249 (n. 64).
Rüstem Pacha: 268.

Saba (Reine de): 62.
Saïd (Edward W.): 147-149.
Saint-Andrews (château de): 31 (n. 1).
Saint-Blancard (baron de): 185-186.
Saint-Georges (église vénitienne): 38.
Saint-Jacques-de-Compostelle: 49.
Saint-Marc (place et basilique): 37-38.
Saint-Sépulcre (basilique et tombeau): *voir Jérusalem.*
Saint-Sépulcre (Ordre du): 31, 53 (n. 57).
Saint-Zacharie (église vénitienne): 37.
Sainte-Croix d'Orléans (cathédrale): 221.
Sainte-Sophie (basilique-mosquée): *voir Constantinople.*
Salluste: 191.
Salomon: 62, 158, 166 (n. 39).
Salonique: 268.
Samarie: 72, 269.
Samos: 268.
Samothrace: 89.
Santo Brasca: 57 (n. 62).
Sapho: 199.
Sardaigne: 269.
Sardique: 102 (n. 65).
Sarrasins: 14, 149 (n. 5), 158.
Satan (Diable): 18, 68.
Satin (pays de): 117 (n. 4).
Sauvages: 16 (n. 9), 149, 153, 167 (n. 41), 207.
Schefer (Charles): 19 (n. 18), 39 (n. 21).
Scutari: 265, 268.
Scyros: 89, 268.
Scythes: 195, 200-201, 203.
Secret (François): 148 (n. 3), 223 (n. 85).
Seeck (Otto): 99 (n. 58).
Segesvary (Victor): 211 (n. 53), 215 (n. 61), 217 (n. 65-66).
Sélim II: 137 (n. 42).
Sérail (Palais): *voir Constantinople (Palais de Topkapi).*
Séraphin de Gozza: 249-251.
Serbie: 249.
Serrai: 268.
Setton (Kenneth M.): 18 (n. 14).
Seure (Michel de): 53.

Shah Thamasp (Sophi): 19, 40, 230, 266.
Šibenik: 265.
Sibylle: 108.
Sichem: *voir Naplouse*.
Sicile (Grande Grèce): 62, 269.
Siderocapsa (mines de): 92 (n. 42), 268.
Sidrio: 87 (n. 33).
Sigée (promontoire de): 102 (n. 65).
Silivry: 230, 265, 268.
Sinaï: 33 (n. 5), 60, 94 (n. 46), 269.
Sinan Pacha: 203, 267.
Skiathos: 89.
Smalkalde: 49 (n. 46).
Smith (Thomas): 98 (n. 56).
Socrate: 187.
Sodome: 48.
Soliman le Magnifique: 12, 17-18
    (n. 15), 19-21 (n. 21), 83, 106-107,
    110, 126, 128, 130 (n. 28), 137-138,
    149 (n. 5), 156, 164 (n. 36), 176
    (n. 69), 179, 184-187, 206 (n. 35),
    208, 213, 229 (n. 8)-230, 232, 234
    (n. 23), 236, 265. *Voir aussi Sultan*.
Solin (Caius Julius Solinus, dit): 13, 55-
    56, 60, 73-74, 76, 81 (n. 24), 85, 87-88.
Solon: 61.
Sophi: *voir Shah Thamasp*.
Spandugino (Théodore): 126, 161, 177,
    182, 205, 232-233.
Sphinx: 79 (n. 22).
Stagire: 89 (n. 34).
Stalimène: 87 (n. 33).
Starobinski (Jean): 154 (n. 4).
Stasicratès: 94-96 (n. 50 et 52).
Stentor: 237.
Sternberg (Hans von): 50.
Strabon: 13, 29, 59, 80 (n. 23), 91
    (n. 37), 94 (n. 47), 96 (n. 52).
Strymonique (golfe): 80 (n. 23).
Stuart (Marie): 31 (n. 1).
Styx: 109.
Suétone: 193 (n. 9).
Suez: 268.
Suisse: 267.
Sultan (Grand Seigneur, Grand Turc):
    17-20, 33-34, 102, 110-111, 126, 129,
    134-141, 150, 159-163 (n. 30), 165
    (n. 37), 169 (n. 47), 173, 175, 177-
    180, 182-188, 201-202, 205, 208-209,
    216 (n. 64), 228-235, 244-245, 253,
    265, 267-268.
– espionnage: 179-180, 183-188, 230.
– harem: 161-162, 175, 216.

– parade: 136-139, 162, 230.
– vie privée: 159-161.
Voir aussi Empire ottoman et Soliman.
Syène: 131.
Syriaques: 121-122.
Syrie: 19 (n. 17)-20, 241, 266.

Tabriz: 266.
Tafur (Pero): 127 (n. 23).
Tartare (Enfer): 108.
Tartares: 165, 195, 208-209 (n. 48), 219.
Tartous: 266.
Taurus (mont): 269.
Tavernier (Jean-Baptiste): 263.
Tenelle (Juste): 268.
Terracine: 268.
Terre sainte: 19 (n. 17), 21, 31-32 (n. 4),
    33 (n. 5)-35, 37 (n. 15), 43, 44 (n. 32)-
    45 (n. 36), 47, 54, 57 (n. 62 et 64)-60,
    65-66, 69, 71-73, 98, 149 (n. 5), 157.
    Voir aussi Lieux saints.
Thalès de Milet: 61.
Thasos: 89, 268.
Thenaud (Jean): 33 (n. 5), 69, 71, 119
    (n. 8), 158 (n. 15), 166 (n. 39), 192.
Théodore (caloyer du mont Athos): 76
    (n. 16).
Théodose Iᵉʳ (le Grand): 129.
Théodose II: 104, 107, 110, 112.
Theodosia: *voir Tosya*.
Théophile Iᵉʳ: 130 (n. 28).
Thessalie: 91.
Thévenot (Jean): 135 (n. 37), 137 (n. 41).
Thevet (André): 12, 17, 20-21, 31-32
    (n. 4), 34, 36, *54-69*, 72 (n. 4), 76, 86
    (n. 33), 121-126, 128, 130 (n. 29),
    132, 135-139 (n. 47), 153, 155, 159
    (n. 18), 162 (n. 30), 164 (n. 35), 166,
    173, 192, 228, 230, 238-239, 242,
    266-267, 269.
– *Cosmographie de Levant*: 12 (n. 4),
    20 (n. 19), *55-69*, 72 (n. 4), 76, 86-87
    (n. 33), 121, 123-124 (n. 18-19), 130
    (n. 29), 132, 135 (n. 37), 137-138, 153
    (n. 1), 155, 159 (n. 18), 162 (n. 30),
    164 (n. 35), 173, 192 (n. 6), 228, 230,
    238-239, 242.
– *Cosmographie Universelle*: 12, 21,
    55 (n. 59), 123 (n. 17), 139 (n. 47),
    166-167.
– *Grand Insulaire*: 76.
– *Singularitez*: 190.
Thietmar (pèlerin): 57 (n. 62).

Thrace: 179-180 (n. 76), 268.
Tibère: 202.
Tibériade: 266, 269.
Tinguely (Frédéric): 29 (n. 4), 32 (n. 4), 52 (n. 52), 69 (n. 88), 173 (n. 60).
Tite-Live: 62, 90-92 (n. 42), 93.
Tlatelolco: 143 (n. 53).
Todorov (Tzvetan): 11 (n. 1), 149.
Topkapi (Palais de): voir Constantinople.
Tor: 269.
Tosya: 266.
Tournon (François, cardinal de): 19-20, 77 (n. 18).
Transylvanie: 120.
Trebinjè: 265.
Tricala: 268.
Tripoli (Liban): 266, 269.
Tripoli (Libye): 198 (n. 17), 203-204, 236, 267.
Troade: 102 (n. 65).
Troie: 13, 99, 102 (n. 65), 104 (n. 68), 129, 269.
Tupinambas: 153.
Tupis: 143 (n. 53).
Turbet-Delof (Guy): 172 (n. 55).
Turcs: 11, 14-15, 17 (n. 12)-18, 38-40, 100, 104-106, 109, 110 (n. 78)-111, 121, 126-128 (n. 24), 130, 138, 149-151, 155-156, 158-159 (n. 17), 163-169 (n. 47), 171-172, 174 (n. 63), 177-179, 181 (n. 79)-184, 188-199, 201-217, 219-221 (n. 81), 223 (n. 85), 225, 227, 230-232 (n. 18), 234 (n. 21), 236, 237 (n. 33)-243, 245, 249-253, 255, 259-262, 267.
 – derviches: voir Islam.
 – femmes: 156-157, 161-170, 175-183, 193-194, 199-200, 215-216, 227.
 – hospitalité: 249-252.
 – justice: voir Empire ottoman.
 – langue: 244-260.
 – musique: 170, 234.
 – organisation politico-militaire: voir Empire ottoman.
 – religion: voir Islam.
Turquie: 60, 167-168, 209, 215, 221, 227, 236, 241, 244 (n. 53), 249-250, 252, 258 (n. 90).
Tursun Beg: 155 (n. 6).

Ulysse: 49 (n. 42), 61, 187.
Urfa: 266.

Ursu (J.): 17 (n. 13)-18 (n. 14-15).
Üsküdar: voir Scutari.

Vadian (Joachim von Watt, dit): 55, 58 (n. 65), 67.
Valensi (Lucette): 183 (n. 88).
Valle (Pietro della): 98 (n. 56).
Van: 266.
Van der Dœs (Georges): voir Dousa.
Van der Vin (Jos P. A.): 102 (n. 62), 127 (n. 23).
Varron: 193 (n. 9).
Véga (Jean de): 185-186.
Venise: 17 (n. 12), 19 (n. 17), 33, 34 (n. 6 et 9)-35, 36-42, 52, 54, 65-67, 99, 127, 183 (n. 88), 265, 267-269.
Vénitiens: 11, 131, 160 (n. 20).
Ventoux (mont): 91.
Vénus: 178.
Vérone: 265.
Vicence: 265.
Vienne: 260 (n. 93).
Villamont (Jacques de): 119 (n. 8), 156 (n. ?), 158 (n. 16), 192, 227 (n. 5), 234 (n. 22).
Villars (Bénigne de): 268.
Vitellius: 202.
Vitruve: 94-96.
Vitry (Jacques de): 219.
Volaterranus (Raphaël): 59.
Voltz (Paul): 49 (n. 44).

Weill (Georges): 148 (n. 3).
Williams (Wes): 34 (n. 8), 48 (n. 39), 57 (n. 62), 67 (n. 82), 249 (n. 63).
Wolfzettel (Friedrich): 32 (n. 4), 48 (n. 40).
Worms: 253, 260 (n. 93).

Xerxès: 80, 81 (n. 24)-84.

Yates (Frances A.): 141.
Yérasimos (Stéphane): 17 (n. 11), 31 (n. 1), 176 (n. 69), 258 (n. 86).

Zacher (Christian): 57 (n. 63), 61 (n. 70).
Zadar: 265.
Zaferaga (eunuque): 175.
Zante: 267-268.
Zonare: 99 (n. 57), 102-103 (n. 65).
Zosime: 99 (n. 57).
Zuallart (Jean): 63 (n. 77).
Zumthor (Paul): 36 (n. 12).

TABLE DES MATIÈRES

OUVERTURE 11

PREMIÈRE PARTIE

D'UN TEXTE L'AUTRE 27

CHAPITRE PREMIER

PÈLERINAGES ET PÉRÉGRINATIONS 31
    VENISE RÉORIENTÉE 36
    JÉRUSALEM DÉCENTRÉE 42
    RÉFORME ET PÈLERINAGE 48
    UN CURIEUX PÈLERIN 54
    BROUILLAGE PARATEXTUEL 59
    UN ITINÉRAIRE PROBLÉMATIQUE 65

CHAPITRE II

RECONNAISSANCES 71
    L'OMBRE DU MONT ATHOS 73
    BELON STRATÈGE 77
    RENVERSEMENTS 88
    CONSTANTINOPLE AU PLURIEL 97
    CATABASE 107

CHAPITRE III

L'ÉCRITURE DU *TOPOS* 113
    TOPOGRAPHIES 115
    VARIETAS ET STRUCTURE 118
    NAISSANCE D'UNE TOPIQUE:
    CONSTANTINOPLE OTTOMANE 125

LOCUS COMMUNISSIMUS 134
STOCKAGE ET MISE EN ORDRE 140
DOSSIER ICONOGRAPHIQUE . . . . après la page 144

DEUXIÈME PARTIE

LE TEXTE ET L'AUTRE 147

CHAPITRE IV

AUTOPSIES 153
    OPACITÉS 155
    L'ŒIL MOUVANT 164
    PALINOPSIES 180

CHAPITRE V

ANALOGIES 189
    DIFFÉRENTES SIMILITUDES 190
    DISTANCIATIONS 198
    ZOOMORPHISMES 203
    NEUTRALITÉ ET NEUTRALISATION:
    LE CAS POSTEL 209
    ANALOGIE ET CONCORDE 215

CHAPITRE VI

PAROLES DE TURC 225
    L'EMPIRE DU SILENCE 226
    LE BRUIT ET LE CHARME 233
    PAROLES GELÉES 244
    L'«INSTRUCTION» DE POSTEL 253

ÉPILOGUE 261
APPENDICE 265
ITINÉRAIRES 265
BIBLIOGRAPHIE 271
INDEX 289

Mise en pages:
Nadine Casentieri, Genève

IMPRIME
RIE MEDE
CINE m+h
HYGIENE

juin – 2000